清华教育技术学国家社科基金课题研究丛书

混合教学研究与实践

韩锡斌 ◎ 著

清华大学出版社
北京

内 容 简 介

本书面向高等教育和职业教育领域，从课程、专业和学校三个层面阐述混合教学的基本理论与方法，包括课程层面混合教学的内涵、构成要素及其之间的关系、混合课程的分类、混合课程教学设计方法、混合学习效果评价方法；信息时代专业层面混合教学改革的着力点；学校层面系统推进混合教学改革的核心要素及实施策略、效果评价方法；教师信息化教学能力及其发展的理论与方法等。本书研究获得2018年国家社会科学基金教育学一般课题"混合教学的理论体系建构及实证研究"（课题批准号：BCA180084）的资助，同时也是过去20年研究团队在国内外专家的支持下，与院校合作开展混合教学研究与实践探索结果的系统总结。可供混合教学研究人员参考，也可为教师、专业负责人、学校管理者等提供混合教学实施、信息化教学能力提升的实践指南与案例。

本书封面贴有清华大学出版社防伪标签，无标签者不得销售。
版权所有，侵权必究。举报：010-62782989，beiqinquan@tup.tsinghua.edu.cn。

图书在版编目（CIP）数据

混合教学研究与实践 / 韩锡斌著 . —北京：清华大学出版社，2022.8（2023.11重印）
（清华教育技术学国家社科基金课题研究丛书）
ISBN 978-7-302-61245-2

Ⅰ.①混… Ⅱ.①韩… Ⅲ.①教学研究 Ⅳ.① G420

中国版本图书馆 CIP 数据核字（2022）第 110755 号

责任编辑：杜　晓
封面设计：常雪影
责任校对：袁　芳
责任印制：丛怀宇

出版发行：清华大学出版社
网　　址：https://www.tup.com.cn, https://www.wqxuetang.com
地　　址：北京清华大学学研大厦 A 座
邮　　编：100084
社 总 机：010-83470000
邮　　购：010-62786544
投稿与读者服务：010-62776969, c-service@tup.tsinghua.edu.cn
质量反馈：010-62772015, zhiliang@tup.tsinghua.edu.cn
课件下载：https://www.tup.com.cn, 010-83470410

印 装 者：三河市龙大印装有限公司
经　　销：全国新华书店
开　　本：185mm×260mm　印　张：21.75　字　数：409 千字
版　　次：2022 年 10 月第 1 版　印　次：2023 年 11 月第 3 次印刷
定　　价：69.00 元

产品编号：094866-01

作者简介

韩锡斌：清华大学教育研究院长聘教授、博士生导师、副院长。2011年在美国斯坦福大学和弗吉尼亚理工大学做访问学者。1998年进入清华大学从事教育技术研究，研究方向聚焦于在线教育，混合教学，数字化学习环境的理论、方法与技术。研究成果获国家教学成果二等奖、省部级教学成果特等奖、高等学校科学研究优秀成果奖（人文社会科学）二等奖、全国教育科学研究优秀成果奖二等奖、北京市哲学社会科学优秀成果奖二等奖、北京市科技成果奖三等奖。技术研发成果——"清华教育在线（THEOL）"系列教育教学软件获得39项国家软件著作权、部级和校级奖40余项，在500多所院校应用。兼任国际华人教育技术学会（SICET）会长（2018年），国际期刊《教育技术发展与交流》（JETDE）联合主编，教育部《职业院校数字校园规范》编制组组长，教育部职业院校信息化教学指导委员会副主任委员，教育部高校教育技术学专业教学指导分委员会委员，联合国教科文组织（UNESCO）混合教学项目专家。

序言

　　自21世纪开始，混合教学成为学术界的研究主题，得到持续关注。混合教学是指将面对面教学与基于计算机教学相结合的教学方式。后来的定义增加了互联网要素，即混合教学是将需要师生共处一室的传统面授教学与基于互联网和数字媒体的学习相结合的教学形态。以互联网为基础的各类信息技术，如移动互联网、云计算、大数据、人工智能、物联网、5G、VR/AR等正在深刻影响着社会和经济形态，形成了实体物理场所和虚拟网络空间二元共存的混合环境。面授教学和网络学习也形成了新的二元关系，除了继续完善面授教学、扩展网络学习之外，还需要探究二元融合对教学产生的深刻影响，由此形成新的教学形态——混合教学，其深层次的内涵是在实体场所和虚拟空间二元融合的环境中，教学的核心要素包括目标、内容（资源）、活动、评价（反馈）、环境、教学团队等进行重构，以达成特定条件下的最优化学习效果。

　　20年来，混合教学核心概念日益清晰、相关论文迅速增加，实证研究提供了越来越具有价值的成果，显示出混合教学已经发展成一个相对成熟的研究领域。2020年年初新型冠状病毒肺炎（COVID-19）疫情爆发，联合国于2020年8月4日发布《教育与COVID-19政策简报》，显示全世界160多个国家的学校关闭，影响到10亿多名学生。古特雷斯（António Guterres）秘书长在发布致辞中指出，疫情对教育系统造成了有史以来最严重的破坏。2020年春季学期世界各地的学校被迫实施大规模在线教学。随着疫情防控常态化，虽然陆续恢复了面授教学，但网络学习融入其中形成混合教学日益成为教学者和学校管理者的共识。

　　本书研究团队自1999年开始研发"清华教育在线（THEOL）"网络教学平台，同时对基于技术的教学模式展开探索，对混合教学进行了长期持续的研究。从历史观视角来看，人类已经从工业社会逐步迈入信息社会，教育教学也将随之发生变革，混合教学正是这个转型过程中的必然产物。团队于2012年提出教学改革聚焦于混合教育新阶段、学习方式迈向泛在学习新生态的观点，并将混合教学从一种教学方法上升为学校信息化教育教学改革的系统工程，构建了混合教育教学的三维度和三层次研究与实践框架（参见《迎接数字大学：纵观远程、混合与在线学习》，2016年），即从混合教育教学理论体系、技术体系、组织体系三个维度，在课程、专业和学校三个层面对信息时代的教育教学进行重构，并据此在几百所不同类型的院校大规模推进混合教学改革，形成了一批实践成果。2018年"混合教学的理论体系建构及实证研究"获批国家社会科学基金教育学一般课题（负责人：韩锡斌，课题批准号：BCA180084），本书内容不仅是该课题的研究成果，也是过去20年团队在国内外专家支持下，与院校合作开展混合教学研究与实践探索结果的系统总结。本书面向高等教育和职业教育领域，试图阐述混合教学的基本理论与方法，包括课程层面混合教学的内涵、构成要素及其之间的关系、混合课程的分类、混合课程教学设计方法、混合学习效果评价方法；信息时代专业层面混合教学改革的着力点；学校层面系统推进混合教学改革的核心要素及实施策略、效果评价方法；教师信息化教学能力及其发展的理论与方法等；同时也为教师、专业负责人、学校管理者等提供混合教学实施、信息化教学能力提升的实践指南与案例。

　　全书共六章，第一章阐述混合教学研究与实践的基础，包括混合教学的发展简况、术语界定和理论基础，并基于文献综述呈现研究现状；第二章阐述混合课程开发及资源建设的理论与方法，包括混合课程的基本特点、混合课程开发模式及其三个核心环节：课程设计、资源建设和课程评价；第三章阐述混合教学设计与实施的内容与方法，包括混合教学的核心要素与基本环节、混合教学设计方法、混合课程在线部分构建方法、混合教学的实施与评价方法等；第四章阐述高等教育和职业教育教师信息化教学能力内涵、标准框架、测量指标及工具、教师信息化教学能力发展等；第五章阐述学校系统推进混合教学改革的总体框架、实施策略及效果评价方法，同时从专业层面阐述混合教学改革的着力点；第六章聚焦职业教育混合教学改革的相关问题，包括职业教育课程与教学的类型特色、职业教育混合教学要素及其关系、职业教育混合教学设计模型、职业教育实施混合教学的典型模式等。

　　本书研究成果仰仗程建钢教授的长期引领，众多专家及其团队的支持，合作院校长期紧密的协同探索。在成稿方面，崔依冉参与第一章撰写，刘金晶、崔依冉参与第二章撰写，石琬若、陈香妤参与第三章撰写，刁均峰参与第四章撰写，周潜参与第五章撰写，罗杨洋、陈楠和白晓晶参与第五章撰写，王雯参与第六章撰写。感谢澳大利亚格里菲斯大学王玉萍老师、清华大学教育研究院教育技术研究所刘英群、杨娟、葛文双、姜蔺、黄月、黄浩等人的贡献。感谢优慕课在线教育科技（北京）有限责任公司的支持。

　　当今世界正经历百年未有之大变局，数字化转型成为经济发展新引擎，将引发社会对人才需求变化、人才培养方式变革，促进高等教育和职业教育的数字化转型，混合教学就是转型的一个方面，本书呈现的研究探索是初步的，也存有诸多不足，谨此抛砖引玉。

清华大学教育研究院教育技术研究所近年来连续获得国家社会科学基金教育学课题的资助，除了本书研究获得的课题外，"高职院校信息技术融入技术技能培养的理论及实践研究"获批国家社会科学基金2019年教育学一般课题（负责人：刘英群，课题批准号：BCA190075），"基于系统论的职业院校在线教育体系、模式、评价研究"获批国家社会科学基金2020年教育学一般课题（负责人：周潜，课题批准号：BCA200084），"职业院校'理实一体化'混合教学模式研究"获批国家社会科学基金2021年教育学青年课题（负责人：杨成明，课题批准号：CCA2100254），这些课题的研究成果将编撰为"清华教育技术学国家社科基金课题研究丛书"，今后几年陆续出版。

韩锡斌
2022年7月清华园

目录

第一章　混合教学基础 / 001

第一节　混合教学的缘起与发展 / 002

一、混合教学的缘起 / 002

二、混合教学发展的历史观 / 003

三、混合教学发展的技术观 / 005

第二节　混合教学术语辨析与理论基础 / 008

一、相关概念与术语辨析 / 008

二、混合教学的理论基础 / 015

第三节　混合教学研究综述 / 020

一、混合教学研究文献整体分析 / 020

二、混合教学研究的专题分析 / 026

第二章　混合课程开发及资源建设 / 044

第一节　混合课程的基本特点 / 045

第二节　混合课程开发模式 / 047

一、课程开发的典型模式 / 047

二、在线课程的开发模式 / 051

三、混合课程的开发模式 / 056

第三节　混合课程的设计 / 059

一、确定混合课程的目标 / 059

二、选择混合课程的内容 / 063

三、组织混合课程的内容 / 065

第四节 混合课程数字资源的建设与应用 / 068

一、多媒体课程资源的设计原理 / 068

二、混合课程数字资源的建设 / 075

三、开放教育资源的发展与应用 / 084

第五节 混合课程的评价 / 089

一、课程评价的分析框架 / 090

二、课程评价的主要模式 / 094

三、课程的评价标准及指标 / 101

第三章 混合教学设计与实施 / 110

第一节 混合教学的要素与环节 / 111

一、教学的要素 111

二、混合教学的核心要素及其关系 / 113

三、混合教学的基本环节 / 116

第二节 混合教学设计模型 / 119

一、教学设计模型概述 / 119

二、混合教学设计模型的内涵 / 127

第三节 混合教学设计与课程构建 / 127

一、混合教学设计 / 128

二、混合课程在线部分构建 / 150

第四节 混合教学的实施 / 176

一、混合课程的时间安排 / 176

二、混合教学环境的准备 / 178

　　　　三、混合学习支持服务 / 181

　第五节　混合教学的评价 / 183

　　　　一、学生学习参与情况评价 / 183
　　　　二、目标达成度评价 / 185
　　　　三、学生学习感受评价 / 186
　　　　四、基于学生在线学习行为的学习成绩动态评价 / 187

第四章　教师信息化教学能力及其发展 / 190

　第一节　教师信息化教学能力 / 191

　　　　一、教学能力 / 191
　　　　二、信息化教学能力 / 193

　第二节　教师信息化教学能力标准 / 196

　　　　一、中小学教师信息化教学能力标准 / 196
　　　　二、高校教师信息化教学能力标准 / 199

　第三节　职业教育教师信息化教学能力标准 / 201

　　　　一、信息时代职业教育教师的多重角色特征 / 201
　　　　二、职业教育教师信息化教学能力标准框架 / 205
　　　　三、职业教育教师信息化教学能力评价指标 / 209

　第四节　教师信息化教学能力发展 / 213

　　　　一、教师信息化教学能力发展的概念 / 213
　　　　二、教师信息化教学能力发展模式 / 214
　　　　三、教师信息化教学能力培训迁移模式 / 219

　第五节　培训迁移模式案例分析 / 225

　　　　一、案例实施背景 / 225
　　　　二、培训学习阶段的实施 / 226
　　　　三、教学应用阶段的实施 / 229
　　　　四、信息化教学能力提升效果分析 / 231

第五章 学校系统推进混合教学改革 / 240

第一节 学校系统推进混合教学改革的理论基础与总体框架 / 241
一、学校推进混合教学改革的理论基础 / 241
二、学校系统推进混合教学改革的总体框架 / 244

第二节 学校混合教学改革的实施 / 247
一、制定愿景与规划 / 247
二、构建组织机构 / 250
三、出台政策与规范 / 252
四、构建人员信息化能力发展体系 / 254
五、建立支持服务体系 / 255
六、建设技术支撑环境 / 256
七、形成混合教学改革的文化氛围 / 260

第三节 学校混合教学改革的效果评价 / 262
一、学校混合教学改革的阶段划分与特点 / 262
二、学校混合教学改革效果的评价方法 / 266

第四节 专业层面的混合教学改革 / 271
一、专业层面混合教学改革的内容 / 271
二、信息时代专业人才培养目标的重新定位 / 272
三、信息时代专业人才培养方案的重新设计 / 272
四、专业人才培养方案改革的实施策略与条件保障 / 274

第六章 职业教育混合教学改革 / 278

第一节 职业教育混合教学改革背景 / 280
一、教育现代化进程中职业教育战略地位日益突出 / 280
二、新技术推动职业教育信息化持续深化 / 281
三、产业数字化转型推动"互联网＋职业教育"发展 / 283
四、迈向职业教育混合教学新常态 / 284

第二节　职业教育课程与教学的类型特色 / 285

一、以培养学生岗位职业能力为目标 / 285
二、课程开发基于工作过程 / 287
三、教学以行动为导向 / 291

第三节　职业教育混合教学要素及其关系 / 293

一、职业教育混合教学要素的内涵及特点 / 293
二、职业教育混合教学要素的相互关系 / 298

第四节　职业教育混合教学设计模型 / 299

一、混合课程开发 / 300
二、学习单元混合教学设计 / 301
三、教学设计模型应用示例 / 304

第五节　职业院校混合教学的典型模式及其教学方案 / 310

一、以智力技能培养为核心的混合课程教学方案 / 311
二、以动作技能培养为核心的混合课程教学方案 / 313
三、以感觉和知觉技能为核心的混合课程教学设计 / 319
四、以表达技能培养为核心的混合课程教学设计 / 321
五、职业院校信息化顶岗实习模式 / 323

第六节　技工学校技能培训的混合教学模式 / 324

一、技工学校混合教学改革的背景 / 324
二、技工技能培训的混合教学实施情况 / 325

第七节　企业及社会团体技能培训的混合教学模式 / 326

一、企业培训的混合教学模式 / 326
二、社会团体培训的混合教学模式 / 330

附录 / 333

第一章 混合教学基础

以互联网为基础的各类信息技术正在深刻影响着社会和经济形态,形成了实体物理场所和虚拟网络空间二元共存的混合环境。面授教学和网络化学习也形成了新的二元关系,除了继续完善面授教学、扩展网络化学习之外,还需要探究二元融合对教学产生的深刻影响,由此形成新的教学形态——混合教学。2020年春季,全国普通高等学校和职业院校在新型冠状病毒肺炎疫情防控期间实施大规模线上教学,由此推动了混合教学的广泛应用。本章从混合教学的缘起与发展、混合教学相关概念与理论基础、混合教学研究综述三个方面阐述混合教学研究与实践的基础。本章第一节简短回顾混合教学的缘起,分别从历史观和技术观视角梳理混合教学的发展简况,第二节对混合教学相关术语进行辨析,并概述混合教学的理论基础,第三节对混合教学已有文献进行梳理,呈现该领域的研究现状。

本章思维导图

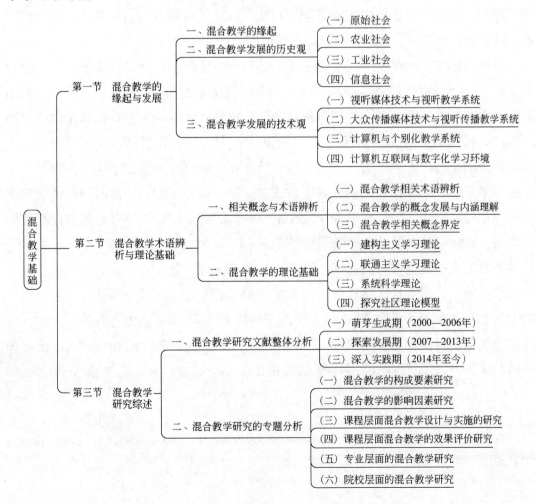

第一节 混合教学的缘起与发展

一、混合教学的缘起

混合教学（国外常用 blended learning）的概念始于企业人力资源培训领域，旨在解决传统面授教学在时间和空间上的限制：学员规模小、时效性差、培训成本高等。一些国际大公司，如 IBM、波音公司等自 20 世纪 60 年代就开始尝试借助传播技术手段突破上述限制，面向几百甚至上千员工进行培训。传播技术在不断创新，包括起初的大型计算机、小型计算机，70 年代的电视媒体，80 年代的 CD-ROM 光盘，直到 21 世纪基于互联网的各种传播方式，混合教学的发展目标依然如初，即突破培训师的人力局限，达到培训效益最大化。[①] 企业员工培训目标直接指向岗位能力和工作绩效的提升，面授教学对工作技能的训练以及企业文化的传承起到不可或缺的作用，因此将基于技术的学习与面对面教学的优势有机结合是企业人力资源培训不断探索的结果，也是混合教学概念的缘起。

随着信息技术的发展，20 世纪 90 年代基于网络的 e-learning 逐渐增多，面对面学习与 e-learning 环境所使用的媒体、方法以及需要满足的对象需求不同，此阶段两种学习方式很大程度上处于分离状态。传统面对面学习发生在以教师为中心的环境中，是人与人的同步现场交互；e-learning 发生在自定步调学习的环境中，是人与资源的交互，人与人之间远程交互。但在 e-learning 方式为学习者提供更加丰富的技术环境、更加便捷的资源获取方式的同时，其约束力弱、即时交互体验感差的弱点也显露出来，人们意识到学生在不受监督的纯网络环境下难以独立地完成学习任务。2000 年，美国教育部向国会提交的《教育技术白皮书》中指出：e-learning 能够更好地实现某些教育目标，但是不能代替传统的课堂教学；e-learning 不会取代学校教育，但是会极大地改变课堂教学的目的和功能。这两个观点体现出：传统的面授教学和 e-learning 各有优劣，在一定程度上可以实现优势互补。2001 年，美国培训与发展协会（American Society for Training & Development）的报告表明，仍有 80% 的企业培训采用传统面授的形式，e-learning 的发展没有达到预

---

① Bersin J. How Did We Get Here? The History of Blended Learning [M]. Chapter one of The Blended Learning Book: Best Practices, Proven Methodologies, and Lessons Learned. New Jersey: Wiley, 2004.

期设想。[①] 该报告显示，e-learning 的发展逐渐陷入低潮，研究者开始总结和反思 e-learning 的实践经验，传统面授教学与 e-learning 相结合的混合教学逐渐受到人们的关注。

基于互联网的传播技术的发展使得在线同步交互像面对面环境一样真实，e-learning 技术的广泛应用很大程度加快了计算机支持的教学元素与传统学习经验的整合。由此，更有效、更灵活的混合教学方式被教育领域的相关学者与实践者应用在教学当中，"混合教学"被作为专有名词提出。此时的混合教学更多地被视为纯面授教学与纯在线教学之间的过渡态，被看作是二者基于信息技术的简单结合，是通过信息技术将部分传统课堂教学"搬家"到网上，或作为"补充"的课外延伸部分。之后，人们对于混合教学的认识也在逐渐发生转变。混合教学逐渐被理解为一种改进课堂教学、提升学习效果的教学形态，越来越多研究者认识到"混合"一词表示"整合""融合"等更加深刻丰富的内涵，而非简单的"加和"，而混合的内容也不局限于面授与在线的环境混合，而是包含教学资源、教学方法、教学环境、教学工具、教学模式等多要素的系统性重构。

当前，信息技术融入教育教学更加深入，尤其自 2020 年起全国各级各类学校在防疫期间开启大规模线上教学，结合了虚拟环境教学与实体环境教学双方优势的混合教学日益受到重视，并在教学实践中得到广泛应用，混合教学成为普通高校和职业院校教育教学新常态已达成共识。

二、混合教学发展的历史观

依据马克思主义的观点，任何社会均由生产力与生产关系、经济基础与上层建筑构成基本框架。教育作为一项社会活动，属于上层建筑，必然受到当时社会生产力尤其是科技进步的影响。影响教育教学形态的最重要科技就是传播技术，它的每次颠覆性发展都深刻改变教育教学。从不同社会传播技术对教育发展的影响来看，混合教学的出现具有其历史必然性。

（一）原始社会

原始社会的教育与生活、劳动相结合，主要传播技术是肢体语言，其使命是维

[①] Anonymous. Astd releases its 2001 state of the industry report[J]. Industrial & Commercial Training, 2001, 33(6): 230.

持人们的群体生存，没有正式教育与非正式教育之分，形成了朴素的泛在教育的形态，具有个别化知识传授的特征。

（二）农业社会

农业社会是以农业生产为主导经济的社会，所形成的农耕文明是人类史上第一种文明形态。原始农业和原始畜牧业、古人类的定居生活等的发展，使人类从食物的采集者变为食物的生产者，实现了第一次生产力的飞跃。农业社会的教育主要采用的传播技术是口耳相传及手工编纂的书籍，由于社会需求的不同，形成了正式教育与非正式教育的区别。农业社会正式教育的主要目的是培养统治阶级所需要的精英人才，形成了官学与私塾的形态，采用集中或分散的方式，教学组织形式以个性化教学为主，没有严格的班级及学年区分。农业社会的非正式教育主要以劳动技能的培养为主，采用农耕情境学习、师徒传帮带等方式。

（三）工业社会

工业社会是在农业社会长久积累的物质和精神财富的基础之上演变而来的，是对农业社会的超越，形成了以工业化为重要标志、机械化大生产占主导地位的工业文明状态。工业社会的教育所采用的传播技术除了口手相传，还包括批量印刷的书籍以及初步的计算机技术。工业社会由于需要大批量的标准化人才，其正式教育由面向精英转向大众，并由此产生了标准化、规模化的学校、学年、班级、课程等概念，以班级授课为主要形式。非正式教育的内容则由农业社会的劳动技能变为工作技能，教学的方式由农耕情境变为工厂情境下的师徒传帮带等。

（四）信息社会

信息社会以电子信息技术为基础、信息资源为基本发展资源、信息服务性产业为基本社会产业、数字化和网络化为基本社会交往方式。在信息社会中，信息成为重要的生产力要素，和物质、能量一起构成社会赖以生存的三大资源。依据不同信息技术在教育领域的应用，可将信息社会的教育发展分为两个阶段。

混合教育阶段：多媒体技术及互联网技术广泛应用于教育。正式教育从工业社会的大众化变为普及化，同时"以学习者为中心"使得正式教育除了保留规模化的特征，还具有了个性化的特征。教学方式从工业社会的纯面授班级授课变为有计划的面授教学和灵活的信息化教学的结合，具有实体物理空间和虚拟网络空间相融合的混合教育形态。

泛在学习阶段：该阶段将云计算、物联网、人工智能、生物计算机技术等新一代信息技术广泛应用于教育。由于物理空间和虚拟空间的深度融合，教育真正满足"人人、时时、处处、事事"的学习需求，使得正式教育与非正式教育无缝融合，从而满足学习者个性化、终身化的学习需求。

回顾教育发展的历史可以看出，技术进步特别是传播科技的进步不断促进人类学习与教育发展，信息社会对工业社会构建的教育体系具有革命性影响，变革是历史的必然，院校教育教学改革进入混合教学新常态，学习方式迈向泛在学习新生态。

三、混合教学发展的技术观

学习是因学习者的经验及与世界的相互作用而导致的。[①] 据此，学习的过程可以分为三个阶段：在第一阶段知识从知识源传递到学习者的大脑中，在第二阶段知识在大脑中进行处理，在第三阶段学习者将学习的结果反馈给知识源（见图 1-1）。第一阶段和第三阶段就是学习者与世界的相互作用，表现形式就是知识在学习者大脑外部的传播过程，因此可以根据外部知识传播时采用的媒体技术的不同对教学进行相应的区分。

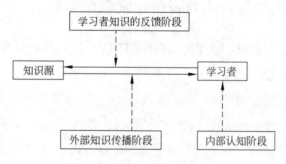

图 1-1　学习过程的三个阶段

从技术的角度看，混合教学强调信息技术深度融入教学，其随着技术特别是传播技术、媒体技术的不断创新也在不断变化。每一种新的媒体和传播技术出现后就增加了一种信息传播的方式，形成了一种新的教学系统，从而对教学产生深刻影响。

---

① M.P. 德里斯科尔. 学习心理学——面向教学的取向 [M]. 王小明，等译. 3 版. 上海：华东师范大学出版社，2007: 9.

（一）视听媒体技术与视听教学系统

视听媒体技术的典型代表是投影机与电影，其对构建视听教学系统的影响体现在以下几个方面。

第一，动态的音像特性使得视听教学系统具有教学内容播放的趣味性，并使学习者产生新奇的体验。如何产生有效的视觉和听觉传达效果依赖于电影技术的发展，电影技术也就成为这类教学系统的一个重要技术基础。

第二，视听媒体材料的制作需要复杂的影像制作知识和技能，而且专业设备都很昂贵，需要专门的电影编导和相关的技术人员来主导制作过程，由此影响了教学者对教学信息传递过程的掌控。

第三，视听媒体材料的独立制作和视听媒体系统单向播放的特性使得学习者无法将学习结果通过系统反馈给教学者，因此视听教学系统常常作为辅助教学媒体在课堂上使用，因此在构建这类教学系统时还需要考虑视听媒体材料教学应用的模式和方法。

第四，视听媒体技术系统易用性、稳定性和经济性等方面的因素影响视听教学系统的实用性。

（二）大众传播媒体技术与视听传播教学系统

大众传播媒体技术主要是无线电广播与电视，其对构建视听传播教学系统的影响体现在以下几个方面。

第一，广播电视这类大众传播媒体的技术特征是声像传播能够覆盖广大区域，它使得视听传播教学系统在保留视听教学系统音像趣味性和新奇体验的同时，对教学内容的传送变得更加便利和经济。视觉或听觉传达技术和广播电视技术同时成为这类系统的技术基础。

第二，广播电视节目制作同样需要专门的编导和相关的技术人员进行支持，教学者无法对教学材料进行自主制作和随时调整。

第三，虽然视听媒体材料广播电视系统也具有单向播放的特性，但这类系统具有实况转播的能力，因此即使学习者无法将学习结果通过该系统反馈给教学者，他们在观看直播教学节目的同时，还可以通过其他技术手段如电话等与教学者进行实时互动。后来发展起来的视频会议系统也解决了实时反馈的问题。

第四，广播电视技术系统的易用性、稳定性和经济性等方面的优势大大增强了视听传播教学系统的实用性。如广播电视节目录制和播放设备的家庭化大大推动了这类系统的日常教学应用。又如，在互联网和移动通信网络广泛应用的今天，广播电台还是以其便利的接近性和经济性仍然在信息传播中占有不可替代的位置。

（三）计算机与个别化教学系统

不同于其他技术最早并非用于教学，20 世纪 20 年代中期出现的教学机器是专门为了教学而产生的，被称为"教学机器运动"，由此产生了程序化、个别化教学系统。[①] 随着技术的发展，个别化教学系统从机械的、电动机械的系统发展到完全数字化的计算机系统。计算机对构建个别化教学系统的影响体现在以下几个方面。

第一，计算机能够存储并处理文字、图形图像、音频、视频、动画等多媒体信息。但是处理的技术方式与传统的广播电视不同，因此计算机多媒体技术成为这类系统的技术基础之一。

第二，计算机教学软件需要专门的计算机技术人员和教学设计人员进行合作开发，计算机硬件和软件技术成为这类系统的另一个技术基础。与广播电视节目和视听媒体材料制作相比，计算机软件的设计要复杂得多。

第三，计算机软件系统具有人机交互的功能，学习者能够在学习的同时将结果即时反馈给教学系统，因此基于计算机的个别化学习系统可以作为独立的知识源，在没有教学者的情况下给学习者"教授"知识并及时评价学习者的学习效果。由于个人计算机之间的独立性，教学软件都是在每个学习者的计算机中运行，因此教学者无法在自己的计算机中获得学习者的学习情况，也无法通过系统及时指导学习者的学习活动。学习者之间也无法通过系统进行互动和共享。

第四，随着个人计算机的日益普及，基于计算机的个别化学习系统发展为计算机辅助教学，个人计算机各种廉价的外部存储设备也使得教学软件的传播更加方便和经济，大大增强了这类系统的实用性。

（四）计算机互联网与数字化学习环境

与计算机个别化教学系统相比，互联网数字化学习环境多了一个将学习者和教学者的个人计算机连在一起的互联网。互联网将信息处理能力极强的计算机连在一起，既具备了教学内容多媒体展示的能力，又具备了程序化教学的自主交互能力，还具备

---

① Molenda M. Historical Foundations[M]. The Third Edition of the Handbook of Research on Educational Communications and Technology, 2007: 12.

了大众传播媒体跨地域的信息传播能力，因而在教学中已经成为主流的技术设施。

Web 2.0 技术和移动通信设备的发展导致互联网的技术架构、应用模式发生了巨大的变化，网络用户具有同等的权限使得每个个体可以同时具有学习者和教学者的角色，也使得这类教学系统成为名副其实的数字化学习环境，在这个环境中学习者不仅可以获得丰富的学习资源，更重要的是能够进行人际的广泛交流，另外移动网络和移动终端的普及应用使得基于互联网的教学系统和人（学习者和教学者）的信息传播方法日益丰富和多样化。人机界面涉及的技术也趋向多样化、复杂化。

计算机互联网及移动技术对构建数字化学习环境的影响体现在以下几个方面。

第一，计算机互联网和移动网络同样能够存储并处理文字、图形图像、音频、视频、动画等多媒体信息，但是由于网络带宽的限制，在多媒体呈现的方式选择方面要考虑这种技术的特性。计算机互联网、移动网络及其软件技术成为这类系统的重要技术基础。

第二，社交软件使得网上资源传递和信息交流自主化、个人化，每个学习者都可以发布学习资源和学习感想，与他人随时交流。但是具有特定教学功能的网络教学软件依然需要专业人员进行设计和开发。

第三，计算机互联网不仅支持人机交互，更重要的是支持人际交流，由此形成的基于互联网的数字化学习环境中存在众多知识源，这些知识源有可能存在于互联网浩瀚的信息海洋之中，也可能存在于"地球村"的茫茫人海之中。学习者能够通过这个数字化学习环境将学习结果立即反馈到系统中，也可以作为教学者对其他学习者的学习结果进行再反馈。

第四，随着个人计算机尤其是移动终端的日益普及，对校园内和校园外学习、终身学习和生活中不同形式学习的整合进行了全方位的支持。

第二节　混合教学术语辨析与理论基础

一、相关概念与术语辨析

（一）混合教学相关术语辨析

混合教学的术语比较多，在英文中有 blended learning、hybrid learning、mixed mode learning 等[1]，有些术语的内涵更广，如借助技术的教学（technology-mediated

---

[1] Martyn M. The hybrid online model: Good practice[J]. Educause Quarterly, 2003: 8-23.

instruction）、网络增强的教学（web-enhanced instruction）等。[①] 牛津英语词典对 blend 的定义为 to mix, mingle;esp.to unite intimately, so as to form a uniform or harmonious mixture，即将一种物质与另一种物质紧密地融合，以形成均匀或和谐的结合体。韦氏大辞典把 blend 定义为 to produce a harmonious effect，即强调混合要产生和谐的效果。不同的研究者对混合教学的具体定义也不尽相同，但在各种关于混合教学的定义中仍然可以看到很多共同之处，即混合教学都被视为面对面教学和在线学习的结合，其特点是以技术为媒体，某种程度的时空分离，都会包含各种"混合"的元素，强调在课程设计和课程教学中与"技术"，尤其是"网络技术"进行混合或融合。中文表述中，采用"混合学习"还是"混合教学"来自对 blended learning 进行翻译时所基于学习者视角还是教学者视角。学习者视角的"混合学习"指选择与自身知识基础、学习风格相匹配的技术、工具、媒体、教材等资源，从而达成学习目标；教学者视角的"混合教学"指组织和分配适宜的可用资源（技术、工具、媒体、教材等），从而达成教学目标。[②] 二者的根本目的是一致的，均为"促进学生学习，提高学习效果"。

　　Blended learning 传入国内之初，国内有学者将其译为"融合性学习"，意指"教师和学生在教学活动中，将各种教学方法、模式、策略、媒体、技术等按照教学的需要娴熟地运用，以达到一种艺术的境界"，即"为了达成某种教学目标对教学要素进行优化选择和组合"。[③] 究其本质，这一定义与"混合教学"的定义如出一辙，并无明显差异。但在后续国内传播过程中，更多研究者采用"混合教学""混合学习""混合式教学"等说法，对"融合性学习""融合性教学""融合式教学"的词语使用频率相对较低。2020 年秋季，防疫期间日常课堂教学满足线下实体教室中学生学习的同时，还需要兼顾未能返回校园的同学开展线上学习，"融合式教学"一词再次回到大众视野，被用于形容教学空间（现场、远程）上的混合，实现同步学习与异步学习的混合。[④] 从概念理解而言，此阶段关于"融合式教学"的内涵阐述依旧与 blended learning 的定义相符。融合式教学的典型教学场景体现为：课堂内教师充分利用技术环境，使位于不同空间的线上与线下的学生融合交互，既满足现场与远程学生的同步教学活动，也可安排线上资源开展基于网络的异步教学活动。这无疑是对"面授与在线灵活组合以发挥教学效果最优化"的 blended learning 的一种

[①] Bliuc A M, Goodyear P & Ellis R A. Research focus and methodological choices in studies into students' experiences of blended learning in higher education[J]. The Internet and Higher Education, 2007, 10(4): 231-244.

[②] Fitzgerald M A, Orey M & Branch R. Educational Media and Technology Yearbook 2003, Volume 28[M]. Libraries Unlimited, 2003.

[③] 陈卫东，刘欣红，王海燕. 混合学习的本质探析[J]. 现代远距离教育，2010, 131(5): 30-33.

[④] 于歆杰. 从交互到融合：新冠肺炎疫情的高等教育应对之策[J]. 中国电机工程学报，2020,40(20): 6411-6418.

典型应用。因此，无论是疫情后再次出现的"融合式教学"，还是 2004 年即有学者采用的"融合性学习"一词，与"混合教学"并不存在明显的概念差异。

混合课程是混合教学对应传统课程、网络辅助课程、在线课程而衍生出来的概念，可视为开展混合教学的课程。例如，斯隆报告根据在线传授内容所占的比例，将课程分为传统课程（0）、网络辅助课程（1%~29%）、混合课程（30%~79%）和在线课程（80%以上）四种不同课程类型。[①]

本书作者团队基于系统论视角，从课程、专业、学校三个层面全面认知混合教学，将其视为包含学习者、教学者、教学内容、技术、学习支持、机构六个要素的复杂系统，而非单纯着眼于课程教学层面。[②]由此提出混合教育的指向，即面向数字化知识经济时代，基于学习科学、教学技术、课程论与教学论、信息科学等理论和方法，对传统面授教学和数字化教学进行重构和创新，推动基于课程、专业和办学机构的多层面系统改革，持续提升人才培养的质量和效率。[③]

综上所述，本书将根据具体语境需要，分别采用混合教学、混合学习、混合课程、混合教育等不同的术语。

（二）混合教学的概念发展与内涵理解

不同研究者对于"混合教学"的概念具体表述存在差异，达成一致的是：这一名词在信息技术发展之前即存在，如不同教学理论的混合、不同教学方法的混合，但被作为专有名词提出是伴随信息技术融入教育教学的发展而来的。最初混合教学被描述为"在线教学与面授教学的混合，以发挥各自的优势"，[④]后来又出现其他的表述，如"将面对面教学与基于计算机的教学相结合的系统"[⑤]"传统面对面环境与技术支持环境的不断融合"[⑥]"课堂学习与在线学习的整合"[⑦]"将基于互联网和数字媒体的

[①] Allen I E，Seaman J. Sizing the Opportunity: The Quality and Extent of Online Education in the United States, 2002 and 2003[J]. Sloan Consortium (NJ1), 2003, 36(23): 659-673.

[②] Wang Y, Han X & Yang J. Revisiting the Blended Learning Literature: Using a Complex Adaptive Systems Framework[J]. Educational Technology & Society, 2015, 18 (2), 380-393.

[③] 韩锡斌，等. 迎接数字大学：纵论远程、混合与在线学习——翻译、解读与研究[M]. 北京：清华大学出版社，2016: 323.

[④] Garrison D R & Kanuka H. Blended learning: Uncovering its transformative potential in higher education[J]. Internet and Higher Education, 2004,7(2): 95-105.

[⑤] Bonk C J & Graham C R. The handbook of blended learning environments: Global perspectives, local designs[M]. San Francisco: Jossey-Bass/Pfeiffer. 2006: 5.

[⑥] Graham C R. Blended learning systems: Definition, current trends, and future directions[M]. //Bonk C J, Graham C R, eds. The handbook of blended learning: Global perspectives, local designs San Francisco, CA: Pfeiffer, 2006: 56.

[⑦] Strayer J. How learning in an inverted classroom influences cooperation, innovation and task orientation[J]. Learn Environ Res, 2012, 15: 171-193.

学习与需要师生共处一室的传统面授教学相结合的教学形态"① "到教室的面授教学与不到教室的线上教学的整合"②③ "传统实体教室与虚拟环境相结合以整合在线学习优势的一种教学方法"④ 等。可以看出，混合教学不仅是面授教学与在线教学的结合，还包含对学习时间、学习地点、学习环境、学习活动等方面进行灵活规划，更为重要的是强调技术支持下的教学与面授教学进行整合的前提是通过有目的、有计划的设计，而非简单地把技术用于传统课堂。

混合教学概念被引入国内时，伴随着教学观念从"以教为中心"到"以学为中心"的转变，对建构主义、联通主义等学习理论的不断认识，混合教学被赋予了新的内涵，如"把传统学习方式的优势和 e-learning 的优势结合起来，既要发挥教师引导、启发、监控教学过程的主导作用，又要充分体现学生作为学习过程主体的主动性、积极性与创造性"⑤ "混合学习可以看作面对面的课堂学习和在线学习两种方式的有机整合。混合学习的核心思想是根据不同问题、要求，采用不同的方式解决问题，在教学上就是要采用不同的媒体与信息传递方式进行学习，而且这种解决问题的方式要求付出的代价最小，取得的效益最大"⑥ 等。这些内涵的拓展强调了混合教学的本质在于发挥二者的优势以取得优于单一面授教学或单一在线学习的学习效果，而非仅在传统课堂教学中增加线上学习成分即认为是混合教学的认识误区。

混合教学不仅仅体现为"面授 + 线上"的形式，更重要的是在系统观指导下，教学环境、教学媒体、教学理论、教学内容、教学模式等多种要素的混合，包含：教学方法（如建构主义、行为主义、认知主义等）的混合；任何一种教育技术（如视听媒体）与面对面课堂教学的混合；教学与实际工作任务的混合；各种网络技术的混合（如虚拟课堂、流媒体视频）等。⑦ 也有学者认为混合学习的重点不在于混合哪些要素，而应关注如何混合从而实现教学效益最优化，具体体现为如何同时发挥教师的主导作用与学生的主体作用，回答"何时、为何人、以何种媒体、提供何种学习内容"⑧ 由 Singh 和 Reed 所提出的五个"适当的"可视为对"如何混合"的

---

① Friesen N. Report: Defining Blended Learning [DB/OL]. 2012, http://learningspaces.org/papers/Defining_Blended_Learning_NF.pdf.
② Pereira J A, Pleguezuelos E, Merí A, et al. Effectiveness of using blended learning strategies for teaching and learning human anatomy[J]. Medical education, 2007, 41(2): 189-195.
③ 迈克尔·霍恩, 希瑟·斯特克. 混合式学习：用颠覆式创新推动教育革命 [M]. 北京：机械工业出版社, 2015: 33-36.
④ Akkoyunlu B & Soylu M Y. A Study of Student's Perceptions in a Blended Learning Environment Based on Different Learning Styles[J]. Educational Technology & Society, 2008, 11 (1): 183-193.
⑤ 何克抗. 从 Blending Learning 看教育技术理论的新发展（上）[J]. 电化教育研究, 2004(3): 1-6.
⑥ 李克东, 赵建华. 混合学习的原理与应用模式 [J]. 电化教育研究, 2004 (7): 1-6.
⑦ Driscoll M. Blended learning: let's get beyond the hype[J]. IBM Global Services, 2002: 1-3.
⑧ 祝智庭, 孟琦. 远程教育中的混和学习 [J]. 中国远程教育, 2003(19): 30-34, 79.

一种回应,也是混合教学的核心理念,即将"适当的"教学技术与"适当的"个人学习相匹配,在"适当的"时间将"适当的"技能传递给"适当的"对象,从而取得最优化学习效果的教学方式。[①] 这一理念的要义是:要最终聚焦学习目标而不是传递方法,要满足多种不同的个人学习风格,每个人都会将不同的知识融入学习经验中,及时提供学习者需要的内容。

综上,混合教学的概念内涵体现出从聚焦物理空间到关注教学特性的转变。混合教学在形式上体现为传统面授教学和网络教学的优势结合,实质上要在系统观指导下,将教学方法、媒体、模式、内容、资源、环境等各种教学要素优化组合,以达到优化教学的目的。

(三)混合教学相关概念界定

1. 混合课程及资源的相关概念界定

- **课程**:为了达到培养目标所需要的全部教学内容与教学计划。
- **面授课程**:课程内容主要通过面对面的方式传授,教学中没有使用基于网络的技术。
- **网络辅助课程**:课程内容传授中使用了基于网络的技术,但只是作为面授教学的补充,仍沿用传统教学模式。
- **混合课程**:课程内容以网络和面授相结合的方式传授,教学模式得以重构。
- **在线课程**:课程的大部分或全部内容通过在线方式完成(在线传授内容所占的比例在 80% 及以上),通常没有面对面的交流。
- **网络课程**:网络辅助课程、混合课程和在线课程的统称。
- **课程设计**:一定的课程开发群体或个人,根据各自的价值取向,按照一定的课程理念,通过特定的方式,组织、安排课程的各种要素或成分的过程。
- **混合课程设计**:在虚实融合环境下根据课程理念对课程要素进行重新组织与安排的过程。
- **课程开发**:完成一项课程计划的整个动态过程,包括确定课程目标、选择与组织课程内容、实施与评价课程。
- **模式**:主体行为的一般方式,是理论和实践的中介环节。
- **课程开发模式**:在理论指导下,基于课程实践提炼总结用以指导完成课程开发过程的操作方法。

---

① Singh H, Reed C, Software C. A White Paper: Achieving Success with Blended Learning[J]. Centra Software Retrieved, 2001, 12: 206-207.

- **课程目标**：课程本身要实现的具体目标，是期望一定教育阶段的学生在发展德、智、体等方面达到的程度。
- **课程内容**：根据特定的教育价值观和课程目标，有目的地从人类的知识经验体系中选择出来，并按照一定的逻辑序列组织、编排而成的知识体系和经验体系的总和。
- **课程组织**：在一定的教育价值观的指引下，将所选出的各种课程要素妥善地组织成课程结构，使各种课程要素在动态运行的课程结构系统中产生合力，以有效地实现课程目标。
- **课程资源**：指一切能够运用到教学活动中、促进教学活动更好开展的各种条件和材料。
- **教学资源**：广义的教学资源是一系列提供学习、支持学习和改善学习的事物的总称，它不仅包括学习内容和学习资料，还包括人、媒体、策略、方法以及环境条件等因素；狭义的教学资源指学习内容和学习材料。
- **数字化教学资源**：是指经过数字化处理、可以在计算机上或网络环境下运行的多媒体教学内容、材料及软件工具。

2. 混合教学设计与实施的相关概念界定

- **混合教学**：是将基于互联网和数字媒体的学习与需要师生共处一室的面授教学相结合的教学形态。其深层次的内涵是在实体和虚拟二元融合的环境中，教学的核心要素包括对目标、内容（资源）、媒体、方法、评价、教学团队等进行重构，以达成特定条件下的最优化学习效果。
- **教学设计**：一个系统化规划教学系统的过程，将学习理论与教学理论的原理转换成对教学目标、教学内容、教学活动和教学评价等环节进行具体计划、创设教与学的系统"过程"和"程序"。
- **混合教学设计**：为实现特定教学目标，将面授教学的优势与网络教学的优势相融合，对教学活动序列及其方法策略进行设计，从而形成多个变量混合的教学方案的系统化过程。
- **教学设计模型**：在教育研究中或在解释教育现象时，"模型"常作为简化的方式来描绘教育事件或过程的解释性框架。教学设计模型即教学设计理论的一种表征，用以描述教学设计过程。
- **混合教学设计模型**：用以描述混合教学设计过程的一种理论框架，描绘了教学设计的思路与过程。
- **学习活动**：指学习者以及与之相关的学习群体（包括学习伙伴和教师等）为了完成特定的学习目标而进行的操作总和。

- **教学策略：** 指关于有效解决教学问题的方法、技术的操作原则与程序的知识。
- **混合教学策略：** 指面向混合教学情境所采用的信息化教学策略。
- **教学模式：** 可视为对真实教学情境所具备的特色的一种综合性判断或总结，是联结教学理论与教学实践的中介。最早由乔伊斯和韦尔于1972年提出，[①] 发展至今形成了多种不同视角的概念表述，包括行为范型说、结构层次说、系统要素说、层次中介说、方法系统说等。[②③]
- **混合教学模式：** 是指在混合教学思想、学习理论和教学理论指导下，在混合教学环境中，教学系统各要素在时间上的动态展开形成的较为稳定的教学活动安排。

3. 混合教学评价的相关概念界定

- **评价：** 对客体满足主体需要程度的价值判断。
- **教育评价：** 对教育过程和结果的描述和价值判断。在全面、真实、系统、科学地收集、整理、处理信息的基础上，旨在为决策提供有用信息、促进教育改革、提高教育质量。
- **教学评价：** 以教学目标为依据，制定科学的标准，运用一切有效的技术手段，对教学活动过程及其结果进行测定、衡量，并给以价值判断，从而为教育决策提供依据，以及改进教育服务的过程。
- **混合教学评价：** 以混合教学目标为依据，制定科学的标准，运用一切有效的技术手段，对混合教学活动过程及其结果进行测定、衡量，并给以价值判断，从而为混合教育决策提供依据，以及改进混合教育服务的过程。
- **课程评价：** 系统地运用科学方法，对课程的过程和产物，收集信息资料并作出价值判断的过程。[④]
- **混合课程评价：** 对混合课程方案、实施过程及结果的描述与价值判断。
- **课程评价模式：** 在一定的评价理论、价值观念的指导下，对课程评价的各个要素所做出的整体性的说明和规定。[⑤]
- **评价标准：** 对所评价对象的功效的数量和质量进行价值判断的准则和尺度。[⑥] 需要具备两个要素：指标体系和评价基准。其中，评价指标体系是评价目标的具体化，评价基准是区分被评价对象不同表现水平的临界点。

---

① 布鲁斯·乔伊斯, 玛莎·韦尔, 艾米莉·卡尔霍恩. 教学模式 [M]. 8 版. 北京：中国人民大学出版社, 2020.
② 万伟. 三十年来教学模式研究的现状、问题与发展趋势 [J]. 中国教育学刊, 2015(1): 60-67.
③ 晋银峰. 改革开放 40 年我国中小学教学模式研究 [J]. 课程·教材·教法, 2018,38(11): 53-59.
④ 钟启泉. 课程论 [M]. 北京：教育科学出版社, 2007: 299.
⑤ 钟启泉. 课程论 [M]. 北京：教育科学出版社, 2007: 307-308.
⑥ 顾明远. 教育大辞典（增订合编本）[M]. 上海：上海教育出版社, 1988: 2808.

- **评价指标**：是对评价目标的一个方面的规定，是具体的、可测量的、行为化和操作化的目标。
- **评价工具**：评价活动中收集信息资料、反馈数据的具体手段。通常根据评价的目的、对象和阶段，选用相应的工具。[①]

4. 教师信息化教学能力发展的相关概念界定

- **教学能力**：是个体顺利完成教学活动的前提，并直接影响教学活动效率的心理特征，是在特定学科的教学活动中表现出来的一种特殊的职业能力，有学者将教学能力划分为传授知识、组织教学和处理人际关系三个维度。
- **信息技术能力**：教师信息与通信技术能力，用来描述诸如计算机操作技能、安装维护、文字处理、网络技能等信息技术能力，设计学习环境、课程资源等技术与课程教学整合能力视为教师信息技术能力。[②]
- **教师信息化教学能力**：信息时代教师利用信息技术实施与优化教学的能力。[③]
- **教师培训模式**：在一定的培训理论指导下，为达到特定的培训目标，培训者、受训者、培训内容、培训方式、管理机制等诸要素之间形成的结构及其运作机制。[④]
- **培训迁移**：学习者在工作中有效应用在培训情境中习得的知识、技能与态度。[⑤]

二、混合教学的理论基础

混合教学的设计与实施均以相关理论作为基础，涉及教学理论、学习理论、传播理论、系统科学理论等多方面的理论。本书研究团队对混合教学相关文献提及的理论做了整理（见图 1-2），图中理论名称的字号越大表示该理论被提及频次越高。除了已被大家所熟知的行为主义学习理论、认知主义学习理论、建构主义学习理论、人本主义学习理论以及教育传播理论之外，基于信息技术发展而催生出的联通主义学习理论也愈加受到重视，基于这些教与学的理论所发展的探究社区理论模型、情境认知理论、活动理论、掌握学习理论、媒体选择定律等也经常被用于指导混合教学设计与实施。系统论得到高度关注，也从一个方面证明混合教学是个多要素构成的系统，需要借助系统科学理论加以研究。

---

① 顾明远. 教育大辞典（增订合编本）[M]. 上海：上海教育出版社，1988: 2808.
② 葛文双，韩锡斌. 数字时代教师教学能力的标准框架 [J]. 现代远程教育研究, 2017,No.145,61-69.
③ 葛文双. 高校教师信息化教学能力结构框架的研究与培训应用 [D]. 北京：清华大学，2017.
④ 朱旭东. 教师学习模式研究 [M]. 北京：北京师范大学出版社, 2017: 272.
⑤ Newstrom J W. Leveraging Management Development through the Management of Transfer[J]. Journal of Management Development,1986,5(5): 33-45.

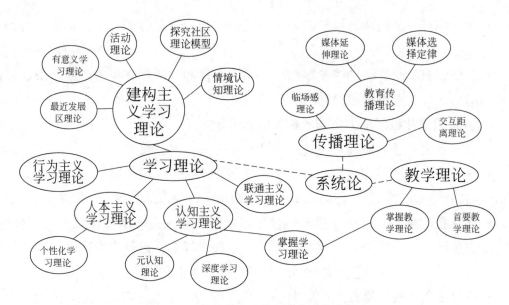

图 1-2　混合教学常用的理论基础的分布图

本节将对建构主义学习理论、联通主义学习理论、系统科学理论、探究社区理论模型进行逐一说明。在混合课程构建与教学设计阶段所涉及的指导性理论（例如，如何运用"媒体选择定律"指导混合课程资源建设，如何运用"活动理论""认知信息加工理论"等形成混合教学的设计策略等），可参见第二章或第三章。

（一）建构主义学习理论

建构主义学习理论最早由瑞士心理学家皮亚杰（Piaget）于 20 世纪 60 年代提出，[1] 认为学习并非直接从外界获得，而是学习者与周围环境相互作用中逐步建构起对于外部世界的认知，在已有认知与周围环境融合的过程中使自身的认知结构得到发展。"情境""意义建构""协作"和"会话"是建构主义学习环境的四大要素：①学习者需要在具体的物理环境和社会情境中进行学习，而无法在脱离具体活动的情境中习得概括化、抽象化的知识并将其灵活应用于多变的社会情境中；②知识建构是积极表达和反思过程的结果，需要学习者面对一定真实而复杂的情境，基于先验知识做出自己的解释，而非直接接受来自教师的经验或内容解释；③学习需要社会共同体的协作与交互，便于学习者在相互交流过程中获取新思路或修改已有的知识结构；④会话来自协作过程，通过会话了解彼此的学习起点、学习目标、学习计

---

[1] 何克抗. 新型建构主义理论——中国学者对西方建构主义的批判吸收与创新发展 [J]. 中国教育科学（中英文），2021,4(1): 14-29.

划及对应的效用，在此基础上进行有意义的学习过程。[1]

建构主义学习理论强调知识由学习者主动建构，强调学习者的主动性与交互作用，并关注有利于学习者意义建构的学习环境的创设，信息技术的发展为建构主义学习理论所倡导的这些理念提供了技术支持，建构主义同时为信息化教学提供了理论支撑。[2] 混合教学作为信息化教学的一种典型方式，建构主义学习理论对其指导意义体现在：更加丰富便捷的技术与资源能够为学习者创设更加真实、复杂、多样的情境，充分利用线上教学环境所带来的问题情境真实多元、信息呈现方式生动多样等优势的同时，整合面授教学，从而避免纯线上学习环境中海量信息所可能导致的学习者信息迷航与认知负荷，[3] 并通过线上与面授不同环境的灵活搭配，支持学习者采用更适宜的方式开展协作探究与意义建构，促进学习有效发生。

（二）联通主义学习理论

联通主义学习理论（又名关联主义、连接主义），是西门子（Siemens）于2005年提出的适用于数字时代发展特征的学习理论。[4] 联通主义学习理论认为无论个体还是社会都具有网络特性，知识存在于连接建立的过程中，学习活动是为了促进知识流通，知识在交替流动过程中不断更新、随着环境和情境的变化而发挥新的作用。知识分为被认可的硬知识与发展变化的软知识两种，联通主义所学习的是软知识，具有动态性（知识处于变化中）、内隐性（知识处于情境中）、生长性（网络中的知识通过与其他节点连接而保持更新）的特点。[5] 联通主义强调知识并非对已有信息的重复，而是基于对复杂、碎片化、分布式的信息加以理解的基础上，通过个体构建网络信息节点的连接，保持知识在复杂信息环境中的有机生长。

联通主义学习理论强调学习的动态性、网络化与社会化，对学习的认知更符合互联网时代的学习特点，认为知识是具有关联性的网络整体，学习发生在连接建立和网络形成的过程中。而混合教学发生场所包含虚拟环境，资源碎片化，易于导致知识处于分散状态。联通主义学习理论对混合教学的指导意义在于，大规模、网络化、社会化的线上交互活动可以帮助学习者在复杂、动态的网络信息中找到关键结点；并通过有效的线下活动，实现虚拟环境与实体环境中的教学内容与呈现方式相互关

---

[1] Jonassen D, Davidson M, Collins M, et al. Constructivism and Computer-Mediated Communication in Distance Education[J]. American Journal of Distance Education, 1995, 9: 7-26.
[2] 何克抗. 关于建构主义的教育思想与哲学基础——对建构主义的反思 [J]. 中国大学教学, 2004(7): 15-18, 23.
[3] Raes A & Schellens T. The effects of teacher-led class interventions during technology-enhanced science inquiry on students' knowledge integration and basic need satisfaction[J].Computers & Education, 2016: 92-93, 125-141.
[4] Siemens G. Knowing Knowledge[M]. Lulu.com, 2006.
[5] 王志军, 陈丽. 联通主义学习理论及其最新进展 [J]. 开放教育研究, 2014,20(5): 11-28.

联,促进学习者与关键节点的深层次交互与意会。①

(三)系统科学理论

系统科学理论是对系统的科学研究而形成的理论,其中的核心理论——系统论由美国理论生物学家贝塔朗菲(Bertalanffy)于20世纪50年代正式提出,该理论是将所研究和处理的对象当作一个系统,分析其结构与功能,并研究系统、要素与环境之间关系的思维方式。② 该理论的代表性人物钱学森提出,系统是"由相互作用和相互依赖的若干组成部分结合成的具有特定功能的有机整体,这个系统又是从属于更大系统的组成部分"。③ 教育系统以促进学生的发展为核心,可视为课程、教学、教师发展、技术环境、组织管理等多个子系统整合的复杂系统,子系统是由内部多个要素整合而成的有机体,彼此之间存在复杂的相互作用、相互依赖的关系。混合教学可被视为教育系统下的一个子系统,内部包含了学习者、教学者、内容、技术、学习支持和机构六项要素(见图1-3)。④

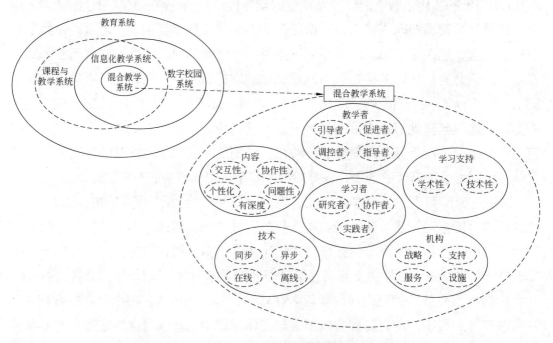

图1-3 混合教学系统框架图

---

① 冯晓英,孙雨薇,曹洁婷."互联网+"时代的混合式学习:学习理论与教法学基础[J].中国远程教育,2019(2): 7-16, 92.
② 冯·贝塔朗菲.一般系统论:基础、发展和应用[M].林康义,魏宏森,译.北京:清华大学出版社,1987.
③ 钱学森,等.论系统工程[M].长沙:湖南科学技术出版社,1986: 10.
④ Wang Y, Han X & Yang J. Revisiting the Blended Learning Literature: Using a Complex Adaptive Systems Framework[J]. Educational Technology & Society, 2015, 18 (2): 380-393.

混合教学系统的要素之间相互联系与相互制约，通过要素的选取与组合实现混合教学环境下学生发展的核心目标。混合教学的实施过程中，需要综合考虑要素的完备性与协调性，平衡混合课程动态组合的灵活性与结构层次的稳定性，实现混合教学目标、内容、活动与评价具备适切性、协同性与一致性，形成聚焦明确教学目标、选用适当信息化手段、各要素卯榫组接与多维耦合的混合课程。

（四）探究社区理论模型

探究社区理论模型（community of inquiry，COI）由加拿大学者 Garrison、Anderson 和 Archer 于 2001 年提出，[1] 以建构主义理论为指导，是网络技术应用到教育领域的产物。该理论认为学习发生在通过中介的信息交换中，主要基于两个观点：学习共同体和探究。每一个学校都是一个学习社区或者学习共同体，学习共同体重视教育的社会性属性以及交互、合作、对话对知识建构的作用；探究反映了意义建构过程。探究社区理论模型提出在线学习社区中影响学生学习成效的三种关键要素——社会临场感、教学临场感和认知临场感，并指出只有三种临场感要素均达到较高水平时有效学习才会发生。[2] "临场感"指通过人际社区产生的一种存在或身份的感知，其中社会临场感指在可信赖的环境中，学习参与者通过展现个人特质和有目的的沟通，对发展人际关系的感知；认知临场感指学习者通过持续的反思和对话，获得意义建构与理解的感知；教学临场感指学习者对教师或部分学习者通过设计组织教学活动、促进对话和直接指导，帮助其获取有价值的学习效果的感知。[3]

通过探究社区理论模型中社会临场感、教学临场感和认知临场感三个要素之间的交叠（见图1-4），为在线教学过程中有效教师活动提供了参照，也成为很多研究者开展混合教学设计与组织的理论基础。[4] 已有研究者还常常基于三种临场感在探究社区中的角色，设计相应的评估框架与观测指标，基于测量结果了解教师在混合教学实施的阶段与特点，[5] 从而有针对性地提供混合教学策略。常用的混合教学活动包

---

[1] Garrison R, Anderson T & Archer W. Critical Inquiry in a Text-Based Environment: Computer Conferencing in Higher Education [J]. Internet & Higher Education, 1999, 2(2-3): 87-105.

[2] Garrison D R, Anderson T, Archer W. Critical Thinking, Cognitive Presence, and Computer Conferencing in Distance Education[J]. American Journal of Distance Education, 2001(1): 7-23.

[3] 万力勇，大卫·斯坦，谢魁. 探究社区理论框架研究二十年：回顾与展望 [J]. 开放教育研究,2020,26(6): 57-68.

[4] Ma J, Han X B, Yang J, et al. Examining the necessary condition for engagement in an online learning environment based on learning analytics approach: The role of the instructor[J]. The Internet and Higher Education, 2015,24: 26-34.

[5] Han X B, Wang Y P & Jiang L. Towards a framework for an institution-wide quantitative assessment of teachers' online participation in blended learning implementation[J]. The Internet and Higher Education, 2019, 42, 1-12.

含：设置氛围（社会临场感与教学临场感的交叠）、支持对话（社会临场感与认知临场感的交叠）、选择适宜混合教学的内容（教学临场感与认知临场感的交叠），强调关注师生交互、合作、反馈、以学习者为中心等进行教学设计，实现高质量的混合学习。

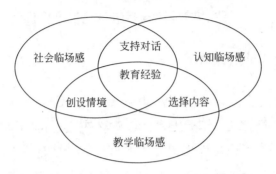

图1-4　探究社区理论模型要素及其关系图

第三节　混合教学研究综述

本节首先按照时间顺序呈现混合教学研究的整体发展情况，然后从混合教学的构成要素、影响因素、课程层面混合教学设计与实施以及效果评价、专业层面与院校层面混合教学研究等方面，呈现混合教学的研究现状，并基于此提出混合教学后续研究的可能方向。

一、混合教学研究文献整体分析

混合教学的第一篇中文文章发表于2003年，因此选择中国知网所收录的2003年1月至2021年4月的中文期刊文章与中文学位论文，并选择Web of Science收录的2021年4月及之前的英文期刊论文，检索方式及检索结果如表1-1所示，共查询到中文期刊文章25114篇、中文学位论文1253篇、英文期刊文章5494篇。

表1-1　"混合教学"研究检索方式与检索结果一览表

样本类型	中文期刊文章	中文学位论文	英文期刊文章
检索的文章总体数量	25114篇	1253篇	5494篇
检索来源	中国知网		Web of Science

续表

检索方式	SU='混合教学'+'混合学习'+'混合式教学'+'混合式学习'+'混和学习'+'混和教学'+'融合式教学'+'融合式学习'+'混合课程'+'混合式课程'+'融合式课程'+'blended learning'+'blending learning'+'hybrid learning'+'flexible learning'+'混合学习算法'	TS=("blended learning" or "blending learning" or "blended instruction" or "blended teaching" or "blended course" or "blended environment" or "blended class" or "blended program") OR TS=("hybrid learning" or "hybrid instruction" or "hybrid teaching" or "hybrid course" or "hybrid environment" or "hybrid class" or "hybrid program") OR TS=("flexible learning" or "flexible instruction" or "flexible teaching" or "flexible course" or "flexible environment" or "flexible class" or "flexible program")
时间范围	2003.1—2021.4	2021年4月及之前
其他限定	无	检索类型：论文（article）；研究领域：教育研究、心理研究

中文期刊文章、中文学位论文和英文期刊文章每年发文量整体都呈现出上升趋势（见图1-5~图1-7），显示出该主题日益受到研究者的关注。

图1-5　2003—2020年中文期刊文章逐年发文趋势图

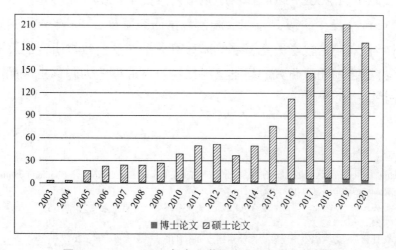

图1-6　2003—2020年中文学位论文逐年发文趋势图

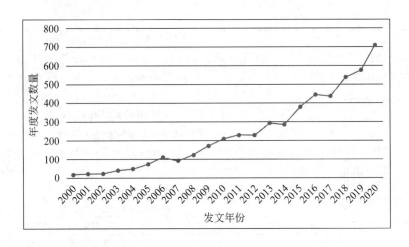

图 1-7　2000—2020 年英文期刊文章逐年发文趋势图

国外有学者将混合教学的发展阶段划分为四个阶段：① 20 世纪 90 年代前，信息技术尝试融入教学的起步阶段；② 20 世纪初期至 2007 年，混合教学被正式提出并尝试应用于日常教学阶段；③ 2008—2013 年，MOOC 作为教学热点促进信息技术融入教学阶段；④ 2014 年之后，混合教学在 MOOC 的基础上持续发展阶段。[1] 国内有学者根据混合教学概念的演变历程，将混合教学发展划分为三个阶段：① 20 世纪 90 年代末至 2006 年（技术应用阶段），重点强调技术在教与学中的核心作用；② 2007—2013 年（技术整合阶段），对教学策略、教学方法、混合教学环境的设计关注度得到提升，关注教学环境为交互带来的变化以及教学设计随之发生的改变；③ 2013 年以后（"互联网 +"阶段），关注混合教学中学生的角色，探讨混合教学对学生的影响效果以及对学生学习的支持。[2] 此前，本书研究团队曾借助可视化知识图谱的方法和技术，对 2000—2016 年混合学习研究的演进过程加以梳理，将其划分为萌生期（2000—2003 年）、形成发展期（2004—2006 年）、深入探索期（2008—2016 年）三个阶段。[3] 结合混合教学研究截至 2021 年 4 月的逐年发文情况以及中外学者对混合教学研究发展的阶段划分，对混合教学研究的演进路径再次进行梳理，并在之前团队研究的基础上继续将发展时期分为萌芽生成期、探索发展期和深入实践期三个阶段。

---

[1] Dziuban C D, Picciano A G, Graham C R, et al. Conducting Research in Online and Blended Learning Environments [M]. New York: Routledge, 2016: 173-178.

[2] 冯晓英，王瑞雪，吴怡君. 国内外混合式教学研究现状述评——基于混合式教学的分析框架 [J]. 远程教育杂志，2018,36(3): 13-24.

[3] 马婧. 促进学习投入的混合教学设计与教学行为研究 [D]. 北京：清华大学，2017.

（一）萌芽生成期（2000—2006年）

此阶段的研究数量比较零散，以概念层面的辨析为主，并逐步关注实践应用。我国关于混合学习的文献最早发表于2003年，祝智庭在其论文《远程教育中的混和学习》中对混合学习产生的背景、内涵、分类进行了全面论述。[1] 其后，2004年何克抗进一步分析了混合学习的内涵，并且认为混合学习概念的重新提出是国际教育技术理论深入发展的标志，教育技术的理论基础、教学设计的理论与方法都会因混合学习的发展而改变。[2] 李克东和赵建华探讨了混合学习的原理和模式。[3] 此阶段混合教学相关研究基本处于概念内涵的探讨阶段，为后续混合教学的研究与实践奠定了基础。从2005年开始，出现混合教学的实践应用类文献，此后应用类文章逐步增多。

国外研究者在此阶段开始探索混合教学的常用方法、模式以及应用潜力，从而深化混合教学研究。Garrison等研究者在高等教育面临挑战的背景下，讨论混合学习在高等教育领域的变革潜力，提出了混合学习在高等教育领域的应用主要问题是管理（administration）和发展（development），具体包括政策（policy）、规划（planning）、资源（resource）、教学安排（scheduling）和支持（support）五个方面，并提出了应用过程中组织管理和领导力问题的解决方法以及实现混合学习方法的行动计划大纲，最终证明混合学习符合传统高等院校的价值观，有助于促进有意义学习的有效性和高效性。[4] 具体到课程层面，已有研究通过教学实证研究，证明了"课前提供线上预习材料、课上以学生学习活动为主"的混合教学情境中学生成绩、学习态度均显著高于纯面授教学。[5][6] Graham在混合学习专著中主要讨论以下五个有关混合学习的重要问题：[7] 混合学习是什么？为什么混合？已有的混合学习模式有哪些？混合时会面临哪些问题和挑战？混合学习未来的发展趋势是什么？并提出混合教学系统的设计者们应尽量寻找发挥在线教学与面授教学各自优势而避免其劣势的混合教学实例。这些问题的讨论和研究为混合学习的应用实践研究提供了概念基础

---

[1] 祝智庭, 孟琦. 远程教育中的混和学习 [J]. 中国远程教育, 2003(19): 30-34, 79.
[2] 何克抗. 从Blending Learning看教育技术理论的新发展（上）[J]. 电化教育研究, 2004 (3): 1-6.
[3] 李克东, 赵建华. 混合学习的原理与应用模式 [J]. 电化教育研究, 2004 (7): 1-6.
[4] Garrison D R, Kanuka H. Blended learning: Uncovering its transformative potential inhigher education[J]. The Internet and Higher Education, 2004, 7(2): 95-105.
[5] Taradi S K, Taradi M, Radic K, et al. Blending Problem-Based Learning with Web Technology Positively Impacts Student Learning Outcomes in Acid-Base Physiology[J]. AJP Advances in Physiology Education, 2005, 29(1): 35-39.
[6] Day J A, Foley J D. Evaluating a Web Lecture Intervention in a Human-Computer Interaction Course[J]. IEEE Transactions on Education, 2006, 49: 420-431.
[7] Graham C R. Blended learning systems: Definition, current trends, and futuredirections. //Bonk C J, Graham C R. The handbook of blended learning: Globalperspectives, local designs[M]. San Francisco, CA: Pfeiffer, 2006: 3-21.

和指导。

（二）探索发展期（2007—2013年）

此阶段研究重心转向混合教学的应用探索研究，中英文混合教学研究的发文量都较前一阶段有所上升，英文发文量逐年稳步增长；中文发文量涨幅较慢，年度发文数量相对比较平稳。国内研究方面，2007年开始混合教学的应用更加注重网络环境的构建，出现较多运用网络教学平台进行混合教学的应用研究。①② 此后，混合教学领域的研究内容日趋丰富，研究者开始关注混合学习存在的问题与挑战，比如有哪些影响混合教学质量与学习效果的因素、③④ 如何实现线上教学与面授教学的适当结合、⑤⑥ 如何减轻学生的学习负荷、教师如何监控学生学习能够达到预期的教学效果，⑦ 如何提升教师的混合教学能力发展等。⑧ 但关于混合教学设计与混合教学模式的研究一直是一个重要议题，多年来一直受到广泛关注并围绕此主题开展了大量的混合教学模式框架构建与实证探究。⑨⑩ 从2012年开始，随着翻转课堂、MOOC的火热，探讨混合教学环境下MOOC应用、基于混合学习的翻转课堂教学的研究逐步增加。但整体而言，这一阶段国内研究仍以课程层面研究为主，关注课程设计、教学模式与技术环境在混合教学情境中的应用。

国外研究方面，混合教学已经成为IBM、微软、Oracle等公司开展培训的主要形式，同时也是一些高等教育机构开展培训的主要方式，越来越多的培训者和教育工作者需要理解他们在这些环境里究竟可以做什么。⑪ 2008年Garrison等人出版专著，为混合教学在高等教育领域中的应用提供了各种实用资源，清晰地展示了混合教学如何迎合传统面对面教学的价值观以及如何整合在线学习的最佳实践⑫，研究证明混合教学有助于提高高等教育中跨学科教与学的有效性和高效性，并介绍了混合教学的基础研究、理论框架、情境、原则以及混合教学设计的实践指南，为混合

---

① 周红春.基于Blackboard学习平台的混合学习模式的探索与实践[J].电化教育研究,2011(2): 87-91, 98.
② 杨丽,赵冬生.基于Moodle平台的混合式学习研究[J].首都师范大学学报(自然科学版),2010,31(1): 6-9, 13.
③ 赵国栋,原帅.混合式学习的学生满意度及影响因素研究——以北京大学教学网为例[J].中国远程教育,2010(6): 32-38, 79.
④ 解筱杉,朱祖林.高校混合式教学质量影响因素分析[J].中国远程教育,2012(10): 9-14, 95.
⑤ 马萌,何克抗.JiTT——Blending Learning理念下的信息化教学模式[J].中国教育信息化,2008(21): 81-84.
⑥ 王永花.深度学习理论指导下的混合学习模式的实践与研究[J].中国远程教育,2013(4): 73-77, 82, 96.
⑦ 武开,徐荣贞.混合式学习中监控方式的实证研究[J].电化教育研究,2011(11): 37-40, 52.
⑧ 柯清超.面向混合学习的教师教育技术能力培训模式研究[J].电化教育研究,2008(2): 58-62.
⑨ 黄荣怀,马丁,郑兰琴,等.基于混合式学习的课程设计理论[J].电化教育研究,2009(1): 9-14.
⑩ 叶荣荣,余胜泉,陈琳.活动导向的多种教学模式的混合式教学研究[J].电化教育研究,2012, 33(9): 104-112.
⑪ 马婧.促进学习投入的混合教学设计与教学行为研究[D].北京:清华大学,2017.
⑫ Garrison D R, Vaughan N D. Blended learning in higher education: Framework, principleand guidelines[M]. San Francisco: Jossey-Bass, 2008.

教学在高等教育领域的应用提供了指导，大大促进其在高等教育领域中的顺利发展。这一阶段国外混合教学相关的研究主题中，关注度最高的依旧是在课程层面，包括混合教学的影响因素，[1][2] 适宜的混合教学策略、教学活动与教学模式的设计与组织，混合教学的应用效果等。[3] 同时也有一定数量研究关注到专业层面和院校层面，探讨具体专业学科的人才培养路径[4]以及院校混合教学的实施策略及阶段特征。[5]

（三）深入实践期（2014年至今）

此阶段混合教学研究开始逐渐深入实践应用领域，其研究不断趋于成熟，发文量呈现明显的逐年上升趋势。尤其随着2020年年初大规模新型冠状病毒性肺炎疫情的暴发，全球各类院校经历实体空间与虚拟空间相结合、同步学习与异步学习相结合的教学形式，混合教学受到世界范围内教育研究者与教学实践者的广泛关注。混合教学研究仍以课程层面为主体，但研究视角逐步扩大至专业层面和院校层面。

国内研究方面，关注度最高的依旧是混合教学设计相关主题，包括教学模式、教学策略、教学过程、应用效果、环境与课程结构设计等多个方面。受到翻转课堂与MOOC的热度影响，国内很多研究者在提出混合教学模式时，基于翻转课堂、MOOC、SPOC等教学模式的基础上进行构建。例如，有研究者采用SPOC的教学环节、课程设计、评价手段，把MOOC作为重要的课程资源，提出MOOC+SPOC的混合教学模式。[6] 基于翻转课堂或MOOC实现课堂教学与网络学习的有机组合，逐渐成为混合教学模式构建的一项常见思路。相应地，混合教学应用研究继续占据较大发文比例，且不仅仅是研究者在开展混合课程与教学的设计与构建，很多一线教师结合自身混合教学经历进行文章撰写与经验分享，其中高职院校教师基于实际课堂所撰写的混合教学设计与实施的文章在国内职业教育阶段混合教学研究中占有重要比重。混合教学应用的效果不再局限于学业成绩，学生学习投入、满意度与参与意愿等情感因素、基于平台数据的过程性数据分析等均作为混合教学应用效果评价因素，并由此开展关于混合教学评价框架、指标与测量工具的相关研究。随着院

---

[1] So H J, Brush T A. Student perceptions of collaborative learning, social presence and satisfaction in a blended learning environment: Relationships and critical factors[J]. Computers & Education, 2008: 51(1), 318-336.

[2] Lopez-Perez M V, Perez-Lopez M C & Rodriguez-Ariza L. Blended learning in higher education: Students' perceptions and their relation to outcomes [J]. Computers & Education, 2011, 56(3), 818-826.

[3] Means B, Toyama Y, Murphy R, et al. The Effectiveness of Online and Blended Learning: A Meta-Analysis of the Empirical Literature [J]. Teachers College Record, 2013, 115 (3): 1-47.

[4] Jara C A, Candelas F A, Puente S T, et al. Hands-on experiences of undergraduate students in Automatics and Robotics using a virtual and remote laboratory [J]. Computers & Education, 2011, 57 (4) : 2451-2461.

[5] Graham C R, Woodfield W & Harrison J B. A framework for institutional adoption and implementation of blended learning in higher education [J]. Internet and Higher Education, 2013, 18 : 4-14.

[6] 陶海柱.MOOC+SPOC混合教学模式设计探讨 [J]. 成人教育, 2018, 38(5): 21-25.

校混合教学改革的推进，教师在混合教学过程中的主导地位逐渐引起研究者重视，关于教师混合教学能力构成、测量与发展的研究逐渐增多。[1] 虽然仍以课程层面研究为主，但也有一些文献探讨院校推进混合教学的行动与挑战，从机构支持、[2] 技术发展、[3] 环境赋能[4]等角度为院校层面混合教学改革与实施开展研究。

国外研究方面，有学者基于团队多年的混合教学经历，对于教师如何组织混合课程、如何开展混合教学进行了系统的梳理和总结。[5][6] 更多主题的研究不断出现，如混合课程的学习分析、混合教学情境下的自适应学习或差异化教学、关注学生具体能力发展的混合教学、开放教育资源研究与虚拟环境的使用等。[7] 研究者在继续重视课程层面的混合教学设计、实施、评价的同时，开始关注专业层面的混合教学情境下人才培养方式、院校层面混合教学改革的阶段划分与实施策略等。[8][9]

二、混合教学研究的专题分析

（一）混合教学的构成要素研究

混合教学的构成要素研究主要来源于课程层面的认知，包括教学目标、教学方法、教学内容、教学资源、教学活动、教学模式、参与人员、教学评价、教学环境、教学媒体、学习支持等。也有研究者从院校层面提出混合教学构成要素，不仅包括教学活动、参与人员、教学资源等，还包括为教师开展混合教学提供的各类支持，如教学平台及技术支持、教学管理教学质量评价等。[10] 还有研究者将混合教学构成要素归纳为人、技术、环境和方法四个维度，其中人的维度包括参与混合教学的教师与学生，技术维度包括信息传输通道、技术要素和界面设计，环境维度包括管理、资

---

[1] 姜蔺.高校教师线上线下混合教学能力提升的研究[D].北京：清华大学，2018.
[2] 任军.高校混合式教学模式改革推进策略研究[J].现代教育技术，2017, 27(4): 74-78.
[3] 戴永辉，徐波，陈海建.人工智能对混合式教学的促进及生态链构建[J].现代远程教育研究，2018(2): 24-31.
[4] 罗杨洋，韩锡斌，周潜.网络教学环境赋能职业院校在线教学的影响因素及策略研究[J].清华大学教育研究，2021, 42(3): 137-145.
[5] Horn M B. Blended: Using Disruptive Innovation to Improve Schools[M]. New Jersey: Wiley, 2014.
[6] Stein J & Graham C R. Essentials for Blended Learning: A Standards-Based Guide[M]. London: Roledge, 2014.
[7] Dziuban C D, Picciano A G, Graham C R, et al. Conducting Research in Online and Blended Learning Environments [M]. New York: Routledge, 2016: 177-178.
[8] Barry D S, Marzouk F, Chulak-Oglu K, et al. Anatomy Education for the YouTube Generation[J]. Anatomical Sciences Education, 2016, 9: 90-96.
[9] Porter W W, Graham C R, Spring K A, et al. Blended learning in higher education: Institutional adoption and implementation[J]. Computers & Education, 2011, 56: 818-826.
[10] 何锡江.混合学习模式应用于培训教育的研究[D].广州：华南师范大学，2005.

源支持、伦理和机构，方法维度则包括教学和评估等要素。[1]

（二）混合教学的影响因素研究

1. 课程层面的混合教学影响因素研究

已有研究主要从学生个体特征、教师所提供的教学指导以及技术环境提供的支持三个方面，探讨学生混合学习效果的影响因素。

（1）学生个体特征方面：混合学习是否成功受学生对学习的看法、动机、学习经验及偏好、投入水平等因素的影响。如已有研究发现，学生的年龄、早期网络学习经验、对授课形式的偏好、平均学习时间、自我管理和监督能力等个体因素会导致不同的混合学习结果。[2][3]

（2）教师所提供的教学指导方面：良好的师生交互、教师提供恰当的指导是影响学生满意度的一个重要因素。混合课程为学生所提供的与教师面对面沟通交流的机会、及时获得教师支持和指导的途径、课程内容的实用性与丰富程度，均对学生的混合学习效果产生重要影响。[4][5][6]

（3）技术环境提供的支持方面：一些研究结果表明学生与网络教学平台交互的质量、系统应用的便捷性与他们的学习成绩正向相关，[7] 学生认为与技术系统的有效交互能够促进深层学习、提高交流技能、加深对知识的理解、增强学习效果。[8]

大量研究关注学习者混合学习满意度的影响因素。Ozkan 和 Koseler 提出混合学习环境下六边形评估模型（hexagonal e-learning assessment model, HELAM），认为混合学习中学习者的满意度受六个维度因素影响，分别是系统质量、

---

[1] 陈卫东, 刘欣红, 王海燕. 混合学习的本质探析 [J]. 现代远距离教育, 2010, 131(5): 30-33.

[2] Lim D H & Morris M L. Learner and instructional factors influencing learning outcomes within a blended learning environment[J]. Journal of Educational Technology & Society, 2009, 12(4): 282-293.

[3] Woltering V, Herrler A, Spitzer K, et al. Blended learning positively affects students'satisfaction and the role of the tutor in the problem-based learning process: Results of a mixed-method evaluation[J]. Advances in Health Sciences Education, 2009, 14: 725-738.

[4] Castle S R, McGuire C J. An analysis of student self-assessment of online,blended, and face-to-face learning environments: Implications for sustainable education delivery[J].International Education Studies, 2010, 3(3): 36-40.

[5] Poon J. Use of blended learning to enhance the student learning experience and engagement in property education[J]. Property Management, 2012, 30(2): 129-156.

[6] 刘倩. 混合教学模式在医学教育领域的效果评价及影响因素分析 [D]. 武汉: 华中科技大学, 2016.

[7] Cho M H, Cho Y J. Instructor scaffolding for interaction and students' academic engagement in online learning: Mediating role of perceived online class goalstructures[J]. Internet and Higher Education, 2014, 21: 25-30.

[8] Kember D, McNaught C, Chong F C, et al. Understanding the ways in which design features of educational websites impact upon student learning outcomes in blended learning environments[J]. Computers in Education, 2010, 55: 1183-1192.

服务质量、内容质量、学习者因素、教师因素和支持性因素。[①] 系统质量包括系统的易用性、安全性、可靠性、稳定性、交互性、组织性等技术因素；服务质量包括学生跟踪、课程管理等因素；内容质量包括课程灵活度、交互性内容设计、学习模型、内容丰富性、学习者评价资料等因素；学习者因素包括学习者对技术的态度、自我效能、与教师和同伴的交互、学习习惯、技术经验水平等；教师因素包括教师对技术的掌控、课程管理、交流能力、与学生的交互、教师自我效能等；支持性因素涉及成本、社会和政策等方面。

已有研究基于社会认知理论提出的混合学习满意度影响因素模型表明，学习氛围和自我行为期待能显著影响混合学习满意度；混合学习系统功能、学生的计算机自我效能、学习内容特征可以积极促进自我行为期待，进而提升满意度；师生交互、生生交互及合作学习能正向影响学习氛围和自我行为期待，进而影响学生满意度。[②] 这些模型强调了混合学习中学习者特征、师生交互、教师因素、内容设计、技术资源对促进混合学习效果的重要性。还有研究从学生特点、教师特点、课程特点、系统功能特点四个维度选择了12个可能的变量，通过调查研究发现"认知有用性""认知易用性""课程适用性""教师关于作业及考试回应及时性""学生对电脑学习适应性"均对于学生的混合学习满意度具有显著影响。[③] 与前述研究维度划分方式类似的是，也有研究者从学生、教师、课程、技术四个维度选用了18个变量，通过质性访谈的方式识别这些变量对学生满意度的影响关系，结果发现：学习动机、学习氛围、交互行为是影响学习满意度最直接的因素，学习风格、主讲教师、课程助教、平台功能设计、学生学习背景也是重要的影响因素。[④]

部分研究者关注学生混合学习态度和应用意向的影响因素。研究者基于"技术接受度模型（TAM）"[⑤] 构建混合教学影响因素模型，旨在预测和解释用户在面对新技术时的态度和行为，主要由以下几个要素组成：①感知易用性：用户对采用新技术的难度的主观判断；②感知有用性：用户对采用新技术可以增加工作效用的主观认识；③应用意向：用户采用新技术的主观意愿；④使用行为：用户实际采用新技术的行为。已有研究者通过调查研究证明学生感知到的混合教学有用性、易用性、娱

[①] Ozkan S & Koseler R. Multi-dimensional students' evaluation of e-learning systems in the higher education context: An empirical investigation[J]. Computers & Education, 2009, 53(4), 1285-1296.

[②] Wu J H, Tennyson R D, Hsia T L. A study of student satisfaction in a blended e-learning system environment [J]. Computer & Education, 2010, 55: 155-164.

[③] 赵国栋，原帅. 混合式学习的学生满意度及影响因素研究——以北京大学教学网为例 [J]. 中国远程教育，2010, 370(6): 32-38, 79.

[④] 李宝，张文兰，张思琦，等. 混合式学习中学习满意度影响因素的模型研究 [J]. 远程教育杂志，2016, 34 (1): 69-75.

[⑤] Davis F D. Perceived Usefulness, Perceived Ease of Use. And User Acceptance of Information in Technology [J]. MIS Quarterly, 1989 (9): 319-340.

乐性会影响他们对混合教学的应用意向与接受度，从而影响学业成绩。[1][2] 有研究者基于"信息系统使用理论"和"任务—技术匹配理论"，发现：学习任务的复杂度、结构化以及网络教学平台的技术特征对学生完成学习任务具有显著影响；任务技术匹配程度、满意度显著影响学生的持续使用意愿和学习效果，学生混合学习中网络教学平台持续使用意愿会对学习效果产生关键影响。[3]

部分研究者将学习者的混合学习满意度、混合学习成绩与参与程度均作为混合学习效果变量，从整体层面探讨可能的影响因素。例如，通过对2014—2017年的44篇文章进行综述，从课程设计、教师角色、学习空间、学习社区、学习者身份认同等角度总结发现了四个关键影响因素，分别是：在线环节的教师临场感；学生、教师与教学内容之间的交互；在线活动与线下活动的衔接设计；校内活动与实践活动的衔接设计。[4] 国内研究者对47项实验和准实验研究进行元分析，认为整体而言混合学习较面对面教学以及纯粹基于网络的在线学习效果更好，主要原因在于混合学习采用了学生协作学习和教师直接指导相结合的方式。[5]

依据学生混合学习态度动机、认知和学习过程等不同维度的效果变量，我们将已有研究涉及的影响因素做了归纳整理，见表1-2。

表1-2 已有研究中混合学习效果影响因素汇总表

学生混合学习效果变量		影 响 因 素
态度动机维度（满意度、动机、临场感、使用意愿等）	学生个体因素	性别、年龄、远程学习经历、学习风格、对授课方式的偏好、混合学习态度、混合学习接受度、感知有用性、感知易用性、感知娱乐性、自我效能感、学生对计算机学习适应性、成效期望
	教师教学因素	课程学科、课程结构、课程设计、课程目标明确性、任务与技术的适配度、教师的有效沟通、师生交互行为、教师关于作业及考试回应及时性、教师情感支持、教师教学能力、学习活动、学习奖励
	环境支持因素	技术质量、在线工具和面授支持、有效的学习环境、交流媒介、学习支持、学习气氛

---

[1] Padilla-Melendez A, Rosa A A, Garrido-Moreno A. Perceived playfulness, gender differences and technology acceptance model in a blended learning scenario[J]. Computers & Education, 2013, 63: 306-317.

[2] 杜世纯. MOOC背景下混合式学习的实现路径与效果评价研究[D]. 北京：中国农业大学, 2017.

[3] 杨根福. 混合式学习模式下网络教学平台持续使用与绩效影响因素研究[J]. 电化教育研究, 2015, 36(7): 42-48.

[4] Nortvig A M, Petersen A K, Balle S H. A Literature Review of the Factors Influencing E-Learning and Blended Learning in Relation to Learning Outcome, Student Satisfaction and Engagement[J]. The Electronic Journal of E-learning, 2018, 16(1): 46-55.

[5] 陈纯槿, 王红. 混合学习与网上学习对学生学习效果的影响——47个实验和准实验的元分析[J]. 开放教育研究, 2013,19(2): 69-78.

续表

学生混合学习效果变量	影响因素	
认知维度（成绩）	学生个体因素	年龄、学习态度、早期成绩、预期难度、先验经历、混合学习满意度、混合学习感知便捷性、持续使用意愿、学习动机、学习方法、观看在线讲座数量、实体环境参与讲座数量、网上学习适应性
	教师教学因素	课程目标明确性、教师教学能力、教学态度、教学方法、有目的地实施混合学习、自主学习策略的使用频率、任务技术匹配程度、线上与实体环境活动之间的衔接
	环境支持因素	网络教学平台的技术特征、学习纪律
学习过程维度（学习参与）	学生个体因素	性别、年龄、先验经历、职业目的、学习动机、自我效能感
	教师教学因素	学习任务的复杂度与结构化、教师学科知识掌握程度、教师指导行为、师生交互行为、教师反馈评价行为、教师的有效沟通、教师情感支持、学习奖励
	环境支持因素	网络教学平台的技术特征、同伴关系、学习氛围

上述研究均直接关注对课程混合教学具有影响的因素，将学生作为结果变量的主要测量对象；还有部分研究从间接影响的视角切入，认为教师对混合教学的接受程度是混合教学效果的决定性因素，因此探讨教师对混合教学接受度的影响因素。例如构建高校教师混合教学接受度模型，将教师对混合教学的态度、教师对行为控制的感知（指教师对自身所掌握的资源、机会等的感知）、主观规范（指同事、领导等重要人群的影响）、任务技术适配（指技术支持与教学任务的匹配程度）作为教师对混合教学接受度的影响因素。[①] 学校的支持程度、混合教学的易用性、与已有经验和教学需求的一致性、混合教学相较当前教学模式的相对优势以及应用混合教学的获取渠道（学校要求、同事推荐等不同渠道）也会影响高校教师接受混合教学的意愿，[②] 进而影响课程混合教学的效果。

2. 院校层面的混合教学影响因素研究

从院校层面来看，混合教学作为一个复杂的动态系统，包含学习者、学习内容、教师、技术、学习支持、机构等多个要素。院校层面推行混合教学过程中，主要的影响因素可分为两类：一类是院校层面的改革行动，包含院校整体愿景与规划、基础设施建设、支持体系构建、教师发展体系及对外合作伙伴关系等。院校整体愿景与规划是连贯上下的通盘设计，从顶层设计层面对混合教学的系统规划与整体实施具有重要推进作用；足够的技术支持、团体或一对一的教师发展培训、以企业和多元专家组成的良好稳定的校外支持力量通过推动院校教学改革的观念、模式、组织

[①] 赵建民，张玲玉. 高校教师对混合式教学接受度的实证研究——基于DTPB与TTF整合的视角[J]. 现代教育技术, 2017, 27(10): 67-73.

[②] 刘梅. 高校教师混合式学习接受度的影响因素研究——基于创新扩散的视角[J]. 现代教育技术, 2018, 28(2): 54-60.

方面的变革，[1] 能够促进混合教学改革顺利实施。[2][3] 国内研究者结合一所本科院校十年间实施混合教学的实践，认为教师培训和激励政策是影响院校实施混合教学改革的关键要素，学校对网络基础设施及相关软件的建设是保障条件，而缺乏愿景与规划和学生学习支持体系则成为院校混合教学改革长远发展的制约因素。[4]

另一类院校层面的影响因素是混合教学改革主体的个性特征，如校长信息化领导力、一线教师的混合教学经历、教育技术能力以及内在心理感知。[5] 校长信息化领导力是影响学校信息化建设的关键因素，[6] 校长作为院校的领导者，其对混合教学的认识和理解直接影响院校是否将混合教学作为教学改革的重点；教师作为院校混合教学改革的实施者，对自身角色的定位与把握、与院校关于混合教学改革期望的一致性、采用的混合教学方式均会直接影响混合教学的效果。[7][8]

Khan 提出的混合学习八角框架模型（octagonal model）从构建适宜的混合学习环境的角度，阐释了影响混合教学实施的八个要素：教学要素、资源支持要素、技术要素、管理要素、界面设计要素、道德要素、评价要素、机构要素。[9] Adekola 指出要使教育战略有效，需要考虑混合教学所有利益相关者如教师、学生、管理人员等的意见，从六个方面提出院校开展混合教学的措施：[10] ①管理和组织方面：领导力，提供的资源及支持，混合教改人员的奖励措施；②教学法方面：重视学生需求与期望，有效的教与学方式，教师数字素养；③基础设施方面：灵活可调整的学习空间，强有力的 IT 基础设施；④学习支持技术方面：同侪交互，提供交流社区；⑤伦理和法律方面：技术获取的公平性，参与混合学习的支持，知识产权；⑥机构文化方面：支持创新与实践，容忍失败等。

---

[1] 白晓晶.成人高校开展课程混合教学的推进研究 [D] 北京：清华大学 ,2019.

[2] Porter W W, Graham C R & Bodily R G, et al. A Qualitative Analysis of Institutional Drivers and Barriers to Blended Learning Adoption in Higher Education[J]. The Internet and Higher Education, 2016, 28: 17-27.

[3] Han X, Wang Y, Li B, et al. Case study of institutional implementation of blended learning in five universities of China. In C. P. Lim (Ed.). Blended learning for quality higher education: Selected case studies on implementation from Asia-Pacific[M]. Bangkok: UNESCO, 2016: 265-296.

[4] 许德泓.本科院校推进混合教学改革的影响因素研究——基于福州大学的案例研究 [J]. 中国电化教育 ,2016(12): 141-145.

[5] Taylor J A & Newton D. Beyond blended learning: A case study of institutional change at an Australian regional university[J]. Internet and Higher Education, 2013, 18: 54-60.

[6] 伍海燕.中小学校长教育技术领导力与学校信息化发展的互动关系研究 [J]. 现代教育技术 ,2010(10): 16-20.

[7] Porter W W & Graham C R. Institutional Drivers and Barriers to Faculty Adoption of Blended Learning in Higher Education[J]. British Journal of Educational Technology, 2016 47(4): 748-762.

[8] Taylor J A & Newton D. Beyond blended learning: A case study of institutional change at an Australian regional university[J]. Internet and Higher Education, 2013,18: 54-60.

[9] Singh H. Building effective blended learning program[J]. Issue of Educational Technology, 2003, 43(6): 51-54.

[10] Adekola J, Dale V H M & Gardiner K. Development of an institutional framework to guide transitions into enhanced blended learning in higher education: Association for learning technology journal[J]. Research in Learning Technology, 2017, 25.

（三）课程层面混合教学设计与实施的研究

课程层面混合教学设计与实施的研究在当前混合教学研究中占有重要比重，具体呈现出对混合教学模式、混合教学策略的设计与实施研究的关注。相关研究较多发生于高等教育阶段，多通过具体课程加以实证检验，其中教育技术类、计算机类、英语类、医学类课程受到较多关注。

1. 混合教学模式的研究

混合教学模式的相关研究在国内受到广泛重视。教学模式作为开展教学的重要参照，是联接教学理论与教学实践的中介。[①] 关于混合教学模式的理解，国外学者常常将"混合学习""混合教学"等同于"混合教学模式"，[②] 国内研究者则将其视为教学模式在混合教学情境下的表征。[③] 本书将面向混合教学情境所构建的教学模式视为混合教学模式，它是在系统观指导下，由相互联系与制约的要素构成的、用于指导混合教学实践的一种教学规范，是联系混合教学理论与混合教学实践的中介系统。

研究者从不同视角对混合教学进行了分类，从而形成了不同类型的混合教学模式。与混合教学最初被理解为"在线与面授的最优化组合"相对应，从教学环境视角依据面授场景与在线场景的不同搭配比例进行混合教学分类是一种常见的分类方式。通常将混合教学分为面授主导、在线主导、交替进行等方式，其中翻转课堂（flipped classroom）就是面授和在线交替的一种。已有研究者据此总结归纳了几种典型的混合教学模式：补充模式（保留传统课程架构的基础上添加以网络为主的课外活动）、取代模式（部分学习活动以线上方式替代教室授课）、中央市场模式（学生自行决定学习时间、学习内容的形式和学习的速度）、完全线上模式（教学活动全部在线上开展）和自助餐模式（在学习时间、学习环境、学习内容与学习进度等方面给予学生选择自由）。[④]

有研究者在混合教学中面授场景与线上场景不同程度混合的基础上，对教学活动方式也进行分类，例如，依据不同混合教学场景（线下主导型、线上主导型、完全融合型）与混合教学活动方式（讲授式、自主式、交互/协作式）将混合教学划

[①] 胡定荣.论教学模式的校本学习指导转向[J].教育研究,2020,41(7): 75-83.

[②] Alonso F, López G, Manrique D, et al. An instructional model for web-based e-learning education with a blended learning process approach[J].British Journal of educational technology,2005, 36(2): 217-235.

[③] 冯晓英,王瑞雪,吴怡君.国内外混合式教学研究现状述评——基于混合式教学的分析框架[J].远程教育杂志,2018,36(3): 13-24.

[④] Twigg C. Improving learning and reducing costs: New models for online learning[J]. Educause Review, 2003, 38(5): 28-38.

分为相互组合的九类常见模式。① 还有研究者仅对混合教学线上场景的活动方式进行分类，例如形成"在线案例教学+课堂面授、在线探究学习+课堂面授、在线协作学习+课堂面授、在线任务驱动学习+课堂面授"四种混合教学模式。② 考虑到学生在线学习行为可以一定程度上代表学生混合学习投入情况，有研究者从学生活动视角出发，基于混合教学过程中学生在线学习行为数据将混合课程分为五种类型：学生偏好观看视频类、学生偏好提交作业类、学生偏好参与讨论类、学生积极参与在线学习类与几乎不参与在线学习类，便于教师面向不同混合学习行为的学生提供差异化的指导与支持。③

依据教学目标划分不同类型的混合教学模式也是常见的分类方式。Valiathan 基于知识与技能、行为态度和工作场所能力三类教学目标提出了三种混合教学模式：④ 技能驱动型模式（skill-driven model），将自定步调的自主学习同教师的在线指导相结合；态度驱动型模式（attitude-driven model），各项教学事件与传播媒介相混合以发展特定的态度和行为，一般先通过面对面方式把协作学习中的内容、期望结果以及如何通过网络技术进行协作的有关事项向学习者说明，学习者利用在线协作的方式尝试学习某种新的行为；能力驱动型模式（competency-driven model），学习者与专家共同活动并通过在线方式进行互动以获取隐性知识。国内研究者依据教学目标分类得到不同的混合教学模式：⑤ 学科知识为本的混合教学，以学科逻辑作为学习内容的导向，常常采用讲授式等适宜教师向学生传递知识的教学方式；以学生能力为本的混合教学，以培养自主学习能力、协作能力、表达能力、探究能力等核心能力作为目标，适宜采用探究式教学等生成性教学方式；学生兴趣为本的混合教学，关注学生兴趣驱动下的个性化学习，如 STEM、创客等，相应的教学方式常采用体验式教学、项目式教学等。

还有研究者同时兼顾教学目标（知识目标、技能目标、经验目标、态度目标）、线下教学环境（多媒体教室、实体实验实训室、虚拟仿真实验实训室、虚实融合实验实训室、多功能一体化教室与工作场所）与企业参与混合教学的角色（"只有学校双师型教师，无企业专家参与""学校双师型教师为主，企业专家兼职教师，面对面参与学生实践性教育教学活动""学校双师型教师为主，企业专家远程参与学

---

① 冯晓英，王瑞雪，吴怡君.国内外混合式教学研究现状述评——基于混合式教学的分析框架[J].远程教育杂志,2018,36(3): 13-24.
② 孙众，尤佳鑫，温雨熹，等.混合学习的深化与创新——第八届混合学习国际会议暨教育技术国际研讨会综述[J].中国远程教育，2015, 488(9): 5-9.
③ 罗杨洋，韩锡斌.基于学生在线学习行为特征的混合课程分类研究[J].中国电化教育,2021(6): 23-30, 48.
④ Valiathan P . Blended Learning Models[EB/OL]. [2021-8-14]. https://www.purnima-valiathan.com/wp-content/uploads/2015/09/Blended-Learning-Models-2002-ASTD.pdf.
⑤ 冯晓英，王瑞雪."互联网+"时代核心目标导向的混合式学习设计模式[J].中国远程教育,2019(7): 19-26,92-93.

生实践性教育教学活动""企业专家为主,学校教师面对面参与学生企业实践性教育教学""企业专家为主,学校教师远程参与学生企业实践性教育教学")的不同类型,根据职业教育课程混合教学案例分析,整理了18类课程混合教学方案。[①]

有研究面向某些类型混合教学,提出特定的教学模式,并进行相应的教学设计与实施应用。例如,美国罗切斯特理工学院(Rochester Institute of Technology)所提出的 RIT 模型,用于企业混合培训中。该模式将混合学习分为面对面教学活动与在线学习,对应分配教学内容、设计师生活动、设计信息呈现方式,并通过课程管理系统实现一体化管理。[②] 再如 3C 混合教学模式将内容(content)、沟通(communication)、结构(construction)三个组件进行灵活组合。[③] 该模式的构建思路是:根据学习目标、学习内容特点、学习对象、学习情境、制度要求等要素,把三个组件适当混合组成一个具体的混合教学环境和教学活动过程,进而得到适用的混合教学方案。其中,"内容"是指学习者可以使用的学习材料,包括信息发布及学习;"沟通"是指学习者之间或师生之间的交流沟通,包括面对面沟通、在线同步沟通、在线异步沟通等方式;"结构"是指个人或合作学习的形式,执行不同复杂程度的学习任务。需要注意的是,并非所有混合教学模式都要包含上述三个要素,而是通过对三个要素灵活组织形成具体的混合教学方案。

国内关于混合教学模式的研究常常来源于对混合教学实践的总结,或通过理论构建出一个结构性的教学模式框架后,将其应用于实践加以检验和修正。构建混合教学模式的方式包括:①基于 MOOC/SPOC 构建混合教学模式,将 SPOC、MOOC、微课程等作为重要课程资源,基于这些已有资源考虑如何结合面授教学从而形成混合教学模式;[④] ②从要素角度构建教学模式,如"教师+学生+教学活动"的三要素、[⑤] "教学目标+教师+学生+教学评价"的四要素、[⑥⑦]"教学目标+教师+学生+教学内容+教学方法+教学环境+教学反馈"的七要素[⑧]作为模型基本组件构建混合教学模式;③根据活动发生时间与地点交叉构建教学模式,为了实践操作过程的便捷性,将"课前—课中—课后"的时间阶段与"在线—面授"的呈现空间进行交叉,设计不同阶段的教学活动,[⑨] 通过教学活动的聚合再形成具体的混

---

① ⑧ 王雯. 职业教育课程混合教学设计研究 [D]. 北京:清华大学,2020.
② 王雪. 混合式学习在企业培训中的发展研究 [D]. 上海:上海师范大学,2014.
③ Kerres M, Witt C D. A Didactical Framework for the Design of Blended Learning Arrangements[J]. Journal of Educational Media, 2003, 28(2-3): 101-113.
④ 陶海柱. MOOC+SPOC 混合教学模式设计探讨 [J]. 成人教育,2018,38(5): 21-25.
⑤ 肖尔盾. "互联网+"背景下高校体育教学混合学习模式探索 [J]. 中国电化教育,2017(10): 123-129.
⑥ 田富鹏,焦道利. 信息化环境下高校混合教学模式的实践探索 [J]. 电化教育研究,2005(4): 63-65.
⑦ 张其亮,王爱春. 基于"翻转课堂"的新型混合式教学模式研究 [J]. 现代教育技术,2014,24(4): 27-32.
⑨ 陈怡. 基于混合学习的翻转课堂教学设计与应用研究 [D]. 武汉:华中师范大学,2014.

合教学模式，例如混合教学实践中经常使用"课前线上自主学习—课堂线下翻转教学—课后线上总结评价"教学模式；①④基于教学系统设计模型，按照"前端分析、过程性教学（教学活动、教学资源等）设计、教学评价"的流程构建混合教学模式等。②③④ 从学理上分析，混合教学诸要素的多种组合势必形成多种多样的模式，从实践上考察，混合教学模式也是千姿百态，由此形成了生机勃勃的教学生态。

2. 混合教学策略的研究

围绕混合教学策略的研究也是课程层面混合教学研究的关注点之一。教学策略是指"关于有效地解决教学问题的方法、技术的操作原则与程序的知识"。⑤ 已有研究对教学模式与教学策略进行区分，认为教学策略比教学模式更详细、更具体，受到教学模式的制约。⑥ 对应地，在混合教学设计与实施过程中，混合教学模式多体现为一种综合性判断或总结，在具体应用时需要考虑有效的混合教学策略。

已有研究者通过观点思辨、经验总结或实证探索，总结了混合教学策略，例如：充分发挥课程目标的导向作用，了解学习者的差异化水平；⑦ 发挥学生的主体作用，⑧促进学习者的自我反思与互评；⑨ 增强线上教学内容的针对性，凸显线下课堂教学的互动性；强调小组合作，组织形式多样的交流互动等。⑩ 关于混合教学策略的研究可大致分为两类：一类从教学设计的视角出发，探讨教师设计混合教学时需要考虑的适宜教学策略；另一类从教学实施的视角出发，关注混合教学实施如何有效提升学生学习效果，探讨有效促进学生学习参与、激发动机的教学策略。

从教师开展混合教学设计的视角出发，有研究者总结归纳了典型的混合教学策略：⑪①设计明确的核心目标是有效、高效混合教学的根本保障，这需要回答学生通过本次混合教学最需要掌握什么知识、方法及能力；②通过为不同的学习活动选择合适的线上、线下、现场的学习方式，从而回应"如何混合"的问题，同时需要注意不同学习方式学习活动之间的相互支持；③基于真实学习情境设计开放式、非良构的学习活动，旨在吸引学习者的注意力；④采用学习分析技术采集学生过程性数

---

① 曾敏，唐闻捷，王贤川. 基于"互联网+"构建新型互动混合教学模式 [J]. 教育与职业，2017, 885(5): 47-52.
② 徐梅丹，兰国帅，张一春，等. 构建基于微信公众平台的混合学习模式 [J]. 中国远程教育，2015(4): 36-42, 62, 80.
③ 艾贤明. 基于MOOC的高校混合学习模式研究 [D]. 南充：西华师范大学，2016.
④ 牟占生，董博杰. 基于MOOC的混合式学习模式探究——以Coursera平台为例 [J]. 现代教育技术，2014, 24(5): 73-80.
⑤ 黄高庆，申继亮，辛涛. 关于教学策略的思考 [J]. 教育研究，1998(11): 50-54.
⑥ 和学新. 教学策略的概念、结构及其运用 [J]. 教育研究，2000(12): 54-58.
⑦ 王永花. 深度学习理论指导下的混合学习模式的实践与研究 [J]. 中国远程教育，2013, 438(4): 73-77, 82, 96.
⑧ 杨芳，魏兴，张文霞. 大学英语混合式教学模式探析 [J]. 外语电化教学，2017, 173(1):21-28.
⑨ Shih R C. Can Web 2.0 technology assist college students in learning English writing? Integrating Facebook and peer assessment with blended learning[J]. Australasian Journal of Educational Technology, 2011, 27(5): 829-845.
⑩ 朱桂萍，于歆杰. 基于翻转课堂的主动学习促进策略 [J]. 中国大学教学，2018, 333(5): 29-32.
⑪ 冯晓英，曹洁婷，黄洛颖. "互联网+"时代混合式学习活动设计的策略 [J]. 中国远程教育，2020(8): 25-32, 54, 77.

据，为个性化学习支持与干预提供可能。该研究从何时搭建教学支架、何时撤出教学支架的视角，对混合课程不同阶段的教学活动设计提供了细化策略：[1] 在课程初期以创设社会临场感支架为主，教学临场感支架次之，前者旨在建立学习者的身份认同与归属感、促进其熟悉混合学习环境，后者意在激发学习者动机、建立良好的师生关系；此阶段的教学活动以线下为主，包含情境导入、告知教学目标与期望、组建小组等。课程中期需要重视创设教学临场感支架，引导学生有效学习，创设认知临场感支架，促进学生深化认知、建构知识，激励学生持续参与的社会临场感支架强度逐渐减弱；相应活动包含提供细致引导、案例分析、头脑风暴、促进问题探究与组间协作、提供反馈与激励等。课程后期创设认知临场感支架，给予学生自我展示的机会和自我反思评价的阶段，同时逐渐撤出直接指导相关的教学临场感支架；相应活动以作品展示、总结反思、自我评价、同伴互评为主。关于面授与在线的混合设计，有研究者提出两项混合教学策略：巩固（consolidation）原则，强调设计不同类型的活动，通过让学生参与不同模式下的学习活动，从而重新思考、强化和巩固知识；延伸（extension）原则，强调延伸学习空间，从而满足学生的多样化需求。[2] 还有研究者关注职业教育阶段的混合教学策略，依据职业院校混合教学的经验，从在线资源建设、线上教学、面授教学、考核评价四个角度提出相应策略，分别是：线上资源建设突出类型多样化、形态形象化、导入趣味化与内容精炼化；线上教学突出任务性、互动性、探究性与激励性；面授教学突出内容衔接度、教学方法恰当度、问题探究深刻度、学生参与广泛度、教学过程完整度；考核评价突出评价工具智能化、评价内容多样化、评价主体多元化、评价过程动态化。[3]

从混合教学实施为学习者带来的效果影响的角度，有研究者总结归纳了促进学习者学习参与的混合教学策略，包含：提供清晰的课堂活动与课外活动的衔接导学、提供结构化指导、支持师生交互、建立学习共同体、促进学生合作学习、给予充足的任务完成时间、提供及时反馈等。[4] 这些策略相互影响，相互促进：加强反馈能推动学生主动学习，促进师生交互；恰当的合作学习、师生交互能积极促进反馈和学生高阶思维的发展，给予学生情感支持；学生有了较强的情感归属，又会促进合作学习，实现共同体发展与个体主动学习。[5] 还有研究者聚焦混合教学实施过程中

---

[1] 冯晓英，吴怡君，曹洁婷，等."互联网+"时代混合式学习活动设计的策略[J].中国远程教育，2021(6)：60-67,77.
[2] Lai M, Lam K M & Lim C P. Design principles for the blend in blended learning: a collective case study [J]. Teaching in Higher Education, 2016, 2 (6): 716-729.
[3] 谭永平.混合式教学模式的基本特征及实施策略[J].中国职业技术教育，2018, 684(32)：5-9.
[4] Kim M K, Kim S M, Khera O, et al. The experience of three flipped classrooms in an urban university: an exploration of design principles[J].The Internet and Higher Education,2014, 22：37-50.
[5] 马婧.促进学习投入的混合教学设计与教学行为研究[D].北京：清华大学，2017.

学习者的动机激发，对应教学策略包含：基于学习者已有认知水平，教学目标满足学习者自身需求、任务难度适宜、及时给予反馈激励、给予学习者一定程度自主空间等。[1]

（四）课程层面混合教学的效果评价研究

调查研究、教育实验研究等实证类文章在英文文献中一直占有重要比重，近年来中文文献也呈现出从偏重思辨研究向实证研究转型的趋势，这些研究在设计与实施之后常常涉及混合教学的效果评价。

1. 混合教学评价效果的研究

在开展混合教学模式、策略、方案、资源与技术工具的设计与实施后，多数研究都会涉及实施效果的评价。实施效果的评价可分为学习结果的评价和学习过程的评价，其中学习结果的评价又可分为认知、动作技能、态度与动机、学习效果感知等方面。整体而言，当前混合教学效果的测量变量聚焦于认知、态度与动机、学习效果感知，过程性评价结果次之，将动作技能作为效果变量的研究还相对较少。认知维度的测量集中于学生的学业成绩；态度与动机的测量主要通过调查问卷或访谈的方式了解学生对于混合教学的满意度、接受度、积极性、学习动机、学习兴趣、自我效能感；学习效果感知包括目标达成度、自主学习能力、沟通交流能力、问题解决能力等方面的主观感知；学生混合学习过程的测量主要基于网络教学平台记录的行为数据（见表1-3）。

表 1-3 混合教学常见评价效果变量

评价维度		评价对象	混合教学常见评价效果变量
学习结果	认知维度	学生	学业成绩
	态度与动机维度	学生	满意度；学习积极性、接受度、学习动机、自我效能感、学习兴趣
		教师	混合教学效果感知、混合教学态度、教学满意度
	学习效果感知	学生	目标达成度感知、自主学习能力感知、沟通交流能力感知、问题解决能力感知等
	动作技能维度	学生	计算机操作行为
学习过程		学生	在线参与行为、师生交互行为、出勤情况
		教师	教学任务完成率

---

[1] Keller J M. First principles of motivation to learn and e3-learning[J].Distance education,2008, 29(2), 175-185.

对于上述混合教学效果变量的探讨，通常采用与其他教学方式的效果进行对比的研究思路。大量研究结果表明，相较于面授教学或者纯在线教学，研究者所设计与实施的混合教学模式、策略、方案在上述各个维度均呈现更优的效果。最常采用的方式是通过准实验研究，分析混合教学相较传统面授教学和纯在线教学对于学生学业成绩、[1] 学习动机、[2] 满意度、[3] 学习态度、[4] 内在心理需要满足[5] 等认知、态度与动机维度的效果，结果表明混合教学能够获得更加积极的效果。部分研究者还围绕该主题开展综述性研究，例如有研究者对采用实验研究或准实验研究的英文文章进行元分析、[6][7] 二次分析，对面向中学生学业表现[8] 或者面向高教领域的文章进行元分析，[9] 结果一致表明，混合教学相较纯面授教学或纯在线学习具有更佳的学习效果。

混合教学方式能够改变教师运用课堂时间的方式，比如教师可以在课前提供音视频等资源让学生在线学习，利用课堂时间进行讨论和答疑，使学生更为有效地掌握学习内容，改变了传统课堂时间只用来传递信息的方式。混合学习也会极大丰富学习资源，学生可以接触多样化的学习信息。与单纯远程学习系统相比，混合学习环境增强了师生之间的社会性交互，提高师生通过分享观点、态度、问题来共建知识的有效性。混合学习还强调以学生为中心，学生具备学习什么、如何学习的自主权，而非仅被动接受教师传授知识，由此可以扩展学生个人选择的范围和灵活性。

2. 混合教学评价工具的研究

虽然大量实证研究涉及对混合教学效果的评价，但仍以测试题作为常用的混合

---

[1] Pereira J A, Pleguezuelos E, Merí A, et al. Effectiveness of using blended learning strategies for teaching and learning human anatomy[J].Medical education, 2007,41(2): 189-195.

[2] Klein H J, Noe R A, Wang C. Motivation to learn and course outcomes: The impact of delivery mode, learning goal orientation, and perceived barriers and enablers[J]. Personnel Psychology, 2006, 59: 665-702.

[3] Woltering V, Herrler A, Spitzer K, et al. Blended learning positively affects students' satisfaction and the role of the tutor in the problem-based learning process: results of a mixed-method evaluation[J]. Advances In Health Sciences Education, 2009, 14: 725-738.

[4] Gonzalez-Gomez D, Su J J, Airado R D, et al. Performance and Perception in the Flipped Learning Model: An Initial Approach to Evaluate the Effectiveness of a New Teaching Methodology in a General Science Classroom[J]. Journal Of Science Education And Technology, 2016, 25: 450-459.

[5] Sergis S, Sampson D G, Pelliccione L. Investigating the impact of Flipped Classroom on students' learning experiences: A Self-Determination Theory approach[J]. Computers in Human Behavior, 2018, 78: 368-378.

[6] 陈纯槿,王红.混合学习与网上学习对学生学习效果的影响——47个实验和准实验的元分析[J]. 开放教育研究,2013,19(2): 69-78.

[7] Means B, Toyama Y, Murphy R, et al. The Effectiveness of Online and Blended Learning: A meta-analysis of the empirical literature[J]. Teachers College Record, 2013,115(3): 1-47.

[8] Vo H M, Zhu C, Diep N A. The effect of blended learning on student performance at course-level in higher education: A meta-analysis[J]. Studies in Educational Evaluation, 2017, 53: 17-28.

[9] Bernard R M, Borokhovski E, Schmid R F, et al. A meta-analysis of blended learning and technology use in higher education: from the general to the applied[J]. Journal of Computing in Higher Education, 2014, 26: 87-122.

教学结果变量的评价工具，或借用已有的教育心理学方面的量表作为评价工具。随着对过程性评价的重视，一些研究对所应用的网络教学平台记录的过程性数据加以分析，但同样受限于平台能够记录的数据类型。

有研究通过对相关研究进行梳理，[①] 归纳出混合教学评价工具的开发过程一般需要经历以下步骤：构建混合教学评价框架或评价标准；依据混合教学评价框架/标准形成具体的评价指标；对应混合教学评价指标开发混合教学评价工具，包含评价量表、测试题等。

混合教学评价框架方面，有研究者依据探究社区理论模型（COI 模型）设计混合教学评价框架，例如将混合教学情境中认知临场感的构建划分为四个层次：触发、探究、整合、问题解决，[②] 基于此形成混合教学认知临场感程度的评价指标。[③] 有学者提出了混合教学评价框架 Sloan-C Pillars，该框架包含学习有效性（learning effective）、可访问性（access）、成本效益（cost effectiveness）、学生满意度（student satisfaction)和教师满意度（faculty satisfaction）五个评价维度。[④] 还有研究者依据科氏四层评价模型设计了包含评价目标、评价内容、评价工具等要素的混合学习评价设计模板，用于指导对学习者学习资料的收集与效果判断。[⑤]

混合教学评价指标与测评工具的开发研究方面，有研究者从学生学习过程的角度尝试构建混合教学质量评价指标，对应测评工具以混合教学过程的测验、平台记录的日志文件为主。例如，从课前学习评价、课堂活动评价、课后学习评价、期末评价四个节点，依据学生平台活跃程度、发回帖次数、课堂表现、团队贡献度、课程考核测验等构建 11 项评价指标；[⑥] 有研究者从学习态度、学习能力、实践能力、学习成绩四个维度构建了平台登录次数、观看视频时间、同伴互评情况、参与讨论情况、网上作业质量等 14 项评价指标，并呈现了每项指标在五个不同评价层级的具体达标要求；[⑦] 还有研究者将混合学习的学业评价拆分为课堂学习评价和在线学习评价两个部分，前者包含交互情况、作业情况、考试情况等评价，后者包含学生

[①] 孙健. 职业院校学生信息素养评价指标体系的构建与应用 [D]. 北京：清华大学, 2021.

[②] Garrison D R, Anderson T, Archer W. Critical Thinking, Cognitive Presence, and Computer Conferencing in Distance Education [J]. American Journal of Distance Education, 2001(1): 7-23.

[③] Garrison D R, Cleveland-Innes M, Fung T S. Exploring Causal Relationships among Teaching, Cognitive and Social Presence: Student Perceptions of the Community of Inquiry Framework[J]. Internet and Higher Education, 2010(1-2): 31-36.

[④] Laumakis M, Graham C & Dziuban C. The Sloan-C Pillars and Boundary Objects As a Framework for Evaluating Blended Learning[J]. Journal of Asynchronous Learning Networks, 2009, 13(1), 75-87.

[⑤] 柯清超. 混合学习的评价方法——以中小学教师教育技术能力培训课程为例 [J]. 中国电化教育, 2008, 259(8): 16-19.

[⑥] 李逢庆, 韩晓玲. 混合式教学质量评价体系的构建与实践 [J]. 中国电化教育, 2017(11): 108-113.

[⑦] 杜世纯. MOOC 背景下混合式学习的实现路径与效果评价研究 [D]. 北京：中国农业大学, 2017.

交互与资源利用情况、线上作业、答疑与协作、线上考试等。[①] 上述研究所构建的评价指标受到特定网络教学平台数据记录功能的影响。国内很多研究者所构建的指标基于自己的混合课程而来，相应评价指标在迁移应用时需要使用者再次做出辨析与调整。

还有研究者关注学习者内在心理感知方面的指标构建与测量工具开发。例如，有研究者开发了用于测量学习者对混合学习及应用过程观点的量表，该量表从学习者对混合学习环境和内容的感知（35题）及其他感知（15题）两个方面加以测量，其中前者又被划分为网络环境易用性感知（ease of use for web environment）、线上环境感知（online environment）、内容感知（content）、面授环境感知（face to face sessions）、内容评估感知（assessment concerning the content）五个评价指标。[②] 部分研究者则基于已有的成熟量表，通过二次开发将其应用于混合教学。例如，基于在线自我调节学习量表，形成面向混合教学环境的学生自我调节能力量表，包含环境构建、目标设定、时间管理、寻求帮助、工作策略、自我评价六个指标维度24个题项。[③] 再如，基于传统课程环境下的成熟量表——课程体验量表（course experience questionnaire，CEQ），探讨应用于混合学习环境下学生课程体验量表，呈现了良好教学（good teaching scale）、清晰目标与标准（clear goals and standards scales）、恰当评估（appropriate assessment scales）、适当工作量（appropriate workload scales）、e-learning结果（e-learning scale）、通用技能（generic skills scales）六个指标维度的子量表，共计28个题项。[④]

（五）专业层面的混合教学研究

虽然已有混合教学研究多聚焦于课程层面，对于专业层面研究数量较少，但仍有研究者通过文献综述比较混合教学与传统面授教学对于某一专业人才培养的效用，证明了混合教学对于专业知识培养、技能发展、情感激发等方面存在积极

---

① 高瑞利. 混合式学习评价体系的设计与实践[J]. 中国成人教育，2010(15): 129-130.
② Akkoyunlu B, Yılmaz-Soylu M. Development of a scale on learners' views on blended learning and its implementation process[J]. The Internet and Higher Education, 2008, 11(1): 26-32.
③ Barnard L, Lan W Y, To Y M, et al. Measuring self-regulation in online and blended learning environments[J]. Internet and Higher Education, 2009, 12: 1-6.
④ Ginns P, Ellis R A. Evaluating the quality of e-learning at the degree level in the student experience of blended learning[J]. British Journal of Educational Technology, 2009, 40(4), 652-663.

效果。①②③ 专业层面混合教学的研究主要关注信息时代专业人才培养模式的探讨。

专业层面受到关注较多的一类研究，是由研究者围绕所关注的专业在信息时代就职需求与当前专业技能培养之间的差距，探讨如何应用混合教学提升学生信息化专业能力、满足工作岗位需要。例如，基于数学与学习科学专业学生毕业后经常入职专业不对口工作岗位的现状，④ 基于传统英语教学模式无法满足专业人才英语交际能力的社会需求，⑤ 相关研究者尝试采用混合教学满足其专业人才培养需求。国内关于专业层面的研究以此类型为主，且大多发生于职业教育阶段，例如围绕汽车检修、软件技术、计算机、钢铁冶金等专业呈现混合教学改革模式。⑥ "产教融合"是职业教育阶段人才培养的重要指导思想，此类研究多数立足于数字化产业转型升级大背景或"1+X"证书制度下，探讨相关产业对人才培养的需求以及工作岗位所提出的职业能力要求，专业混合教学改革的具体措施包含：构建专业内核心课程群体系，依据对应产业不同岗位信息化职业能力需求，学习领域、对接学习领域的专业课程、职业技能等级证书与职业资格证书三者有机衔接；结合信息时代行业企业要求，建立健全专业内混合教学改革制度体系，修订专业人才培养方案；搭建混合式教学技术支持平台；设计与实施混合课程教学；提供相应的支持保障，包含推进信息化教师队伍建设、提供校内培训与校外培训相结合的教师信息化教学能力发展支持、提供相应混合教改激励措施与服务支持；推进基于数据的工学结合人才培养质量监控及评价。

随着信息技术普及应用，还有研究关注到学习者的特殊性——数字原住民逐渐成为在校学生主体，从而探讨如何对此类学习者做出专业培养调整。例如有研究者调查了解剖学专业学生学习过程中在线社交媒体的使用情况，⑦ 自动化与无人机专业学生的混合教学经历，⑧ 进而提出专业人才培养中针对性的混合教学建议。

---

① Liu Q, Peng W, Zhang F, et al. The Effectiveness of Blended Learning in Health Professions: Systematic Review and Meta-Analysis[J]. Journal of Medical Internet Research, 2016, 18(1): e2.

② Kononowicz A A, Woodham L A, Edelbring S, et al. Virtual Patient Simulations in Health Professions Education: Systematic Review and Meta-Analysis by the Digital Health Education Collaboration[J]. Journal of Medical Internet Research, 2019, 7: e14676.

③ Dunleavy G, Nikolaou C K, Nifakos S, et al. Mobile Digital Education for Health Professions: Systematic Review and Meta-Analysis by the Digital Health Education Collaboration[J]. Journal of Medical Internet Research, 2019, 2: e12937.

④ Hoic-Bozic N, Mornar V, Boticki I. A Blended Learning Approach to Course Design and Implementation [J]. Ieee Transactions on Education, 2009, 52(1): 19-30.

⑤ 张洁. 移动技术支持的大学英语混合式听说教学模式研究 [D]. 大连：东北师范大学, 2011.

⑥ 谭起兵. 冶金类课程群混合式教学实施策略研究 [J]. 实验技术与管理, 2019,36(3): 179-182,186.

⑦ Barry D S, Marzouk F, Chulak-Oglu K, et al. Anatomy Education for the YouTube Generation[J]. Anatomical Sciences Education, 2016, 9: 90-96.

⑧ Jara C A, Candelas F A, Puente S T, et al. Hands-on experiences of undergraduate students in Automatics and Robotics using a virtual and remote laboratory[J]. Computers & Education, 2011, 57: 2451-2461.

（六）院校层面的混合教学研究

Graham 提出院校混合教学改革的实施框架，包含三个方面 12 个具体维度，即策略，涉及目的、倡导、实施、定义、政策；组织，涉及管理、模型、排课、评价；支持，涉及技术、教学、激励等[①]。有研究者基于上述 Graham 提出的框架，结合研究实践进行了一些调整，在"支持"模块中增加"教师专业发展"维度；还有研究者将"组织"方面的"模式"维度修订为"基础设施"与"教师专业发展"，并强调"策略"方面需要关注多个机构建立共同的混合教学实施愿景，在"支持"方面不仅要给教师提供足够的技术与教学支持，还要关注到为开展混合学习的学生提供相应技能所需的支持。[②] 依据该混合教改发展阶段框架对院校混合教学实施行动进行比对，结果发现：中国高校与美国高校混合教学实施的显著差异在于，前者机构的行政力量发挥了决定性作用，学校建设网络基础设施与相关软件、完善政策与组织结构、构建教师教学能力发展体系、加强对外合作，成为推动国内院校混合教学改革发展的关键措施。联合国教科文组织（UNESCO）在"院校混合教学能力提升"项目中提出了院校混合教改的实施措施框架，包括愿景和规划、课程体系、教师专业发展、学生学习支持、网络基础设施、政策与学校组织架构、伙伴关系、研究与评估 8 个维度。2019 年，该团队又联合 Graham 将高校推动混合教学的实施措施框架调整为 7 个维度，将"组织结构"归入"愿景与政策的一致性"维度，在"教师专业发展"维度中新增了"教师文化"，最终包括：课程体系，愿景与政策的一致性，基础设施、设备、资源和硬件条件，教师专业发展，学生学习支持，伙伴关系和研究与评价。

还有研究从主要利益相关者视角出发，面向成人高校探讨推进混合教学的系统框架[③]。将教师视为开展课程混合教学的主体，其他利益相关者如学校领导层、职能管理与服务部门、校外支持力量作为系统实施课程混合教学的主要推动力，通过学校领导层、职能管理与服务部门、校外支持力量所发挥的作用及采取的具体策略，构建了相应的策略模型：学校领导层从战略层面持续推进课程混合教学的策略模型，职能管理与服务部门推进混合课程日常教学的策略模型，以及学校借助校外力量促进混合教学的策略模型。

[①] Graham C R, Woodfield W, Harrison J B. A framework for institutional adoption and implementation of blended learning in higher education[J]. Internet and Higher Education, 2013, 18: 4-14.

[②] Porter W W, Graham C R, Spring K A, et al. Blended learning in higher education: Institutional adoption and implementation[J]. Computers & Education, 2011, 56: 818-826.

[③] 白晓晶. 成人高校开展课程混合教学的推进研究 [D]. 北京：清华大学，2019.

Graham 依据院校的具体实施情况将混合教学进展分为三个阶段：意识与探索阶段，个别教师在课堂上探索使用混合教学，但给予教师的支持非常有限；采用/早期实施阶段，院校开始尝试混合教学改革、制订相关方案、调整体制机制以支持混合教学的实施；成熟实施/增长阶段，院校已建立较为完善的混合教学策略、组织和支持体系，混合教学融入日常教学。[①] 联合国教科文组织（UNESCO）将院校混合教划分为四个阶段：未考虑、应用、融合和变革，并开发了院校自测特征表供院校对自身所处混合教改阶段进行质性分析。

国内有研究者考虑到混合教改作为一个连续的过程，而上述院校混合教改划分阶段是一种离散的划分方法，由此基于对 6 所高等职业院校的混合教学改革措施的特征进行文本分析，发现 Graham 所提出的三阶段划分方法对于起步阶段和发展较为成熟阶段的院校区分较为明确，但对于正在发展的院校则存在不易定位的问题。基于教师的混合教学总体参与度、月度失衡度和线上教学活动偏好三个维度刻画教师群体混合教学行为特征，从而对处于中间阶段、正在发展的院校混合教学进行细部特征阶段划分。并发现院校教改措施至少存在两种细化策略："广泛倡导"策略，倡导全体教师开展混合教学，没有针对性的激励和培训措施；"精兵试点"策略，通过激励和培训措施先培养小部分骨干教师，再由骨干教师扩散教改成果。[②]

整体而言，不同研究者从院校混合教学改革顶层设计、人员培训、质量监管、激励与支持保障、资源环境支持服务等不同维度呈现了混合教改的实施策略。[③④⑤] 这些策略重叠性较高，体现了研究者对于院校推动混合教改所需提供的支持服务措施具有比较一致的认知，包括成立混合教改机构部门、出台混合教改政策、构建混合教改培训体系、构建混合教改质量监控与信息反馈机制、提供经费保障、提供教学环境支持服务、提供学习资源支持服务、提供促进教学活动的支持服务、构建混合教改激励体系、构建混合教改服务体系等。

---

① Graham C R, Woodfield W, Harrison J B. A framework for institutional adoption and implementation of blended learning in higher education[J]. Internet and Higher Education, 2013, 18: 4-14.
② 黄月, 韩锡斌, 程建钢. 混合教学改革的阶段性特征与实施效果偏差分析[J]. 现代远程教育研究, 2017(5): 69-77.
③ Garrison D R & Kanuka H. Blended learning: Uncovering its transformative potential in higher education[J]. Internet and Higher Education, 2004, 7(2), 95-105.
④ 任军. 高校混合式教学模式改革推进策略研究[J]. 现代教育技术, 2017, 27(4): 74-78.
⑤ 张成龙, 李丽娇. 论基于 MOOC 的混合式教学中的学习支持服务[J]. 中国远程教育, 2017(2): 66-71.

第二章　混合课程开发及资源建设

混合教学是一个复杂的系统，[①] 也是一个动态实施过程，混合课程开发是其第一个环节。混合课程开发从目标确定到教学内容的组织、教学资源的建设、课程实施的过程与策略、课程质量的评估与优化等都有理论和方法的支撑，并有可供参考的开发流程。课程开发一般由教育部、省级教育行政部门与学校三个层次的课程开发主体实施。在基础教育领域，中小学的主要课程都是由教育部组织专家团队实施开发，产出的主要是课程标准，据此编写配套的教材、考试命题、教学和评价的指导建议等。高等教育领域，本科院校的课程开发基本上都是学校组织的，很多都是任课教师或者教师团队自行开展；课程内容遵循学科知识结构，以学科知识的逻辑体系引导课程开发过程；课程开发的产出结果是课程教学大纲、教材（或者参考书）、必要的教学条件、教学实施及考核方式的建议等。职业教育领域，高职院校的课程开发也基本上都是学校或者教师开展；课程内容与职业标准对接，以就业和工作过程为导向引领课程开发过程，[②] 课程开发的产出结果是课程标准、教学材料（或者教材）、实验实训环境、教学实施及考核方式的建议等。中等职教教育领域，教育部组织专家团队开发公共基础课课程标准。

本章在介绍面授课程开发的基础上，系统阐述混合课程开发的主要内容和过程，详细讨论混合课程特有的数字资源建设与应用。第一节描述混合课程的基本特点，第二节在介绍面授课程及在线课程典型开发模式的基础上，说明混合课程开发模式，第三～五节分别对混合课程开发模式的三个核心环节——课程设计、资源建设和课程评价进行详细阐述。混合课程教学的必要条件，如课堂环境、实验实训环境、网络教学环境等需要学校统一建设，将在第五章第二节的第六部分"建设技术支撑环境"中进行说明。

[①] Wang Y, Han X & Yang J. Revisiting the Blended Learning Literature: Using a Complex Adaptive Systems Framework[J]. Educational Technology & Society, 2015, 18 (2), 380-393.

[②] 赵伟, 孙英. 职业教育类型论 [J]. 中国高教研究, 2020(11): 98-103.

本章思维导图

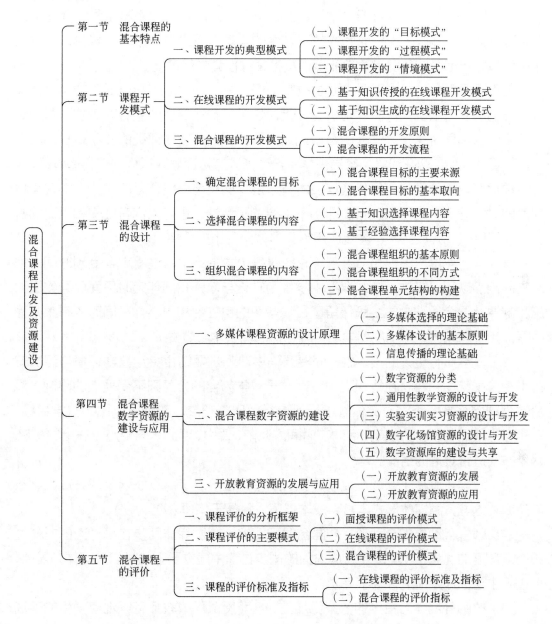

第一节　混合课程的基本特点

课程是为了达到培养目标所需要的全部教学内容与教学计划。[①] 施瓦布（Schwab）认为，课程的本质是教师、学生、内容和环境四个要素的整合，[②] 四个要

[①] 全国十二所重点师范大学联合编写. 教育学基础 [M]. 北京：教育科学出版社, 2005.
[②] Schwab Joseph J. The Practical 3: Translation into Curriculum[J]. School Review, 1973(81): 501-522.

素共同构成了一个有机的生态系统,[①] 教师是课程实施的主体,是课程意义的诠释者;学生是课程的主体,是课程编制的起点与终点;内容是为了学生学习而重新加工整理的知识体系;环境是教师的教和学生的学赖以发生并使学习结果得以产生的所有情境,包括学校环境、课堂环境以及相关的社会文化环境。

在面授课程中,学生需要定期去教室上课,由于各种原因很难或不能定期来校园上课的学生则缺少均等的学习机会。相比之下,在线课程的服务对象主要是因时间或空间原因而游离于大学外的在职或边缘群体,因此在线课程的注册增长率比面授课程要快,但长期在线学习容易使学生产生孤独感进而导致课程的保持率过低。[②] 混合课程可以借助同步与异步通信技术充分发挥面授与在线课程的优势,实现某种程度的时空分离,既可以享有上课和不上课的灵活性,也可以享有社交和互动的机会,还可以实现开放共享、重复使用等。具体呈现出如下特点。

（1）学习兼具自主性和节奏感:面授课程中学生的学习过程完全受到时间、地点的限制而缺乏自主性,在线课程中学生则缺乏与教师和同伴定时见面而导致孤独感和缺课。混合课程中学生既保留了在线学习的自主性和灵活性,同时也有教师面授督促和学习氛围,易于规划学习安排、适时调整学习节奏。

（2）教学具有更大的灵活性:面授课程中教师需要结合特定教学环境与课次安排组织分配教学内容,在线课程中教师对于教学内容的分配则不受地点的限制。混合课程中网络学习空间对实体教学场所进行了时空拓展,教师可以围绕教学目标,基于学生特点,对教学内容和活动在时间（课前、课中、课后）与地点（线上、线下）两个方面进行灵活的组织。

（3）教学资源易于获取、便于传播:混合课程可以借助互联网获取开放数字教学资源,这些资源媒体形式丰富、成本低廉,且便于传播。

（4）师生互动更加全面深入:混合课程能够充分发挥非同步在线讨论的方便性和交流深度的优势,也有助于在面对面的同步讨论中建立更强的学习共同体归属感,促进师生全面深入地进行教学互动。

（5）教师开展学习指导的依据更加充分:面授课程中教师可以观察学生的现场学习效果,却难以对所有学生的学习过程做详细地记录,在线课程可以记录学生的全部在线行为数据,但也需分析行为的真实性。混合课程既可以跟踪学生的在线学习行为,也能够通过学生面授学习情况对在线学习行为进行交叉验证,便于教师基于更加充分的证据及时对学生的学习进行诊断与指导。

---

① 杨明全.课程论[M].北京:清华大学出版社,2016:182.

② 朱永海,韩锡斌,杨娟,等.高等教育借助在线发展已成不可逆转的趋势——美国在线教育11年系列报告的综合分析及启示[J].清华大学教育研究,2014,35(4): 92-100.

（6）教师教学评估的及时性和全面性得到提高：混合课程中教师的在线教学行为以及部分课堂教学行为都能被动态记录，结合线下的教学督导等方式，教师教学评估的及时性和全面性得到提高，同时详细的在线教学过程数据也便于教师进行动态教学反思、及时优化教学活动。

第二节　混合课程开发模式

课程开发是完成一项课程计划的整个动态过程，包括确定课程目标、选择与组织课程内容、实施与评价课程。[①] 课程开发模式是基于课程实践提炼总结用以指导完成课程开发过程的操作方法。本节先介绍传统课程的三种典型开发模式及其基本特点，之后再从知识获取方式的角度介绍两种在线课程开发模式，最后结合混合课程开发实践提出混合课程的开发模式。

一、课程开发的典型模式

从课程开发的历史来看，课程开发模式主要包括"目标模式""过程模式"和"情境模式"。[②] 其中"目标模式"最先被提出并在教育实践中运用最为广泛，[③]"过程模式"和"情境模式"均是在"目标模式"的基础上提出的，强调了教师的主动性和课程开发的情境性。[④] 三种模式的区别如表2-1所示。

表 2-1　三种课程开发典型模式的区别

模式	目标模式	过程模式	情境模式
代表人物	泰勒	斯坦豪斯	斯基尔贝克
课程论基础	泰勒原理	实践性课程观	文化分析主义
心理学基础	行为主义	认知主义	人本主义
主要优点	概括了课程开发过程的共性，有清晰的操作流程	关注具体教育情境中的教师参与	重视教育情境、秉持课程开发的系统观
主要缺点	忽略了教育的情境性和复杂性	缺乏规范性、教师掌控较难	基于特定教学情境，适用面较窄
适用条件	强调知识和技能获取的课程	强调知识深度理解的课程	基于情境的体验式课程

---

① 杨明全.课程论[M].北京：清华大学出版社,2016: 234.
②④ 杨明全.课程论[M].北京：清华大学出版社,2016: 215.
③ 杨明全.课程论[M].北京：清华大学出版社,2016: 221.

（一）课程开发的"目标模式"

课程开发的"目标模式"（objective model）是由美国课程论专家泰勒（Tyler）在其1949年出版的《课程与教学的基本原理》（Basic Principles of Curriculum and Instruction）中提出来的，该模式以"泰勒原理"为基础，讲究课程开发活动的科学程序，追求课程开发活动的效率。

"目标模式"深受行为主义心理学的影响，将目标作为课程开发的基础和核心，强调先确定课程的目标，再以精确表述的目标为依据进行评价，包括确定课程目标、选择学习经验、组织学习经验和评价学习结果四个环节（见图2-1）。

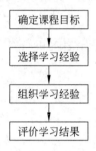

图 2-1　课程开发的"目标模式"[①]

（1）确定课程目标就是基于教育目的预设通过课程方案的实施使学生能够达到的学习结果，一般用行为动词来描述，如"理解""掌握"等。

（2）选择学习经验即选择学习内容，从学科知识、当代社会生活经验或学习者的经验中选择能够为学生提供发展机会的内容。

（3）组织学习经验就是在一定的教育观的指导下将选择的学习内容按照一定的原则和方式进行组织，包括垂直组织和水平组织两种基本方式。

（4）评价学习结果就是对课程的实施效果与预期的教育目标之间的差别进行检查，一般包括课程方案的评价和学习结果的评价。

"目标模式"概括了课程开发活动中的共性成分，并提出了明确的操作流程，便于指导课程开发的实施，但是由于片面追求课程开发的"普遍适用性"和"程序"，而忽略了教育的情境性，以及教师和学生特质的丰富性、复杂性、主体性等，主要表现在：①教师仅仅是课程的使用者和执行者，不参与课程的开发，难以促进教师的专业发展，容易导致课程开发时忽略一些有意义的教育经验；②课程目标完全是预设的，不随着学生经验的展开而生成，只关注学生外显的、可以观测的行为目标，

[①] 泰勒.课程与教学的基本原理[M].施良方，译.北京：人民教育出版社，1994：35.

内在认知过程难以测量。"目标模式"适用于强调知识和技能获取的课程开发。

（二）课程开发的"过程模式"

出于对"目标模式"忽视知识内在价值、无法帮助教师提高教学实践能力的批判，英国课程论专家斯坦豪斯（Stenhouse）在其1975年出版的《课程研究与发展导论》（*An Introduction to Curriculum Research and Development*）中提出了课程开发的"过程模式"（process model），该模式以实践性课程观为基础，强调教育的价值体现在教与学的实践过程中，关注学生和教师的主体地位，尤其聚焦教师的角色，重视教育的情境性和复杂性。

"过程模式"受认知主义心理学的影响，认识到主体在认识过程中具有一定的认知结构并且通过主动参与来不断获取知识使得其认知结构处于不断发展的状态。因此，"过程模式"强调教育是一种过程而不是达成目的的手段，关注知识和教育活动的内在价值。"过程模式"是一种开放系统，没有固定的开发环节和清晰的程序步骤，仅有五条指导课程开发与实施的"过程原则"。

（1）教师应该与青少年一起在课堂上讨论、研究具有争议性的问题。

（2）在处理具有争议性的问题时，教师有必要保持中立原则。

（3）探究有争议性的问题应该采用讨论而不是讲授的方式。

（4）讨论过程中应该尊重参与者的不同观点，而不是试图达成一致意见。

（5）教师作为讨论的主持人，应该保证学生的学习质量和标准，即所有的观点与争议都接受证据和推理的检验。

在"过程原则"指导下，教师是积极的课程参与者和课程实践者，是平等的学习者；同时课程的开发关注的不是预设的行为目标，而是随着教育活动的展开而生成的目标。因此，"过程模式"关注到了教育情境中的教师参与，并且允许教师对课程意义进行解读，教师是课程的研制者和开发者，"没有教师发展就没有课程发展"；同时"过程模式"不是一个预定的程式化线性发展的过程，而是在具体情境中通过反思性实践进行对话和理解的过程。该模式适用于强调知识深度理解的课程，有利于发展学生的高阶思维。

由于"过程模式"没有设计可观测的行为目标并且对教师教学没有相对固定的要求，导致课程实施过程中缺乏科学性和规范性，教师业绩和学生学业评价比较困难。该模式需要教师对课程知识领域具备深刻的理解，这就对教师提出了理想化的要求，一般教师难以胜任。

(三)课程开发的"情境模式"

为了改进"目标模式"的"线性化"缺陷,英国课程论专家斯基尔贝克(Skilbeck)在其1976年出版的《课程编制过程:学校使用的一种模式》(School-based Curriculum Development)中详细阐述了课程开发的"情境模式"(situational model),该模式以文化分析主义课程理论为基础,强调课程本质是社会文化的一种抉择,主张在课程开发过程中要彻底地、系统地对相关情境(包括内部情境和外部情境)和课程要素进行分析,是一种更加综合的课程开发模式。[①]

"情境模式"受到人本主义心理学的影响,关注具体情境下学生的个体发展需求,如尊严、价值、创造力的发展及发展意愿等方面的需求,强调课程开发需要符合学校发展理念与学生的发展需求,并将"情境分析"作为课程开发的起点,包括分析情境、确定目标、编制方案、解释与实施和评价与改进五个环节(见图2-2)。

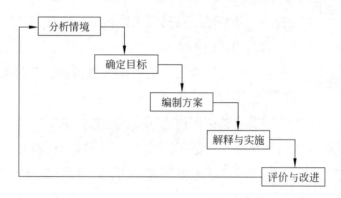

图 2-2 课程开发的"情境模式"

(1)分析情境是指对于学校教育相关的、影响课程开发的各种因素进行分析,包括内部因素,如学生和教师的特点、学校风气、学校已有的设备、资源以及其中存在的问题和缺陷;外部因素,如社会及其期望、劳动力市场的需求、社区的文化环境及价值观、学科科目的特征、资源和支持系统的特征等。

(2)确定目标是指参照情境分析的结果确定符合学校发展理念与学生发展需求的目标,后者是制约课程目标的根本因素,课程目标一般要用学生的学习结果来表达。

(3)编制方案包括选择课程内容、组织课程内容、安排教学活动、选择合适的资源以及教学方法等,最终要形成一个文本性的课程方案。

(4)解释与实施是将课程方案付诸实施的过程,不仅包括课堂教学,还包括课

---

① 钟启泉.课程论[M].北京:教育科学出版社,2007:267.

外的调查、实践等活动。

（5）评价与改进是对课程实施情况进行评价与优化，包括对学生学习效果的评价和对课程方案本身的评价。

"情境模式"强调关注课程开发过程中的各种要素，同时将这一过程作为一个有机整体，开发的各个环节相互联系，但不具有一定的逻辑顺序，可以从任何一个环节入手，或者几个环节同时进行。课程开发的各个环节密切关联，形成一个循环往复的连续性过程，评价与改进环节既是上一个循环的结束，又是下一个循环的开始。

"情境模式"强调关注学校具体情境下学生的个体发展需求，课程开发必须基于这些特定情境展开，因此对课程开发的情境要做适当的抽象，有一定难度，适用面较窄。该模式适合基于情境的体验式课程开发。

课程开发的"目标模式""过程模式"和"情境模式"在实践中可以结合具体课程开发进行综合运用。需要说明的是，这三种模式都是针对普通教育学科知识体系课程的，不适合职业教育职业行动体系课程，后者的开发有其独特的模式，包括工作技能模块化课程开发模式、能力本位课程开发模式、学习领域课程开发模式和工作过程系统化课程开发模式等。[①] 职业教育领域的课程开发模式将在本书第六章中详细论述。

二、在线课程的开发模式

斯隆联盟在线教育报告（Sloan Consortium Online Education Report，简称斯隆报告）根据在线传授内容所占的比例将课程分为传统课程（traditional course，0%）、网络辅助课程（web facilitated course，1%~29%）、混合课程（blended/hybrid course，30%~79%）和在线课程（online course，80% 以上）四种类型，认为"在线课程"是指"课程的大部分或全部内容通过在线方式完成，通常没有面对面的交流"。[②]

随着信息与传播技术的发展，在线课程的功能发生了从资源共享到知识共生的变迁。[③] 早期的在线课程以资源共享的形式进行知识传授，课程形式从异步网络传播的数字化文本、视频课程逐步发展到可以实时网络传播的视频课程；当今的在线

---

① 刘冰，闫智勇，吴全全. 职业教育课程开发模式的源流与趋势 [J]. 中国职业技术教育, 2018(33): 5-11.
② Allen I E & Seaman J. Sizing the opportunity: The quality and extent of online education in the United States[J]. Science and Education, 2003: 6.
③ 赵丽. 在线课程开发：从资源"共享学习"到智慧"共生跃迁" [J]. 电化教育研究, 2016,37(11): 67-74.

课程发挥着知识生成的功能,可以基于大数据分析技术以学习者生成内容为中心来扩展知识的边界。① 因此,从在线课程的功能角度来看,在线课程可以分为基于知识传授的在线课程和基于知识生成的在线课程,两种课程在理论基础、教师角色、学习目标、学习内容、学习方式与学习环境方面均存在差异(见表2-2)。

表 2-2 基于知识传授的在线课程和基于知识生成的在线课程的对比

项 目	基于知识传授的在线课程	基于知识生成的在线课程
理论基础	行为主义、认知主义	建构主义、联通主义
教师角色	讲授者	促进者
学习目标	由教师定义,学习者掌握学习内容	由学习者个体自己决定,学习者共享、生成知识
学习内容	预设的、结构化的	生成的、非结构化的
学习方式	通过视频、测试、作业等方式学习	基于社交网络的群体间交互学习
学习环境	中心化	分布式

慕课(massive open online courses, MOOCs)是在线课程的一种常见形式,有侧重知识传授的 xMOOC 和侧重知识生成的 cMOOC 两种类型,② 下文以 xMOOC 和 cMOOC 为代表,分别介绍上述两种在线课程开发模式的特点与流程。

(一)基于知识传授的在线课程开发模式

基于知识传授的在线课程以行为主义和认知主义学习理论为基础,强调知识的呈现、行为的刺激和强化,关注如何将知识精准地传授给学习者,以此为基础进行程序教学材料的开发。③ 教师是课程的讲授者和学习目标的定义者,沿用传统的课程结构与教学流程,④ 学习内容是预设的、结构化呈现的知识,学生通过视频、测试、作业等方式进行学习,学习环境以某一课程平台为中心。

基于知识传授的在线课程以 xMOOC 为代表,该类课程以 2011 年秋季斯坦福大学试探性地在网上免费开放的三门计算机科学课程——"数据库"(Databases)、"机器学习"(Machine Learning)和"人工智能导论"(Introduction to Artificial Intelligence)为开端,主要依托 Coursera 和 Udacity edX 两个技术平台建设。xMOOC 更接近传统教学的理念,一般由教师录制视频、发布课件、布置作业和课程测试,学生通过视频实现自主和协作学习,完成作业并参加测试。教师和学生进行互动只能通过基于课程平台的集中论坛或者线下见面会。⑤ 以 xMOOC 为代表的基

---

① 杨刚,胡来林.MOOC 对我国高校网络课程建设影响的理性思考[J].中国电化教育,2015(3): 15-21.
② 王萍.大规模在线开放课程的新发展与应用:从 cMOOC 到 xMOOC[J].现代远程教育研究,2013(3): 13-19.
③ 曹梅,朱晓悦.在线课程设计的建构主义范式诠释——美国 BrainPOP 在线课程的案例研究[J].电化教育研究,2019,40(12): 57-63.
④ 王萍.大规模在线开放课程的新发展与应用:从 cMOOC 到 xMOOC[J].现代远程教育研究,2013(3): 13-19.
⑤ 金慧.在线学习的理论与实践:课程设计的视角[M].北京:清华大学出版社,2017.

于知识传授的在线课程教学流程如图 2-3 所示。

该类课程是按照学科知识结构，围绕知识点进行教学的在线课程。课程开发需要一支课程支持团队，主要包括课程开发专家、计算机编程人员、摄像师和懂技术的教学助理。xMOOC 课程开发模式包括课程选题、课程规划、知识点设计、课程设计、课程拍摄、后期制作、辅助资料和课程上线八个步骤（见图 2-4）。

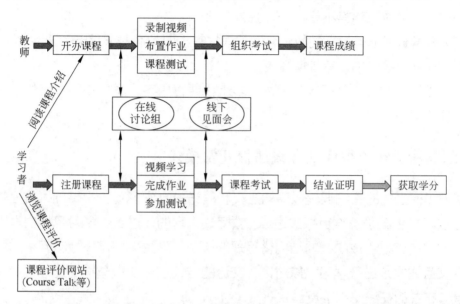

图 2-3 以 xMOOC 为代表的基于知识传授的在线课程教学流程[①]

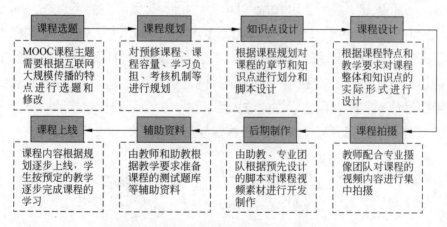

图 2-4 基于知识传授的在线课程开发流程[②]

（1）**课程选题**需要根据互联网大规模传播的特点对课程内容进行选择确定。

（2）**课程规划**是指对预修课程、课程容量、学习负担、考核机制等进行规划。

---

① 王萍. 大规模在线开放课程的新发展与应用：从 cMOOC 到 xMOOC[J]. 现代远程教育研究, 2013(3): 13-19.
② 李艳红, 赵波, 甘健侯. 基于知识地图的 MOOC 课程开发[J]. 现代教育技术, 2015,25(5): 85-90.

（3）**知识点设计**是指根据课程规划对课程的章节和知识点进行划分和脚本设计。

（4）**课程设计**是指根据课程特点和教学要求对课程整体和知识点的实际教学方式进行设计，包括知识点的资源呈现形式。

（5）**视频素材拍摄**需要教师配合专业摄像团队对课程所需的视频素材进行拍摄。

（6）**后期制作**需要由助教、专业团队根据预先设计的脚本对课程视频素材进行后期制作，视频时长通常不超过 15 分钟。

（7）**教学资料准备**是指由教师和助教根据教学要求准备课程电子课件、测试题、讨论题、作业、参考书目等辅助资料。

（8）**课程上线**是按照既定的规划逐步上线课程内容，学生按照预定的教学逐步完成课程的学习。

（二）基于知识生成的在线课程开发模式

基于知识生成的在线课程以建构主义和联通主义学习理论为基础，关注知识的共同建构和学生高阶思维目标的达成；教师是学习的促进者，学习目标由学生自己决定，学习内容是生成的、非结构化呈现的知识，学生采用基于社交网络的学习群体间的交互方式来进行学习，以对话、交流的方式实现知识建构与迁移运用，学习环境是分布式的在线交流工具。

基于知识生成的在线课程以 cMOOC 为代表，该类课程以乔治·西门子（George Siemens）与斯蒂芬·唐斯（Stephen Downs）于 2008 年合作开设的"联通主义与连接性知识"（connectivism and connective knowledge, CCK08）课程为开端。cMOOC 将分布于世界各地的授课者和学习者通过某一个共同的话题或主题相联系，学习者通过交流、协作、构建学习网络来共同建构知识。教师通过提供资源、发起话题和组织活动来实施课程，学生通过上传资源、参与话题和参加活动来共享知识。以 cMOOC 为代表的基于知识生成的在线课程教学流程如图 2-5 所示。

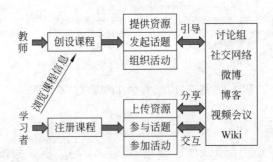

图 2-5　以 cMOOC 为代表的基于知识生成的在线课程教学流程[①]

---

① 王萍. 大规模在线开放课程的新发展与应用：从 cMOOC 到 xMOOC[J]. 现代远程教育研究, 2013(3): 13-19.

该类型的课程强调在模糊目标的情况下围绕主题或创设情境设计不同类型的学习活动，指导学生进行交互式学习，关注学生学习经验的生成。有研究基于 Moodle 平台依赖实践者的经验迭代设计开发了针对职业领域警察实训的课程，[①]根据学生反馈、研究者反思和专家意见不断修正课程开发流程，最终形成了以活动为起点的基于知识生成的网络课程开发模式，从课程培养目的开始，沿着"课程/活动设计—课程准备/预设—课程实施/生成—课程反思/提炼"的路径进行[②]（见图 2-6）。

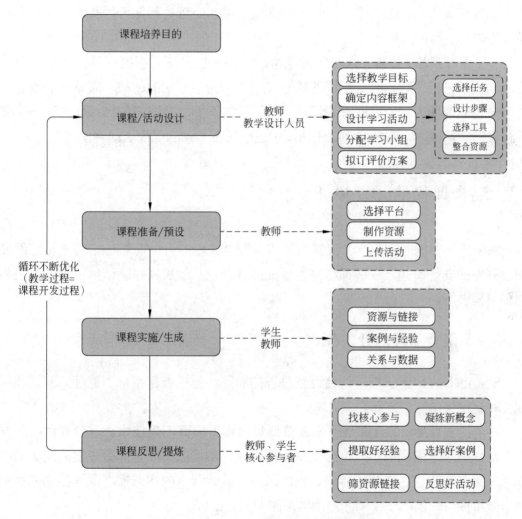

图 2-6 基于知识生成的在线课程开发流程

（1）**课程培养目的**：通过访谈和观察来初步确定，具有总体性和模糊性的特点，

---

① 何伏刚, 郑勤华, 陈丽. 基于联通主义的实训生成课程开发模式构建 [J]. 现代远距离教育, 2015(5): 24-33.
② 何伏刚, 陈丽, 朱群. "互联网+"环境下实训生成课程开发模式的设计研究 [J]. 中国远程教育, 2019, 536(9): 32-42.

在第一阶段的课程开发中难以细化成具体的行为目标。

（2）**课程/活动设计**：教师和教学设计人员为课程开发所需要的内容设置对应的活动支架，包括选择任务、设计步骤、选择工具、整合资源四个环节。

（3）**课程准备/预设**：教师根据教学目标选择平台、制作资源、上传活动，便于后续教学的顺利实施。

（4）**课程实施/生成**：教师和学生共同开展的活动，师生共同提供资源与链接、分享案例与经验，进而经过聚合产出和分析提取生成课程内容，这些可以直接成为下一轮课程的内容；这一环节记录了教师和学生的交互关系与行为数据，这对下一轮课程内容的组织起到了修正作用。

（5）**课程反思/提炼**：结合定性定量的数据分析方法，根据评价分析指标对课程活动进行分析提取，寻找课程的核心参与者作为下一轮的助教，凝练新的概念作为下一轮的课程内容，提取好的经验、选择好的案例、筛选好的链接作为下一轮课程预设的学习资源，对好的活动进行反思进而在下一轮的课程活动中使用。

三、混合课程的开发模式

基于第一节梳理的混合课程基本特点，混合课程的开发需要综合考虑传统面授课程开发的典型模式与在线课程开发模式的优缺点，取长补短，依据一定的开发原则和流程进行。

（一）混合课程的开发原则

Shand 等人提出了指导混合课程开发的原则，包括课程目标、课程内容、课程混合和课程导学四个方面。

（1）**课程目标：混合课程开发应该聚焦课程目标而不是技术**。混合课程的开发不宜从炫耀技术的视角切入，应该从课程的目标和目的出发，即首先要确定关键的学习成果——知识、技能和情感，由此确定后续的课程内容选择、课程活动设计和课程效果评价，包括在线和面对面学习时间的分配等。

（2）**课程内容与教学设计：混合课程内容呈现方式、学习活动和评价方案的设计应基于学生学习需求、课程内容特点以及技术工具的教学功能**。混合课程内容呈现方式选择和教学活动设计应该以最能满足学习者需求为目标，并且与内容的难易程度相匹配。例如，如果一个学习单元的内容比较简单且容易理解，则适宜采用在线方式进行。但如果学习单元的内容相对复杂，并且预计会有不少需要即时回应的学生问题，那么面对面的方式将能更好地满足学生的需求。教学活动和评价方案的设计还需要考虑已有技术工具的教学支持功能。例如，当教学目标要求对某些主题进行讨论，采用讨论区、博客等交流工具就可以支持在线异步讨论活动的设计，若要设计异地同步讨论活动时，就需要视频会议系统进行支持；如果要进行基于学生在线学习行为的动态评价，则需要网络教学平台具有相关数据收集并进行相应分析的功能等。

（3）**在线与面授活动的混合：课程的在线和面对面活动需要整合成一个有机的整体**。在混合课程中，面对面和在线教学活动必须整体设计、相互衔接。例如，根据课程一个学期的安排，需要统一规划哪些课时的教学活动在线上，哪些在线下，还需要考虑线上和线下的教学活动如何有机衔接；一个在线活动若包含有难度较大内容的自主学习，那么接下来的面授活动可以围绕这个内容开展小组讨论和分享，以便解疑和深化认知；如果一个学习单元的教学活动设计为课前、课中和课后三个环节，那么这三个环节的学习目标和学习内容可以由低到高、由易到难进行递进设计，便于学生通过多次循环来逐步建构知识。

（4）**课程导学：混合课程应设计清晰、完整的在线导学信息，并在面授教学中提供动态指导，确保学生为每一步学习活动做好准备**。混合课程的在线导学信息是提供给学生阅读的，包括整个课程的导学、每个学习单元的导学以及每次学习活动的导学，这些导学信息应说明学习目标、学习内容获取的获取方式、学习活动的安排、学习任务提交的截止时间、考核的方式及标准等，信息应尽可能完整、明确，能够指导学生逐步完成学习任务。同时，教师还应提供面授指导，如课程开始阶段在课堂上指导学生如何安装使用网络教学平台以及其他技术工具，让学生专注于课程内容而不受技术使用的困扰；在教学过程中不断审视学生是否遇到学习方法的问题，及时进行个性化指导等，帮助学生对混合课程的学习做好充分准备。

（二）混合课程的开发流程

课程开发一般有两种思路：第一种是按照线性流程开发，第二种是快速迭代开发。前者可追溯到 20 世纪 70 年代，采用专家主导、自上而下的方法，假定学习需求是基本稳定的，按照线性流程循序渐进；后者自 90 年代开始流行起来，强调通过原型的快速迭代加快并优化课程的开发，允许开发过程中在一定程度上变更需求，按照迭代流程持续交付。[1]

2010 年国内学者提出了按照线性流程进行混合课程开发的方法，包括三个核心

---

[1] 李笑樱,闫寒冰,彭红超.敏捷课程开发：VUCA 时代课程开发新趋向[J].电化教育研究,2021,42(5): 86-93,113.

环节：准备阶段、实施阶段和评价阶段。① 准备阶段包括三个部分：①分析学习者的特点；②分析课程知识；③分析混合学习环境。实施阶段包括三个部分：①混合课程的总体设计；②混合课程单元（活动）设计；③混合课程资源设计。评价阶段需要针对面对面和在线两个部分分别制订课程评估方案，强调学习者参与教学评价与学习评价。这三个阶段分别凸显了课程分析、课程设计与课程评价的要素，但是忽略了课程构建即课程资源的制作与课程在线部分的建设。本书研究团队认为，混合课程的开发是一个需要不断改进的过程，应该具备课程分析、课程设计、课程构建和课程评价四个环节，并且四个环节循环往复、持续优化（见图2-7）。

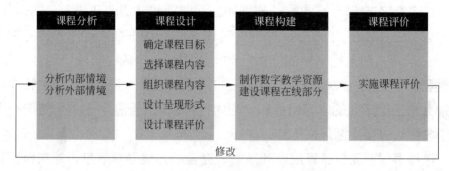

图 2-7　混合课程的四个阶段开发流程

（1）**课程分析**：对拟开发的混合课程在学校内部和学校外部的情境进行分析，内部情境包括三个方面：①对学生的兴趣、起始能力、背景知识、期望的学习结果等；②对课程现有资源的内容和结构及其问题的分析、对混合课程的目标定位等；③对组织的管理结构、学校的设备与财政条件、对教师的知识和教学能力的要求、混合课程项目的预算和计划时间、混合课程在学校的实施场景、现有技术平台的情况等。外部情境包括宏观政策环境、劳动力市场需求、社会文化环境、技术发展现状等进行分析。

（2）**课程设计**：根据上述课程分析的结果，编写初步的课程设计方案，包含课程目标的确定、课程内容的选择与组织、内容呈现方式的设计和课程评价方案的设计，其中内容呈现方式涉及相应教学资源类型的选择与制作，在本章第四节中详细阐述；课程评价方案的设计在第五节中详细阐述。

（3）**课程构建**：根据课程内容选择或制作对应的数字教学资源，并着手建设混合课程的在线部分。数字教学资源选择或制作的原则和方法在本章第四节中详细阐述。混合课程的在线部分建设需要网络教学平台的支持，最终呈现为一个课程网站形式，包括课程导学、学习单元、学习资源、学习工具等，其中学习单元是核心部分。

---

① 张治勇，殷世东 . 高校混合课程开发探析 [J]. 中国高教研究，2010, 207(11)：89-91.

在本书第三章中结合教学设计进行详细阐述。

（4）**课程评价**：经过上述课程分析、课程设计和课程构建三个阶段就完成了一轮课程开发。基于课程开发成果，由不同教师面对特定学生、特定教学情境进行教学设计与实施。收集教师们在这门课程上的教学实施效果进行综合评价，并据此进行新一轮的设计调整，实现混合课程的迭代优化，具体的课程评价方法参见本章第五节。教师进行课程教学设计与实施的方法参见第三章。

第三节　混合课程的设计

课程设计是指"一定的课程开发群体或个人，根据各自的价值取向，按照一定的课程理念，通过特定的方式，组织、安排课程的各种要素或成分的过程"。[1] 混合课程设计则是在虚实融合环境下根据课程理念对课程要素进行重新组织与安排的过程。混合课程的设计包括确定课程目标、选择与组织课程内容、设计内容呈现方式和设计课程评价方案五个内容（见图2-7），本节将详细介绍前三个内容，其他内容将在本章第四节和第五节中详细阐述。

一、确定混合课程的目标

《教育大辞典》中将"课程目标"定义为"课程本身要实现的具体目标，是期望一定教育阶段的学生在发展品德、智力、体质等方面达到的程度"。[2] 确定课程目标包括四个步骤：明确教育目的与培养目标；确定课程目标的主要来源；确定课程目标的基本取向；撰写具体的课程目标。[3]

确定课程目标是课程设计的起点，但不是国家教育的逻辑起点，"仅仅是从国家制定的教育目的到实际的课堂教学目标所经历的一系列转化的一个环节"。[4] 根据教育目标的抽象程度，教育领域的目标可以分为教育目的、培养目标、课程目标和教学目标四种不同层次（具体关系如图2-8所示）。教育目的是一个国家乃至社会在较长历史阶段人才培养的总体目标，层次最高、指导范围最广；培养目标是各级各类学校及各个学段应具体达到的教育目标，能够体现学校的办学指导思想和办学特

---

[1] 李允.课程与教学论[M].北京：北京大学出版，2015：99.
[2] 顾明远.教育大辞典（增订合编本）[M].上海：上海教育出版社，1988：898.
[3] 钟启泉.课程论[M].北京：教育科学出版社，2007：104.
[4] 钟启泉.课程论[M].北京：教育科学出版社，2007：107.

色，具有一定的区域性和针对性；课程目标是指导课程设计、课程实施和课程评价的基本准则，是整个课程编制的逻辑起点，它的制定以教育目的和培养目标为依据；教学目标是培养目标和课程目标的具体化，既指向课程目标，又指向教学单元目标和具体的课时目标、教学环节目标。混合课程是课程的一种类型，因此混合课程目标也遵循这样的从属关系，在确定混合课程的目标时需要优先确定教育目的和培养目标。

图 2-8　教育目的、培养目标、课程目标和教学目标的关系①

（一）混合课程目标的主要来源

泰勒在《课程与教学的基本原理》一书中用折中的态度提出了课程目标的三个主要来源，即对学生的研究、对当代社会生活的研究和学科专家的建议。Ornstein 和 Hunkins 则认为课程应当来源于科学、社会、道德、知识和学习者。② 两者具有一定程度的重合，对于混合课程的目标确定均具有重要的指导意义。混合课程是适应时代发展的新型课程形式，其目标确定除了考虑使学生具备前沿的学科知识外，还需要回应社会进步的诉求和终身学习的需要。

1. 学科知识的发展

学科知识具有认知、生活导向和思维启迪的功能，③ 是确定混合课程目标的主要来源。④ 学科知识来源于学科专家的建议，学科专家通过深刻认识并回答"你这门学科对那些不会成为这个领域专家的年轻人的教育有什么作用？你这门学科对外行或一般公民有什么贡献？"这样的问题，进而对课程目标的确定给出具体的建议。学科专家依据学科的训练方法和内容，指出该学科能对一般人做出哪些贡献。随着互联网的普及应用和全球化知识经济的到来，混合课程传授的学科知识不仅在内容上

---

① 钟启泉. 课程论 [M]. 北京：教育科学出版社，2007：108.
② Allan C Ornstein & Francis P Hunkins. Curriculum: Foundations, Principles, and Issues, 7th edition[M]. United States: Pearson Education.2017: 180-183.
③ 杨华. 加强学科、教材、课堂教学的"三大"体系建设，夯实学科育人根基 [J]. 中国教育学刊，2020(S2): 120-122.
④ 泰勒. 课程与教学的基本原理 [M]. 施良方，译. 北京：人民教育出版社．1994：20.

呈现爆炸式增长，而且在知识生产、传播、使用方式上也发生着根本性变革，学科知识的疆界在不断拆解并发生新的联结。①②

2. 社会进步的诉求

社会进步依赖于人才培养，③因而社会在道德、经济和技术等方面的发展都会影响到混合课程目标的确定。

（1）混合课程需要回应教育价值取向对人才培养的诉求。国家将立德树人作为教育的根本任务，2020年教育部提出以爱党、爱国、爱社会主义、爱人民、爱集体为主线，围绕政治认同、家国情怀、文化素养、宪法法治意识、道德修养等重点优化高等学校课程思政内容供给，系统进行中国特色社会主义和中国梦教育、社会主义核心价值观教育、法治教育、劳动教育、心理健康教育、中华优秀传统文化教育等。

（2）混合课程需要回应促进经济发展对人才技能与能力的诉求。OECD 2015年年度报告提醒各成员国帮助年轻人发展适应劳动力市场需求的各项素养；俄罗斯明确将社会劳动素养纳入21世纪核心素养框架，学生需要学会分析劳动市场情况、评估自己的职业机会、处理劳动关系的伦理与道德、自我管理能力等；④美国21世纪学习框架（framework for 21st century learning）将"生活与职业技能"作为技能框架体系的重要组成部分，具体包括灵活性与适应性、主动性与自我导向、社会与跨文化素养、效率与责任、领导与责任五个方面。⑤

（3）混合课程需要回应信息时代对人才能力与素养的诉求。《高等学校数字校园建设规范（试行）》中明确将学生信息素养培育作为学校培养高素质、创新型人才的重要内容。《职业院校数字校园规范》也提出学生应该具备信息化职业能力，以成为合格的数字公民，具体包括信息意识和态度、信息知识与技能、信息思维与行为、信息化专业思维与能力及信息社会责任等。

3. 终身学习的需要

终身学习是个人的基本需求，也是学习型社会的标志。⑥帮助学习者获得终身学习能力是高等教育依托混合课程助推中国教育现代化的重要路径，⑦应该将终身

---

① 胡春光,胡丽萍,黄文彬.大学学科知识的演变：知识转型的历史社会学分析[J].中国高教研究,2011(7): 50-55.
② Siemens G. Knowing Knowledge[M]. Lulu.com, 2006.
③ 姜树卿.经济发展与社会进步依赖于教育的发展和人才的培养[J].教育探索,2002(2): 5-10.
④ 师曼,刘晟,刘霞,等.21世纪核心素养的框架及要素研究[J].华东师范大学学报（教育科学版）,2016,34(3): 29-37,115.
⑤ The Partnership for 21st Century Skills．Framework for 21st Century Learning[EB/OL]. http://static.battelleforkids.org/documents/p21/P21_Framework_Brief.pdf.
⑥ 李德显,赵浩舍.近十年国外终身学习研究的前沿主题及热点领域分析[J].教育理论与实践,2020,40(34): 3-9.
⑦ 谢倩芸.助推构建服务全民终身学习的教育体系[J].中国高等教育,2021(2): 57-59.

学习能力纳入混合课程的目标。2007 年欧盟正式发布的《终身学习关键能力：欧洲参考框架》(Key Competences for Lifelong Learning: A European Reference Framework) 指出终身学习的关键能力包括母语沟通能力、外语沟通能力、数学和科技基本素养、数字（信息）素养、学会学习、社会与公民素养、创新与企业家精神、文化意识和表现等八个方面，并指出基本的语言、文字、数学、信息能力是终身学习的基础，"学会学习"支持个体所有学习活动，批判性思维、创造性、主动性、问题解决、风险评估、决策、情绪管理是终身学习者必不可少的素养。

（二）混合课程目标的基本取向

舒伯特（Schubert）认为，课程目标主要有四种取向：普遍性目标取向、行为性目标取向、生成性目标取向和表现性目标取向，[①] 四种取向的课程目标共同构成了课程目标体系，每种课程目标都有其存在的意义。在混合课程开发时需要识别不同取向的课程目标的优缺点和适用条件并加以合理组合，进而有助于更好地指导课程开发。四种取向的课程目标优缺点及适用条件的比较如表 2-3 所示。

表 2-3　四种不同取向的课程目标的比较

课程目标取向	普遍性目标取向	行为性目标取向	生成性目标取向	表现性目标取向
优点	普遍性、方向性、指令性	具体、明确、可操作性强	考虑到学生兴趣的变化、能力的形成和个性的发展	能够体现学生的独特性、个体性
缺点	缺乏量化依据，易于产生歧义	情感的变化难以用外显的行为表达	大班授课时很难实施	过于模糊，很难保证所有学生都达到要求
适用条件	普遍适用	强调知识和技能	培养问题解决能力	培养创造能力

1. 普遍性目标取向

"普遍性目标"（global purposes）是将一般教育宗旨或原则直接运用于课程领域成为课程领域一般性、规范性的课程目标。此类目标是对课程全局的总体考虑和安排，反映的是比较长时期的教育价值取向，具有普遍性、方向性、指令性的特点，是任何门类的课程都不可缺少的部分。此类目标往往基于经验、哲学观或伦理观提出，缺乏量化依据，在理解上容易产生歧义，需要通过具体目标的确定进行细化。[②] 国家层面的课程开发，需要遵循新时代党的教育方针和根本要求制定普遍性目标。

2. 行为性目标取向

"行为性目标"（behavioral objectives）指明课程与教学活动完成后学生身心

[①] Schubert W H. Curriculum: perspective, paradigm, and possibility[M]. New York: Macmillan Publishing Company,1986: 190-195.

[②] 钟启泉. 课程论[M]. 北京：教育科学出版社，2007：119.

方面所发生的变化结果预期,是以显性化、精确化、具体化、可操作的行为形式加以陈述的课程目标。相比普遍性目标的模糊性,此类目标具有精确性、具体性、可操作性,有利于教师对教学全程目标和方向的控制。但是过于关注行为的同时忽略了学生学习的主观能动性,忽视了不易直接测量与观察的内容,如价值观、情感等。当混合课程的内容以强调知识和技能为主时,可以选用行为性目标。

3. 生成性目标取向

"生成性目标"(evolving objectives)是在教育情境之中随着教育过程的展开而自然生成的课程目标,它是教育情境的产物和问题解决的结果。此类目标考虑到了学生兴趣的变化、能力的形成和个性的发展,强调学生在与教育情境的交互作用中产生自己的目标。但这一目标的具体实施需要教师根据学生的需要和特点随时调整课程内容,并且需要大量额外的准备工作,在大班授课时不容易实施。当混合课程旨在培养学生具体情境下的问题解决能力时,可以选用生成性目标。

4. 表现性目标取向

"表现性目标"(expressional objectives)是指每一个学生在具体教育情境中的个性化表现,关注的是人们在从事某种活动结束时有意或无意得到的结果。它强调学生的个性发展和创造性表现,尊重学生的个体差异,期望学生反应的多元化。但此类目标过于模糊,在课程设计与实施时难以发挥课程指南的作用。此外,在某些学科领域,它难以保证学生获得了必须掌握的内容。当混合课程旨在培养学生的创造能力时可以选用表现性目标。

混合课程目标确定的结果就是形成课程目标文档,课程目标整体上呈现为普遍性目标统领下由行为性、生成性或者表现性目标组成的目标体系,具有系统化、层次化和具体化的特征。[①] 要考虑到目标体系相关的教育系统要素的纵向和横向的关系,要反映出学习结果的层次性,要将普遍性目标拆解成详细的具体目标。具体的目标表述方式将在第三章中详细介绍。

二、选择混合课程的内容

课程内容是"根据特定的教育价值观和课程目标,有目的地从人类的知识经验体系中选择出来,并按照一定的逻辑序列组织、编排而成的知识体系和经验体系的总和"。[②] 根据课程内容的性质,课程可划分为学科课程和经验课程,前者以学科知

---

① 钟启泉. 课程论 [M]. 北京:教育科学出版社,2007:88.
② 杨明全. 课程论 [M]. 北京:清华大学出版社,2016:242.

识为核心,当前在学校范围内所接受的课程大多可归为此类;后者以学习者的经验为核心,通过生活体验与活动积累相应的知识,职业院校所设置的技能型课程与此关联较大,如烹饪、技工等。[1] 而随着知识与经验的边界越来越模糊,混合课程内容的选择往往需要兼顾学科知识与生活经验,尤其是学习者的经验。[2]

(一)基于知识选择课程内容

钟启泉依据知识的来源、知识的内容、教学内容或学科内容结构等对课程知识加以区分(见表2-4)。

表 2-4 课程知识的类型及其内涵[3]

课程知识的分类标准	课程知识的类型		内涵概述
知识的来源	直觉知识		学习者经过思考顿悟发现的知识,依据想象力/个人经验而提出并得到承认的知识
	理性知识		根据推理得到的知识,偏向抽象思维
	经验知识		根据观察与感知得到的知识,偏向形象思维
知识的内容	知"什么"		陈述性知识,如原理等,给予"是什么"的启发
	知"如何"		程序性知识,给予"如何做"的启发
教学内容或学科内容结构	具体的知识	术语的知识	关于具体符号的指称物的知识
		具体事实的知识	关于日期、人物、地点等具体精准信息的知识
	处理具体事物的方式方法的知识	惯例的知识	关于对待和表达观念的惯有方式的知识
		趋势和顺序的知识	关于时间方面涉及事物发展过程、方向和运动的知识
		分类和类别的知识	关于类别、组织、排列等方面的知识
		准则的知识	关于检验或判断各种事实、原理、准则的知识
		方法论的知识	关于特定学科、特定问题的探究方法、技巧和步骤的知识
	学科领域中的普遍原理和抽象概念的知识	原理和概括的知识	观察现象并加以概括的特定的抽象概念方面的知识
		理论和结构的知识	对于复杂问题或现象的系统、完整的原理知识,涉及大量具体事物的彼此关系与组织结构

(二)基于经验选择课程内容

基于经验选择课程内容主要包括两方面,一方面是社会生活经验,另一方面是学习经验。在混合课程中,社会生活经验的选择强调学习与社会文化情境的互动作

---

[1] 杨明全. 课程论 [M]. 北京:清华大学出版社, 2016: 79-81.
[2] 周兴国, 段兆兵. 课程与教学论 [M]. 合肥:中国科学技术大学出版社, 2012: 100-104.
[3] 钟启泉. 课程论 [M]. 北京:教育科学出版社, 2007: 151-153.

用，强调结合政策背景、经济发展背景、技术发展现状等方面将社会需要转换成一定的课程内容。如人工智能、区块链、大数据等技术的发展也可以作为课程内容的来源。职业教育的目标是培养生产、管理和服务一线的技术技能型人才，课程内容还需要基于工作岗位出发选择从业中实际应用的经验和策略。[①]

学习经验的选择强调学生是学习的主体，学习是学生以已有的学习经验和心理结构为基础主动与外界环境进行双向互动的过程。每个学生已有学习经验不同，因此基于学习经验选择课程内容时需要尊重学生的个性差异，充分了解学生的学习背景、兴趣爱好，分析引发学生反应的学习情境，安排合适的情境以激发学生的学习行为。[②]另外，学生的学习经验和个人的社会生活经验是不可分割的，学习经验只能在一定的社会文化环境中才能发生，学生在日常学习、生活、与他人交往过程中生成的个人知识和同伴文化同样也可以作为课程内容的来源。混合课程必然要使用信息技术，因此选择课程内容时需要充分考虑信息化环境下学习者对技术发展认知的程度以及学习者对技术的使用熟练程度。

三、组织混合课程的内容

课程组织是指"在一定的教育价值观的指引下，将所选出的各种课程要素妥善地组织成课程结构，使各种课程要素在动态运行的课程结构系统中产生合力，以有效地实现课程目标"。[③] 因此，混合课程内容的组织就是在考虑课程其他要素，即教师、学生和环境的基础上对内容进行编排与整合，需要依据一定的原则并采用恰当的方式，最终形成细分的单元结构。

（一）混合课程组织的基本原则

泰勒认为课程的有效组织必须符合连续性（continuity）、顺序性（sequence）和整合性（integration）原则，组织混合课程同样需要依据这三个原则。

1. 连续性

连续性是指围绕课程的主要内容进行连续的安排。在组织原理或者概念性的知识时，若其中一个目标是要掌握某一概念的意义，那么就需要在该课程的各个部分中一遍又一遍地涉及这个概念；在组织技能方面的内容时，若其中一个目标是要掌

---

① 姜大源. 学科体系的解构与行动体系的重构——职业教育课程内容序化的教育学解读[J]. 教育研究, 2005(8): 53-57.
② 杨明全. 课程论[M]. 北京：清华大学出版社, 2016: 248.
③ 张华. 课程与教学论[M]. 上海：上海教育出版社, 2000: 230.

握某一技能,那么就要使学生有机会、连续地反复练习这些技能。

2. 顺序性

顺序性与连续性有关,但又超越连续性,是指每一后续内容都要以前面的内容为基础。在组织原理或者概念性的知识时,对于某一重要概念的重复提及需要使学生都能更广泛和更深入地理解该概念所包含更广和更深的含义;在组织技能方面的内容时,对于某一重要技能的训练还要不断扩大该技能应用的广度和深度。

3. 整合性

整合性是指各种课程内容之间的横向联系,课程内容的组织应该有助于学生逐渐获得一种统一的观点,并把自己的行为与所学习的课程要素统一起来。学习某一概念或者技能不是孤立的,如在数学学科里处理算术问题还要考虑到购物、科学等其他场所,以及可以有效应用这些技能的方式,同样地,在学习某一概念时也要能和其他课程里的相关概念联系起来。

（二）混合课程组织的不同方式

依据课程组织的基本原则,组织课程有多种方式,但总的来说有三大类,[①] 根据课程内容是否重复出现可分为直线式与螺旋式,根据课程内容知识体系有无边界可分为纵向组织与横向组织,根据课程内容偏重知识或者经验可分为逻辑顺序与心理顺序。

1. 直线式与螺旋式

直线式和螺旋式都遵循连续性和顺序性的原则。直线式强调以"直线"形式组织课程内容,逻辑上前后联系,互不重叠,更适宜理论性较低、操作性较强的课程内容;螺旋式强调以"螺旋"方式组织课程,课程内容在不同阶段、不同学习单元中重复出现,层层递进,逐渐扩大知识面、加深知识难度,更适宜理论性较强、学生不易理解和掌握的内容。

2. 纵向组织与横向组织

纵向组织主要遵循连续性与顺序性的原则,横向组织主要依据整合性的原则。纵向组织强调知识的纵深,按照知识的逻辑序列,由已知到未知、由具体到抽象的先后顺序组织课程内容;横向组织强调知识的广度,要求打破学科边界,将人类知识还原为一个有机的整体,需要将不同类型的课程加以配合和整合使其优势互补。在组织混合课程的内容时,学科课程适宜采用纵向组织的方式,经验课程适宜采用横向组织的方式。

[①] 钟启泉. 课程论[M]. 北京:教育科学出版社,2007:158-161.

3. 逻辑顺序与心理顺序

逻辑顺序和心理顺序都遵循顺序性的原则。逻辑顺序是根据学科本身的知识体系与内在联系组织课程内容，按照学科固有的逻辑顺序进行内容分段与顺序排列；心理顺序是按照学生心理发展特点和已有经验背景组织课程内容，在组织混合课程时，需要兼顾逻辑顺序和心理顺序，才能使学科内容真正地发挥作用，学生才能学习到符合自身发展阶段的知识。

（三）混合课程单元结构的构建

"课程单元"是指由一系列知识、技能等课程要素组成并具有内在一致性的、相对完整的一个学习单位。① 一般来说，一门课程由不同的学习单元组成，每个学习单元由不同的知识点组成。单元结构构建的目的，就是将混合课程的教学内容和总体目标逐步分解为具体的学习任务，② 构建混合课程的单元结构包括划分混合课程的单元、编排混合课程的单元两个基本环节。

1. 划分混合课程的单元

可按照章节内容、任务、模块、项目、专题、教学周等，将课程内容划分成学习单元。单元划分要考虑的因素：一是要考虑课程本身知识之间的逻辑关系；二是要结合学习者的认知规律；三是要参考以往教学情况和学生的反馈。划分时既需要关注知识点的相对独立性和完整性，还需要考虑知识点之间的前后关联性。

对于认知类教学目标为主的内容，如英语、数学、物理、教育学等课程，建议按照章、节等形式进行组织；动作技能类目标为主的内容，如绘画、雕刻加工、设备操作等课程，建议按照项目、模块、任务等形式进行组织；情感类目标为主的内容，如思想品德、心理健康等课程，建议按照主题的形式进行组织。

2. 编排混合课程的单元

编排混合课程的单元时主要需要考虑单元内容在线呈现与面授呈现的差异，进而发挥线上学习与线下面授各自优势，相互配合提高教学效率。一般而言，适宜在线呈现的单元内容包括：事实性知识和概念性知识内容；学生提前自我预习，课前预备知识；占用课堂时间太长但学生基础差异较大的内容；学生需要重复学习的内容；课后拓展的内容等。

适宜面授呈现的课程内容包括：学生自主学习遇到困难，需要重点讲解和答疑的内容；需要面对面地交流与沟通的内容；需要课堂集中讨论展示的内容；与线上

---

① 杨明全.课程论[M].北京：清华大学出版社,2016: 269.
② 黄荣怀，马丁，郑兰琴，等.基于混合式学习的课程设计理论[J].电化教育研究,2009(1): 9-14.

课程学习的互相补充的内容等。

不同类型的课程内容面向在线呈现与面授呈现的适宜性存在差异。建议第一次开发混合课程时，先将少部分内容放到线上，再在实施过程中根据教学效果和学生反馈等进行逐步调整，通过几个学期迭代优化，寻求最适合本课程的线上线下混合方式。

第四节　混合课程数字资源的建设与应用

混合课程数字资源按照其来源可以分为开放资源、引进资源与校本资源。开放资源是指基于非商业用途，遵循资源版权要求，借助网络信息技术自由使用和修改的数字资源。引进资源是指学校以购买、接受捐赠等形式从校外引入的教学资源，包括但不限于企业为满足市场需求、契合时代发展而建设的数字资源以及教育教学APP等。校本资源是指学校自主开发的具有自主版权的资源，包括学校自主建设或与其他学校、企业等单位合作研发的教学资源。应优先查询互联网上的开放教育资源，充分借用全球同行的智慧；其次考虑购买合适的商业化数字教育资源，确保资源品质；最后再基于课程团队能力开发特色校本资源。

本节先阐述多媒体课程资源的设计原理，再说明不同形式资源的设计开发思路，最后介绍开放教育资源的发展及其应用，并提出引进资源的原则。

一、多媒体课程资源的设计原理

混合课程数字资源一般以多媒体方式呈现，下面将从多媒体选择的理论基础、多媒体设计的基本原则和信息传播的理论基础三方面介绍多媒体课程资源的设计原理。

（一）多媒体选择的理论基础

多媒体选择可分为两种视角：即基于所选用媒体的成本视角和基于媒体功能与特性的视角。

1. 基于所选用媒体的成本视角

施拉姆（Schramm）提出的媒体选择定律认为媒体选择以回报与付出之间的比值最优化为目标，其媒体选择定律可用公式表达为：（媒体）预期选择的概率 = 可能得到的报酬/需要付出的代价（成本）。[①] 这里"需要付出的代价"包括制作媒体所需要的费用（设备损耗、材料费用、人员开支等）以及所付出的努力程度（难易程度、花费时间等），统称为成本。"可能得到的报酬"是指能完成教学目标的程度，即学生通过媒体能获得多少新的知识、是否获得能力培养的效果等因素。混合课程中的媒体选择就是期待以付出最小的代价得到最大的报酬。

2. 基于媒体功能与特性的视角

大多数媒体选择理论基于此视角，包括托尼·贝茨（Tony Bates）ACTIONS行动纲领[②]、加涅（Gagne）常用媒体教学功能表[③]、丁兴富媒体教学功能分析系统方阵图[④] 以及赵建华整理的媒体特性指南[⑤]。

（1）冯立国基于托尼·贝茨ACTIONS行动纲领中的七项媒体选择准则整理了五种多媒体素材（文本、图像、动画、音频、视频）的特性（见表2-5）。

表2-5　ACTIONS媒体选择准则与多媒体素材的特性[⑥]

ACTIONS媒体选择准则		准则简介	文本	图像	动画	音频	视频
Access（可获得性）		指学习者获得此类媒体的容易程度	高	高	中	中	低
Costs（成本）		指媒体制作、传输等方面的成本	低	低	中	中	高
Teaching and learning（教与学）	表现力	指媒体对教学信息的呈现力度与学习者的可控性	低	中	中	低	高
	参与性		高	低	中	低	低
	受控性		高	低	低	中	中
Interactivity and user-friendliness（交互性与用户友好性）	交互性	指媒体可实现的交互类型与应用的便捷性	高	低	低	低	低
	友好性		低	中	中	中	高
Organizational Issues（组织问题）		指媒体应用所需做出的组织变革	低	低	中	中	高
Novelty（创新性）		关注新媒体的使用与投入	低	中	高	低	高
Speed（速度）		关注媒体开发的制作速度与更新速度	高	高	中	中	低

（2）加涅提出的常用媒体教学功能表，通过矩阵式排列方式，将媒体类型与教学功能形成映射关系，方便依据教学目标或教学内容选择适宜的媒体传输课程信息（见表2-6）。

[①] Schramm. The process and effects of mass communication [M]. University of Illinois Press, 1954: 19.
[②] 托尼·贝茨. 技术、电子学习与远程教育 [M]. 祝智庭, 译. 上海: 上海高教电子音像出版社, 2008.
[③] 中华人民共和国国家教育委员会电化教育司. 教学媒体与教学设计 [M]. 北京: 高等教育出版社, 1990: 233.
[④] 丁兴富. 远程教育学 [M]. 北京: 北京师范大学出版社, 2010: 70-76.
[⑤] 赵建华. 混合学习应用的理论与方法 [M]. 北京: 中央广播电视大学出版社, 2015: 164-165.
[⑥] 冯立国. 网络课程的建设与教学运行 [M]. 北京: 中央广播电视大学出版社, 2014: 49-50.

表 2-6 常用媒体教学功能表

功能	实物演示	口头传播	印刷媒体	静止图像	活动图像	有声电影	教学机器
呈现刺激	Y	L	L	Y	Y	Y	Y
引导注意和其他活动	N	Y	Y	N	N	Y	Y
提供所期望行为的示范	L	Y	Y	L	L	Y	Y
提供外部刺激	L	Y	Y	L	L	Y	Y
指导思维	N	Y	Y	N	N	Y	Y
产生迁移	L	Y	L	L	L	L	L
评定成绩	N	Y	Y	N	N	Y	Y
提供反馈	L	Y	Y	N	L	Y	Y

注：Y—有该项教学功能，N—没有该项教学功能，L—该项教学功能有限。

（3）丁兴富提出了媒体教学功能分析系统方阵图，展示了选择媒体时需要考虑的八个功能维度（见图2-9），可用于分析媒体的教学效果，从而选择适宜的媒体。

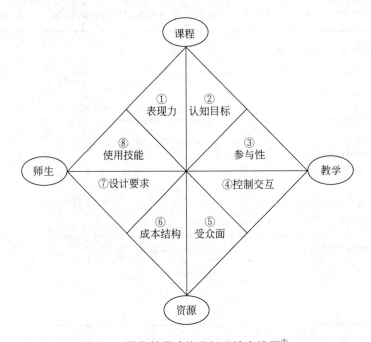

图 2-9 媒体教学功能分析系统方阵图[①]

① 表现力指媒体呈现信息的特性。

② 认知目标指媒体在实现知识理解、技能应用、智力开发、态度培养等不同方面认知目标时所具备的功能差异。

③ 参与性是指媒体对学习者参与反应的调动功能。

④ 控制交互是指媒体的友好性与交互性。

---

① 丁兴富. 远程教育学 [M]. 北京：北京师范大学出版社，2010：70-76.

⑤ 受众面是指媒体的受众范围以及该媒体的易获得性。
⑥ 成本结构是指不同媒体的成本效益。
⑦ 设计要求是对媒体设计者专业知识与技能方面的要求。
⑧ 使用技能是对媒体使用者使用技能方面的要求。

（4）赵建华总结了常见媒体的特性指南，从表现力、重现力、接触面、参与性、受控性五个维度 11 项指标分析常用教学媒体的特征（见表 2-7）。①

表 2-7 常见教学媒体的特征[②]

教学媒体		教科书	板书	模型	无线电	录音	幻灯片	电影	电视	录像	计算机
表现力	空间特性			√			√	√	√	√	
表现力	时间特性	√	√		√	√		√	√	√	√
表现力	运动特性							√	√	√	√
重现力	即时重现		√			√					
重现力	事后重现	√		√		√				√	√
接触面	无限接触	√									
接触面	有限接触		√	√			√				
参与性	感情参与					√		√	√		
参与性	行为参与		√								√
受控性	易控	√	√							√	√
受控性	难控				√				√		

（二）多媒体设计的基本原则

多媒体设计既要遵循由学习理论生成的多媒体教学设计原则，还要遵循人机交互界面设计的黄金法则。

1. 多媒体教学设计原则

作为多媒体学习研究的创始人，梅耶（Richard Mayer）与其团队在过去三十年基于 100 多项实验研究总结了 12 条多媒体教学设计原则，用于指导所设计的多媒体教学材料能够降低学习者的外部认知负荷、控制基本认知负荷、促进生成性学

---
①② 赵建华. 混合学习应用的理论与方法 [M]. 北京：中央广播电视大学出版社，2015：164-165.

习过程。①②③

（1）降低外部认知负荷的多媒体设计原则

降低外部认知负荷意为尽量减少学习者对无关媒体信息的认知加工。为了减少无关的多媒体信息对学习者造成的干扰，在进行多媒体设计时应遵循以下五项原则。

① 一致性原则（coherence principle）：强调不要呈现与教学目标无关的文字、图像、声音等资料，以免分散学习者对关键信息的注意力。尤其一些为了增添课堂趣味性而插入的文本、图片、背景音等，当它们与课程内容的主题无关时，反而会适得其反、降低学习效果。

② 提示性原则（signaling principle）：强调呈现资料时可给予重要信息一些提示，从而减少学习者信息搜索的需要。例如，在讲稿中可以通过高亮、加粗、变色等方式凸显重点语句，可以通过使用不同颜色区分不同部分，还可以通过箭头、连线、手势等图标提示信息之间的联系，帮助学习者快速聚焦重点信息。

③ 冗余原则（redundancy principle）：强调去除重复信息，例如，当使用"动画 + 解说"的方式呈现信息时，不要再呈现与解说内容一致的文字。这是因为认知负荷理论认为人的认知储存量有限，当同时呈现动画和文字时会造成视觉通道的认知过载，而通过视觉通道加工的文字与听觉通道加工的解说内容一致，存在重复信息，因此将文字信息去掉会更有利于学习效果。需要区分的是，一致性原则与冗余原则虽然都强调去除无关信息，前者所去除的是类似"噪声"的存在，例如格式不一致的文本、无法与核心内容匹配的图片等；后者所去除的是重复信息。

④ 空间邻近原则（spatial contiguity principle）：强调存在一致性的图片与文字在空间布局方面应邻近。如画面与解释该画面的文字应紧邻呈现，从而减少学习者寻找与整合信息的认知加工，减少短期信息存储的认知负荷。

⑤ 时间邻近原则（temporal contiguity principle）：强调相互关联的信息在时间上应紧邻出现或同步呈现，从而方便学生建立连贯的心理表征，减少短期信息存储的认知负荷。

（2）控制基本认知负荷的多媒体设计原则

控制基本认知负荷是指通过合理的媒体信息呈现形式与材料组合方式，帮助学习者管理基础的认知加工。基础的认知加工主要与资料信息的难度和复杂性有关，当需要呈现的资料信息过多或比较复杂时，可能造成学习者认知负荷过载现象，而

---

① 王雪，王志军，韩美琪. 技术环境下学习科学与教学设计的新发展——访多媒体学习研究创始人 Richard Mayer 教授 [J]. 中国电化教育,2019(10): 8-13,31.

② Mayer R E. Multimedia aids to problem-solving transfer[J]. International Journal of Educational Research, 1999 (31): 611-623.

③ Mayer R. The Cambridge handbook of multimedia learning[M]. New York: Cambridge University Press, 2014.

这些认知负荷是掌握课程内容所必需的。为了降低这些内在认知负荷，在多媒体设计时应遵循以下三项原则。

① 分块原则（segmenting principle）：是指将一个复杂任务分割为几个连续的独立片段，例如在动画或视频中通过设置转场进行内容分隔，方便学习者把控学习节奏，避免一次性接受全部信息而造成认知负荷。

② 预训练原则（pre-training principle）：是指在呈现复杂任务或全新的媒体内容时，可通过预先提供相关术语、概念等方面的解释材料，帮助学习者对复杂关键概念进行预学习。

③ 双通道原则（modality principle）：强调学习者接受信息的通道有两个——视觉通道和听觉通道，因此在呈现多媒体资源时可以考虑将两种信息加工通道同时激活，减少过度使用其中一种通道造成负荷。例如"图像＋旁白"的方式要比"图像＋屏幕文本"的方式效果更好。

（3）促进生成性认知过程的多媒体设计原则

生成性认知过程能够激发学习者认知的积极性，促进生成性学习过程是指通过合理安排媒体信息促进学习者积极构建对信息的理解。为了促进生成性认知加工，在多媒体设计时应遵循以下四项原则。

① 个性化原则（personalization principle）：通过对话风格呈现言语信息要优于正式文本语言，在拍摄视频时以第一人称视角的效果要优于第三人称视角，因为前者能够提升学习者的代入感、提升参与的主动性。

② 声音原则（voice principle）：在呈现声音解说时，采用真实人声的效果要优于使用机器生成的声音。

③ 图像原则（image principle）：在通过多媒体呈现信息时，将一个真人图像或卡通人物的图像放置在屏幕上的学习效果并不一定优于没有人物图像的屏幕效果，因为学习者的注意力可能被这些真人或卡通人物的图像所吸引，反而分散了对于学习内容的注意力。

④ 多媒体原则（multimedia principle）：在呈现信息时，同时使用文本和图像的方式要比单独呈现文本材料的效果要好，这可能因为前者有益于帮助学习者整合言语心理表征和图像心理表征，从而促进生成性认知加工。

2. 人机交互界面设计的黄金法则

Ben 等[1] 基于三十年的经验和实证研究，总结了界面设计需要遵循的八大黄金法则（eight golden rules）。

---

[1] Ben S, Catherine P, Maxine C, et al. Designing the User Interface: Strategies for Effective Human-Computer Interaction[M]. 6th edition. Pearson Education, 2017:95-97.

（1）坚持一致性（strive for consistency）：在类似情况下，应要求一致的行动顺序；提示、菜单和帮助屏幕中应使用相同的术语；一致的颜色、布局、大小写、字体等应该贯穿始终。只有少量的特殊情况除外，如要求确认删除命令或不响应密码等。

（2）寻求通用性（seek universal usability）：满足不同学生的需求，为可塑性和黏性而设计。考虑到新手与专家、不同年龄范围等特征，为新手添加功能，如解释；为专家添加功能，如快捷方式和更快的节奏等。

（3）提供信息反馈（offer informative feedback）：对于每个行为操作，都应该有一个界面反馈。对于频繁和轻微的行为，响应可以是适度的；而对于不频繁和重大的行为，响应应该是更显著性的。

（4）通过对话框产生结束信息（design dialogs to yield closure）：动作序列应该由开始、中间和结束三个部分构成动作群组。一组动作完成时的信息反馈会避免学生产生不确定的感觉，为他们接下来的行动提供引导，同时带来成就感。

（5）预防错误（prevent errors）：设计界面时需要尽可能地让学生不会犯严重的错误；例如，灰色显示不适用的菜单项，不允许在数字输入字段中出现字母字符等。如果学生操作失误，界面应该提供简单、有建设性和具体的恢复说明。例如，如果学生输入了无效的邮箱，就不必重新键入完整的姓名地址表，而是应该指导学生只修复有缺陷的部分。错误的操作应该保持界面状态不变，或者界面应该给出恢复状态的指令。

（6）提供回退操作（permit easy reversal of actions）：应该尽可能地使行为是可逆的，这样可以减轻焦虑，因为学生知道错误是可以撤销的，并且鼓励探索不熟悉的选项。可逆性行为的单元可以是单个动作、数据输入任务或一组完整的动作，如输入学号、名字信息等。

（7）用户掌握控制权（keep users in control）：有经验的学生强烈希望获得这样的感觉，即他们操纵界面，并且界面响应他们的动作。他们不希望在熟悉的行为中出现意外或变化，他们对繁琐的数据输入序列、难以获得必要的信息以及无法产生他们想要的结果感到恼火。

（8）减轻短期记忆负担（reduce short-term memory load）：人类在短期记忆中处理信息的能力有限（经验法则是人们可以记住"7±2块"的信息），这就要求界面设计者避免学生从一个界面必须记住信息再到另一个界面使用信息。例如，手机不能重复输入手机号、网站地址应该保持可见、较长的表格应该压缩到一页来显示等。

（三）信息传播的理论基础

贝罗（Berlo）提出了信息传播过程的四要素理论，分别是信源（source）、信息（messages）、通道（channel）和接收者（receiver）；拉斯韦尔提出了"5W"模式，将信息传播过程划分为五个要素：传播者的控制分析（who, 谁）——内容分析（say what，说什么）——媒介分析（in which channel，通过什么渠道）——受众分析（to whom，对谁）——效果分析（with what effect，取得什么效果）。基于这两种典型的传播模式，在使用多媒体资源进行信息传递时，不仅需要关注所呈现的信息内容，还要根据信息的传播者与接收者以及希望达成的效果选择传播通道，然后根据所选媒介偏向视觉、听觉、触觉、视听结合等情况，对应制作或选取图像、音频、视频、动画、虚拟仿真资源等适当的媒体资源。

陈丽、王志军和特里·安德森提出了八项学习资源交互性维度，可用于设计或选择作为信息传播媒介的多媒体资源的参考依据。[1]

（1）可选择，通过向学习者呈现多种类型的多媒体资源以满足学习者自行选择偏好的媒体呈现方式。

（2）可控制，所提供的多媒体资源可被学习者依据自身情况自主调整，如控制资源呈现的进度、具备资源的共享权限等。

（3）可编辑，学习者可以参与学习资源的编辑与建设，资源具备开放性。

（4）可评价，学习资源的质量能够被评价。

（5）模拟会谈，媒体资料的呈现方式可融入交互场景与对话形式。

（6）自动反馈，资源可根据学习者的行为提供相应反馈信息。

（7）学习指导，主要指对课程线上内容、学习模块进行介绍性说明的学习指导手册。

（8）情境再现，是指通过多媒体资源可构建模拟情境、营造场景氛围，从而增强课程内容与现实应用场景之间的联系。

二、混合课程数字资源的建设

课程资源有广义和狭义之分，广义的课程资源是指一系列提供学习、支持学习和改善学习的事物的总称，它不仅包括学习内容和学习资料，还包括人、策略、方法、

---

[1] 陈丽，王志军，特里·安德森. 远程学习中的教学交互原理与策略 [M]. 北京：中央广播电视大学出版社，2016：12.

媒体以及环境条件等因素;狭义的课程资源是指学习内容和学习材料。[①] 混合课程中的数字资源属于狭义概念,是指基于网络的课程学习内容和学习材料,是经过数字化处理、可以在计算机上或网络环境下运行的多媒体材料与资源。[②]

(一)数字资源的分类

用于教育的数字资源的范围界定非常广泛,几乎包括了教育教学中使用到的所有数字化内容和材料。本书将常见数字教育资源的分类做了归纳总结(见表2-8)。

表 2-8 数字教育资源的分类

分 类 出 处	分 类 结 果
教育部《教育资源建设技术规范(CELTS-41.1)》	媒体素材(文本、图片/图像、音频、视频、动画)、试题、试卷、课件、案例、文献资料(图书、期刊、会议录、报告、标准、产品样本、专利、学位论文、档案、政府文件)、网络课程、常见问题解答、资源目录索引
教育部《职业院校数字校园规范》	课堂与实训室数字化教学资源、数字化场馆资源和数字图书馆资源,课堂与实训室数字化教学资源包括通用性基础资源和仿真实训资源。通用性基础资源分为十类:媒体素材、试题、试卷、课件、案例、文献资料、网络课程、教学工具软件(包括教学APP)、常见问题解答和资源目录索引;仿真实训资源分为仿真实验软件、仿真实训软件和仿真实习软件
教育部《高等学校数字校园建设规范(试行)》	在线课程、数字化教材、实验实践资源、学术报告类资源等
教育部《国家教育资源公共服务平台教育资源审查办法(暂行)》	教学素材、教学课件、网络课程、虚拟仿真系统、教育游戏、教学案例、数字图书、数字教材、教学工具、学习网站
国家数字化学习资源中心	媒体素材(文本、图片、音频、视频、动画)、试卷/习题、课件、案例、文献资料、常见问题解答、图书、五分钟课程
国家教育资源公共服务平台(职教)	虚拟仿真、网络课程、数字教材、教学素材、教学课件、教育游戏、教学案例、数字图书、教学工具、学习网站、量规集

(二)通用性教学资源的设计与开发

根据《职业院校数字校园规范》的界定,通用性教学资源包括媒体素材、试题、试卷、课件、案例、文献资料、网络课程、教学工具软件(包括教学APP)、常见

[①] 王维新,张屹.远程教育原理与技术[M].北京:北京大学出版社,2008.
[②] 成秀丽.职业教育数字化教学资源研究——基于2005年—2015年文献统计分析[J].中国电化教育,2016(8):120-124.

问题解答和资源目录索引十类。下面介绍除"网络课程"外的其他九类通用性资源的设计开发思路与方法，网络课程的设计开发是混合课程中的重要环节，将在第三章详细阐述。

1. 媒体素材

媒体素材是传播教学信息的基本材料单元，主要包括六种类型：文本类素材、图形/图像类素材、音频类素材、视频类素材、动画类素材和三维模型类素材。设计媒体素材时需要考虑以下要点。

（1）文本类素材中文字信息尽可能简单明了，以免语句过长或过短造成学习者的阅读困难，尽可能避免生僻字和难以理解的词语。在组织文本类素材时，可通过编号形式拆分文本且呈现文本信息之间的结构，重要词汇或语句可通过加粗、高亮等方式进行强调，尽可能避免屏幕中大量的文字信息。

（2）图形/图像类素材的用途不同，呈现的方式也要做相应的设计：点缀类图片旨在吸引学习者注意力，一般放在开始或分段处；表征类图片旨在为文字类信息提供参照，辅助学习者理解文本内容；程序性图片呈现系列操作的步骤，相较文字方式能够更加简明地呈现信息；解释性图片是对复杂抽象信息的直观呈现，一般与文字信息相配合，旨在帮助学习者理解困难或抽象的文字信息；转换性图片通过提供图像帮助学习者串联或回忆事实性知识。在图文混排时需要做到图片信息内容准确，与文字互相配合，切忌呈现与所传递信息无关的图形、图像造成认知负荷。[①]

（3）视频类素材设计时应主题明确，一般一个视频对应一个主题；视频呈现形式需根据学习者特点与课程内容特征，选择是否出镜、是否呈现人像、是否呈现字幕等。视频与音频进行组合设计时，两者的内容需要围绕同一主题；配音应尽量使用清晰的普通话，速度适中；背景音乐音量不干扰讲解的声音。视频类素材设计的长度一般不宜超过 10 分钟，若超过则可适当拆分为多个视频进行呈现。具体的设计与制作方式参见书后附录中视频类素材的不同制作方式与特点。

在开发媒体素材时，可以将未数字化的文本、图像、音频、视频等媒体资料，通过一定的途径使其数字化。例如，用 Photoshop 软件编辑制作图片，用 Premiere、Audition、Camtasia Studio 等音视频录制软件制作声音文件或视频文件，用 3D Studio MAX、Animator Studio、Flash 等软件制作动画或三维模型等。将媒体素材上传到网络教学平台时需要注意媒体素材的组织结构、文件格式、大小（如图像是否需要压缩等）、制作难度和成本、发布时间等因素，建议教师尽量将 PPT 讲稿转成 .pdf 格式、将图片资料存储为 .jpg 或 .gif 格式、声音文件尽量采用 .mp3

[①] 金慧. 在线学习的理论与实践：课程设计的视角 [M]. 北京：清华大学出版社，2017: 134.

格式、视频格式尽量转换为流媒体视频格式（如 .wmv、.asf 等），从而节约媒体素材所占用的空间，便于在网络上传输。

2. 试题

试题是测试中使用的问题、选项、正确答案、得分点和输出结果等的集合。在教学过程中，教师结合测试题的使用，可以对学生的学习效果进行过程性或结果性评价和反馈。试题的类型包含单项选择题、不定项选择题、判断题、填空题、问答题、计算题、图表题、论述题、证明题等。针对问答题、计算题、图表题、论述题、证明题等，还需要给定参考答案和可量化的评分标准。试题的设计应围绕特定教学内容（章节、课次、知识点）的教学目标，旨在对学生学习该内容的效果进行定量的评判。

3. 试卷

试卷是用于进行测试的成套试题，在课程教学中一般分为知识点试卷、单元试卷、期中考试试卷、期末考试试卷等。在试卷中要清晰说明考试要求、满分分数、每题的分数及评分标准、考试的时间限制等。为了不断迭代优化试题试卷，需要设定试题和试卷的难度与区分度。难度是指相较被试者的能力水平而言试题的困难程度，区分度是指试题对不同能力者水平区分的敏感程度。试题和试卷的设计与开发是课程建设的重要内容，网络教学平台、网络测试工具等技术系统的广泛应用为教师开发、维护、共享数字化试题库和试卷库提供了有力支持。

4. 课件

课件是对一个或几个知识点进行呈现的多媒体材料或软件，依据使用目的的差异可分为助讲型课件（如教师使用的 PPT 讲稿等）和助学型课件（如学生学习的微视频等）。助学型课件的类型主要有呈现演示型、交互学习型、操作训练型、模拟实验型、学习游戏型等。助学型课件的设计与开发要注重互动性，在呈现学习信息的同时，为学习者提供有针对性的引导、评价、反馈和指导等信息，便于促进学习者自主学习。

5. 案例

案例是为了达成特定教学目标，基于一定的事实而编写的故事。案例作为重要的学习资源用于教学过程，其中的问题可以引发学生的思考、争论、推理、决策等。案例按照媒体形式一般分为文本案例和视频案例。教学案例库的设计与开发也是课程建设的重要内容。

6. 文献资料

文献资料是指有关教育方面的政策、法规、条例、规章制度，对重大事件的记录、重要文章、书籍等。研究型教学的开展需要学生依据某个选题进行自主的探究，教师为引导其更有针对性地深入研究某个领域，为学生提供经典的、重要的、相关的文献资料，提高学生探究学习的效率。选用和开发此类资源时需要考虑材料的文件格式、文件大小（是否需要压缩）等。

7. 教学工具软件

教学工具软件是基于 PC 和移动终端（包括手机）开发的支持学习、教学和管理的小工具、小软件。基于手机等移动终端的教学工具软件表现形式为各种 APP，如翻译词典、思维导图工具、图像编辑工具、视频编辑工具、数学公式编辑工具、课件制作工具、几何画板、数学建模与仿真工具、基于物联网的信息采集工具、智能型交互学习与实验工具等。教学工具软件的设计与开发往往需要专业的技术开发团队，因而通常的做法是通过网络获取开放的教学工具软件或者购买来配套课程教学使用。

8. 常见问题解答

常见问题解答是围绕某门课程学习最常出现的问题给出的答案。在教学实践中不断总结归纳学生学习中高频次出现的问题，借助网络教学平台等技术系统构建常见问题解答库，为学生提供自动的答疑服务，还可以提高面向学生的答疑及时性，减轻教师的重复工作量。除了课程内容方面的常见问题外，在混合课程的在线学习部分，经常会出现技术使用、学习迷航等方面的问题，这些问题都可以归入常见问题解答库中。

9. 资源目录索引

资源目录索引是列出某一领域中相关的网络资源地址链接和非网络资源的索引。在为学生提供资源目录索引时，不仅需要考虑资源的丰富程度，还需要有良好的结构化和组织性，呈现清楚的资料简要介绍及使用说明。

（三）实验实训实习资源的设计与开发

应用于课程实践环节的数字化教学资源称为仿真实训资源，按照实践环节可分为仿真实验软件、仿真实训软件与仿真实习软件。

1. 仿真实验软件

仿真实验软件是指将多媒体技术应用于实验环节中，以期达到观察现象、学会方法、自主操作的效果，其主要教学目的是验证理论、巩固知识、培养兴趣以及培养分析问题与解决问题的能力。仿真实验软件支持学生对实验室环境，包括工具、设备和实验仪器进行认知；软件的技术实现以多媒体为主，使实验对象变静为动，变平面为立体，变抽象的符号、图纸、文字为具有真实感的三维实物；软件的实验项目依据课程大纲要求，设置实验目的、实验原理、实验设备、能力考核等模块；软件功能支持现象演示、交互操作、自主设计等。

2. 仿真实训软件

仿真实训软件是指应用于职业技能训练过程的软件，以期达到熟悉操作、技能养成的目的。仿真实训软件支持学生对实训环境，包括工具、设备、实训场所、企业生产流程与数据进行认知；软件的实现以两维动画、三维可视化控制技术与三维建模渲染为主，使用基于计算机技术、仿真技术和人工智能技术的虚拟现实技术，注重交互性；软件的实训项目针对专业/工种的核心技能而设计，根据训练核心技能的需要，设置若干个任务、模块（单元），按照技能点层层展开；软件设计贯彻项目引领、任务驱动的理念，注重工作过程与操作步骤，支持学生反复训练，以达到技能养成的目的；软件功能支持实训的导训过程，达到预习、强化、模拟考核、反复试错、探索创新的目的；在设计软件时需要考虑仿真实训的时间、成本等因素，提出成本效益的评价报告。

3. 仿真实习软件

仿真实习软件是指用于生产性实习中的仿真软件，主要目的是缓解下厂实习难的问题。仿真实习软件支持学生对真实的生产环境，包括对工具、设备、生产环境、企业生产流程与数据进行认知；软件一般针对一个或若干个工种（岗位）的职业技能而设计，具有职业性与技能性；软件的实习项目来自实际生产活动，通过学生自主的反复标准化训练，达到熟练掌握职业技能的目的，同时达到规范化操作和安全生产的要求；为了提升沉浸感和互动性，软件在实现技术上需要采用三维可视化、VR/AR 等，在系统设计、教学设计与制作时不仅要有教学专家的参与，更要有现场工程师的参与；在设计软件时需要考虑仿真实习的时间、成本等因素，提出成本效益的评价报告。

（四）数字化场馆资源的设计与开发

数字化场馆是实体场馆环境与虚拟网络信息资源的融合，是典型的虚实融合环境。虚实融合的数字化场馆既能满足参观者的真实感受，也能提高参观者的学习互动和社会参与，还能满足参观者的交流需求。数字化场馆资源主要包括职业体验馆、数字博物馆、数字艺术馆、数字科技馆等。

1. 职业体验馆

职业体验馆是指为学生提供亲身参与、亲身感悟各种职业全过程的在线体验馆。职业体验馆一般采用企业行业构建、院校引入应用的模式。职业体验馆的体验过程需要符合职业过程的真实性，学生通过体验可习得规范的操作章程，熟悉真实的制作工艺，养成良好的职业操守；体验过程必须完整，允许学生按照生产者实际从事生产活动的流程推进该过程，得到确定的体验结果；关注新技术、新工艺、新生产、新岗位流程的体验。

2. 数字博物馆

数字博物馆是运用多媒体技术、网络技术和虚拟现实技术，将实体博物馆的功能以数字化方式完整呈现在互联网上的博物馆。数字博物馆一般采用社会构建、院校引入应用的模式。数字博物馆提供泛在设备的接口和个性化界面；允许用户从虚拟博物馆收集内容信息，并存储到个人博物馆空间；能通过上下文语境感知，为用户推送相关资源；能为用户提供较高的参与度，如操作、旋转、移动对象，能组装和拆卸具体的展品，但不会破坏博物馆虚拟展品所蕴含的知识和文化。例如，"秦始皇兵马俑数字博物馆"200亿像素360°全景兵马俑坑展示采用了矩阵全景技术，收录了兵马俑一号坑和三号坑的高精度全景图资料。矩阵全景技术将1000幅3500万像素的图片拼接成一幅200亿像素的超大VR场景，从而将兵马俑及相关遗迹进行"毫米级"重现（见图2-10）。

图2-10　秦始皇帝陵数字博物馆的全景兵马俑

3. 数字艺术馆

数字艺术馆是利用数字技术完美再现艺术作品，同时向观众展示和介绍如何运用现代信息技术创造出数字艺术作品的场馆。数字艺术馆一般采用行业和社会构建、院校引入应用的模式。数字艺术馆利用多媒体、虚拟现实等技术展示数字艺术的发展历史、重要里程碑事件、数字艺术的各项成果，以及未来发展方向；允许用户体验最新的数字艺术设备，布置最新和具有代表性的数字设备，进行数字媒体的体验、互动；展示各种艺术作品如名画，播放普通、三维（3D）、四维（4D）等影视作品及动画；具有艺术作品查询功能，并能对查询结果进行展示。例如，"成都数字美术馆"包括艺术动态、艺术家简介、展览信息等艺术资讯，画院、画廊、美术馆等艺术空间的地理位置导航，标志多媒体信息集成展示的 APP 系统，还建立了留言反馈系统，用户可表达自己的艺术观点，并且可以在平台上进行艺术交流（见图 2-11）。

图 2-11　成都数字美术馆

4. 数字科技馆

数字科技馆是运用计算机网络技术、多媒体技术、虚拟现实技术将科技知识和技术以数字方式展现出来，构成的一个虚拟的科技馆。数字科技馆一般采用社会构建、院校引入应用的模式。数字科技馆展示某个职业或专业领域的技术发展历程、主要的技术发明和标志性人物，展示技术的奥妙、神奇和威力，揭示技术对变革人们的生活方式和工作方式、推动社会进步、引领未来的巨大作用，激发学生对技术的热爱；传播技术知识，展示技术专家在技术发明过程中体现的技术思维、技术思想和技术方法；按照技术知识点或重要技术发明的方式组织内容，有清晰的知识脉络，完整的技术体系。例如，"中国数字科技馆"是由中国科协、教育部、中国科学院共同建设的一个基于互联网传播的国家级公益性科普服务平台，学习者访问该馆能够增长科学知识，体验科学过程，激发创意灵感，了解科技动态，查阅丰富的科普资源（见图 2-12）。

图 2-12　中国数字科技馆

（五）数字资源库的建设与共享

数字资源库的建设是丰富课程资源、促进优质资源共建共享的重要途径。[1] 数字资源库的核心功能定位在于"能学、辅教"，即能够促进学习者通过自主使用资源库实现自主化、个性化学习，同时资源库能够为教师提供灵活组织课程内容、辅助教学实施过程的功能。[2] 具体建设过程中需注意以下事项。

（1）注重资源建设的完备性。资源内容尽量涵盖专业核心课程的主要知识点与技能点，同时需要考虑围绕同一知识点的资源类型与数量，即对于同一知识点既可构建不同类型的资源素材，又可避免类似传播效果的资源类型重复造成资源库信息冗余。

（2）系统性视角关注资源之间、资源与课程内容之间的层次。围绕一个知识点需要形成层次清晰的高质量资源素材，同时也要注意资源之间可能存在的关联，资源库中的不同资源组件可灵活组合为不同的教学单元，依据网络实现资源的集成与迁移。

（3）注重资源建设质量，提升资源素材品质。已有研究发现当前教学资源建设陷入只关注建设数量而实际应用率较低的怪圈，究其原因在于所建资源品质较低，导致部分资源库面临重建问题，[3][4] 因此提升资源库中的资源质量是首要关注的问题。

---

[1] 李漪. 基于"互联网+"的职业院校教学资源库建设探讨 [J]. 职业技术教育, 2018,39(26): 46-49.
[2] 关于做好职业教育专业教学资源库 2016 年度相关工作的通知 [Z]. 教职成司函〔2016〕61 号.
[3] 张芬香. "互联网+"背景下职业教育教学资源库建设及其应用 [J]. 职业技术教育, 2017,38(8): 63-66.
[4] 成军. 职业教育专业教学资源库的功能定位及其实现路径 [J]. 中国高教研究, 2016(10): 107-110.

（4）院校之间、院校与企业之间可通过形成相关共建共享标准和机制，统一规划优质资源库共建共享。

数字化资源库的建设应以专业（群）为单元，既可涵盖专业核心课程的主要知识点与技能点，又能避免课程之间资源的重复建设问题，具体建设工作从以下五个方面展开。

（1）确定资源库架构。资源库架构应当包括专业（群）架构、岗位群与职业标准、专业（群）课程体系、课程分类资源，包括媒体素材资源、课件、试题/试卷、案例等。

（2）调研专业需求，统一规划部署。根据专业特点和课程教学需求，充分调研数字资源的需求，统一规划建设。

（3）选择资源库建设形态。结合专业特点与需求，以"涵盖多门课程、应用效果优良、惠及行业企业用户"为目标，满足混合教学需要，促进自主、泛在、个性化学习，实现特色教学资源的产、学、研一体化。

（4）选择资源建设方式。首先考虑免费引用全国和全球的优质开放教育资源；其次购置适配的资源；最后开发适合自身专业的资源。

（5）组建资源协同开发团队。一般包括专业教学团队或课程教学团队、专门的教学管理团队、专业化教育技术研发与制作团队。

数字资源库的共享与应用是其可持续发展的基础和标志，可以从以下三个方面推进。

（1）确定共享资源的统一标准与交流平台。确定专业群内统一的共享资源建设标准，方便资源调用无缝衔接；遵循开放许可协议，保障资源建设者版权，提升资源使用者的便利性；打破壁垒，确保校内联动机制和校际协同工作顺畅开展；搭建校企合作的资源共享平台，基于专业特点与产业需求促成学校专业与对口产业/企业达成协作。

（2）建立健全共享资源的管理制度。制定相关的考核、评价、激励机制，对资源开发质量、共享成效进行考评，并依据成果贡献等级与一系列政策激励保障机制挂钩，从根本上调动和提高参与主体的主观积极性，确保数字资源的质量，延长共享过程的生命周期，促进数字资源共享的可持续发展。

（3）实现数字资源推送。数字资源共享平台和网络教学平台无缝对接，针对相关专业学生师生进行个性化推送，促进基于网络的协同备课、协同学习。

三、开放教育资源的发展与应用

开放教育资源(open educational resources, OERs)这一术语首次被提出是在联合国教科文组织（UNESCO）于2002年举行的"开放课件对于发展中国家高等教育的影响论坛"上，当时被定义为"通过信息通信技术，提供给非商业化目的使用者，可以进行讨论、使用和改编的开放性教育资源"。

（一）开放教育资源的发展

世界高等教育领域首次基于网络进行大规模的教育资源自由开放共享的实践是2001年美国麻省理工学院（MIT）在全球率先启动的开放课件项目（open course ware initiative，OCW），将学校的课程教学材料（如课程大纲、教学课件、课后作业和试卷等相关教学资源）通过互联网向全球免费开放。从此开放教育资源引起了联合国教科文组织的持续关注与休利特基金会的大力资助支持，推动了开放教育资源运动的发展。

1. 国外开放教育资源的发展概述

联合国教科文组织、经济合作与发展组织等多次发布开放教育资源相关倡议及报告，梳理全球开放教育资源发展现状，分析挑战与障碍，帮助全球各地区和国家明确未来行动和政策方向，促进了开放教育资源运动的发展。

2004年，联合国教科文组织对开放教育资源概念进行修正并丰富其内涵，修正后的定义包含三方面内容：学习资源，包括课件、内容模块、学习对象、学习支持和评价工具、在线学习社区；教师支持资源，为教师提供能够制作、改编和使用开放教育资源的工具及辅助资料，师资培训资料和其他教学工具；确保教育和教育实践质量的资源。[①]

2005年，经济合作与发展组织（OECD）发布《开放教育资源：机遇与挑战》指出，开放教育资源的关键问题是在私有与共享之间寻找平衡，并倡导将"知识共享协议"与国家倡议结合起来，进而为推进开放教育资源寻找法律框架。

2007年，《开普敦开放教育宣言》发布，倡导"每个人都应该可以不受限制地自由使用、定制、改进和重新分配教育资源"这一理念，呼吁教育者、学习者、政策制定者等共同促进开放教育，大力推进开放教育资源的共享。同年经济合作与发展组织发布的研究报告 *Giving Knowledge for Free—The Emergence of Open Educational Resources* 分析了OER可持续收益模型的开发、相关知识产权问题、资源贡献者的动机与阻碍因素，以及提升资源有效获取的途径，并从机构、地区、国家、国际四个层面提出了相关的推进建议。

2012年，联合国教科文组织及其合作机构和英联邦学习共同体（COL）等在共同举办的第一届世界开放教育资源大会上发表了《2012巴黎开放教育资源宣言》，提出国家在其能力范围内应该履行的十条倡议，包括培养OER的意识和使用习惯、

---

① 弗莱德·穆德，魏奇. 利用开放教育资源推进终身学习 [J]. 开放教育研究，2007 (68): 32-37.

加强 OER 战略及政策的制定、为 OER 建立战略联盟、鼓励在不同文化背景下开发和调整 OER、鼓励开展与 OER 相关的研究等。

2017 年，联合国教科文组织及其合作机构和英联邦学习共同体等在共同举办的第二届世界开放教育资源大会上发布了《世界开放教育资源 2017 报告》，该报告对全球五个地区（非洲、亚太、欧洲和北美、中东和北非、拉丁美洲和加勒比）国家政府和各地区 OER 利益相关者进行了 OER 政策推行和项目开展的广泛调查，发现国际组织、各国政府、教育机构和教育投资者对开放教育资源的积极作用虽然已达成共识，然而对于 OER 相关的数字技术问题、资源质量保障问题、可持续性及商业运行模式问题、政策落实等方面仍存在较大疑问。因此还需要进一步促进人们对 OER 的价值认同与推广。

2019 年 11 月，联合国教科文组织通过《开放教育资源建议书》，揭示了开放教育资源领域的最新进展，并就开放教育资源的建设、质量保证以及发展提出了相关建议，进而提出了五个行动目标：利益相关者创建、获取、改编和重新发布开放教育资源的能力建设；制定支持政策；鼓励具有包容性和公平的优质开放教育资源；支持创建开放教育资源可持续模式；促进国际合作。

2. 国内开放教育资源的发展概述

国内开放教育资源的发展是以政府为主导的，并经历了以下四个发展阶段。

（1）第一阶段：2003 年教育部下发《教育部关于启动高等学校教学质量与教学改革工程精品课程建设工作的通知》，决定在全国高等学校（包括高职高专院校）中启动高等学校教学质量与教学改革工程精品课程建设工作，由政府作为主导，高校作为参与主体，形成"国家、省市、校级"三级精品课程体系，促进全国范围内教学资源的整合与共享。同年印发《国家精品课程建设工作实施办法》，对申报方式、评审方式、运行管理、经费支持等做出规定，以保证国家精品课程建设的顺利实施和可持续发展。

（2）第二阶段：2010 年 5 月，教育部出台《关于开展高等职业教育专业教学资源库 2010 年度项目申报工作的通知》，正式启动高等职业教育专业教学资源库建设项目，推动优质教学资源共建共享。2011 年 10 月，教育部出台《教育部关于国家精品开放课程建设的实施意见》，大力推进"十二五"期间精品视频公开课与精品资源共享课的建设，为加强我国优质教育资源开发和普及共享提供了政策性支持，旨在进一步提高高等教育质量、推进学习型社会的建设。教育部在 2012 年发布《关于开展 2012 年度精品视频公开课推荐工作的通知》《精品资源共享课建设工作实施办法》等系列通知文件，明确精品视频公开课与精品资源共享课建设的目标、任务及要求，保证精品视频公开课、精品资源共享课建设工作的顺利实施。

（3）第三阶段：2015 年，教育部出台《教育部关于加强高等学校在线开放课程建设应用与管理的意见》，旨在主动适应学习者个性化发展和多样化终生学习需求，立足国情建设在线开放课程和公共服务平台，加强课程建设与公共服务平台运行监管，推动信息技术与教育教学深度融合，促进优质教育资源应用与共享。2016年《教育部高等教育司关于举办"在线开放课程建设与应用管理培训班"的通知》下发，提高了我国高校在线开放课程建设和教学管理创新水平。

（4）第四阶段：2019年，教育部出台《教育部关于一流本科课程建设的实施意见》并开始实行一流本科课程"双万计划"，分五大类型推动一流本科课程的推荐与认定工作，包括线上一流课程、线下一流课程、线上线下混合式一流课程、虚拟仿真实验教学一流课程与社会实践一流课程，旨在形成中国特色、世界水平的一流本科课程体系，构建更高水平人才培养体系。

（二）开放教育资源的应用

1. 开放教育资源的应用原则

《职业院校数字校园规范》提出应用开放教育资源时应遵循以下三个基本原则。

（1）对内容的正确性、准确性、时效性、全面性、有效性及对教学的支持性进行科学判断。

（2）对开放资源进行有目的的再加工，使之完全符合教学需求。

（3）版权清晰、来源明确。

2. 开放教育资源的应用方式

开放教育资源有以下五种应用方式。①

（1）保留（retain）：即制作、拥有和控制资料副本的权利（如下载、复制、保存和管理自有的副本等）。

（2）复用（reuse）：以广泛的方式使用内容的权利（如课堂、学习小组、网站、视频等）。

（3）修订（revise）：改编、调整、修改或变更内容本身的权利（如将内容翻译为另一种语言等）。

（4）混合（remix）：将原始的或修订过的内容与其他开放内容相组合而创造一些新事物的权利（如将内容组合为混搭形式等）。

（5）分发（redistribute）：共享原始内容、修订过版本或与其他开放内容混合的副本的权利（如将内容副本给朋友或者是在互联网上发布等）。

3. 引进教育资源的实施原则

《职业院校数字校园规范》提出了课程团队或院校专业建设团队引进教学资源时

---

① David Wiley, 陈强. 开放教育资源的演化：走向教育核心价值 [J]. 中国教育网络, 2017(7): 26-29.

需要遵循以下四项原则。

（1）确认是否存在开放性资源。

（2）联合相关院校，实施联合引进，以降低引进成本。

（3）将引进资源计划纳入院校课程资源建设整体规划，防止盲目引进、跟风引进。

（4）从实际需求出发，有效利用资金，优先引进解决教学中进不去、看不见、动不了和高危险、高耗能、高污染难题的实践性教学资源。

4. 常用开放教育资源的示例

经济合作与发展组织将开放教育资源分为三类：①学习内容，主要包括课程、课件、模块、学习对象、馆藏、期刊等；②工具，主要指支持学习内容开发、使用、重用和交付的软件，包括用于搜索、开发和组织内容的工具、学习管理系统和在线学习社区；③实施资源，主要指学习内容和工具的知识产权许可、促进材料公开发布的策略、最佳实践设计原则和内容的本地化。[①] 表2-9在张伟远等人[②] 的资源分类与举例基础上列举了学习内容类型下的开放教育资源子类及其示例，便于课程开发团队参考使用。

表 2-9　开放教育资源示例及网址

序号	资源类型	资源示例及其网址	
		国内网址	国外网址
1	开放课程	• 中国大学 MOOC • 网易公开课 • UOOC 优课联盟 • 智慧职教 • 融优学堂 • 学堂在线 • 超星泛雅 • 人卫慕课	• 可汗学院 • 麻省理工学院的开放课程 • 世界开放教育联盟 • 英国开放大学的"开放学习" • Coursera • TED-Ed • edX • iTunes U：
2	开放教科书	• 国家科技数字图书馆 • 北京大学出版社免费图书资源服务	• 美国"社区学院开放教育资源联盟" • "平坦世界的知识" • 古腾堡课程
3	学习元件	Iconfont	MERLOT

[①] Hylen Jan. Open educational resources: Opportunities and challenges[EB/OL]. Proceedings of Open Education, 2006: 49-63.

[②] 张伟远,冯晓英,段承贵.网络课程的导学与评价[M].北京：中央广播电视大学出版社，2016：198.

续表

序号	资源类型	资源示例及其网址	
		国内网址	国外网址
4	图形图像	摄图网	• Flickr • Yandex • 视觉搜索网站
5	音频视频	• MyFreeMP3 • 爱给（包含音视频素材） • 知鱼素材（包含音视频素材及图片素材）	• CC Mixter • Freeplaymusic • Pixabay（包含音视频素材） • Coverr（包含视频素材） • Mixkit（包含音视频素材）
6	数字馆藏	• 故宫博物院 • 中国数字科技馆	• 大英博物馆 • 澳大利亚国家博物馆
7	学术期刊	• 中国高校人文社会科学文献中心 CASSHL • 中国知网	• DOAJ • 欧盟学术资源开放存取平台

国家数字化学习资源中心、国家教育资源公共服务平台、智慧职教等是综合性的开放资源网站，包括开放课程、多种媒体素材等资源。

第五节　混合课程的评价

评价是对客体满足主体需要程度的价值判断。[①] 教育评价是保障教育教学有效开展的关键因素，它是对教育过程和结果的描述和价值判断。[②] 在全面、真实、系统、科学地收集、整理、处理信息的基础上，旨在为决策提供有用信息、促进教育改革、提高教育质量。课程评价是"系统地运用科学方法，对课程的过程和产物，收集信息资料并做出价值判断的过程"。[③] 混合课程评价是对基于虚实融合教学空间的课程方案、课程实施过程及结果的描述与价值判断。本节先阐明课程评价的分析框架，再介绍课程评价的主要模式与课程评价的一些实践，以期规范和指导院校混合课程的质量评价，促进院校混合课程的高质量开发。

---

① 陈玉琨. 教育评价学 [M]. 北京：人民教育出版社，1998.
② 李雁冰. 论教育评价专业化 [J]. 教育研究，2013 (10): 121-126.
③ 钟启泉. 课程论 [M]. 北京：教育科学出版社，2007：299.

一、课程评价的分析框架

"就整个社会科学而言,课程评价属于方案评价(program evaluation)的范畴。方案评价是系统地运用科学方法,对方案的设计、实施、改善或结果等,收集信息资料,并做出价值判断的过程"。[①] 罗恩·奥斯顿(Ron Owston)提出方案评价应该包括以下五个要素。[②]

(1)评价目的(purpose):一般包括六个方面,即实现方案的目标和目的、改善方案、认证方案质量、形成干预理论、满足不同服务对象的信息需求以及评价方案的总体影响。

(2)评价反馈对象(audience):评价反馈对象就是评价结果的接收者,在大学环境中,可能是课程教师、教学委员会成员、教学管理人员、教师发展支持人员等;在中小学环境中可能是教师、学校管理者、家长和地区教育管理者等。评价者应该对课程评价反馈对象的需求相对重要性做出判断。

(3)评价方式(evaluation design):可以分为两种,即实验方法和定性方法。如果想要获得课程有效的证据,则可能需要使用实验方法;实验方法又进一步分为随机实验方法和非随机实验方法;使用随机分配的实验方法需要满足一定的数量要求,同时可能需要很高的成本。如果想要获得课程改进的信息,则可能需要使用定性方法。定性和定量结合的方法现在越来越常见。

(4)数据来源(data sources):一般至少包括学生成绩、其他指标的学业进展、网络日志文件、访谈、问卷等。可以采用QDA、Nvivo或CAQDAS来进行定性数据分析。

(5)发布评价结果(dissemination strategies):评价者应该对评价方案和方法进行详细的解释,以确保他人能够理解评价过程;同时需明确说明该评价存在的局限性。此外,评价者与评价结果相关人员必须在评价过程中进行沟通,沟通进程包括正式或非正式的进展报告。上述分析框架较为系统地阐述了方案评价的分析流程,但是并未提及评价主体、评价对象等关键内容。

David Nevo 提出了更加全面的教育评价分析框架,包括以下十个维度。[③]

[①] 钟启泉.课程论[M].北京:教育科学出版社,2007:299.

[②] Ron Owston. Models and Methods for Evaluation[M]. AECT-HANDBOOK, Toronto: York University, 2007: 606-616.

[③] Nevo D. The Conceptualization of Educational Evaluation: An Analytical Review of the Literature[J]. Review of Educational Research, 1983, 53(1): 117-128.

（1）评价的定义（definition）。教育评价是对教育对象的系统描述和/或对其优点或价值的评估。

（2）评价的功能（function）。教育评价可以服务于四种不同的功能：①形成性（为了提高）；②总结性（用于选择和问责）；③社会政治（动员和获得公众支持）；④行政（行使权力）。

（3）评价的对象（object）。任何实体都可以是评估对象。教育中典型的评价对象是学生、教学和行政人员、课程、教材、方案、项目和机构。

（4）应该调查的变量（variables）。围绕每个评价对象，关注四组调查变量：评价对象的目标；它的战略和规划；它的实施过程；它的结果和影响。

（5）评价的标准（criteria）。可能的评价标准包括：响应实际和潜在客户的需求；实现国家目标、理想或社会价值；达到预定的标准和规范；超越替代目标；实现客户的（重要）既定目标。在实际评价过程中可以使用多个标准。

（6）评价的服务对象（audience）。评价应服务于对评价对象感兴趣的所有实际和潜在的群体（利益相关者）的信息需求。评价者有责任界定评价的利益相关者并确定或预测他们的信息需求。

（7）评价的过程（process）。无论采用何种调查方法，评价过程都应包括以下三项活动：聚焦评价问题；收集和分析实证数据；向评价的服务对象传达调查结果。实施这些活动的顺序不止一种，并且在评价研究的整个生命周期中，上述活动形成的评价循环都可以（有时应该）重复多次。

（8）调查的方法（methods of inquiry）。作为一项复杂的任务，评价需要从行为科学和相关研究领域中尝试选择不同的调查方法，并根据特定评价问题的性质加以确定，不可以依据评价者的偏好选择特定的调查方法。

（9）评价者的特征（evaluator）。评价应由拥有以下能力的个人或团队来实施：在研究方法和其他数据分析技术方面具有相关能力；了解社会背景和评价对象的独特本质；保持恰当的人际关系并与参与评价的个人和团体建立融洽关系的能力；具有整合上述能力的概念框架。

（10）对评价进行评价的标准（standards）。评价应该在以下四个方面取得平衡：效用性（有用和实用）、准确性（技术上精准）、可行性（要实事求是、慎重）、适当性（以合法和合乎道德的方式进行）。

基于David Nevo的教育评价分析框架，钟启泉提出了课程评价的分析框架，包括十个方面：课程评价的含义、课程评价的对象、课程评价的功能、课程评价的服务对象、课程评价的主体、课程评价的资料收集、课程评价的价值判断、课程评价的过程、课程评价的方法、课程评价的元评价。① 本书作者团队在此基础上综合罗恩·奥斯顿的研究，提出本书的课程评价框架，包括以下十个要素（见图2-13）。

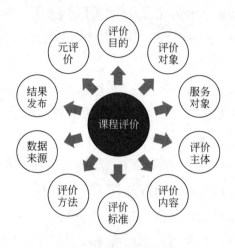

图 2-13　课程评价的框架

（1）**评价目的**。课程评价的目的主要包括七个方面：评估新课程方案需求、诊断原课程优劣、改善原有或新设课程、比较和选择不同的课程方案、评估新课程目标达成情况、课程质量认证、判断新课程人员参与的绩效。

（2）**评价对象**。课程评价的对象包括课程评价的过程和产出。从课程的运行过程来看，包括课程分析、课程设计、课程构建与课程实施；从课程的产出来看，包括课程目标、课程内容、课程资源、课程教学活动、课程教学环境、课程学习评价与反馈等，其载体是课程教学大纲、课程标准、教材及其他教学资源、教师教学计划、教师实际的课堂教学以及学生的学业评价试卷或者作品等。

（3）**服务对象**。课程评价的服务对象包括两类：一类是与评价者形成法律责任的个人、团体或组织，即委托人，如政府教育管理部门聘请相关人员组成评价小组时就担任了委托人的角色；另一类是课程评价报告的实际的或者潜在的接受者，即利益相关者；需要精准鉴别利益相关者以保障他们的隐私权、知情权和表达权，同时通过满足利益相关者的需求、从利益相关者处获取相关资料等来促进评价的开展和规范化。

（4）**评价主体**。评价主体既可以是内部评价人员也可以是外部评价人员，内部评价人员是被评价者、受评价影响者，如学生自评、教师自评时学生与教师均为内部评价人员；外部评价人员反之，如评价专家、教学管理人员等。两种评价人员在

---

① 钟启泉. 课程论 [M]. 北京：教育科学出版社，2007：299-339.

评价的专业性、课程理论与实践的深度、评价效果等方面存在一定的差异。因此，在选择评价主体时，要依据评价目的、评价对象选择合适的评价主体，同时还需要考虑评价主体的参与广度与价值观念等。

（5）评价内容。课程评价的内容是评价对象的细化，包括评价对象的目的、设计、实施及其结果与影响。如将教材作为评价对象时，具体的评价内容包括教材编写的目的、教材的设计原则、教材开发过程、教材应用于实际教学的效果。

（6）评价标准。评价标准可以依据内部价值或者外部价值来制定，内部价值即课程本身的质量是否达到了预定的标准或者优于同类课程，外部价值则在于是否满足利益相关者的需求。在制定评价标准时很难有一个固定的、客观的、标准化的方案，需要在其中找到平衡点。

（7）评价方法。评价方法可以分为定性方法和定量方法，定性方法包括访谈法、观察法、文本分析等；定量方法可以分为实验方法和非实验方法，其中实验方法又可以进一步分为随机分组实验和非随机分组实验；非实验方法包括问卷、测试等。在课程分析、设计与构建阶段，通常采用核查表方法进行评价；在课程实施阶段，可以采用观察、问卷、访谈、测试、日志分析等多种方法。

（8）数据来源。根据评价方法不同，所需要的资料来源也不同，一般包括衡量学生学业水平的试卷或者档案袋中的作品、学生在线行为日志、问卷、访谈数据等。

（9）结果发布。美国评估协会（The American Evaluation Association）提出评价结果发布需要遵循的四项原则：评价者要对评价方案和方法进行详细的解释，以确保他人能够理解评价过程；评价结果中需明确说明该评价存在的局限性；评价者与评价结果相关人员必须在评价过程中进行沟通，沟通进程包括正式或非正式的进展报告；评价结果要给出相应的说明或建议。

（10）元评价。元评价一方面是在评价过程中进行监控、确保评价的规范性和科学性，另一方面是对评价本身做最后的判断。美国教育评价标准联合委员会制定颁布了《方案评价标准》，即方案评价的元评价标准，包括四个方面30项具体的标准：实用性标准——满足预期使用者的需要，包含7项具体标准；可行性标准——确保评价的现实性、审慎性、平衡性和经济性，包含3项具体标准；适宜性标准——确保评价行为合乎法律、伦理的要求，包含8项具体标准；精确性标准——旨在保证获得和传播合乎技术要求的关于评价方案特征的信息，包含12项具体标准。[1]

---

[1] The Joint Committee on Standards for Educational Evaluation. The program evaluation standards[M].Thousand Oaks,CA: Sage Publications Inc.,1994.

二、课程评价的主要模式

课程评价模式是指"在一定的评价理论、价值观念的指导下,对课程评价的各个要素所做出的整体性的说明和规定"。[①] "课程评价模式是评价理论与评价实践的中间桥梁,对评价工作起到了直接的指导作用"。[②]

(一)面授课程的评价模式

课程评价模式种类多样,在不同的发展时期都产生了典型的评价模式。追溯课程评价所经历的测量、描述、判断、建构四个时期,对应典型的课程评价模式为:行为目标模式(泰勒模式)、CIPP模式(决策导向评价模式)、目标游离模式、应答-模式与共同建构模式,分别呈现出不同时期的价值取向——科学取向、管理取向、人类学取向、参与取向。

(1)行为目标模式(objectives-oriented evaluation model):由泰勒(Ralph W. Tyler)提出,以教育目标作为评价的起点与核心,要求通过测量手段判断结果与预期目标的达成度,因此也被称为目标参照评价,强调陈述要求达成的行为、行为发生的条件和行为需要达到的标准从而界定教育目标,注重绝对的目标达成情况。其基本步骤为:确定教育目标、设计评价情境、编制和选择评价工具、分析评价结果。

(2)CIPP评价模式(context、input、process和product):由美国著名教育评价专家斯塔弗尔毕姆(Stufflebeam)提出,包含背景评价(context evaluation)、投入评价(input evaluation)、过程评价(process evaluation)和结果评价(product evaluation)。[③] 该模式认为评价不是为了证明,而是为了改进,强调评价是为决策提供有用信息的过程,注重评价方案实施过程的信息收集及形成性评价。[④]

(3)目标游离模式(goal-free evaluation):由斯克里芬(Scriven)提出,该模式不同于泰勒模式基于既定的教育目标,是在无目标状态下,采用广泛的质性研究方法收集非预期效应,从而使评价不仅关注于预期目标,还使所得的评价结论更

[①] 钟启泉. 课程论 [M]. 北京:教育科学出版社,2007:307-308.
[②] 钟启泉. 课程论 [M]. 北京:教育科学出版社,2007:337.
[③] Stufflebeam D L. The use of experimental design in educational evaluation[J]. Journal of Educational Measurement, 1971, 8(4): 267-274.
[④] 卢立涛. 测量、描述、判断与建构——四代教育评价理论述评 [J]. 教育测量与评价(理论版),2009(3):4-7,17.

加全面。[1]

（4）应答模式（responsive evaluation）与共同建构模式：均与第四代评估理论相对应，强调对多方利益相关者、推动者的回应，强调多方建构与协商、逐步达成共识。应答模式由斯塔克（Stake）提出，以所有与教育方案有切身利益关系的人所提出的问题作为评价的先导，通过评价者与相关人员的不断对话，寻求满足各方参与者需要的应答。共同建构模式由古巴（Guba）和林肯（Lincoln）提出，将评价流程拆解为 12 个相互联系的步骤，强调民主协商，形成"回应—协商—共识"的评价思路。[2]

虽然课程评价模式多样，但当前接受度较高的仍旧是泰勒的行为目标模式与斯塔弗尔毕姆的 CIPP 评价模式。整体而言，行为目标模式过分强调目标的测量结果而忽视了教学的其他信息；后续的目标游离模式、应答模式、共同建构模式等强调自然主义方法，具体实施操作时难度较高。CIPP 评价模式虽然也存在实施流程复杂以及需要人力、物力、财力支撑的挑战，但对于高校而言基本可以满足这些支持条件的需求，且具备发展性评价取向、可形成系统规范流程的优势，后续研究者也常常基于 CIPP 评价模式构建适用于具体情境的评价框架。上述课程评价模式的特点如表 2-10 所示。

表 2-10 常用课程评价模式的特点

模式	行为目标模式	CIPP 评价模式	目标游离模式	应答模式	共同建构模式
概述	教育目标既是评价的出发点，也是评价标准	评价不是为了证明，而是为了改进	在无目标状态下，采用广泛的质性研究方法收集非预期效应	期望满足教育各方利益相关者的需求	评价过程是由评价者与参与者共同建构统一价值观的过程，评价结论是一种主观性认识，是心理建构物
评价目的	测量学生学业表现，判断课程效果	描述现有课程效果，为决策者提供关于是否开展某课程的信息	没有固定的目标，包括预期目标和非预期目标	共同建构，旨在满足各类人员的需要	
评价对象	课程效果	课程运行过程	课程效果	课程运行过程	
评价主体与服务对象	评价主体为评价的组织者和实施者，评价主体与服务对象是正规的、接触很少的关系				评价主体为参与评价活动的所有人，评价主体与服务对象是非正规的、接触频繁的关系

---

[1] 辛涛，李雪燕.教育评价理论与实践的新进展 [J]. 清华大学教育研究,2005(6): 38-43.
[2] 蔡晓良，庄穆.国外教育评价模式演进及启示 [J]. 高教发展与评估,2013,29(2):37-44, 105-106.

续表

评价内容	教育目标（预期目标的达成情况）	背景、投入、过程、结果	全部教育结果（动态生成的结果、偶发性结果）	利益相关者关注的现实的和潜在的问题	利益相关者关注的问题
评价标准	侧重内部价值	侧重内部价值	内部价值与外部价值共存	侧重外部价值	侧重外部价值
评价方法	定量分析方法	定性分析或实验的方法	定性或定量的方法	定性分析方法	定性研究方法和定量研究方法结合
数据来源	体现学生表现的资料，如测试、观察、访谈、作品等	文献、访谈、调查等	综合采用各种办法收集数据	观察、判断、对话等	综合各种资料
结果发布	总结性评价结果	过程性评价结果、总结性评价结果	过程性评价结果	总结性评价结果	总结性评价结果
存在缺点	只关注教育目标，对于行为目标之外的其他目标难以量化与操作化，导致价值判断比较浅化	实施流程较复杂，需耗费大量人力、物力、财力	实施操作难度太大	操作程序的不确定性太强，难以发现教育价值运动的本质和规律	现实中操作困难，需分辨利益相关者、授权弱势群体以及构建民主公正的协商制度

（二）在线课程的评价模式

张伟远基于 CIPP 评价模式，提出 PDPP 在线课程评价模式，包含计划评价（planning evaluation）、开发评价（development evaluation）、过程评价（process evaluation）和成效评价（product evaluation）四个部分，[①] 每个部分评价的目的、主体、内容、方法、数据来源等参见表 2-11。[②]

表 2-11　PDPP 在线课程评价模式

评价	计划评价	开发评价	过程评价	成效评价
评价目的	了解课程是否适用于在线教学	评估用于支持在线教学的网络平台功能及线上课程资源的建设情况	评估在线教学的阶段性教学效果	评估在线教学的整体效果

[①] 张伟远. PDPP 网络课程评价模式的建构及其应用案例 [J]. 中国远程教育, 2009(11): 17-20,79.
[②] 张伟远. 网络教学发展模式的理论构建与应用 [J]. 现代远程教育研究, 2013(1): 7-14, 23.

续表

评价主体	教务处、财务处、学术委员会等	课程外审专家、课程开发小组、教学督导等	教师、学生、教学督导	教师、学生
评价内容	1. 市场需求 2. 可行性 3. 学习对象 4. 课程目的 5. 财务预算	6. 课程蓝图 7. 网络平台 8. 课程界面 9. 教学设计 10. 学习资源 11. 作业和考试 12. 导学教师	13. 导学过程 14. 学习支持 15. 学习互动 16. 作业评估 17. 技术支持	18. 学习满意度 19. 教学成效 20. 学习成效 21. 其他成效
评价方法	定性为主	定性为主	定性为主	定量为主，定性为辅
数据来源	课程计划书及相关表格	课程蓝图文本、网站及在线课程（平台界面与功能）	学生的学习体验和反馈意见、教师反馈意见、课程主任对网上导学进行视察	问卷+学生反馈

基于 PDPP 模式的评价包括在线课程开发前的市场分析、财务分析与可行性分析，计划评价阶段可通过撰写课程计划书的方式，由学校相关部门进行评估讨论，以确定该课程在专业层面与经济效益角度是否具有开设价值以及是否适用于在线教学模式。开发评价阶段面向课程开发的各组成部分，需通过计划评价后方进入此阶段，多由学校主管人员与课程专家共同审核。过程评价阶段面向在线教学实施过程的各个阶段，可通过三条途径分析：学生的学习体验及反馈意见、教师的教学反馈、教学主管观摩在线教学活动。成效评价是面向学生满意度、教学成效、学习成效、其他成效以及课程可持续性（如良好的课程声誉）的分析，以问卷、测试等定量方式为主，辅以学生的反馈、评论。

（三）混合课程的评价模式

混合教学情境下，课程的教学分为面授和在线两个部分，评价手段既包括问卷调查、电话调查、访谈、课堂观察、实验、纸笔考试等传统评价手段，也可通过在线评价、动态跟踪、状态监测、教师电子档案袋、学生电子档案袋、在线考试等电子评价手段，评价内容也更加多元，学习者行为、学习资源使用情况等均可通过线上数据进行跟踪监测，呈现出多层次、多维度、过程化、综合性、大数据源的评价特点（见图 2-14）。

本书研究团队面向混合课程"设计—开发—过程—结果"全过程，构建了 DDPP 混合课程评价模式（见图 2-15）。

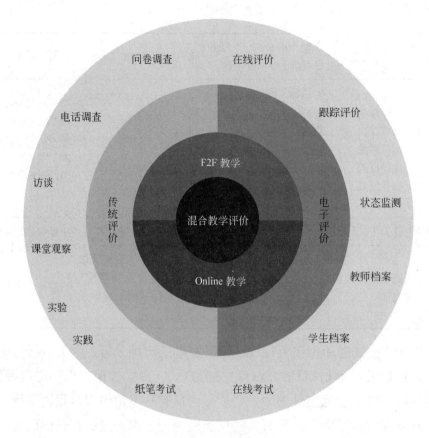

图 2-14 混合课程评价维度与方法

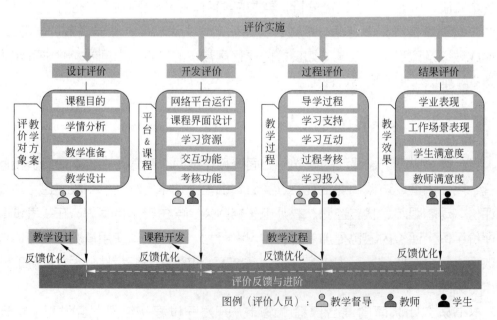

图 2-15 DDPP 混合课程评价模式

该评价模式秉持多元评价主体参与、多维评价方式有机组合的原则，包含四个阶段：设计评价（design evaluation）、开发评价（development evaluation）、过程评价（process evaluation）和结果评价（product evaluation），简称 DDPP 评价模式，共计 18 项评价指标，各阶段的具体说明如表 2-12 所示。[①] 院校具体实施时可结合混合课程实施情况随时进入评价的四个阶段中的任意一个阶段，不一定从设计阶段开始。

表 2-12　DDPP 混合课程评价模式

评价	设计评价	开发评价	过程评价	结果评价
评价目的	了解课程是否适用于混合教学模式	评估用于支持混合教学的网络教学平台功能及线上线下课程资源的建设情况	评估混合教学的阶段性教学效果	评估混合教学的整体效果
评价对象	教学方案	平台和课程网站	教学过程	教学效果
服务对象	教师	教师、技术支持部门	教师、院系、教学管理部门	教师、院系、教学管理部门
评价主体	教学督导、教师	教学督导、教师	教师、学生、教学督导	教师、学生
评价内容	课程目的、学情分析、教学准备、教学设计	网络平台运行、课程界面设计、学习资源、交互功能、考核功能	导学过程、学习支持、学习互动、过程考核、学习投入	学业表现、工作场景表现、学生满意度、教师满意度
评价标准	强调内部价值			强调外部价值
评价方法	定性为主，如文本评估、列表法	定性为主，如列表法；定量为辅，如问卷	定量为主，如日志文件、问卷、第三方网络监管（观察法）	定量分析方法
数据来源	教师教学设计（文本）	网络及在线课程（平台界面与功能）	网络记录的学生过程行为数据、学生问卷数据	学生学业测试、工作场景测试、学生满意度量表、教师满意度量表
结果发布	过程性评价结果，教师调整教学设计	过程性评价结果，教师优化课程开发，使所选用的平台与开发的课程更加支持混合教学	过程性评价结果，教师及时调整混合教学策略及教学行为	总结性评价结果，教师对整体教学情况进行反思，调整后续混合教学设计、混合课程开发与教学行为
元评价	实用性、可行性、适宜性、精确性			

（1）设计阶段的评价。 本阶段发生在混合课程教学活动之前，是对课程教学方案、教学设计单等教学准备情况的评价，旨在依据教师所提供的教学设计方案判断混合课程是否具备开发价值。设计阶段评价的服务对象是教师，由教学督导和同行

[①] 崔依冉，韩锡斌，周潜. 职业院校防疫期间在线课程教学质量评价的成效、问题及建议[J]. 教育与职业，2021(2): 88-94.

教师评价教师预备开设的混合课程目的、对教学对象的学情分析情况（如教学对象的特点、是否具备混合学习的设备、相关先验信息等）、教师自身的教学准备情况（如是否具备开展混合教学的相关设备、混合教学的技术操作能力等）以及教学设计方案的可行性（如线上线下部分的衔接情况等），评价结果反馈给授课教师，方便教师有针对性地优化教学设计，调整教学活动。教师也可通过对上述四个方面指标进行自我评估与反思，从而进行教学设计的优化与调整。

（2）**开发阶段的评价**。本阶段发生在混合课程教学活动之前，主要关注混合课程网站建设情况及支撑其运行的网络教学平台功能。开发阶段评价的服务对象是教师和技术支持部门，教学督导评估课程网站上数字教学资源和在线教学活动对教学目标的支撑度，以及所选用的网络教学平台的功能（如对教学活动的支持程度）和性能（如界面感受、运行顺畅程度等）。上述评价结果反馈给授课教师，以便教师优化混合课程在线部分的设计、及时调整平台与相关软件，同时反馈给技术支持部门，以便其进一步优化平台的功能和性能。教师也可通过对上述指标进行自我评估与反思，从而对混合课程网站内容进行优化与调整。

（3）**过程阶段的评价**。本阶段发生在混合课程教学过程中，具备过程性、动态性特点。在教学过程中定期开展教学评价，及时反馈评价结果，旨在帮助教师及教学管理人员及时了解混合教学的各阶段效果，如导学情况、交互情况、在线教学部分的学习支持情况及学生学习参与情况，进而促进教师及时调整教学活动、优化混合教学策略、合理安排线上与线下的任务分配。过程阶段的评价可通过多种方式开展，如学生通过讨论区、问卷等方式进行教学评价，表达整体学习感受；教师通过填写问卷进行自我报告的方式，进行反思与阶段性教学效果评价；教学督导可通过网络数据分析、课堂观察等多种方式对教学过程进行评价。评价结果反馈给教师、所属院系和教学管理部门，便于院系开展教学研讨以及教师有针对性地做出教学调整。

（4）**结果阶段的评价**。本阶段发生在混合课程教学结束阶段，旨在对一个学期教学效果进行终结性评估。结果评价可通过四种方式进行：教师通过测试等方式评价学生的学习效果，具体测试形式依据课程类型，既可采用纸笔测试测量学生知识习得效果，也可通过提交作品、撰写项目报告书等方式呈现学生的习得结果；前述测试方式所测得的学业表现更多聚焦于学生的知识和技能掌握情况，若所评价的课程为实操类课程，教师还可通过设置特定的工作场景，观测学生将所学知识与技能应用于模拟场景或真实工作场景的表现；学生通过填写调研问卷反馈对混合课程的满意度与感受；教师通过问卷进行自我反思，报告关于混合课程教学的自我满意度。此阶段包含学生和教师两类评估对象，最终目的旨在整合外在学业表现、工作场景表现与内在心理感知、教的成效与学的成效等多方信息，为教学管理部门与院系评定教师整个学期的教学效果提供依据；上述评价结果也反馈给教师，方便教师对本学期整体教学情况进行反思，以便不断优化混合课程。

混合课程评价具备过程性特点，不仅聚焦于教学的终结性效果评价与质量认定，还需要具备导向与调节的功能，于日常教学过程中开展诊断性评价，支持教师及时调整教学策略与教学行为，实现以评促教、以评促管的目的。

三、课程的评价标准及指标

（一）在线课程的评价标准及指标

评价标准是"对所评价对象的功效的数量和质量进行价值判断的准则和尺度"。[①] 课程评价标准具备两个要素，即指标体系和评价基准。评价指标体系是评价目标的具体化，而评价基准则是区分被评价对象不同表现水平的临界点。设计评价指标体系一般是采用逐层分解评价目标的方法来构成一个由高层到低层、彼此独立、具体可测的树状指标体系。[②]

国外有多项具有一定影响力与认可度的在线课程评价标准，例如美国培训与发展协会（ASTD）发布的在线学习的认证标准（e-learning certification standards）、美国密歇根虚拟大学（Michigan Virtual University）开发的优质在线课程标准（standards for quality online courses）。国内的有国家精品课程（网络教育）评审指标体系、《网络课程评价规范（CETLS-22）》《网络课程课件质量认证标准》和 EduTools 的在线课程评价工程（online course evaluation project, OCEP）。上述六种评价标准均为总结性评价，其评价目的、涉及的相关人员、评价数据来源如表 2-13 所示。

表 2-13 六种在线课程（网络课程）评价标准的特点

	评价标准	评价目的	相关人员	数据来源
国外	在线学习认证标准（e-learning certification standards）	网络课程的比较、遴选	课程教师、网络课程设计与开发的专业人员	课程资料或相关文档、评价者实际查看和操作、问卷调查

[①] 顾明远.教育大辞典（增订合编本）[M].上海：上海教育出版社，1988: 2808.
[②] 刘守杰.高等师范院校双语教学问题及对策[D].大连：东北师范大学，2006.

续表

	评价标准	评价目的	相关人员	数据来源
国外	美国密歇根虚拟大学开发的优质在线课程评价标准（standards for quality online courses）	网络课程的比较、遴选	课程教师、网络课程设计与开发的专业人员	课程资料或相关文档、评价者实际查看和操作、对教师、学生等进行访谈、问卷调查
	EduTools的在线课程评价工程（online course evaluation project，OCEP）	网络课程的质量认证	课程教师、网络课程设计与开发的专业人员、网络课程的学习者	课程资料或相关文档、评价者实际查看和操作
国内	教育部开展的网络教育精品课程评审	网络课程的比较、遴选	项目发起者和组织者、课程教师、网络课程设计与开发的专业人员	课程资料或相关文档、评价者实际查看和操作、问卷调查、测试等
	教育部开展的"网络课程质量认证研究与实践"项目	网络课程的质量认证	项目发起者和组织者、课程教师、网络课程设计与开发的专业人员	课程资料或相关文档、评价者实际查看和操作、问卷调查
	《网络课程评价规范》（CELTS-22）	网络课程的比较、遴选	课程教师、网络课程设计与开发的专业人员	课程资料或相关文档、评价者实际查看和操作

在线学习认证标准（e-learning certification standards）是以Lynette Gillis为首的教学设计专业委员会制定的在线学习的认证标准，于2001年7月发布。由专家评定各项指标的得分概率，并将概率平均值乘以项目总数得到最低限度的得分。该标准从教学性、可用性和技术性三个维度对在线课程进行评价，其中，可用性主要对在线学习时操作的方便性进行评价，包含8个子项；技术性是指在线课件安装和运行时的技术指标，包含6个子项；教学性主要针对课程内容与设计进行评价，包含目标、内容、策略等18个子项。该标准涉及的评价指标具体内容如表2-14所示。

表2-14 在线学习认证标准（e-learning certification standards）评价指标[①]

一级指标	二级指标
教学性	学习目标、应用要求、引起注意和兴趣的维持、维持动机、引出相关知识、演示例子和案例、阐明学习内容、提供联系、促进相邻知识的迁移、促进无关知识的迁移、提供综合的练习机会、提供反馈、相邻知识迁移的反馈、无关知识迁移的反馈、提供教学帮助、对学习的评价、媒体的运用、消除认知负载
可用性	导航、定位、反馈提示、链接效率、链接外观、帮助、易读性、文本作品的质量
技术性	技术要求、安装、卸载、可靠性、响应、从CD-ROM或DVD中退出

美国密歇根虚拟大学（Michigan Virtual University）设计了优质在线课程标准（online instructional design，OID）包含可用性、教学设计、可及性和技术性四个

---

① 朱凌云,罗廷锦,余胜泉.网络课程评价[J].开放教育研究,2002(1): 22-28.

方面，共计 107 个评价指标。该标准的具体评价指标如表 2-15 所示。

表 2-15 密歇根虚拟大学优质在线课程标准（OID）评价指标[①]

一级指标	二级指标
可用性	界面的一致性、学习者支持、导航的有效性与效能、图形与多媒体的功能性、交互性
教学性	回忆事实性知识、元素性知识、回忆概念性知识、识别概念、概念应用、回忆任务、识别任务、执行任务、回忆规则、识别规则、规则应用、获取方法、产生解决方案
可及性	基本内容、表格与框架、媒体
技术性	技术要求、学习者技能要求、技术功能性

2001 年年初，教育部启动"网络教育质量认证研究与实践"研究项目，旨在建立一种网络教育的第三方认证制度，通过更为规范的管理和评价促进中国现代远程教育的健康发展。该项目制定的《网络课程课件质量认证标准》基于"三层次模型"将网络课程的整体质量特性分解成教学设计、教学内容、可用性、技术性、信息呈现、文档资料六个方面，并设计修订了相关的评价指标（见表 2-16）。[②]

表 2-16 《网络课程课件质量认证标准》评价指标

一级指标	二级指标
教学设计	课程定位、学习动机激励、学习目标、学习导向、组织结构、教学交互、练习设计、学习评价、实践
教学内容	科学性、引用说明、内容规范、知识覆盖面、知识点讲解、先进性、开放性和可扩充性、支持教学的资源
可用性	导航、链接、程序响应、定位、学习记录、帮助、插件、可控性
技术性	可靠性、兼容性、安全性、规范性
信息呈现	媒体选择有效性、界面设计
文档资料	技术文档资料、学习辅导材料

自 2007 年开始，教育部启动网络教育精品课程评选工作，2013 年提出的国家级网络精品资源共享课遴选指标包含六个维度：教学理念与课程设计、教学与开发团队、教学内容与学习资源、学习支持及学习效果、共享效果、同行评议及课程特色。[③] 具体指标如表 2-17 所示。

---

① 王佑镁. 在线教学设计标准及其评价应用研究 [J]. 中国电化教育,2007(7): 60-63.
② 董艳,黄荣怀,李晓明,等.《网络课程课件质量认证标准》的研制与修订 [J]. 电化教育研究,2003(6): 65-70.
③ 冯立国. 网络课程的建设与教学运行 [M]. 北京：中央广播电视大学出版社,2014: 12-16.

表 2-17 2013 年国家级网络教育精品资源共享课遴选指标

一级指标	二级指标
教学理念与课程设计	指导思想、课程总体设计
教学与开发团队	课程负责人与主讲教师、队伍结构、教学研究与从业经验
教学内容与学习资源	教学内容、学习者体验、视频讲授质量、技术标准
学习支持及学习效果	学习活动组织、学习评价、实践教学、支持服务、学习者评价
共享效果	共建共享方式、资源可共享性、共享结果
同行评议及课程特色	同行评议、课程特色

教育部教育信息化技术标准委员会制定的《网络课程评价规范（CELTS-22.1）》从课程内容、教学设计、界面设计、技术四个基本维度评价网络课程的质量特性，包括 32 条评价指标。课程内容维度用以评价课程内容本身的质量及组织结构；教学设计维度衡量网络课程的教学目标设计、教学过程策略设计和测评方法设计；界面设计维度评价了影响网络课程的易用性要点；技术维度评价了所采用技术的可靠性和适当性。该评价规范的具体内容如表 2-18 所示。

表 2-18 《网络课程评价规范（CELTS-22.1）》评价指标

一级指标	二级指标
课程内容	课程说明、内容目标一致性、科学性、内容分块、内容编排、内容链接、资源扩展
教学设计	学习目标、学习者控制、内容交互性、交流与协作、动机兴趣、信息呈现、媒体选用、学习指导、练习与反馈、追踪、测评
界面设计	风格统一、屏幕布局、易识别性、导航与定向、链接标识、电子书签、内容检索、操作响应、操作帮助
技术	系统要求、安装与卸载、可靠运行、多媒体技术、兼容性

此外，还有其他一些研究者建立的指标体系，例如，陈刚等在总结网络课程评价相关研究的基础上，构建了高校网络课程实施质量的评价标准，包括学习资源、教师、教学实施和监控评价四个维度 15 条评价指标项；魏志慧等构建了网络课程教学交互质量评价指标体系，从"媒体界面的交互性、学生和学习资源的交互、社会性交互的教学设计、教师的参与程度、学生的参与程度"五个维度对网络教学的交互质量进行了评价；谢幼如等构建的网络课程质量评价指标体系包含教学性、可用性、技术性、艺术性四个维度；[①] 邢红宇基于 AHP 法和 Delphi 法构建出教学设计、课程内容、界面设计、技术性四个评价维度 32 项评价指标；[②] 刘永福等构建的网络课程在线评价指标体系包含课程内容与资源、教学设计、学习管理、网络技术四个

[①] 谢幼如，刘铁英，高瑞利，等. 网络课程的内容分析与评价研究 [J]. 电化教育研究，2003 (11): 45-49.
[②] 邢红宇. 基于 AHP 法和 Delphi 法的网络课程评价指标体系设计研究 [J]. 中国电化教育，2006 (9): 78-81.

维度 26 项指标;① 王鹏则依据教学组织形式、学习者类型、课程类型对在线学习加以分类,旨在建立针对不同在线教学组织模式的评价标准,重点关注教学策略与教学组织的评价。②

(二)混合课程的评价指标

评价指标是对评价目标的一个方面的规定,是具体的、可测量的、行为化和操作化的目标。③ 评价工具是"评价活动中收集信息资料、反馈数据的具体手段",通常根据评价的目的、对象和阶段,选用相应的工具。④

依据"设计—开发—过程—结果"构建了 DDPP 混合课程评价模式,包含四个评价阶段(设计评价、开发评价、过程评价、结果评价),提出了 18 项评价指标及观测点(见表 2-19)。

表 2-19　DDPP 混合课程评价模式的指标及观测点

评价阶段	评价指标	观测点
设计阶段的评价	课程目的	课程整体教学目的与各章节教学目标描述清晰,具备科学性与可行性,兼顾学生学业发展、技能培养与价值塑造
	学情分析	(1)教师须客观分析学生的特点 (2)教师须清楚描述本课程需要具备的前期知识与技能并分析学生的储备情况 (3)教师须调研学生的在线学习设备对本课程线上教学活动需求的支持情况
	教学准备	(1)教师的在线教学技术操作能力应满足混合教学线上活动的需求 (2)教师的在线教学相关设备应满足课程的教学活动需求
	教学设计	(1)教师的教学设计中关于线上与线下活动应衔接自然,各部分活动安排恰当 (2)教师的教学设计文档中应清楚包含以下内容:①课程概括介绍;②课程重点、难点、特点;③课程参考书目;④教学进度安排(包含各章节的授课周次及重要教学活动的时间节点);⑤课程基本内容;⑥学习目标;⑦教学要求;⑧考察方式

---

① 刘永福,李静辉.网络课程在线评价指标体系的设计与实现[J].中国远程教育,2015(8):57-63.
② 王鹏.在线学习分类评价模型的构建[D].曲阜:曲阜师范大学,2013.
③ 顾明远.教育大辞典(增订合编本)[M].上海:上海教育出版社,1988:2809.
④ 顾明远.教育大辞典(增订合编本)[M].上海:上海教育出版社,1988:2808.

续表

评价阶段	评价指标	观 测 点
开发阶段的评价	网络平台运行	应保障网络平台运行畅通
	课程界面设计	网络平台中课程界面功能分区合理，设计自然协调，具备美观性
	学习资源	（1）能够提供与课程相关的丰富教学资源 （2）教学资源的来源途径正规，教学资源使用与传输过程遵守版权要求
	交互功能	所选用的教学平台应具备支持师生同步或异步交流的功能，或选用支持师生进行交流的直播软件或通信软件
	考核功能	所选用的平台应具备支持在线测试的功能，方便根据后台记录的数据对学习情况进行监管与分析
过程阶段的评价	导学过程	能够向学生清晰呈现导学信息，能对如何学好本课程和课程的章节给出指导性意见，如本单元学习目标、重点、难点、特点、学习材料和具体的学习方法
	学习支持	（1）所选用的平台与软件的功能能够支持课程教学活动 （2）所选用的教学资源能够满足教学需求
	学习互动	教学过程中应注重师生之间的交流，教师应引导学生与学习内容之间互动、学生与教师之间互动、学生与学生之间互动
	过程考核	通过学生的过程性考核结果，体现教师的阶段性课堂教学效果
结果阶段的评价	学习投入	通过学生的学习投入情况，体现教师的阶段性课堂教学效果
	学业表现	学生期末考核达标情况（包括在线测试、提交作品、纸笔考试等）
	工作场景表现（可选）	学生在模拟工作场景中的技能表现情况
	学生满意度	学生报告的关于教学满意度的问卷反馈情况
	教师满意度	教师自我报告的关于教学满意度的问卷反馈情况

结果阶段评价的相关量表，如学习感知量表（满意度、自我效能等维度的测量）、教师满意度量表、学生满意度量表可参照已有成熟量表，且院校可以根据自身所关注的问题设计相关的开放问答题，表 2-20 呈现了一所院校混合课程建设与实施效果的调查问卷。

表 2-20　混合课程结果评价的调查问卷（示例）

题型	题　干	非常同意	同意	中立	不同意	非常不同意
单选题	相比我所学的纯线下课程，这门混合课程的质量更好一些					

续表

题型	题　干	非常同意	同意	中立	不同意	非常不同意
单选题	我对这门混合课程非常满意					
	我觉得这门课程很好地满足了我（对本课程）的要求					
	本课程的课堂讨论质量整体很高					
	选择通过线上线下相结合的方式开展本门课程的学习我觉得很有价值					
	与我选择的其他纯线下课程相比，利用网络开展本课程的教学提升了课程的质量					
	我对我选择通过混合课程的形式学习本课程很满意					
	如果后续有其他纯线下课程开设了混合课程，我将很愿意选择混合课程修读					
	与我修读的其他纯线下课程相比，利用网络开展本课程的教学增加了学习难度					
问答题	你觉得学习本混合课程的困难之处有哪些					
	你觉得此种网络学习与教师课堂讲解相结合的学习方式的优点有哪些？在哪些方面对你产生了帮助					

Stein 和 Graham 从课程目标及学习结果、可交流性、教学组织设计、参与式学习、评估和反馈、评分、可获得性、准备与修订八个方面提出了可供教师自查的混合课程设计与实施效果核查表；[①] Linder 从混合课程的教学大纲、课程组织与设计、活动和评价、学生资源与支持四个方面 30 个项目提供了混合课程设计开发的核查表，包括课程设计、学习管理系统和视听觉内容。[②]

在线课程的结果评价往往从呈现的整体特点来细分评价指标，本书也借鉴此做法，将混合课程结果评价分为三个维度：课程内容与教学、可用性、使用情况，具体的评价指标如表 2-21 所示。

---

① Stein J & Graham C R. Essentials for blended learning: A standards-based guide[M]. New York: Routledge, 2014.
② Linder K E. The blended course design workbook: A practical guide[M]. Sterling, virginia: Stylus Publishing, LLC, 2017.

表 2-21 混合课程结果评价的指标

一级指标项	二级指标项	三级指标项	指 标 说 明
课程内容与教学	1.1 课程设计与指导	1.1.1 教学指导思想	能够根据网络课程的特点、学生网上学习的需要进行教学整体设计
		1.1.2 课程总体设计	能够根据课程所属的学科性质及特点制订课程目标、选取课程内容和资源、同时合理地安排教学活动及评价
		1.1.3 课程定位	对预期的学习者（包括学习者所具有的知识基础和年级）、学习内容范围、学习时间有明确的说明
		1.1.4 学习目标	对课程所达到的学习目标（包括每个知识单元的目标和总体的学习目标）有清晰准确的说明
		1.1.5 学习导向	包含必要的自学建议和相关的学习指导说明
	1.2 课程内容与资源	1.2.1 内容目标一致	课程的内容充实，能够覆盖课程预期设定的目标，课程难度与目标相匹配
		1.2.2 内容分块	课程内容能够按照知识点或主题进行适当地划分，具有逻辑性，同时每个页面主题集中、长度适中
		1.2.3 内容编排	按照知识点之间的关系对课程内容进行编排，能够反映课程知识的基本结构和内在逻辑体系，同时便于学习者进行学习
		1.2.4 内容链接	针对课程的核心知识点建立了相关链接，相互链接的页面在意义上紧密联系
		1.2.5 内容规范性	课程资源中所包括的文字、段落、符号、单位等符合相关的学科标准
		1.2.6 知识点讲解	课程的核心知识点及疑点、难点讲解准确、透彻
	1.3 学习项目与活动	1.3.1 学习活动指导	对明确的活动目标、对学习活动的开展有必要的指导性说明
		1.3.2 学习活动支持	对学习活动进行相关的支持，包括在网上对学生活动的反馈和评价等
		1.3.3 活动组织	采用多种形式开展教学活动，例如专题讨论或问卷调查等
	1.4 课程作业与评价	1.4.1 作业设计	在课程的每一单元都有相关的作业，并且作业的任务要求、时间限制、评分基准及提交方式明确
		1.4.2 作业难度	作业中应包括较高层次的、综合性的或研究性的作业，能够考查学生综合应用知识的能力
		1.4.3 题目类型	作业中能包含多种形式的题目类型，包含单项和多项选择、匹配、问答、论文等
		1.4.4 评价反馈	对学生提交的作业进行及时的反馈，反馈的形式包括打分、写评语、提供参考答案等
可用性	2.1 整体布局	2.1.1 界面风格	课程界面在风格上具有统一性，具有一致的屏幕功能分区，如标题区、文字图片信息区等；同时，字体、文本、标题、按钮等有一致的样式
		2.1.2 屏幕布局	界面布局简洁，文字、图片等页面元素搭配协调，具有一定的美观性

续表

一级指标项	二级指标项	三级指标项		指标说明
可用性	2.1 整体布局	2.1.3	易读性	页面中文字、图片等元素大小、颜色等合理,学习者可清晰、顺畅地阅读
		2.1.4	导航	页面导航直观简便,学习者可以方便地进入课程的各个模块部分,包括前进、后退、进入上一级页面、下一级页面或进入主菜单
		2.1.5	定位	学习者能够明确地确定目前所在的位置
		2.1.6	链接	链接标识清晰易辨,指向正确的页面内容
	2.2 媒体使用	2.2.1	媒体组合	适当地选用文本、图表、图形、动画、音频、视频等媒体形式来有效地表现课程信息,且搭配合理
		2.2.2	文本	表述同一问题的文本在大小、颜色等格式上具有一致性和连贯性
		2.2.3	图形	图片清晰易读,大小、比例、颜色搭配适当
		2.2.4	音频	声音要清晰、连贯,声音质量要达到一定的要求
		2.2.5	视频	视频要画面清楚,连贯流畅,同时要大小适中、比例恰当
		2.2.6	动画	动画画质清晰、播放流畅,画面大小、比例恰当
		2.2.7	媒体控制	学习者可以对音频、视频、动画等连续的多媒体元素的播放进度进行控制、回放,以便根据自己的学习进度进行学习
使用情况	3.1 学习资源的丰富程度	3.1.1	教学材料数量	教学材料要达到一定的数量
		3.1.2	试题库数量	试题库要达到一定的数量
		3.1.3	试卷库数量	试卷库要达到一定的数量
	3.2 学生与学习资源的交互	3.2.1	课程访问次数	学生访问课程的次数要达到一定数量,并且学生人均访问量、月访问量达到一定的次数
		3.2.2	教学材料使用次数	学生访问教学材料的次数要达到一定数量,并且学生人均访问量、月访问量达到一定的次数
		3.2.3	试题库使用次数	学生访问试题库的次数要达到一定数量,并且学生人均访问量、月访问量达到一定的次数
		3.2.4	试卷库使用次数	学生访问试卷库的次数要达到一定数量,并且学生人均访问量、月访问量达到一定的次数
	3.3 学生与教师之间的交互	3.3.1	课程作业次数	教师发布作业、学生提交作业、教师批改作业都要达到一定的次数
		3.3.2	在线测试次数	教师发布在线测试、学生参与在线测试、教师批改测试都要达到一定的次数
		3.3.3	课程问卷次数	教师发布课程问卷、学生填写课程问卷要达到一定的次数
		3.3.4	课程论坛发文次数	教师发文、教师回复要达到一定的数量
	3.4 学生与学生之间的交互	3.4.1	课程论坛发文次数	学生发文、学生回文要达到一定的数量
		3.4.2	小组讨论次数	小组内学生发文、学生回文要达到一定的数量

第三章　混合教学设计与实施

上一章阐述了混合课程开发的内容和过程，其产出包括课程标准（或教学大纲）、教材（或者参考书）、必要的教学条件（如课堂环境、实验实训环境、网络教学环境等）、教学与考核的指导建议等。本章聚焦于混合教学的设计与实施，院校授课教师基于课程开发的产出，编制教学设计方案（或者教案）、进行教学实施并评价教学效果。第一节和第二节介绍混合教学的核心要素与基本环节，综述主要的教学设计模型与混合教学设计模型，第三节阐述本书研究团队在多年研究和教学实践中提炼所得的混合教学设计方法和混合课程在线部分构建方法，第四节和第五节探讨混合教学的实施与评价，并在本书附录部分提供可供一线教师使用的评价工具与参照的混合课程教学案例。

本章思维导图

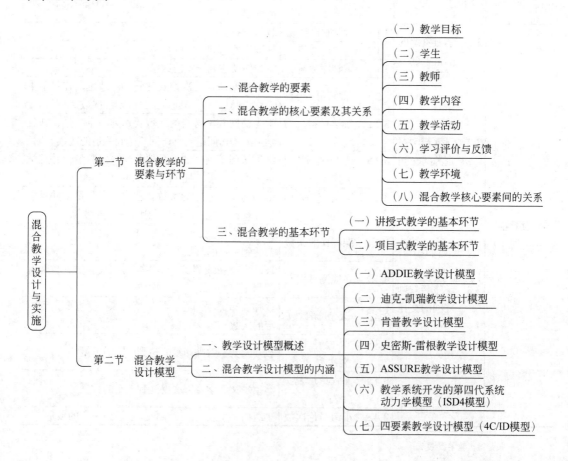

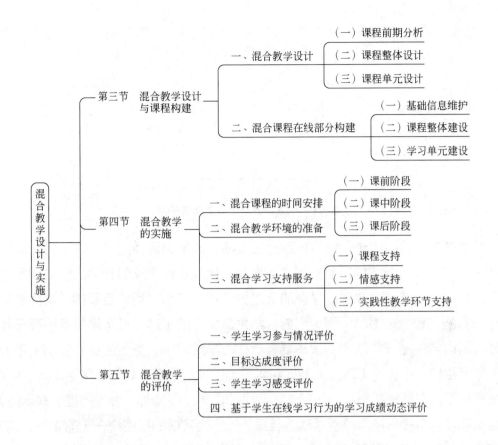

第一节 混合教学的要素与环节

一、教学的要素

关于教学的要素，不同学者提出了不同的观点。"二要素说"认为教学要素主要包括教师和学生；"三要素说"在教师与学生的基础上增加了教学内容（教材或课程），将这三者作为教学的基本要素；"四要素说"认为教学要素包括教师、学生、教学内容（教材或课程）和教学手段；"五要素说"认为教学要素包括教师、学生、教学内容（教材或课程）、教学工具和教学方法；"六要素说"则认为教学要素应包括教师、学生、教学内容（教材或课程）、教学方法、教学空间和教学时间。[①]李秉德基于基础教育研究提出了教学"七要素说"，即教学目的、学生、教师、教学内容（教材或课程）、教学方法、教学反馈和教学环境（见图3-1）。

---

① 张楚廷. 教学要素层次论 [J]. 教育研究, 2000(6): 65-69.

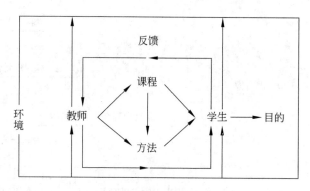

图 3-1 李秉德教学七要素及其关系

教学是有目的的活动，目的有远期和近期、抽象和具体之分。这些目的应该形成一个完整的体系或结构，落实到学生身上、体现在每个课时计划上的教学目的必须是具体的，但这些具体的教学目的又是为了完成某个学段的完整的、全面的培养目标服务的。教学是为学生而组织的，学生是学习的主体，没有学生就不存在教学活动，所以学生是开展教学的根本要素。在教学过程中，学生的身心发展水平、已有的智能结构、个性特点、能力倾向和学习前的准备情况，均对教学活动具有影响。学生的学习是在教师的指导下进行的，教师的思想个性修养、教学态度、教学能力、教学风格等，直接影响着教学活动的结果。教学内容指的是围绕一定的知识、能力、态度情感价值观等学习目标构建的教学材料的有序结构，具体表现为课程标准（教学大纲）和教材等。教师需要运用一系列的方法来促进学生学习，因此方法也是教学活动的一个重要要素。这里所说的方法是广义的，它包括教师在课内和课外所使用的各种教学方法、教学手段、教学艺术和教学组织形式等。教学是在教师和学生之间进行的信息传递的交互过程，教学反馈是信息传递与交互得以进行的必需要素，也是学生学有所获的必要条件，教学反馈是在教师对学生学习过程及效果评价的基础上才能进行的。任何教学活动都必须在一定的时空条件下进行，这些时空条件就是有形的和无形的教学环境。有形的教学环境包括教室设备布置、校园环境以及当时的气候条件等，而无形的环境既包括心理环境，比如课堂教学气氛、师生之间的关系、教师的领导方式等，也包括一定的社会环境，比如班风、校风等，所有这些环境条件既然是教学活动必须凭借而无法摆脱的，因此它就必然构成教学的一个重要要素。[1][2]

---

[1] 李秉德. 对于教学论的回顾与前瞻 [J]. 华东师范大学学报（教育科学版），1989(3): 55-59.
[2] 王嘉毅，李秉德. 论教学论 [J]. 教育研究，1996(4): 3-9.

二、混合教学的核心要素及其关系

混合教学赋予了教学要素新的内涵,韩锡斌等在高等教育混合教学情境下对李秉德教学要素的内涵进行了拓展,混合教学的教学目标、学生、教师、教学内容、教学活动、学习评价与反馈、教学环境七个要素及其关系如图3-2所示。

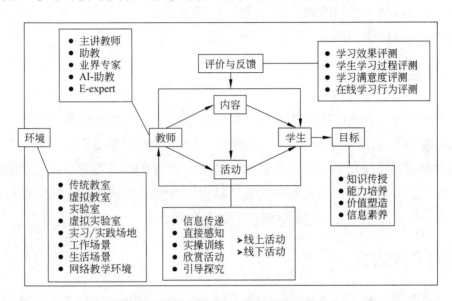

图3-2 混合教学的七个要素及其关系

(一)教学目标

混合教学情境下的教学目标强调信息时代所需的知识、技能、综合能力及素质的全面培养,以及虚拟空间中的态度情感价值观的塑造。美国的"21世纪学习框架"阐明信息时代的学生需要掌握的核心能力除了3R(指读(reading)、写(writing)、算(arithmetic))之外,还需要学习与创新能力、信息媒体与技术素养、职业与生活技能。其中,学习与创新能力是开启创造性工作和终身学习的钥匙,包括三项内容:批判性思维与问题解决、沟通与合作、创造力与创新;信息媒体与技术素养包括信息素养、媒体素养和信息通信技术素养;职业与生活技能是21世纪学习、工作与生活的必备技能,具体包括灵活性与适应性、主动性与自我指导、社会与跨文化交往、产出与问责、领导力与责任。[①] 混合教学的目标要指向信息时代所需的技能和能力,

---

① Binkley M, Erstad O, Herman J, et al. Defining twenty-first century skills[M]. Assessment and teaching of 21st century skills. Springer, Dordrecht, 2012: 17-66.

并将这些目标体现在具体的教学内容和教学活动中,培育适应21世纪的学生。

(二)学生

如今的学生是信息时代原住民,他们从被动的信息受体、接受者和被支配者,变为主动支配自己的行为、方法、偏好的主体,甚至参与学习内容的建构。这一角色定位的转变为混合教学提出了更高的要求,需要注重对学生在数字化环境中的学习行为、学习风格、学习效果、社会网络特征等进行分析,以掌握学生的学习特点,更好地促进学生的学习投入,提高学习效果。

(三)教师

在信息时代,教师由单一作战转变为团队协作,从主讲教师到包括助教、业界专家等的教学团队,同时还可引入人工智能(AI)助教及专家(E-Expert)等,因此,混合教学的教师不仅需要具备信息化教学能力,而且需要有领导并掌控教学团队的能力。为了适应信息时代原住民学生的新特点,教师的角色也需要从传统的知识传授者、主导者变成学习活动的设计者、指导者和促进者。

(四)教学内容

在信息时代,学生获取知识的来源不再像以往一样单一,而是更为丰富多样,知识的呈现形式体现为多种媒体的融合,知识结构也由固定的、以课程大纲为准绳的结构化知识变成包含静态结构化和动态非结构化的各类知识。上述变化对混合教学的开展既是机遇又是挑战——一方面,知识的爆炸性增长,既有利于学生自主拓展学习内容,又可以为教师提供更为丰富的教学资源;另一方面,海量的信息也容易让学生陷入选择的困境,甚至选择错误知识信息,误入歧途。教师在设计并实施混合教学时,需要具备对各类形式的教学内容具备相应的选择、制作和应用能力。

(五)教学活动

在混合教学情境下,教学活动由限定在特定实体空间的面授方法拓展为虚实融合空间中更加多元化的方式,智能手机、平板电脑、电子书包、网络教学平台、视频会议系统等多样化的电子设备和技术系统都有利于教师开展形式多样的教学。教学的组织形式也由固定时间的班级授课拓展为线上和线下相结合的课前、课中和课后形式,课中也可以借助互联网将教室外的学生融入课堂教学,还可以将大规模的在线授课与小规模的线下讨论与辅导相结合等。

（六）学习评价与反馈

随着移动互联网、云计算、大数据、数据挖掘、学习分析、人工智能等新技术的不断涌现，为学习评价与反馈提供了新的方法。在混合教学中，可以借助教学生成的大数据，开展多维度的教学分析、评价与动态反馈。在评价与反馈的内容上，除学习行为方面外，还可以收集生理信号、心理意识活动、面部表情等多个方面的信息，除学习成绩外，还可以实现学生学习满意度、学生学习过程的评价，形成学生学习档案袋等；在反馈的途径上，也更加便捷，可以更加及时、准确、个性化地进行学习指导；在反馈的形式上，自动生成的可视化呈现形式可以帮助教师从横向、纵向等多个方面分析学生学习行为和学习效果，从而促进教与学的及时改进。

（七）教学环境

教学环境包括物理环境和虚拟环境。信息技术深刻影响着社会和经济形态，形成了物理空间和虚拟网络二元共存的混合环境，物理的教学环境也相应地发生了变化，从传统实体的教室、实验室、实习/实践场地和工作场所，延伸到学习者完全可以自己掌控的网上学习环境、虚拟仿真实验室、虚拟实习/实训基地和基于物联网工作场景等技术支撑的虚拟空间。

（八）混合教学核心要素间的关系

混合教学的七个核心要素之间存在既相互支撑、又相互制约的辩证关系，在特定情境下对各要素及其关系的合理调配是提升混合教学质量的关键，也是教师实施混合教学的核心能力。

从上一章的讨论中可以得知，教学目标是通过课程开发确定的，受整个社会道德、经济和技术等方面发展的影响。课程总体教学目标可以分解为教学单元的具体教学目标，一旦确定后就指导着教学的全过程。可以说，教学的全过程都是为达成教学目标而进行的，其他六个要素围绕目标进行设计和配置。然而事先确定的教学目标是否能够实现，也受其他六个要素的制约，一个典型的例子是在新冠肺炎疫情期间，师生被迫在家进行教与学，与面授相比教学环境发生了巨大变化，由此影响到技能习得的教学目标，实验、实习和实训课被迫停开或者将教学目标调整为观摩实验视频等。

学生是学习的主体，所有的教学要素都是围绕学生这一主体加以组织的，教学质量也是以学生的学习效果作为最终的衡量指标。学生既是混合教学的出发点，也是混合教学的着眼点，在整个教学过程中，学生占据着中心的地位。

教学内容既需要围绕教学目标进行选择和组织，同时也制约教学目标的实现。教学内容要求科学性与思想性相统一，既要把科学与人文知识以及技术技能传授给学生，同时也要结合知识与技能中内在的德育因素，对学生进行适当的政治、思想和道德品质教育。即使基于指定的教材，教学内容的科学性与思想性及其多媒体呈现形式，都依赖授课教师的教学意识和教学能力。

教学活动是为把教学内容内化为学生的知识、能力和价值观，从而达成教学目标而服务的，是课程教学设计中最具灵活性的因素，特别依赖授课教师的教学能力，也必然要受到教学环境的制约。

学习评价与反馈是连接教师和学生，促进师生交互，实现教学目标的关键因素。教学目标是否具有可测量性、教学内容和活动是否能够支撑教学目标的实现等，都需要通过学习评价来验证，并将评价的结果反馈给学生，指导学生的学习。在混合课程中，评价与指导的实施需要通过各类技术来支撑，因而受制于教学环境的影响。丰富多样的新技术和设备可以帮助教师收集学生线上和线下的多种学习数据，而如何利用这些数据开展学习评价与指导，则受到教师信息化教学能力的制约。

物理的教学环境一般是由学校统一构建的，尤其是教学环境的信息化程度受到整个数字校园规划和建设的影响。一旦建立了某种教学环境，教师的信息化教学意识和能力就决定了这些教学环境是否能够发挥出其教学的潜能，从而影响教学内容的呈现（如数字资源的选择与制作）、教学活动的可能性与适切性（如 VR 虚拟仿真实训活动的设计），最终将影响教学目标的达成。

教师对以上六个要素及其关系的动态掌控是其教学能力的体现，尤其是进入信息社会之后，虚实融合的教学空间给教学带来了前所未有的可能性，但同时对教师的教学能力发展也提出了空前的挑战，需要适应数字原住民学生的认知方式从个体认知向基于互联网的群体认知、分布式认知方式转变。同时，基于虚实融合教学空间的混合教学，环境要素始终处于动态变化之中（如网络暂时中断、技术工具出现故障等），这就需要教师在整个教学过程中有能力调控各个要素（包括教师本身）之间的关系，使其达到特定情境下的最优化教学效果。

三、混合教学的基本环节

从系统论的观点来看，一个系统是由多种要素及其环境构成的，并按照一定的规则动态运行。混合教学不仅是由构成要素及其相互作用构成的复杂系统，也体现为一种由若干环节相互衔接的教学过程。由于教学方式不同,混合教学的基本环节也不同。教学方式一般分为两大类:讲授式教学和项目式教学,前者是在教师主导下向学生传授知识和技能,一个好的讲授能使深奥、抽象的书本知识变成浅显通俗、具体形象的知识,便于学生快速掌握课程的基本概念和专门技能,对于教师来讲也是最易于操作的形式,因而被普遍应用;后者是在教师的指导下以学生为主进行知识探究,可以发挥学生的主观能动性,产生深层次的理解,发展高级思维能力,但是项目式教学对教师教学设计能力和学生自主学习能力都要求很高。

(一)讲授式教学的基本环节

讲授式教学包含知识呈现、学生体验、学习结果再现和学习过程反思四个基本教学环节(见图3-3)。

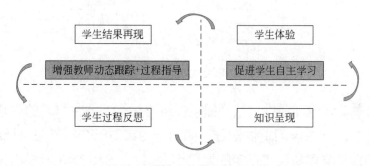

图 3-3 讲授式教学的基本环节

在知识呈现环节,教师借助多种教学材料、教学媒体、合理的问题设计等引起学生注意,告知学生学习目标,激发学生学习兴趣。在学生体验环节,教师通过混合学习活动来促进学生的自主学习,比如线上或线下的小组讨论、辩论赛、教学游戏、小测验等。学习结果再现是将学生学到的知识外化的重要环节,在这个环节需要给予学生多种学习结果表达与输出的机会,增强教师的动态跟踪和过程性指导。最后的学习过程反思环节非常重要,也是最容易被教师忽视的。通过恰当的教学设计促进学生对学习过程的反思,是增强学生元认知水平、培养高阶思维能力的必要环节,有助于学生深入思考学习方法、积累学习经验、内化学习成果。这种教学方式有两个核心要点:一是要随时关注学生的学习投入,不断激发学生学习的积极性,促进学生自主学习;二是教师要对学生的学习过程和结果进行动态跟踪并给予反馈指导。教师针对学生学习结果反馈指导的速度越快、越个性化,则学习效果就越好。

在混合教学情境下,在虚实融合环境的支持下能将实体课堂向课前和课后拓展,每个单元的教学可以设计为课前、课中和课后三个相互衔接的阶段。知识呈现、学生体验和学习结果再现三个环节也就可以分别在课前、课中和课后三个阶段循环进行三次，课前和课后的在线学习为教师动态获取学生学习行为数据和学习结果提供了便利条件，而且课堂上技术系统的使用也可支持教师随时进行测评，收集学生学习态度和情绪，以便及时答疑解惑并调动学生学习积极性。

（二）项目式教学的基本环节

项目式教学包含体验与参与、概念探索、意义建构和展示与应用四个基本教学环节（见图3-4）。

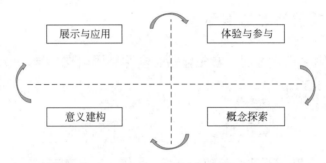

图 3-4　项目式教学的基本环节

在体验与参与教学环节中，教师提供多种方法激发学生学习的兴趣，促进学生学习投入，为学生自主学习提供指导，如向学习者清晰介绍学习目标和学习内容，提供丰富的多媒体学习材料和真实的情境作为引入，提供学生开展自主探究的工具等。需要注意的是，无论是采用游戏化交互学习、动手实验、项目设计等，还是单个学生或者小组协作，都是为了增强学生的认知和情感体验，让学生真正理解为何而学，从而能使学生积极主动地参与到探究性学习中。

在概念探索环节，教学内容的呈现形式、编排顺序和知识逻辑要紧扣核心理论或核心概念。在讲授式教学中被广泛应用的教学视频并非教学内容的唯一呈现形式，还可包括互动动画与程序或其他更加灵活的呈现形式。为了达到帮助学生探索核心概念、构建知识网络的目的，教师可以通过多样性的呈现方式帮助学生理解教学内容相关的理论或概念，如交互网站、电子书、模拟仿真、游戏化教学内容等。

在意义建构阶段，教师进行多种方式的引导，学生采用已经理解的核心概念、理论和方法开展基于项目的自主探究活动实现意义建构。学生在本环节中开展基于项目的学习，并通过多种方式与同伴和教师进行交流互动。教师可提供讨论区、学习播客、社交软件、在线协同编辑软件、在线测试等多样化的形式促进学生参与和同伴交流。学生在参与这些活动的过程中进一步理解核心概念、形成知识体系、完成项目学习并积累学习经验。

在展示与应用环节，需要学生展示学习结果并解释完成项目、解决问题的思路和方法。学生围绕教学内容的核心概念，展示自己所学和所用的知识及方法。在这个环节中，教师可通过提供制作文本、图表、视频等多种形式，帮助学生创造性、个性化地展示项目学习成果。

这种教学方式有两个核心要点：一是教师要在课前围绕项目设计做更多、更加细致的准备工作，学习材料最好能够反映现实生活、工作等真实情境的问题，学习活动既要围绕学习目标展开，又要有一定的探究性；二是在学生的探究过程中，教师会面临和应对大量不可预期的、随机出现的问题，因而一般在小班教学中易于应用。

第二节　混合教学设计模型

一、教学设计模型概述

教学设计是"运用系统方法，将学习理论与教学理论的原理转换成对教学目标、教学内容、教学方法和教学策略、教学评价等环节进行具体计划、创设教与学的系统'过程'和'程序'"。[1] 混合教学设计是指为实现特定教学目标，将面授教学的优势与在线教学的优势相融合，对教学活动序列及其方法策略进行设计，从而形成多个因素混合的教学方案的系统化过程。[2] 在教育研究中或在解释教育现象时，"模型"常作为简化的方式来描绘教育事件或过程的解释性框架。教学设计模型即教学设计理论的一种表征，用于描述教学设计过程。常见的教学设计模型所面向的教育类型与包含的主要教学环节如表 3-1 所示。

表 3-1　教学设计模型汇总

模　型	教育类型	主　要　环　节
ADDIE	通用	分析、设计、开发、实施、评价
肯普	通用	（辅助性服务）、分析、设计、实施、评价
ASSURE	通用	分析、设计、实施、评价
迪克 - 凯瑞	通用	分析、设计、开发、评价
史密斯 - 雷根	通用	分析、设计、开发、评价
ISD4	通用	（基础、维护）、设计、开发、实施、评价
4C/ID	技能训练	分析、设计

---

[1] 何克抗,等.教学系统设计[M].北京：北京师范大学出版社，2003: 3.
[2] 王雯.职业教育课程混合教学设计研究[D].北京：清华大学，2020.

（一）ADDIE 教学设计模型

ADDIE 模型由美国佛罗里达州立大学于 1975 年提出，包含分析、设计、开发、实施和评价五个教学设计环节，模型即以五个环节的英文首字母组合命名（见图 3-5）。分析（analysis）主要包括学习者分析、教学目标分析和教学内容分析；设计（design）则主要指课程教学活动设计，以及教学效果评价的策略和手段设计等，开发（development）是指根据设计好的课程教学活动框架及评估手段，进行相应的课程资源和环境的开发；实施（implementation）即课程的教学实施；评价（evaluation）则是指按设计好的评价策略和评价手段对教学实施效果进行评估。分析与设计是制订教学设计的蓝图，开发与实施是将课程教学进行落地，评价是检验效果，五个环节互为联系，密不可分。该模型包含的五个环节较为概括，仅仅提出每个环节的要点，没有提供具体详细的设计指导，因此后续学者又在该模型的基础上提出了更加详细的教学设计模型。①

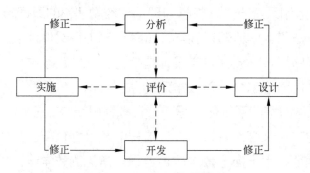

图 3-5　ADDIE 教学设计模型

（二）迪克 – 凯瑞教学设计模型

迪克 - 凯瑞模型最初由迪克（Walter Dick）和凯瑞（Lou Carey）于 1978 年在他们的著作《教学系统设计》（*The Systematic Design of Instruction*）中提出，因而模型也以两人的名字命名。迪克 - 凯瑞模型遵循系统方法，将教学设计分为十个环节：确定教学目标、进行教学分析、学习者分析与学习环境分析、教学目标编写、开发评价工具、开发教学策略、开发和选择教学材料、设计和进行形成性评价、设计和进行总结性评价、修正教学（见图 3-6）。各环节并非以线性顺序开展，而是相互作用、反复迭代修正。由于该模型借助系统方法较为全面地考察了教学设计过程

---

① Branson R K, Rayner G T, Cox J L, et al. Interservice procedures for instructional systems development[J]. Army Training and Doctrine Command. Fort Monroe, VA: U.S., 1975(5): 350.

的各个环节，因此也成为后续其他教学设计模型演化改进的重要参照。[①]

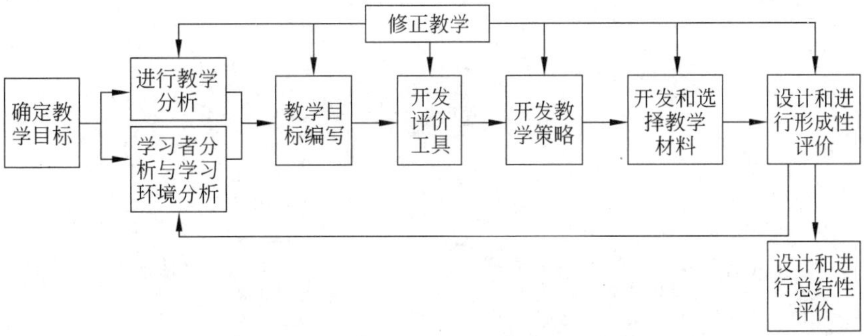

图 3-6　迪克 - 凯瑞教学设计模型

（三）肯普教学设计模型

肯普模型由 Kemp 在 1985 年提出，包含四个基本要素和十个环节，四个基本要素即教学目标、学习特征、教学资源和教学评价，教学设计的十个环节如图 3-7 所示。其中最为核心的是确定学习需要和教学目的，同时了解教学的优先事项和限制条件。选择课题与任务、分析学习者特征、预测学生的准备情况和分析学科内容是学习需要和教学目的确定的前提，然后阐明教学目标、利用教学资源开展教学活动，并提供辅助性服务，最终对教学效果进行评价。与其他大多数教学系统设计模型不同的是，肯普模型并未用箭头标明十个教学设计环节间的相互关系与优先级，仅将确定学习需要和教学目的置于模型中心，表明该环节的核心地位，并将评价围绕在所有其他环节之外，表明评价贯穿教学过程始终。这样一方面为教学设计者进行教学过程的组织提供了灵活性，但是另一方面也给教学设计者参考该模型造成了理解和实际操作的困难。

（四）史密斯 – 雷根教学设计模型

史密斯 - 雷根模型是由史密斯（Smith）和雷根（Ragan）于 1993 年在《教学设计》(Instructional Design) 一书中提出。该模型是在迪克 - 凯瑞模型基础上进一步改善形成的，分为教学分析、策略设计、教学评价三个模块（见图 3-8）。学习者分析、学习环境分析和学习任务分析全部纳入教学分析模块。策略设计模块对不同教学策略进行了区分，教学组织策略指有关教学内容应按何种方式组织、次序应如何排列以及具体教学活动应如何安排（即如何做出教学处方）的策略；教学内容传递策略

---

① Dick W, Carey L, Carey J O. The Systematic Design of Instruction[J]. 2005.

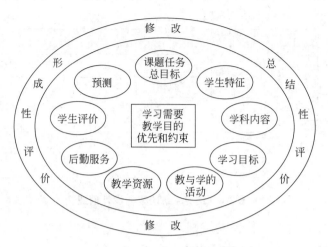

图 3-7　肯普教学设计模型

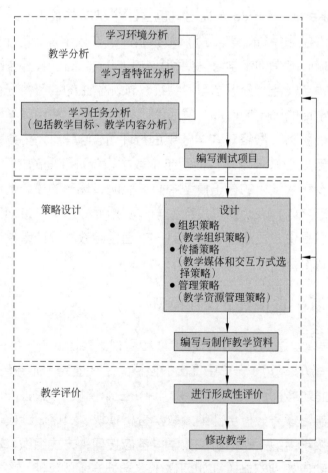

图 3-8　史密斯-雷根教学设计模型

是为实现教学内容由教师向学生的有效传递,教学媒体如何选用、教学交互方式如何设计的策略;教学资源管理策略是在上面两种策略已经确定的前提下,如何对教学资源进行计划与分配的策略。在教学评价模块,教学修改环节置于形成性评价之后,教学的形成性评价是进行教学改进的重要手段。①

(五)ASSURE 教学设计模型

ASSURE 模型由海涅克(Heinich)、莫兰达(Molenda)和拉塞尔(Russell)于 1989 年在《教学媒体与技术》一书中提出。同 ADDIE 模型一样,该模型的命名也由模型定义的各个教学设计环节的英文首字母组合而成,分别是学习者分析(analyze learners)、教学目标设计(state objectives)、教学方法和教学资源选择(select methods, media, materials)、教学资源应用(utilize media, materials)、要求学习者参与(require learner participation)、教学评价与优化(evaluate & revise)。②

学习者分析是该模型的第一个环节,包括分析学习者的一般特征(如年龄、学术能力、性别、兴趣等)、先前能力和学习风格。在对学习者属性进行分析后,教师必须对学习模块提出标准和目标,说明作为教学的结果,学习者能够做什么,该目标也作为教学评价的参照。进而是选择策略、技术、媒体和材料,需要从学习目标出发,选择适当的教学策略,从而决定哪些材料和媒体与之相配。在使用技术、媒体和材料时,需要遵循五项原则:预览技术、媒体和材料,准备技术、媒体和材料,准备环境,准备学习者和提供学习经验。在学习者参与环节,教师能采取的最基本的步骤是要求学生参与课堂讨论,更复杂的方法是要求学生在家里准备问题和评论,然后带到课堂上,甚至可以尝试让个别学生以研讨会的形式来引导课堂或讨论。评估和优化是模型的最后一个环节,要求对上述所有环节进行评估,学生的反馈是评价与优化的重要参照。

(六)教学系统开发的第四代系统动力学模型(ISD4 模型)

坦尼森等认为教学设计是一个非线性、动态的复杂系统,通过情境条件评价确定学习问题和学习者特征,并基于此确定解决学习问题的教学设计活动,情境评价与教学设计活动持续互动,并于 1997 年提出了 ISD4 模型(见图 3-9)。

---

① 何克抗.教学设计理论与方法研究评论(上)[J].电化教育研究,1998(2): 3-9.
② Heinich R, Molenda M, Russell J, et al. Instructional Media and Technologies for Learning[J]. International Journal of Distributed and Parallel Systems, 2012, 3(8).

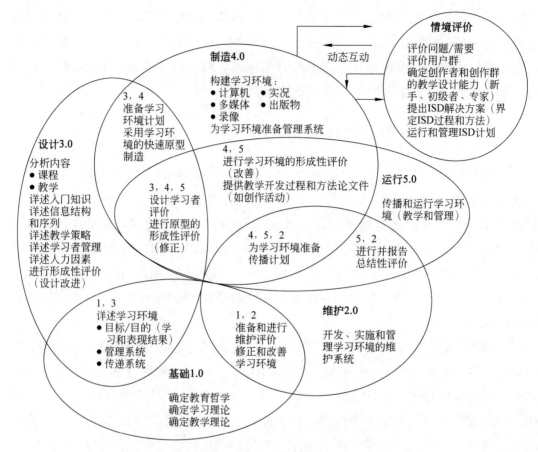

图 3-9 教学系统开发的第四代系统动力学模型（ISD4）

该模型将教学设计过程分为五大模块——基础：确定教学环境设计的教育哲学和心理学基础；维护：开发、运行和操作学习环境维护系统；设计：分析教学内容，界定要学习的知识及其呈现形式，确认相应的教学策略和评价方案，建立学习环境的细则；制造：构建学习环境，为学习环境准备管理系统；运行：传播和运行教学环境，进行教学和管理。

据此又提出相互作用的七个子模块——"基础—维护"子模块：持续评价学习环境，并根据维护评价的发现和教学设计领域的新进展，针对学习环境更新教学方案；"基础—设计"子模块：详述学习目标，确定学习环境的物理条件、学习责任和控制条件，确认教学媒体；"设计—制造"子模块：准备学习环境设计方案，开发学习环境的原型；"设计—制造—运行"子模块：开发学习者评价，试用模拟评价并修正完善；"制造—运行"子模块：进行学习环境的形成性评价，准备教学开发过程的文献；"制造—运行—维护"子模块：准备学习环境传播方案；"运行—维护"子模块：

进行和报告总结性评价。[①]

（七）四要素教学设计模型（4C/ID 模型）

四要素教学设计模型（4C/ID 模型）由范梅里恩伯尔（Van Merrienboer）等于 1992 年提出的。学习者要获得复杂性技能，需要投入相当多的时间和精力才可达到一种令人满意的掌握水平，并且在表现方面，新手和专家之间有着质的差异。该模型强调给学生提供一套具体的、真实的、面向实际工作实践的整体学习任务（见图 3-10）。具体的教学设计过程如下：首先将复杂性技能分解为在不同问题情境中以极为类似方式操作的复用性技能和需要在不同问题情境中进行不同操作的非复用性技能；对每一层级技能进行任务分析，形成一系列面向实际工作的学习任务组；进行技能及其相关知识的分析，包括对复用性技能和操作复用性技能的即时性信息的分析、对非复用性技能和操作非复用性技能的支持性知识的分析。其次进行技能练习设计及相应的信息呈现设计，其中复用性技能的即时性信息主要为技能相关程序、规则，一般在技能训练过程中提供，而非复用性构成技能的支持性信息主要为技能相关理论知识，一般在技能练习前提供。最后根据实际练习设计与信息呈现设计合成一种训练策略。[②]

如果将 ADDIE 的五个教学设计环节作为参照的依据，不同模型对教学设计环节的侧重点略有不同（见表 3-2）。

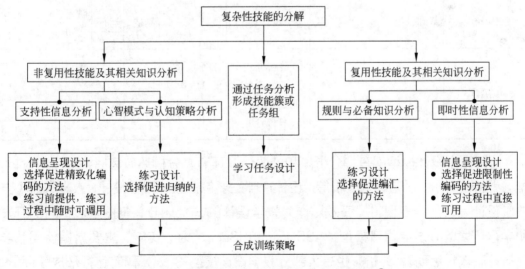

图 3-10　四要素教学设计模型（4C/ID 模型）[③]

---

① 罗伯特·D.坦尼森,弗兰兹·肖特,诺伯特·M.西尔,等.教学设计的国际观（第 1 册）：理论·研究·模型[M].任友群,裴新宁,高文,译.北京：教育科学出版社,2005.

② 约伦·范梅里恩伯尔,保罗·基尔希纳.综合学习设计：四元素十步骤系统方法[M].盛群力,译.福建：福建教育出版社,2000.

③ 赵健.面向复杂认知技能的训练：四要素教学设计模型（4C/ID）述评[J].全球教育展望,2005,34(5): 36-39.

表 3-2 常见教学设计模型涉及的环节及其内容

ADDIE	其他	分析	设计	开发	实施	评价
肯普	辅助性服务	选择课题与任务；分析学习者特征；预测学生的准备情况；分析学科内容；确定学习需要和学习目的	阐明教学目标	—	实施教学活动；利用教学资源	教学评价与优化
迪克-凯瑞	—	确定教学目标；进行教学分析；分析学习者与环境；	编写教学目标；开发评价工具；开发教学策略	开发和选择教学材料	—	设计和进行形成性评价；设计和进行总结性评价；修正教学
史密斯-雷根	—	学习环境分析；学习者特征分析；学习任务分析	策略设计	编写与制作教学材料	—	形成性评价；修改教学
ASSURE	—	分析学习者	陈述教学目标；选择教学方法、媒体和资料	—	使用媒体和资料；要求学习者参与	教学评价与优化
ISD4	基础、维护	融于设计环节	设计	制造	运行	融于五个环节之间
4C/ID	—	—	原理性技能的分解；构成技能及相关知识的分析；任务分析	任务设计；信息呈现设计；练习设计	—	—

所有教学设计模型都有"分析"和"设计"环节，分析环节包括学习内容分析、学习者特征分析、学习环境分析等，设计环节主要包括教学目标设计、教学策略（方法）设计等。部分模型将"开发"作为教学设计的一个环节，包括学习材料的开发和学习环境的开发。肯普模型、ASSURE 和 ISD4 认为"实施"主要是指使用教学材料开展教学活动。"评价"也是大部分教学设计模型的核心环节，包括形成性评价、总结性评价和教学修正。此外，ASSURE 教学设计模型强调对媒体和资源的选择和使用，与接下来要讨论的混合教学设计模型强调技术要素相类似。ISD4 在 ADDIE 基础上还增加了对教学设计理论基础与教学系统维护的关注。

二、混合教学设计模型的内涵

Stein 和 Graham 在面向高校进行混合教学研究时提出，混合教学设计是由设计、参与、评价三个环节组成的循环过程，其中设计包括教学目标设计、评价与反馈设计、描述实现学习目标的学习活动、增加学习过程的在线元素四个部分，通过学生参与混合学习活动并进行线上线下学习效果评价后，对设计进行进一步优化。[1]

Eagleton 面向高等教育心理学专业教学提出了混合教学设计模型，包括确定学习任务需求、教学策略设计和评估三部分。首先，确定学习任务需求，分为三项子任务，包括获取学生的个人档案、对学生进行前测以明确学生学习的基本情况，以及明确学习结果即学习目标。根据学生学习的基本情况和学习目标，最终确定学习任务需求。其次，进行教学策略设计，包括教师教学策略、学生学习策略、教学内容开发与传播形式以及教学评价的设计。最后，评价所有步骤是否按计划展开，若发现任何障碍，就进行教学方案的调整和修正。[2]

国内有学者面向高等教育领域提出混合教学设计的基本步骤，将混合教学设计分为前期分析、规划、设计、实施、支持与保障、评估与优化六个环节。其中前期分析包括学习者分析、教学目标及内容分析、课程现状分析、教学环境分析，设计分为确立设计原则、明确设计流程、教学资源的分解与混合设计、教学活动的分解与混合设计。

综合以上研究成果，混合教学设计模型包含三个大的环节：混合教学的设计与课程构建；混合教学的实施；混合教学的评价，将分别在下面的第三～五节中详细论述。

第三节　混合教学设计与课程构建

混合教学设计与课程构建分为混合教学设计和混合课程在线部分构建两个部分，其中混合教学设计包括前期分析、课程整体设计、课程单元设计三个核心环节；混合课程在线部分构建包括基础信息维护、课程整体建设、学习单元建设三个核心环节（见图 3-11）。

---

[1] G Picciano, C D Dziuban, C R Graham. Blended learning: Research perspectives // Graham C R, Henrie C R, Gibbons A S. Developing models and theory for blended learning research[M]. New York, NY: Routledge, 2014(2): 13-33.

[2] Eagleton S. Designing blended learning interventions for the 21st century student[J]. Adv Physiol Educ, 2017, 41(2): 203-211.

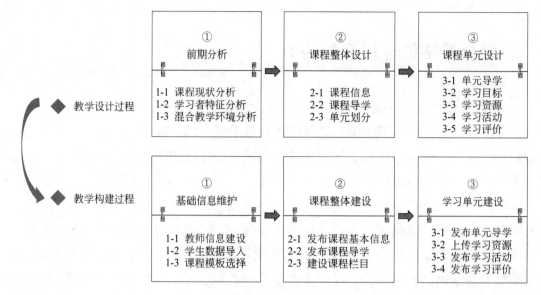

图 3-11　混合教学设计与课程构建的内容及流程

一、混合教学设计

混合教学设计主要包括三个部分：课程前期分析，旨在明确课程基本情况、分析课程现有问题；课程整体设计，旨在围绕教学目标搭建课程框架；课程单元设计，旨在针对各个学习单元进行设计，是混合教学设计的核心环节（见图 3-12）。下面将具体介绍混合教学设计各个环节的要素、设计原则和设计步骤。

图 3-12　混合教学设计的内容及步骤

（一）课程前期分析

混合课程的前期分析包括课程现状分析、学习者特征分析和混合教学环境分析。

1. 课程现状分析

在课程现状分析的过程中，首先，需要分析课程的教学现状与预期目标的差距，并根据此差距归纳出课程现存问题。其次，需要分析混合教学设计是否是解决以上问题的最好途径，即进行混合教学设计的必要性分析。最后，需要分析如何利用混合教学设计解决以上问题，以确定进行混合教学设计的可行性。[1] 课程现状分析需要回答三类问题。

（1）课程教学存在哪些问题？教师在分析时，可以从目标、学生、内容、活动、评价、环境和教师七个维度进行考量，具体问题清单参见表 3-3。特别需要注意的是，课程教学需要遵循一致性准则，即教学内容（资源）和教学活动的设计都要围绕设定的教学目标展开，通过学习评价能够测量出设定目标是否达成，并据此给学生提供反馈与指导。

表 3-3　课程教学中存在的问题清单

维　度	可考量的问题
目标	教学目标是否可测量？知识、技能、价值、社交能力、信息素养、动机水平等方面预定目标是否实现？
学生	教学形式是否与学生特征匹配？学生学习能力是否差异太大？是否有课堂内外同时听课的学生？
内容	教学内容是否围绕目标设计？是否过时？资源形式选用是否恰当？
活动	教学活动是否支持目标的达成？是否支持主动学习/合作学习？是否匹配班级规模？
评价	教学评价是否能够测量目标的达成度？是否简便易行、多源互证？是否据此可以明确指导学生学习？
环境	教学环境是否能够支撑混合教学实施？教室环境和网络空间是否能够无缝结合？是否简便易用？
教师	教师是否能够掌控混合教学？是否有相关人员协助与支持（如助教、教育技术人员等）？

一致性准则：目标—内容（资源）—活动—评价（反馈）

（2）哪些问题是通过混合教学设计来解决的？混合教学设计并不能解决所有教学中的问题，因此需要对是否可以利用混合教学设计进行问题区分，由此明确混合教学设计的必要性。同时，统筹考虑教学中产生的相关问题将会有助于系统性地破解教学难题。

（3）混合教学设计如何来解决这些问题？在确定了哪些问题可以被混合教学设计解决后，教师需要进一步考虑如何利用混合教学设计解决这些问题，由此明确混合教学设计的可行性。一个课程现状分析的示例如表 3-4 所示。

---

[1] 乌美娜.教学设计[M].北京：高等教育出版社，1994.

表 3-4　课程现状分析示例

存 在 问 题	能否用混合教学解决	解 决 方 案
课程概念多、公式多，学生不易理解和记忆，导致学生有畏难情绪，影响学生的知识与技能训练	能	将概念和公式内容放到课前线上学习，利用短视频等形象化的形式呈现，便于不同基础的学生自主学习，根据课前学习情况在课堂上再进行针对性的答疑和讲解，加深学生对概念的理解。同时利用概念结构图显示概念之间的联系，强调概念间的逻辑关系与主次关系，便于学生记忆和回忆，由此，降低概念数量多给学生带来的学习难度

2. 学习者特征分析

学习者是学习活动的主体，学习者具有的认知、情感、社会等方面的特征都将对学习过程和结果产生影响，[1] 进行学习者特征分析的目的是充分了解学生的学习准备和学习风格，以便为后续教学内容、教学活动等的设计提供依据。混合教学设计过程中的学习者特征分析主要包括两个方面：起点能力分析和一般特征分析。

起点能力分析指的是学习者对特定学科或任务学习的基础，包括知识、技能和态度等，起点分析也是后续教学内容设计的起点。学生已有知识结构及其掌握情况将影响学习效果，[2] 教学设计应当首先明确学生现有的知识（事实、概念、命题、理论等）的数量、清晰度、组织结构，以及学生对先验知识的掌握情况：可分辨性、稳固性、可利用性，并以此作为教学设计的起点。

一般特征分析指的是学习者的年龄、认知成熟度、学习风格、工作经历、生活经验、文化背景、学习动机、学习期望等。学习者的一般特征将影响其对教学的接受度，教学设计也需要据此进行调整，如不同年龄的学习者其认知特征和水平存在差异；[3] 学习者之间的学习风格也存在差异，学习风格分为生理层面和认知层面：生理层面包括视觉型、听觉型和动觉型，认知层面包括认知要素、情感要素和移动要素，[4] 教师在进行教学设计时要充分考虑学习者的这些特征，真正做到以学生为中心。学习者特征分析的参考框架如表 3-5 所示。

表 3-5　学习者特征分析的参考框架

分 析 维 度	说　　明
学习者类型	中职/高职/本科/研究生，校内学生/社会学习者/企业受训员工，脱产/在职等
学习者规模	小班教学、大班教学、面向在线大量学习者的教学等
学习者知识、技能基础	对课程内容的熟悉程度？是否具备必要的先验知识和技能？基础差异大小

---

[1] 何克抗，郑永柏，谢幼如. 教学系统设计 [M]. 北京：北京师范大学出版社，2002.
[2] 奥苏伯尔. 教育心理学：认知取向 [M]. 北京：人民教育出版社，1994.
[3] J. 皮亚杰，B. 英海尔德. 儿童心理学 [M]. 北京：商务印书馆，1981.
[4] 乌美娜. 教学设计 [M]. 北京：高等教育出版社，1994.

续表

分析维度	说明
学习者信息素养	使用信息设备是否有障碍？可否应对混合课程学习
学习者的内在特质	认知成熟度、学习风格、工作经历、生活经验、文化背景等
学习者的需求分析	学习期望、学习动机等
学习者位置分布	教室、实验实训室、工作场景、在线、（部分学生）面对面+（部分学生）在线等
……	

3. 混合教学环境分析

教师在进行混合教学设计之前，需要考虑现实条件，以确定混合教学设计的可行性，即进行混合教学环境分析，包括物理环境分析、社会环境分析和政策环境分析。[①]

物理环境分析是指分析学校是否提供有利于混合教学开展的物理条件。[②] 混合学习的物理环境从教室、实验实训室、实习/实践场地和工作场所，延伸到学习者完全可以自己掌握的网上学习环境、虚拟仿真实验实训系统、虚拟实习基地，以及基于物联网的工作场景等技术支撑的环境。混合学习的物理环境直接影响混合教学的实施，进行混合学习环境分析是混合教学的规划和设计的前提和重要条件。

社会环境分析是指分析开展混合教学的教师是否具备适宜的改革及创新的态度，师生比及教师团队配置情况，师生关系、生生关系，课堂教学气氛，班风、校风等。有些是学校整体营造的社会环境，可以作为开展混合教学的约束条件分析，而另一些则是教师自行调控的，可以在教学设计时统筹考虑。

政策环境分析是指分析学校是否具备混合教学相关的政策、激励措施、支持服务等。教师在开始进行混合教学改革时，其任务量远超常态化的教学。教师在开展混合教学改革时需要对学校的相关政策环境进行分析，以便做出是否投身改革的决定，以及在进行教学设计时如何获得相应支持的计划。混合教学环境分析的框架如表3-6所示。

表3-6　混合教学环境分析的框架

维度	分析要点
物理环境	• 学校是否具备开展混合教学的物理环境 • 是否有开展混合教学的多媒体教室？多媒体设备情况、桌椅摆放特点等 • 是否有开展混合教学的实验实训室、实习/实践场地和工作场所 • 是否有开展混合教学的网上学习环境、虚拟仿真实验实训系统、技术支撑的实习及工作场景等 • 是否具备学生自主学习的网络环境和终端 • ……

[①] 乌美娜. 教学设计 [M]. 北京：高等教育出版社，1994.
[②] 何克抗，郑永柏，谢幼如. 教学系统设计 [M]. 北京：北京师范大学出版社，2002.

续表

维　度	分　析　要　点
社会环境	• 教师对教学改革及创新的意识和态度 • 师生比、教师团队配置情况（如是否有助教、教学支持人员等） • 师生关系、生生关系 • 课堂教学气氛 • 班风、校风 • ……
政策环境	• 学校是否具备混合教学相关的政策文件等 • 学校是否具备混合教学相关的激励措施等 • 学校是否具备混合教学相关的支持服务等 • ……

（二）课程整体设计

课程整体设计旨在构建课程整体框架，包括课程信息、课程导学、单元划分等，是构成混合课程网站（在线部分）的基本结构。[①] 课程信息一般包括课程简介、教师信息、课程通知等。课程导学面向的对象是学生，是学生学习课程的路线图和指南针，应尽量清晰、详细，将其置于课程网站，便于引导学生自主学习。课程导学分为整体导学和单元导学两个部分，两者之间要做到相互衔接、信息一致。整体导学告知学生课程学习在整个学期的安排，主要包括课程目标、单元划分及内容、日程安排和考核方案四个部分；单元导学则标明学习目标、学习内容、学习活动和评价方式。有效的"导学"应遵循"大同步小异步"原则，旨在让学生明确所学所做。课程导学可将课程划分为不同学习周期（大同步），引领学习者在规定的时间内学习特定的内容，并告知学生怎样学习以及如何考核学习过程和结果。学习者可据此来调整自己的学习时间（小异步），完成教师要求的各项任务，任务的完成与否直接影响终结性考核成绩。[②] 课程目标分为整体目标和单元目标，整体目标分解为单元目标，而所有的单元目标支撑课程的整体目标。课程目标可以分为知识、技能、情感态度价值观、社会交往能力、学习方法与能力、信息素养等方面。课程内容结构显示各个单元所蕴含的知识点及其之间的关系。课程内容结构既可用图示法表示，重在揭示知识点及其关系，也可用列表法表示，重在阐明每个单元知识点的分配。日程安排规定了什么时间做什么事，划分依据可以是整个学期安排、每周课次安排或每次课安排，包括授课时间和教学内容。考核方案要求详细和具体，并按照课前、课中、课中和线上、线上两个维度进行具体设计。考核方案一般包括考核目标项、占比及说明，旨在让学生明确学习要点。图 3-13 展现了一个课程的整体导学设计示例。

---

① 戴士弘, 毕蓉选. 高职教改课程教学设计案例集[M]. 北京：清华大学出版社, 2007.
② 周利平, 罗大玉, 刘纯龙, 等. 基于远程开放教育的引领式导学模型的设计与实践[J]. 成人教育, 2016, 36(7): 45-49.

导学设计

[课程名] 基于设计的研究方法 **[课程号]** 71030123
[开课教师] 韩锡斌 　　　　　　　　　　　**[助教]** 刁均峰
[开课时间] 周一晚上（19:20-20:05；20:10-20:55；21:00-21:45）；2月22日至6月7日
[开课地点] 清华学堂201室

一、课程描述及学习目标

基于设计的研究方法（Design Based Research）于上世纪90年代初在美国学习科学领域兴起，该方法以"设计"作为探究的手段，强调理论、情境和设计的结合，在形成性的过程中阐明有效的设计原则，具有更好的指导教育教学实践的价值。基于设计的研究摆脱了实验室条件下对媒体有效性的论证，探索在真实教学情境中整合技术和教学法的途径，为教育技术、学习科学乃至整个教育学的研究提供了新的思路。作为一门应用性学科，教育技术学着重于教学和绩效问题的解决和学习环境的构建，基于设计的研究方法也成为本学科的一种主要研究方法。本课程首先通过自主学习、讨论交流、教师答疑指导、反思分享等教学活动，引导学生理解基于设计的研究方法的基本概念和基本方法；其次给予学生设计任务，以设计者的角色应用专业的语言和思考方式，促进学生在完成一个研究方案的过程中发展设计研究的能力。

通过本课程的学习，学生将能：
(1) 对教育领域进行设计研究的主要内容框架有深入理解；
(2) 在研究中可以遵循基于设计研究的过程，并找到合适的方法和工具；

二、阅读材料清单、教学活动、作业及提交日期

本课程以周为单元实施教学。每周课堂之前都需要学生在网上自主学习事先布置的阅读材料，提交预习报告；在网上课堂进行学生分享讨论，教师进行重点答疑和点评；课程提交反思报告，通过上述活动引导学生理解基于设计的研究方法的基本概念和基本方法。课程还需要学生逐周完成设计任务，以设计者的角色应用专业的语言和思考方式，促进学生在完成一个研究方案的过程中发展设计研究的能力。具体的阅读、教学活动及作业提交日期如下：

Week 1（2月22日）
Topic and Activities: Introduction to design based research and about the course（Lecture）
Week 2（3月1日）

三、课程评价方法

(1) 可能选择的研究主题描述（1-2页，小4号字，1.5倍行距；2分）：简要描述至少三个可能选择的研究主题，每个主题包括研究的关注点、可能的研究问题、可能选择的设计方法。
(2) 初步提出研究问题（1-2页，小4号字，1.5倍行距；2分）：简要描述所选研究主题需要解决的问题、问题的情景和实际工作中的可能需求。

图 3-13 课程的整体导学设计示例

课程单元划分首先需要确定教学周期，有的课程教学周期为多个学期，也有的课程为几周，大多数课程的教学周期都是一个学期。其次划分单元，划分依据有多种方式，如按章节内容：第一章、第二章、第三章；按上课时间：第一周、第二周、第三周；按任务：任务一、任务二、任务三；按模块：模块一、模块二、模块三；按项目：项目一、项目二、项目三；按专题：专题一、专题二、专题三。[1] 最后基于划分后的单元细化知识点，为后续单元设计做准备。学习单元划分示例见图 3-14。

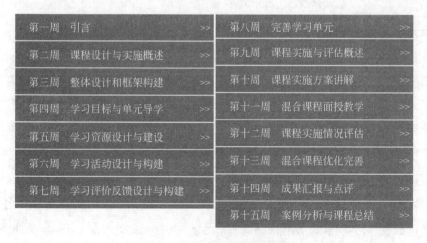

图 3-14 学习单元划分示例

---

[1] 戴士弘，毕蓉选.高职教改课程教学设计案例集 [M]. 北京：清华大学出版社，2007.

（三）课程单元设计

课程单元的设计应面向学生学习，体现以学生为中心的理念，设计内容包括单元导学、学习目标、内容及资源、学习活动和学习评价。

1. 单元导学设计

单元导学是将课程整体导学内容细化到每个学习单元，告知学生如何完成本单元学习任务，包括学习目标及重难点、学习内容（资源）获取、学习活动安排（说明课前、课中和课后活动，线上活动还是线下活动）、学习任务（如测试、作业、讨论题、项目报告等）完成的截止日期、考评方式、学习方法建议以及其他要求等。具体的单元导学可参照上述内容进行设计。一个学习单元导学的设计示例见图 3-15。

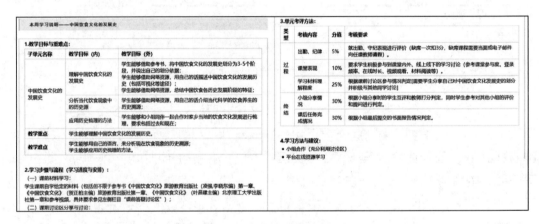

图 3-15　单元导学设计示例

2. 单元学习目标设计

泰勒（Tyler）指出教学目标是课程的本质之一，[①] 体现了教学目标统领课程教学设计全部内容、全部过程的作用。每个单元的学习目标都是课程整体教学目标的分解，制定时遵循两个原则，一是目标要可理解、可量化，可理解性指的是学习目标的描述要具体界定学生需要理解哪些概念、关系、问题？希望达到什么程度？为了让学习目标的描述具备可理解性，目标的文字叙述必须清晰明确，定量目标有完成程度的描述，定性目标有衡量的考核点，都具有可测量性；二是目标要在教学过程中从低阶到高阶逐步递进。在每个单元里，课前、课中和课后的学习目标由易到难、相互关联，在整个学期里，从前到后的单元学习目标由浅入深、由单项到综合。

通常学习目标可按 Bloom 教育目标分类制定。布卢姆（Bloom）将教育目标分

---

① 拉尔夫·泰勒. 课程与教学的基本原理 [M]. 北京：中国轻工业出版社，2014.

为三个领域：认知领域、动作技能领域和情感领域。[①] 认知领域包括有关信息、知识的回忆和再现以及智力技能和认知策略的形成，分为内容维度和认知过程维度（见表 3-7）。

表 3-7　布卢姆认知领域教育目标分类[②]

内容维度	认知过程维度					
	记住	理解	应用	分析	评价	创造
事实性知识						
概念性知识						
程序性知识						
元认知知识						

内容维度包括事实性知识，这类认知具有点滴性、基础性，并且抽象概括水平较低，如学生能陈述"1824 年鸦片战争爆发"；概念性知识，即一种较为抽象概括的、有组织的知识性类型，各门学科中的概念、原理、理论都属于这类知识；程序性知识，即关于如何做事的一套程序或步骤；元认知知识，即人们对于什么因素影响人的认知活动的过程与结果、这些因素是如何起作用的、它们之间又是怎样相互作用的等问题的认识。认知过程维度是按照智力特性复杂程度进行划分，分为记忆、理解、应用、分析、评价和创造（见表 3-8）。

表 3-8　布卢姆教育目标分类之认知过程维度

目标层次	关键词	定　义	解　释
记忆 (remember)	事实	回忆事实和基本概念	记忆是指利用记忆力得到定义、事实和列表，也可以是逐一叙述或提取材料
理解 (understand)	解释	解释想法或概念	理解是从不同类型的书面语或图形功能构建意义
应用 (apply)	使用学会的材料	在新情景中使用信息	应用是指通过形成模型、图表、展示、访谈和模拟等方式使用学会的材料
分析 (analyze)	将学会的材料和概念进行关联	在各种想法中建立联系	分析就是将学会的材料或概念分成各个部分，确定各部分如何相互关联以及各部分与整体结构或目标之间的关系
评价 (evaluate)	评判	证明观点或决策正确	评价是指通过检查和审辩，并基于准则和标准形成评判
创造 (create)	综合各种元素	产生崭新或原创工作	创造是指把各种元素综合在一起形成有用整体，并将各种元素重新组织后设计和产生出新的模式或结构

[①]　布卢姆.教育目标分类学.第一分册.认识领域 [M].上海：华东师范大学出版社，1986.
[②]　L.W.安德森.学习、教学和评估的分类学 [M].皮连生，译.上海：华东师范大学出版社，2008.

动作技能领域涉及骨骼和肌肉的使用、发展和协调，按照智力与技能的复杂程度可分为知觉、定向、有指导的反应、复杂的外显行为、适应和创新（见表3-9）。

表3-9 动作技能领域目标分类[1]

知觉	运用感官觉察客体或关系的过程，以此获取信息，指导动作
定向	为某种特定行动或经验而做出预备性调整或准备状态
有指导的反应	在教师或自我评价标准指导下表现出来的外显行为
复杂的外显行为	复杂动作模式的熟练操作（迅速、连贯、精确、轻松）
适应	技能达到高度发展水平，能修正自己的动作模式，以适应具体情境的需要
创新	能运用已形成的理解力与技能，创造新的动作模式以适应具体情境的需要

情感领域是人们对客观事物的态度的反映、个体对外界刺激的肯定或否定等心理反应影响而做出行为的选择，根据价值连续内化的过程，分为接受、反应、价值化、组织和个性化（见表3-10）。

表3-10 情感领域目标分类[2]

接受（注意）	学生感受到某些现象（某件事、某个活动）和刺激的存在，愿意接受或注意这些现象和刺激
反应	积极地注意，并以某种方式做出响应
价值化	受个人对指导行为的基本价值信奉所驱动，在各种适当情境中表现出始终如一的稳定行为
组织	学生在连续地将价值加以内化时，把各种价值组成一个系统，确定价值之间相互关系，并接收某种占优势、主导的价值
个性化	始终根据内化了的价值来行事，采取某种行为，而且始终如一，形成个性特征和世界观

在教学设计中也经常用到加涅（Gagne）有关学习结果的分类。他提出了五种学习结果类型，[3] 即五种习得的性能类型。

（1）言语信息：一个人可能学会用口头言语或书面语言表达、打字或通过绘画来陈述或告诉一个事实或一系列事件；它是"知什么"或陈述性知识。

（2）智慧技能：个体可能学会通过使用符号保持与环境的接触；它是"知如何"或程序性知识。

（3）认知策略：个体已习得支配自己学习、记忆和思维的技能；即控制学习者自身内部过程技能的总称。

（4）动作技能：学习者已学会在一系列组织化动作行为中完成运动，整体而连

---

[1] A.J.哈罗，E.J.辛普林编，施良方，等.教育目标分类学 第三分册 动作技能领域[M].上海：华东师范大学出版社，1989.
[2] B.S.布卢姆，施良方，张云高.教育目标分类学 第二分册 情感领域[M].上海：华东师范大学出版社，1989.
[3] R.M.加涅.学习的条件和教学论(当代心理科学名著译丛)[M].上海：华东师大出版社，2001.

贯的动作被称为动作技能。

（5）态度：学习者获得的影响个体行为选择的心理状态，往往表现为一种"倾向"而非具体的行为。布卢姆的目标分类学与加涅的学习结果分类对比如图 3-16 所示，在学习目标设计时可以进行综合考虑。

布卢姆目标分类	加涅学习结果	布卢姆认知领域	加涅认知领域
认知领域	言语信息 智力技能 认知策略	记住	言语信息
		理解	辨别
		应用	概念
		分析	规则
		综合	高级规则
情感领域	态度		
动作技能领域	动作技能	评价	认知策略

图 3-16　布卢姆的目标分类学与加涅的学习结果分类对比图

认知领域目标、情感领域目标和动作技能领域目标都属于个人维度的目标领域，而人际交往能力也是学生必须发展的核心能力之一，表 3-11 列出了人际交往领域的目标分类。

表 3-11　人际交往领域学习目标分类[①]

人际交往领域	知觉	观察
		推论
	沟通	表达
		理解
	合作	寻求与提供信息
		提议
		支持与扩充
		引导和阻止
		表示异议
		总结
	领导	组织
		协调
		决策
	自我调节	自我认识
		自我激励
		自我调整

随着信息时代的到来，学习者的信息素养也受到广泛重视，表 3-12 列出了教育

---

① 刘美凤，李璐，刘希，等．人际交往领域教育目标——教育目标分类理论的新发展 [J]．中国电化教育，2017(1)．

部《职业院校数字校园规范》(教职成函〔2020〕3号)中的信息素养领域的目标分类。

表 3-12　学生信息素养发展目标分类

信息意识与态度	信息应用意识
	信息安全意识
	信息感知意识
信息知识与技能	信息科学知识
	信息应用技能
信息思维与行为	信息思维
	信息行为
信息化专业思维与职业能力	信息化专业思维
	信息化专业和职业能力
信息社会责任	信息道德伦理
	信息法律法规

以上教育目标分类是目前学校教育比较重视的领域，但加德纳（Gardner）认为这并不是人类智能的全部。他认为个体身上存在相对独立存在着的、与特定的认知领域或知识范畴相联系的八种智力（见图 3-17）[①] 不同的人会有不同的智能组合，例如：建筑师及雕塑家的空间感（空间智能）比较强、运动员和芭蕾舞演员的体力（肢体运作智能）较强、公关的人际智能较强、作家的内省智能较强等。

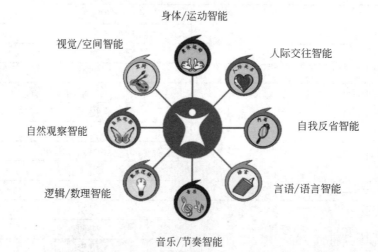

图 3-17　加德纳（Gardner）的多元智能[②]

在混合教学设计的不同阶段，对应了不同层次的教学目标（见图 3-18），从专

---

① 加德纳.智能的结构[M].北京：中国人民大学出版社，2008.
② 霍华德·加德纳.智能的结构[M].沈致隆，译.杭州：浙江人民出版社，2013.

业目标和课程目标到单元目标,再到单元内课前、课中、课后的目标,目标的内涵也从概括到具体,从粗略到细化,从定性到定量。

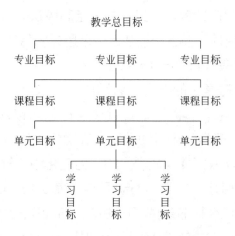

图 3-18　教学目标的层级

学习目标的设定还与学习者动机息息相关,因为目标能指引学习者集中注意力、避免分心,为学习者提供努力的动力,增加其坚持性,并促进新的知识、策略的形成,[①] 因而在学习目标设计时还要关注学生学习积极性和动机的激发与保持。不同类型的学习目标所能产生的动机大小也不同,[②] 如具体目标优于一般性目标,中等难度目标优于容易的或困难的目标,近期目标优于长期目标。[③] 因此教师在进行教学设计时,应当面向学生的特点,编制具体目标、难易程度适中的目标和近期目标。

编写学习目标的方法通常有三种:内外结合表述法、表现性目标表述法和生成性目标表述法。内外结合表述法指的是先用描述学生内部心理过程的术语,如知道、理解、掌握、欣赏、尊重等,来表述学生学习结果的内部心理状态,例如学生理解余弦定理、学生热爱集体等。内部"学习目标"描述法的优点在于可以比较灵活地描述教学过程,允许个别差异,并易于描述高级认知目标和情感目标。但仅仅采用内部"学习目标"描述法比较笼统和空泛,不利于阐明学习结果、行为能力的变化,因此需要采用学生学习后的行为表现来描述。一个常用的方法是 ABCD 法描述学生的外部行为表现。[④] 外部行为"学习目标"描述法指的是用可测量的动词列举反映学生内在心理变化的外显行为表现,如学生能叙述"余弦定理"和"正弦定理"的区

---

① Locke E A, Latham G P. Building a practically useful theory of goal setting and task motivation. A 35-year odyssey. [J]. Am Psychol, 2002, 57(9): 705-717.

② Schunk D H, Pintrich P R, Meece J L. Motivation in education: Theory, research, and applications (3rd ed)[M]. Upper Saddle River, NJ: Pearson., 2008.

③ Schunk D H, Gaa J P. Goal-Setting Influence on Learning and Self-Evaluation[J]. Journal of Classroom Interaction, 1981.

④ 乌美娜. 教学设计 [M]. 北京:高等教育出版社,1994.

别与联系。外部行为"学习目标"描述法比较容易观察和测量，有利于教师调控教学过程，并预测教学效果。但仅仅采用外部行为"学习目标"描述法易使教学过程丧失弹性，忽视学习者之间的差异，且不易设定高级认知目标和情感目标，因此需要将内部和外部"学习目标"描述法相结合，采用先内后外的内外结合表述法。

ABCD法通常被用来进行外部行为的描述，其中，A（audience）指教学对象，由于学习目标是针对学生的行为而编写的，所以描述学习目标时应指明特定的教学对象。通常对象就是"学生"，因此大多时候可以从目标中省去这个要素。B（behavior）指行为，多为一个行动动词，表明学生经过学习以后能做什么和应该达到的能力水平，这样教师才能从学生的行为变化中了解到学习目标是否已经实现了，对应于不同认知目标层次常用的动词参见表3-13。C（condition）指条件，要素说明上述行为是在什么样的条件下产生的，与动作同时发生，一般包括：环境因素（空间、光线、气温、室内外、噪音）、人的因素（个人单独完成、小组协同完成、教师指导下完成等）、设备因素（工具、计算器等）、信息因素（资料、教科书、笔记、图片、辞典等）、时间因素（速度、时间限制等）、激发性因素（为引起行为产生提供什么刺激、刺激量如何等）。D（degree）指标准，表明了行为合格的最低要求，教师可以用它不定期衡量学生的行为是否合格，学生也能够以此来检查自己的行为与学习目标之间是否还有差距。

表3-13 不同学习目标层次可参考选用的动词

学习目标层次	特征	可参考选用的动词
知道	对信息的回忆	为……下定义、列举、说出（写出）……的名称、复述、排列、背诵、辨认、回忆、选择、描述、标明、指明
领会	用自己的语言解释信息	分类、叙述、解释、鉴别、选择、转换、区别、估计、引申、归纳、举例说明、猜测、摘要、改写
应用	将知识运用到新的情境中	运用、计算、示范、改变、阐述、解释、说明、修改、定计划、制订……方案、解答
分析	将知识分解，找出各部分之间的联系	分析、分类、比较、对照、图示、区别、检查、指出、评析
综合	将知识各部分重新组合，形成一个新的整体	编写、写作、创造、设计、提出、组织、计划、综合、归纳、总结
评价	根据一定标准进行判断	鉴别、比较、评定、判断、总结、证明、说出……价值

表现性目标描述法明确规定学生应参加的活动，但不精确规定每个学生应从这些活动中学到什么（作为教学目标具体化的一种可能的补充），通常限于描述限于情感和高级认知目标，例如学生能认真观看学校组织的反映爱国主义的影片，并在小组会上谈自己的观后感。生成性表述法则不是事先预定的，而是在教学过程中不断形成的。表3-14列出了三类目标描述法的特点。

表 3-14　三类目标描述法的特点

项　目		认知领域						情感领域	动作技能领域
		知道	理解	应用	分析	综合	评价		
内外结合	学习目标 1								
	学习目标 2								
表现性目标		提供活动情景描述，不特别指定要达到的目标 个性化、体验性的，并不是每一节课都需要							
生成性目标		不是事先预定的，而是在教学过程中不断形成的							

3. 学习内容及资源设计

在撰写了学习目标后，需要对目标进行再分解，即进行学习内容分析。学习目标阐明了学习者在经过学习后行为改变及其改变程度，对应每个目标，可以分为是什么和怎么做，即将目标分解为知识点和技能点，[1] 也就是说明为了实现学习目标，要求学习者系统学习的知识和技能。知识和技能的广度是指学习内容的覆盖面，深度是指学习者必须达到的知识的深浅程度和技能的高低水平。[2] 明确学习内容各组成部分的联系，可以为教学顺序的安排奠定基础。

在课程单元设计中，学习内容一般是以单元为划分单位，一个单元的内容有相对的完整性。单元的选择与设计通常涉及三个方面，即范围、重点和序列。[3] 范围主要是指学习内容的广度和深度。一般在决定单元范围时，要从课程的连续性以及社会、学生的需要出发，确定单元内容中各种事实、概念的相对重要性，从而选取难度适当的核心内容；学习单元的重点通常围绕特定的主题与观点展开，是内容中的关键成分，主题又由若干子主题构成，从而形成特定的理论框架；学习单元的序列是内容展开的顺序，一般在确定材料的序列时，要注意新旧知识之间的联系，保证新的学习以原有学习为基础展开。通过选择与组织单元，可确定课程内容的基本框架。混合教学的情境下，还需要考虑线上和线下学习内容的分解与逻辑安排（见表 3-15）。

表 3-15　线上线下学习内容安排建议

适合线上安排的学习内容	适合线下安排的学习内容
• 学生提前自主预习，课前预备知识	• 学生自主学习遇到困难的内容
• 学生需要重复学习的内容	• 学生需要老师答疑解惑的内容
• 事实性知识和概念性知识内容	• 教师重点讲解的内容
• 占用课堂时间太长但对学习有辅助作用的内容	• 需要教师和学生面对面地交流与沟通的内容
• 课后巩固、深化的内容	• 课堂讨论、集中展示的内容
• 课外拓展的读物，补充教材的内容	• 与线上学习的互相补充的内容

---

[1] 虞建利. "课程制教学"与"项目制教学"之差异 [J]. 职业, 2008(3): 67-68.
[2] 李秉德. 对于教学论的回顾与前瞻 [J]. 华东师范大学学报（教育科学版）, 1989(3): 55-59.
[3] 何克抗, 李文光. 教育技术学 [M]. 2 版. 北京：北京师范大学出版社, 2009.

学习单元的内容确定后，其呈现可以选择多种媒体形式，由此形成混合课程中的数字化学习资源。数字化学习资源是指基于网络的学习材料，是经过数字化处理、可以在计算机上或网络环境下运行的多媒体材料。学习资源的选择需要考虑内容与形式的匹配，如概念性知识可采用电子讲稿和电子文档呈现，对于过于抽象的知识可使用视频展示，程序性知识可采用动画演示等，也要与教学形式相适应，如讲授式教学一般使用电子讲稿、电子文档等；探究式教学需要仿真程序、交互动画等；协作式教学需要协同式电子文档的支持等。在呈现学习资源时，还需要考虑学习者的特点、学习环境及终端设备等，如学习视频的时长尽量在 10 分钟以内，以便适应学习者注意力最高水平的持续时间；[1] 学生用手机进行学习资源阅读时，需要考虑学习材料的版式和风格是否适合手机屏幕等。

建议教师首先考虑互联网上的开放教育资源，其次再考虑自行编制适合自己课程的学习资源。开放教育资源常见来源包括：微视频（微课）资源，如网易公开课、可汗学院等；公开演讲视频，如 TED 网站；课件，如国家精品课程网站、百度文库、MIT OCW 等；在线开放课程，如国内外 MOOCs 平台、各大学开放课程平台等。教师在借用已有资源时，需要尊重他人的知识产权，在借用之处标明资源出处。有关开放教育资源、资源制作的详细内容可以参考第二章第四节 混合课程资源的建设与应用。

4. 学习活动设计

学习活动设计规定了学习者为达到既定的学习目标所需要完成的操作总和。[2] 学习活动设计遵循一定原则和理论。对于不同情境的学习内容而言，适用不同学习理论，从而导向不同学习活动。[3] 事实性内容的学习活动可借助行为主义学习理论来设计，该理论认为学习是刺激—反应的联结，是尝试错误的过程，据此可以设计操练与练习型活动，如加法练习、英语单词练习等。过程性和原理性内容的学习活动可借助认知主义学习理论来设计，该理论认为学习是外部刺激和认知主体心理过程相互作用的过程，据此可以设计符合认知过程的学习活动，如加涅（Gagne）的九大教学事件就是基于认知信息加工理论进行的学习活动设计（见表 3-16）。

表 3-16　加涅的九大教学事件及其与学习过程的关系[4]

教学事件	与学习过程的关系	简 要 说 明
引起注意	接受神经冲动模式	利用各种活动吸引学习者注意力，主要有两种方法，提供新异刺激，如动画；或唤起学习者的好奇心，如提问

---

[1] 约翰·梅迪纳. 让大脑自由：释放天赋的 12 条定律 [M]. 杭州：浙江人民出版社，2015.
[2] 何克抗，林君芬，张文兰. 教学系统设计 [M]. 北京：高等教育出版社，2006.
[3] 郭成. 课堂教学设计 [M]. 北京：人民教育出版社，2006.
[4] R.M. 加涅. 教学设计原理 [M]. 5 版. 上海：华东师大出版社，2008.

续表

教学事件	与学习过程的关系	简 要 说 明
告知学习者目标	激活执行控制过程	通过阐明目标向学习者传递教学期望，并帮助学习者建立自己的学习期望
激起对习得的先决性能的回忆	把先前的学习提取到工作记忆中	学生的学习都是建立在已有知识的基础上，因此需要有意识地引导学生回忆已有知识，来建立新知与已知的联系
呈现刺激材料	突出特征以利于选择性知觉	将要呈现给学生的刺激包含在能够反映学习的行为表现中，即向学生呈现学习内容，并将重点内容突出显示
提供学习指导	语义编码；提取线索	在学生已知内容与所学内容建立联系的过程中给学生提供支持，即为学生提供脚手架
引出行为表现	激活反应组织	在学生得到充分的学习指导后，让学生展示他们指导如何做，为接下来的步骤进行铺垫
提供行为表现正确性的反馈	建立强化	证实学习者行为表现的正确性，或正确的程度
测量行为表现	激活提取；使强化成为可能	当适当的行为表现被引出，标志着学习发生，是对学习者行为的终结性评价
促进保持和迁移	为提取提供线索和策略	通过复习和不同情境的练习，防止学生遗忘，并提高学习者在适当的时候回忆知识、技能的能力

　　问题解决等高阶学习活动可借助建构主义学习理论来设计，该理论认为学习要素包括情境、协作、会话和意义建构，可据此设计学习小组、教学支架、认知学徒等学习活动。促进学习者创造新知识的学习活动可借助联通主义学习理论，该理论认为学习就是通过互联网形成学习者与学习资源、学习同伴的连接网络，据此可以围绕某一个新的议题邀请感兴趣的学习者构建学习共同体，通过网络查询资料、讨论交流、达成共识。[①]

　　常用的学习活动包括听课、观看和分享学习资源、在线测试、随堂测试、作业、实验、小组讨论、观点分享、小组协作学习、学习成果展示、填写课程问卷等。教师既可以根据教学模式来选择合适的学习活动，也可以根据学习目标、知识类型选择合适的学习活动。教学模式可视为对真实教学情境所具备的特征的一种综合性总结，是连接教学理论与教学实践的中介。[②] 教学模式可以分为三类：以教为主的、以学为主的和研究型的。以教为主的教学模式有五环节教学模式（激发动机、复习旧课、讲授新课、运用巩固、检查效果）、示范—模仿教学模式（演示动作、教师指导下学生练习、自主练习、技能迁移）等。以学为主的教学模式有发现教学模式（明确问题情境、提出假设、检验假设、综合应用）、抛锚式教学模式（创设情境、确定问题、自主学习、协作学习、效果评价）等。研究型的学习模式也称综合学习或专题研习，

---

① Siemens G. Knowing Knowledge[M]. Lulu.com, 2006.
② 胡定荣. 论教学模式的校本学习指导转向 [J]. 教育研究, 2020,41(7): 75-83.

是指在教学过程中以问题为载体，创设一种类似科学研究的情境和途径，让学习者自己收集、分析和处理信息来感受和体验知识的产生过程，进而了解社会、学会学习，培养其分析问题、解决问题的能力及创造能力。研究型学习主要包含以下五个学习活动：提出问题、分析问题、解决问题、实施方案、成果展示与评价、总结与提高。表 3-17 列出了不同教学模式下包含的主要学习活动。

表 3-17　三类教学模式包含的学习活动

教学模式	学习活动
以教为主的教学模式	讲授、阅读、观看影音资料、案例分析
以学为主的教学模式	讨论、协作、问题解决、反思、角色扮演、在线测试、展示、资料搜索
研究型学习模式	收集资料、讨论、调查研究、成果展示

也可根据知识类型选择合适的教学活动，按照布卢姆的教育目标分类学，知识被分类为事实性知识、概念性知识、程序性知识和元认知知识。不同类型知识对应的学习活动见表 3-18。

表 3-18　不同类型知识对应的学习活动

知识类型	学习活动
事实性知识	讲授、阅读、观看影音资料、资料搜索、讨论、协作
概念性知识	讲授、阅读、资料搜索、观看影音资料、讨论、协作、问题解决、反思
程序性知识	演示、讨论、协作、问题解决、反思、案例分析、角色扮演
元认知知识	阅读、讨论、协作、问题解决、反思

还可根据学习目标来选择合适的教学活动，按照布卢姆对认知领域教育目标的分类，学习目标的层级由低向高依次为：记忆、理解、应用、分析、评价和创造，对于不同学习目标，适用的学习活动也存在差异（见表 3-19）。[①]

表 3-19　不同学习目标对应的学习活动

学习目标	学习活动
记忆——认识、列表、描述、区分、检索、命名、定位	简单的思维导图、Flash 卡片、在线测试、基本的网络搜索、社会书签、问答讨论区、作品展示
理解——解析、总结、改写、分类、解释、比较	创建思维导图、博客日志、分类和标签高级的网络搜索、为评论、讨论区等做标签

---

① 王小明. 布卢姆认知目标分类学（修订版）的教学观 [J]. 全球教育展望, 2016, 45(6): 29-39.

续表

学习目标	学习活动
应用——实施、执行、使用、编辑	刺激游戏或任务，编辑和开发共享文件（Wiki，视音频工具），访谈（如制作播客），展示工作（使用网络会议或在线工具）；说明（使用在线图表、创造性的工具）
分析——对比、组织、结构、询问、建构	调查/测验，使用数据库，关系思维导图，报告（在线图表、网络出版）
评价——确认、假设、批判、实验、判断、测试	争论或座谈（使用网络会议，在线聊天或讨论），调查（在线工具），报告（博客等），劝说型演讲（网络广播，网络文档，思维导图呈现模式），评论、协调、反思和展示（讨论区、博客、微博）以及合作和交流
创造——设计、建构、计划、生产、发明	编程、电影制作、动画、视频、博客——被用于制作电影、演示稿、故事、项目、图表艺术、广告、模型等

从混合教学通常的实施过程来看，每个单元包括课前、课中和课后三个环节。课前活动可选择阅读在线学习资源、在线提问及讨论、在线测试、填写网上问卷、完成预习报告等；课中活动可选择教师答疑、重点讲解、课中测试、小组讨论、成果展示、实验操作、技能训练、职场观摩、现场调研等；课后活动可选择完成学习反思、课后作业、开展课后拓展等。图3-19呈现了一个混合课程学习单元的教学设计，展示了课前、课中和课后教师教的活动和学生学的活动，以及这些活动之间的对应关系和衔接关系。

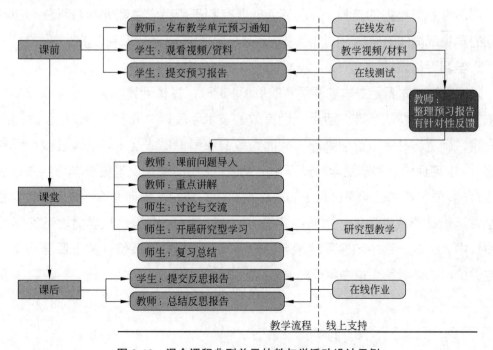

图3-19 混合课程典型单元的教与学活动设计示例

不同于面授教学设计，在进行混合教学设计时，教师需要思考什么样的活动适合放在线上。从学习内容来看，有以下几种情况适合将学习活动放在线上进行：在学生已有的知识水平上，能够通过自学达到既定的学习目标，例如通过自学完成相关概念的学习；需要学生进行重复进行的活动，例如观看制作动画的流程；有助于帮助学生理解学习内容和扩展知识面的活动，并且是学生可以独立完成的活动，例如观看视频、阅读参考资料等。从学习的过程来看，有以下几种情况适合将学习活动放在网上：需要给学生及时反馈的活动，例如线上测试，线上提交作业；需要提前与学生进行沟通和交流的活动，例如通过学生提交预习报告，提前了解学生的知识掌握情况及产生的疑问；需要针对学生个体差异性进行的活动，例如学生可以根据自己的偏好选择文字或者视频的方式来进行学习。从学习时间来看，可以异步进行的活动适合放到线上，例如学生可以根据自己的时间在网上参与讨论。

教师在进行学习活动设计时，还需要注意以下几个问题：首先，活动要有效，努力做到活动内容和形式的统一，寓教于乐，不要本末倒置，不能纯粹为了游戏或让学生动起来进行设计；其次，学习活动尽可能为学生提供知识的多视角表征，促进学生学会融会贯通、将学习到的内容内化为自己的知识体系；再次，活动的设计要有利于激发学生学习的潜能，有助于学生高级思维能力的发展，尤其是批判性思维、创造性思维能力的培养；最后，活动要有利于所有学生都能学有所获，使不同基础的学生都能体验到学习的成就感，而不仅仅为了传递知识和技能。

5. 学习评价设计

评价是对客体满足主体需要程度的价值判断。[1] 具体到教学中，是指以教学目标为依据，制定科学的标准，运用一切有效的技术手段，对教学活动过程及其结果进行测定、衡量，并给以价值判断，从而为教育决策提供依据，以及改进教育服务的过程。[2] 学习评价是对学生学习过程和结果进行测定，不仅仅是关于学习结果等级划分的方式，更重要的是学习过程中的一个有机组成部分。学习评价一般有三种类型：总结性评价、形成性评价、诊断性评价（见表3-20）。在混合教学情境下的学习单元设计中，课前、课中和课后的学习评价通常采用形成性评价。关于课程整体的总结性评价可以参考第二章中第五节混合课程的评价。

---

[1] 陈玉琨.教育评价学[M].北京：人民教育出版社,1998.
[2] 何克抗,林君芬,张文兰.教学系统设计(教育技术学专业系列教材)[M].北京：高等教育出版社,2006.

表 3-20　学习评价的三种类型

项目	总结性评价	形成性评价	诊断性评价
目的	为了提升课程教学效果进行的评价	为了及时发现教和学中的问题而进行的评价	为了了解学生的知识基础和准备状况
时间	结尾时的评价，一般在课程结束、学期末尾、学年结束等时间点进行评价	进行中间过程的评价，一般在课程进行中进行评价	开始时的预测评价，一般在课前、学期、学年开始的时候进行评价
描述	对课程教学的总体达成情况进行评价，指的是在教学活动结束后为判断其效果而进行的评价。一个学期的课程教学结束后对最终结果所进行的评价，是终结性评价	在教学过程中为了解学生的学习情况，及时发现教和学中的问题而进行的评价。常采用测验、学习报告等形式来进行。测验的编制要围绕单元教学预定的目标	也称准备性评价，一般是指在某项教学活动开始之前对学生的知识、技能以及情感等状况进行的调查。通过这种调查可以了解学生的知识基础和准备状况，以判断他们是否具备实现当前学习目标所要求的条件，为实现因材施教提供依据

学习评价包括学习参与评价和单元学习目标达成情况评价。在混合教学中，学生的学习在实体教学环境和虚拟网络空间中进行，学习评价也有线上和线下两个方面。学习参与评价分为线上参与和线下参与评价，通过课程网站上的行为数据等来了解学生的线上学习参与情况，通过学生课堂表现情况了解线下参与情况。单元学习目标达成情况可以基于各种学习活动的结果和过程进行评价，包括测验、作业、任务、实验、课堂提问、讨论区、学习成果展示等。例如通过课程网站上的测试题、讨论帖子等了解学生预习目标达成的情况；通过课堂提问、分组讨论、实验、结果展示等了解学生课堂任务完成情况；通过课程网站上的练习题、作业、拓展讨论、反思报告等获取本单元学生学习目标达成情况。学习评价之后教师应当及时给学生提供反馈与指导，并调整教学的侧重点和节奏，课前、课中、课后的评价与反馈要紧密衔接，课前评价结果应作为课中教学安排的依据，课中评价结果应作为课后学习任务布置的依据，课后评价结果应在下一堂课中总结，由此推动学生的学习依照知识的逻辑次序逐步递进、新旧知识贯通。在混合课程中常用的单元学习评价及其反馈方式参见表 3-21。

表 3-21　混合课程单元学习评价及其反馈方式

项目	课前评价	课中评价	课后评价
在线数据分析	参与情况 /随时个别反馈 /汇总后课中整体反馈	—	参与情况 /视情况整体或个别反馈

续表

项 目	课前评价	课中评价	课后评价
测试	在线客观题测试／即时反馈分数	—	在线客观题测试／即时反馈分数
讨论	讨论区发帖回帖情况及内容／随时回帖／汇总后课中统一答复	分组讨论／观察参与情况随时指导／根据学习结果展示给予点评	讨论区发帖回帖情况及内容／随时回帖／汇总后下一堂课统一答复
提问	—	课堂提问／根据情况点名提问或者随机抽取学生提问	—
作业	—	—	在线作业／批阅后反馈分数和评语
实验实训	虚拟实验实训／随时个别指导／汇总后课中统一点评	实验实训室操作／随时指导个人／小组／根据结果展示统一点评	虚拟实验实训／随时个别指导／汇总后下一堂课统一点评
随堂在线教学	—	随堂在线测试／当堂即时反馈分数／在线观点表达等（投票、弹幕等）／当堂讨论与点评	—

混合教学中学习评价的设计遵循两个维度。一是针对不同学习目标、学习内容、学习活动可设计相应的学习评价；二是针对不同时间阶段（课前、课中、课后）设计相应的评价点。两个维度的评价活动要相互结合，将教学的不同要素在时间维度贯穿融合。例如课前活动的评价可以为课中学习活动设计提供铺垫，教师布置了课前任务后，可以利用课前活动评价计算目标达成率，对于达成率过低的教学内容，教师应当在课中教学时进行重点讲解和演练，分析课前典型错误，并重点讲解正确知识。

教师在进行混合课程单元设计时可参考表 3-22 的框架，以便保持一个单元的学习目标、学习内容及资源、学习活动和学习评价之间的一致性和关联性。

表 3-22　混合课程单元设计框架

单元名称	学习目标（ABCD法）	学习内容分析（知识点、技能点名称）	学习资源	学习活动（课前（线上）、课中（线下）、课后（线上））	学习评价与反馈（评价点）（课前、课中、课后）

续表

单元名称	学习目标（ABCD法）	学习内容分析（知识点、技能点名称）	学习资源	学习活动（课前（线上）、课中（线下）、课后（线上））	学习评价与反馈（评价点）（课前、课中、课后）

教师可以基于混合课程单元设计框架进行教学设计，例如课程单元名称为《核酸检测的基本原理》的设计结果如表 3-23 所示。该案例引用自韩锡斌 2021 年秋季学期《混合学习设计与应用》课程的学生作业，作者为清华大学本科生王勇胜、胡悦婷、刘行健和马乐天。

表 3-23　混合课程单元设计案例

单元名称	学习目标（ABCD法）	学习内容分析（知识点、技能点名称）	学习资源	教学活动（课前（线上）、课中（线下）、课后（线上））	学习评价与反馈（评价点）（课前、课中、课后）
DNA的组成与结构、发现历史	学生（A）通过观看教学视频(C)，能够回忆DNA双链的组成、复制及其连接、发现历史（B），准确率达到60%以上	知识点：脱氧核糖核酸以及DNA双链反向平行双螺旋结构；DNA复制的预习知识；DNA结构发现的历史	自制预习视频、引用的线上视频	课前：观看预习视频，完成习题；课中：教师解答预习作业中的易错点	观看预习视频：在教师指定的平台上搜索DNA结构的理论知识和DNA复制的理论知识；平台上上传的DNA结构及半保留复制历史的视频，完成预习习题，回答后习题自动显示正确率及答案。课前部分总分为2分，若课前完成预习视频的观看及预习作业即可得到1.5分，预习作业回答对5题及以上可得到2分，每多错一题则扣0.1分（例：若回答对3题则得1.8分）；若课前只观看视频未完成习题或只完成习题未观看视频，则仅得1分；课前未完成预习作业则不得分；教师根据课前答题情况进行课上的习题解答

续表

单元名称	学习目标（ABCD法）	学习内容分析（知识点、技能点名称）	学习资源	教学活动（课前（线上）、课中（线下）、课后（线上））	学习评价与反馈（评价点）（课前、课中、课后）
PCR体系中原料和工具的基本反应原理	学生（A）经过聆听教师讲解（C），能够匹配并逐一讲述DNA碱基互补配对、DNA复制、限制性核酸内切酶的原理（B），对相关课堂问题回答准确率达到50%以上（D）。学生（A）在完成课堂学习后(B)，能够运用PCR反应的基本原理，阐述真实的PCR反应试剂盒中各种试剂的作用(C)	DNA碱基互补配对、DNA复制、限制性核酸内切酶的原理	预习视频、课件、游戏配套资源	课前：观看预习视频；课中：听讲、参与雨课堂互动答题、进行游戏；课后：作业	讲解部分：教师根据雨课堂后台数据进行赋分，在规定时间1min内回答题目即可获得该题分数，不参与回答不得分。教师通过查看正确率及时调整课堂后续总结环节，以使学生掌握课堂核心概念。小组游戏部分：教学者观察小组游戏中发言情况，若学生能够为同一概念提供2条及以上的描述，则认为达到学习目标，记为"优秀"，否则记为"需提高"。教学者观察小组代表发言情况，若小组代表能够代表小组描述两个概念的异同，则认为通过小组学习，该组成员达到学习目标，全组记为"优秀"，否则评价不变。课后记为"优秀"在游戏环节得2分，"需提高"得1分，未参与的同学不得分。教师根据小组游戏及代表发言进行总结和知识巩固。课后：老师在网络平台发布课后作业，并设置截止时间（第二次上课的前一天晚上12：00），学生在截止时间前完成作业，将作答上传至网络平台，老师对学生作业进行打分并批注。作业在总成绩中占6分，未交作业得0分，交作业者最低得3分，根据正确率赋3~6分，无特殊情况迟交作业的扣2分

二、混合课程在线部分构建

混合课程从形式上是由相互衔接的线上和线下两个部分组成。[1] 教师在完成混合

---

[1] Garrison D R, Kanuka H. Blended learning: Uncovering its transformative potential in higher education[J]. Internet and Higher Education, 2004,7(2): 95-105.

教学设计后,需要基于网络教学平台构建课程的在线部分,形成混合课程的网站。混合课程在线部分的构建包括基础信息维护、课程整体建设和学习单元建设三个环节(见图3-20),与混合教学设计的前期分析、课程整体设计和学习单元设计三个环节相对应。

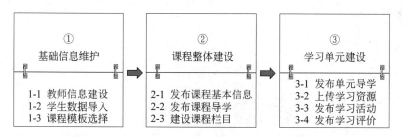

图3-20 混合课程在线部分的构建内容及步骤

基础信息维护旨在管理任课教师和选课学生的数据,是混合课程构建的基础;课程整体建设旨在进行混合课程在线部分的总体设计,完成课程网站的框架构建;学习单元建设旨在搭建学习单元的具体内容,如学习资源、学习活动、学习评价等,是混合课程在线部分构建的核心环节。下面将以优慕课®在线教育综合平台(以下简称优慕课平台)为例,分别说明上述三个环节建设的具体内容和步骤。①

(一)基础信息维护

混合课程建设的基础信息主要包括三个部分:教师信息建设、学生数据维护及课程模板选择。

1. 教师信息建设

在混合课程网站上清晰、全面地呈现授课教师(或教师团队)有关教学经历及成果的相关信息,有助于选课学生了解教师及课程。教师信息主要包括真实姓名、用户照片、E-mail地址、个人网址、个人简介等。教师信息建设的步骤如下:①教师进入主讲课程后,单击上方导航栏的【教学管理】按钮,进入教学管理页面。②单击左侧栏目【教师信息】,可添加和修改教师的基本信息。单击页面下方的【修改】按钮,直接进入修改教师信息页面,此处可修改用户头像、个人邮件地址、个人网址和个人简介等栏目。修改结束后,单击【提交】按钮,即可完成教师信息的添加和修改(见图3-21)。

2. 学生数据维护

教师在建设混合课程在线部分时,需要将选课学生名单上传至课程网站,使选

---

① "清华教在线"网络教学平台于2014年以成果转化的方式,由清华大学转让给优慕课在线教育科技(北京)有限责任公司,形成优慕课®在线教育综合平台。

图 3-21　添加、修改教师信息的步骤（优慕课平台）

课学生有权限访问课程。学生名单上传通常有逐个添加和批量导入两种，如果学校的网络教学平台与教务管理系统实现对接，则教师无须此类操作，学生在教务管理系统完成选课后，选课学生名单会由系统自动预置到网络教学平台。课程需要对选课学生进行分组时，还可对选课学生进行分组管理。对选课学生的数据进行维护分为两步：一是添加学生的用户数据；二是对已经添加的学生进行分组管理。添加选课学生数据的第一步是单击上方导航栏的【教学管理】按钮，进入教学管理页面。随后，教师单击左侧栏目【选课学生管理】，对选课学生进行管理。进入页面后，在内容编辑区下方，可以看到添加学生用户数据的方式包括：手工添加、批量导入和按班级加入（见图 3-22）。

第一种添加选课学生的方式是"手工添加"。首先，教师单击"手工添加"后的【确定】按钮，内容编辑区将出现平台现存所有学生信息。其次，既可以直接勾选要添加的学生，也可以在上方查询框输入学生用户名或姓名，单击查询，通过精确搜索添加选课学生。最后，教师选定学生后，单击页面下方的【添加】按钮，即可添加选课学生。具体步骤见图 3-23。

第二种添加选课学生的方式是"批量导入"，可实现多名学生一次性导入。首先，教师单击【下载样例】按钮，在下载得到的样例 Excel 表中添加学生信息。其次，教师单击选择文件后的【浏览】按钮，上传存有学生信息的 Excel 表。最后，单击【确定】按钮，便可批量导入多名学生数据。具体步骤见图 3-24。

第三种添加学生方式是"按班级加入学生"。首先，教师选择要添加学生的所在

第三章 混合教学设计与实施

图 3-22 添加学生数据步骤图示（优慕课平台）

图 3-23 手工添加选课学生步骤图示（优慕课平台）

图 3-24 批量导入选课学生步骤图示（优慕课平台）

院系。确定院系后,单击年级下栏框,选择学生所在年级,并单击【确定】按钮。其次,进入经过筛选后的班级列表页面,教师可以从中找到学生所在班级,勾选后单击【添加】按钮,即可成功导入整个班级的学生。具体步骤见图3-25。

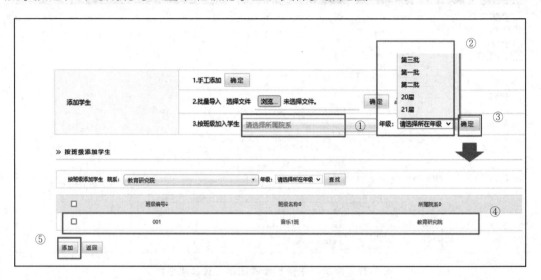

图 3-25 按班级加入选课学生步骤图示(优慕课平台)

选课学生添加完毕,教师可以对学生进行分组管理。首先,教师单击【学生组设置】,可以添加新的学生组,并对学生组进行修改、删除等操作。单击【添加】按钮,输入小组名称、小组描述等信息,单击【提交】按钮,即可完成小组的添加。小组添加成功后,教师可以回到学生组设置页面,此时页面会出现已经添加好的学生组。具体步骤见图3-26。

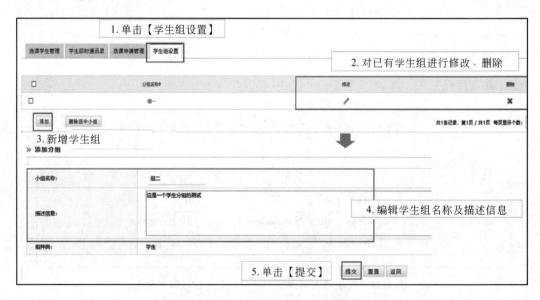

图 3-26 学生组设置步骤图示(优慕课平台)

添加了新的学生组后，教师可以单击【返回】按钮，回到学生管理页面，将对应学生加入学生组。首先，教师勾选要加入该组的学生。其次，单击列表下方的【将选中学生分配到】下拉框，选择要分配的小组，如"组一"，单击【确定分组】按钮，即可将这些学生分组到"组一"这个小组中。具体步骤见图 3-27。

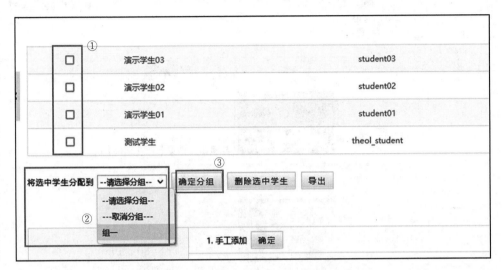

图 3-27　分组学生步骤图示（优慕课平台）

3. 课程模板选择

为了便于教师进行课程建设，并提高课程的可视性和美观性，大部分网络教学平台都会为教师提供课程模板。教师可根据课程风格和内容，选择相应的模板。选择课程模板后，教师可以根据模板风格，设计课程资源、课程活动的样式及模板。优慕课平台共设置了 28 套页面样式模板，教师可以根据自己的课程选择合适的模板。首先，教师单击页面上方导航栏的【课程建设】按钮，进入课程建设页面。随后，单击左侧栏目的【页面样式】，在右侧内容编辑区可以看到所有模板样式。将光标移至某一模板上，将出现【预览】按钮和【选择】按钮。教师可以先单击【预览】按钮，查看模板效果。如果确定选择这个模板，再单击【选择】按钮，即可选用对应课程模板。具体步骤见图 3-28。

课程模板选择后，单击【预览】按钮，可预览课程模板及其栏目的设置效果（见图 3-29）。

（二）课程整体建设

与设计环节的课程整体设计相对应，教师在进行混合课程在线部分构建时，也需要搭建课程的整体框架，由整体入手，再逐步构建各个学习单元。课程整体建设包括呈现课程基本信息、课程框架建设和课程栏目维护三个部分。

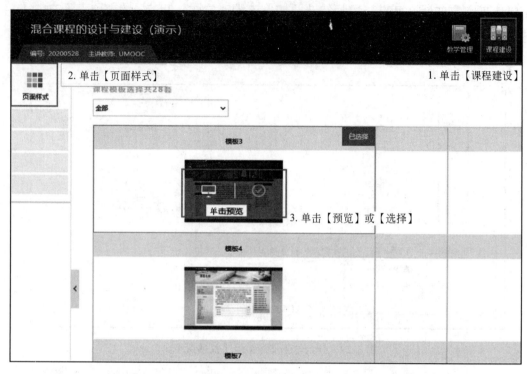

图 3-28　选择课程模板步骤图示（优慕课平台）

图 3-29　课程模板及其栏目设置效果预览（优慕课平台）

1. 呈现课程基本信息

课程基本信息主要包括课程简介、教学大纲、教学日历、教师信息等。教师在进行课程整体建设时,首先需要将基本信息清晰地呈现在课程首页,有助于学生了解课程情况。呈现课程基本信息分为两步:在主页面导航栏建立课程信息栏目,编辑课程信息内容。首先,单击【课程建设】按钮,进入课程建设页面。在左侧栏目中,教师可以看到【基本信息】栏目,单击该栏目,即可看到"课程介绍""教学大纲""教学日历""教师信息栏目"四个子栏目。单击【课程介绍】栏目,教师可以在右侧内容修改区单击【修改】按钮,对课程介绍的内容进行编辑。具体可见图3-30。

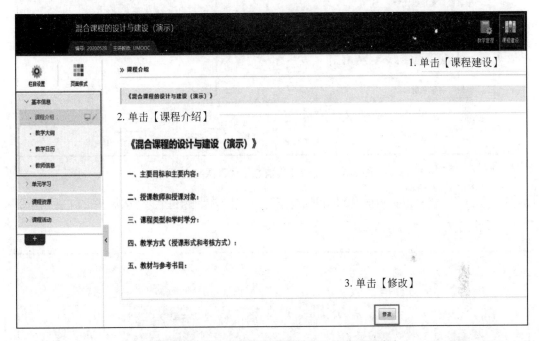

图 3-30　修改课程信息步骤图示(优慕课平台)

编辑内容时,教师可以上传文件、图片、多媒体,也可以直接添加 Word 文档。编辑完成后,单击【提交】按钮即可保存。具体可见图3-31。

2. 课程框架建设

混合课程的整体框架包括:基本信息、单元学习、课程资源、课程活动等,这些内容将体现为课程主页上的栏目。除了上面已经介绍过的基本信息外,单元学习是课程主页上的核心栏目,由若干学习单元构成,可按照章节、教学周、项目等进行组织建设。搭建课程框架的步骤通常为:确定课程主页上的栏目;依次搭建各栏目下的子栏目;简要说明每个栏目。首先,单击【课程建设】按钮,进入课程建设页面。教师可以在此页面看到左侧栏目默认的课程框架:基本信息、课程资源、课程活动、单元学习等。教师也可以添加自定义栏目,从而实现个性化教学需求。教

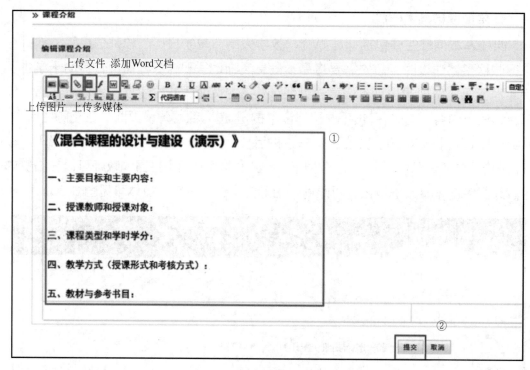

图 3-31 编辑课程信息（优慕课平台）

师可以单击左侧栏目中的蓝色【加号】按钮，生成新的栏目，然后修改栏目名称，这样一个新的栏目就添加完成了，具体步骤见图 3-32。

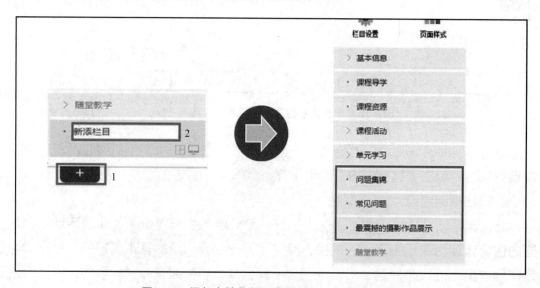

图 3-32 添加个性化栏目步骤图示（优慕课平台）

课程主页上的栏目设置完成后的整体效果如图 3-33 所示。

图 3-33　课程主页栏目设置的效果预览（优慕课平台）

搭建好课程主页上的栏目后，教师可以进行学习单元栏目的设置，首先，单击单元学习栏目后的【添加学习单元】按钮，生成新的学习单元，随后对栏目名称进行修改，这样一个学习单元就添加完成了，详细步骤参见图 3-34。

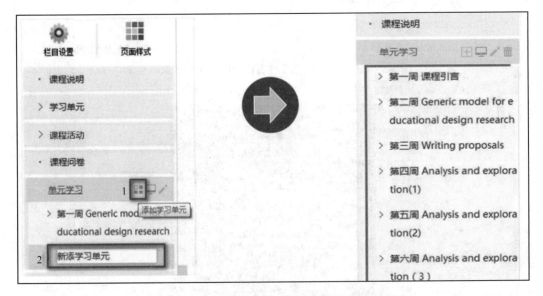

图 3-34　新增学习单元步骤图示（优慕课平台）

教师可以根据每个学习单元的设计思路，添加子栏目。首先，单击第一周学习单元栏目后的【添加子栏目】按钮，在下方会生成新添子栏目。其次，修改栏目名称，一个新的学习单元子栏目就此生成，具体步骤见图 3-35。教师可以通过添加子栏目按钮，逐步完善每个学习单元。

课程学习单元子栏目设置完成后的效果如图 3-36 所示。

值得注意的是，【添加学习单元】按钮是用于添加学习单元，比如第一周、第二周、第三周……而【添加子栏目】按钮是在学习单元下添加子栏目，用于添加学习资源、活动等。

3. 课程栏目维护

随着时间推移，教师可能需要不断修改和完善课程。因此，大多网络教学平台

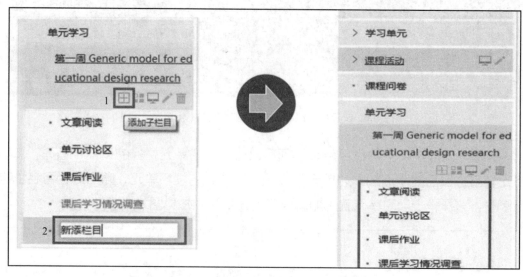

图 3-35　添加学习单元子栏目步骤图示（优慕课平台）

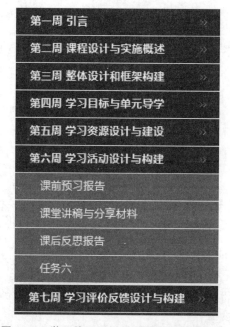

图 3-36　学习单元子栏目预览（优慕课平台）

也支持教师对课程栏目进行维护，包括修改栏目状态和名称、调整栏目位置、复制学习单元和转为学习单元等，教师可结合对应的网络教学平台探索更多栏目维护功能。优慕课平台提供了四个按钮用于修改栏目状态和名称，其中"栏目启用/暂停"按钮用于设置对应栏目是否在学生端显示；"栏目名称修改"按钮用于修改对应栏目名称；"删除"按钮用于删除对应栏目，具体可见表 3-24。

表 3-24　修改栏目状态和名称的功能按钮（优慕课平台）

按 钮 图 表	功　　能
💻/🔒	设置栏目在学生端是否显示
✏	修改栏目名称
🗑	删除栏目

调整栏目位置的方式有三种：直接拖动、上下移动和快速移动。其中，上下移动是在栏目设置页面完成，教师单击左上方的【栏目设置】按钮，进入栏目维护页面，单击【排序】按钮进行栏目顺序的调整。具体步骤见图 3-37。

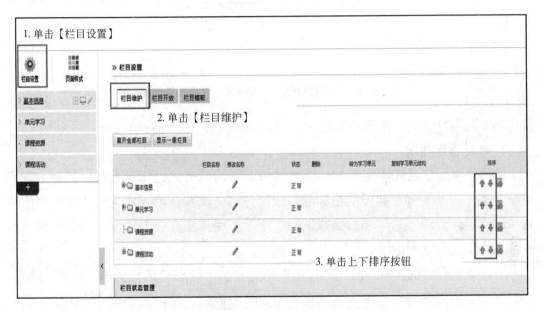

图 3-37　调整栏目顺序步骤图示（优慕课平台）

当栏目位置变动过大时，教师可以在栏目维护页面，直接单击栏目右侧的【快速移动】按钮，在弹出页面设置移动的位置，单击【移动】按钮即可。具体步骤见图 3-38。

平台为了便于教师进行课程建设，也支持教师对已有学习单元进行复制。单击对应栏目后的【复制】按钮，就可生成相同的栏目。值得注意的是，只有学习单元类型的栏目可以在学习分析中进行统计，因此教师可以将需要统计的栏目"转为学习单元"，单击对应按钮即可完成。

（三）学习单元建设

对应混合教学设计的课程单元设计部分，教师在完成课程基本信息和框架建设后，需要对学习单元进行建设，这也是混合课程在线建设的核心环节。学习单元建

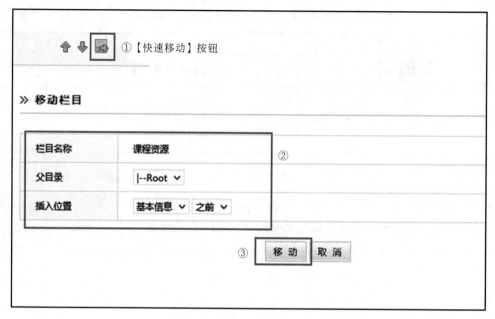

图 3-38 设置栏目顺序步骤图示（优慕课平台）

设包括单元导学建设、单元资源建设、单元活动建设和学习评价建设。

1. 单元导学建设

单元导学旨在告知学习者如何完成本单元学习任务，为学习者提供简明的学习导航功能，因此教师在建设混合课程在线部分时，需要在单元学习前为学习者提供对应单元导学。单元导学建设要求清晰、明了，使学生在点开对应学习单元时，首先注意到单元导学的信息。

建设单元导学的步骤：首先，在对应单元栏目下建立"单元导学"栏目；随后，为单元导学添加内容。导学内容的撰写可以参考课前、课中、课后三个阶段学生需要学习的内容和完成的任务。教师进入对应课程后，单击【课程建设】按钮。其次，在单元学习下，找到对应单元，单击【添加子栏目】图标，命名为"单元导学"，至此单元导学的框架搭建完毕。接下来，教师需要为单元导学栏目添加内容，单击右侧内容编辑区的【在线编辑】图标，进入单元导学的内容编辑页面，填写标题和导学内容，单击【确定】按钮即可。具体步骤见图 3-39。

2. 单元资源建设

混合课程在线部分能够为学习者提供丰富的数字资源，一方面有利于他们自定步调，自行预习、复习等；另一方面有助于他们进行课外学习拓展。建设单元资源的步骤：在对应单元下创建"资源存放文件夹"；编辑 / 上传 / 引用课程资源，并为资源添加简要说明，如名称、用途等。添加课程资源的方式有两种：一种是在学习单元下直接添加；另一种是引用已经添加的课程资源。首先，教师进入课程平台后，

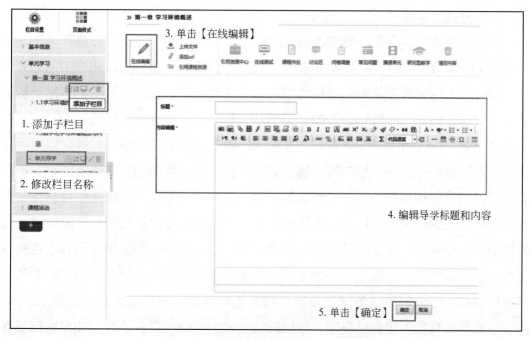

图 3-39　单元导学建设步骤图示（优慕课平台）

单击上方导航栏的【课程建设】按钮，进入课程建设页面。随后，教师需要在学习单元下找到对应单元，单击该栏目右侧的【添加子栏目】图标，并修改新建子栏目名称为"电子讲稿"，即可为课程资源存放建立一个新的"文件夹"。接下来，单击【电子讲稿】栏目，为该栏目添加内容。教师可在右侧编辑区看见三种直接添加课程资源的方式：即在线编辑、上传文件和添加 URL，教师可根据自己的需求选择相应的方式。具体步骤见图 3-40。

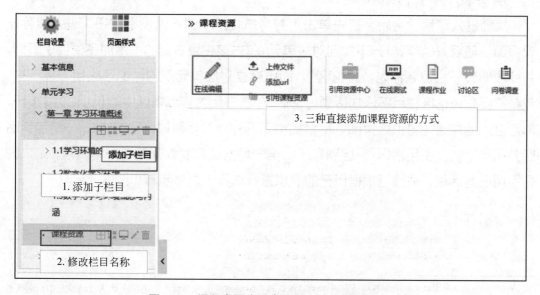

图 3-40　课程资源建设步骤图示（优慕课平台）

3. 单元活动建设

学习活动是指学习者以及与之相关的学习群体（包括学习伙伴和教师等）为了完成特定的学习目标而进行的操作总和。[①] 在混合课程中，教师可以将学习活动分为线上和线下，比如学生能够通过自学完成、需要学生进行重复进行的、有助于帮助学生理解学习内容和扩展知识面的学习活动，教师可以建立在课程网站上。在线课程活动包括：在线测试、作业提交、讨论区、微视频教学单元等，教师可以根据课程目标、内容和资源设计相应的课程活动，并将部分课程活动放在线上进行。不同活动的建设步骤也存在差异，如讨论区的建设分为两步：在对应单元栏目建立"讨论区"栏目和编辑讨论话题。值得注意的是，教师在建立讨论区时，需要对讨论区的作用、讨论话题、提交时间等做出明确规定，还可提供一定模板，引导学生进行讨论，以问题的形式引发学生的思考。在线测试的建立也分为两步：添加试题和添加在线测试。在进行在线测试建立时，教师通常需要区分测试类型，如随堂小测、课后自测等，根据不同测试类型，添加在线测试的步骤也存在差异，如课后自测通常需要先建立组卷策略，再抽取试题，而随堂小测可直接引用试题组卷。布置在线作业的步骤包括三步：添加对应子栏目并修改名称、选择"课程作业"功能和编辑课程作业内容。教师在进行课程活动建设时，可根据课程目标选择相应课程活动，并基于特定的网络平台功能进行在线课程活动建立。优慕课平台提供了七种课程活动：单元下添加话题讨论区、单元下添加问卷调查、建设微视频教学单元、添加在线测试和布置作业等。

1）单元下添加话题讨论区

教师进入课程平台后，首先单击上方导航栏的【课程建设】按钮，进入课程建设页面。随后，在学习单元下找到对应单元，单击该栏目右侧的【添加子栏目】图标，并修改新建子栏目名称为"讨论区"，即可建立对应单元下的讨论区栏目。接下来，教师需要在讨论区栏目下添加话题讨论区，单击右侧内容编辑区中的【讨论区】按钮，即可进入添加话题讨论区页面。平台提供了两种添加话题讨论区的方式："增加新话题并引用"和"引用话题"。区别在于，第一种方式需要教师新增一个话题；第二种是引用已有话题，教师可根据自己的需求进行选择。具体步骤见图3-41。

---

① 葛文双，傅钢善. 基于活动理论的网络学习活动设计——"现代教育技术"网络公共课活动案例 [J]. 电化教育研究，2008(3): 51-55, 63.

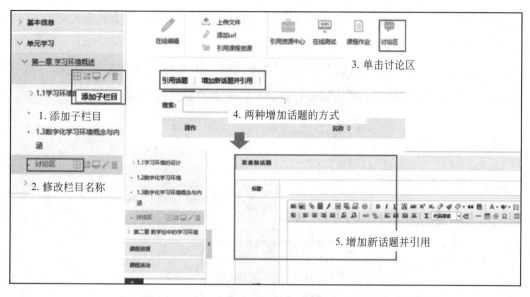

图 3-41　单元下添加话题讨论区步骤图示（优慕课平台）

课程学习单元设置后的效果参见图 3-42。单元下的子栏目名称可以动态修改，建议修改后的名称有教学引导意义，如教师可以将讨论区子栏目的名称修改为"课后分享讨论区"，即告知学生将课后的学习反思提交于此。讨论区中最好提出详细的学习反思要求，诸如反思主题、反思任务、提交时间等，引导学生顺利开展学习活动。

图 3-42　课程学习单元（讨论区）预览（优慕课平台）

2）单元下添加问卷调查

教师进入课程平台后，首先单击上方导航栏的【课程建设】按钮，进入课程建设页面。随后，在学习单元下找到对应单元，单击该栏目右侧的【添加子栏目】图标，并修改新建子栏目名称为"课后学习情况调查"。然后，单击该栏目，并在右侧编辑区找到【问卷调查】按钮。平台提供了引用调查问卷的方法:"引用调查问卷"和"增加新调查问卷并引用"。其中,添加新问卷也有两种方式:"设计新问卷"和"导入问卷",即平台既支持教师利用平台创建调查问卷,也支持教师将设计好的问卷样例导入平台,教师可根据自己的需求进行选择。具体步骤见图 3-43。

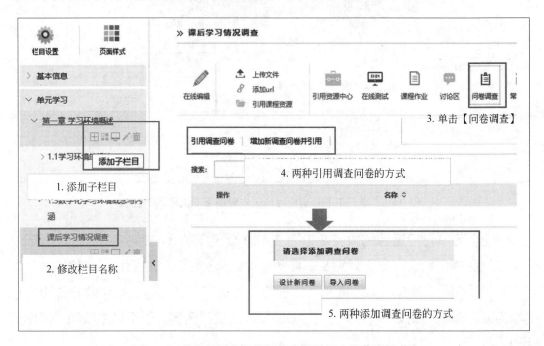

图 3-43　单元下添加问卷调查步骤图示(优慕课平台)

3)单元下添加微视频

教师进入课程平台后,首先单击上方导航栏的【课程建设】按钮,进入课程建设页面。随后,教师需要在学习单元下找到对应单元,单击该栏目右侧的【添加子栏目】图标,并修改新建子栏目名称为"教学视频"。接着,单击该栏目,单击右侧编辑区的【播课单元】按钮,即可为对应学习单元添加微教学视频。平台提供了两种引用教学视频的方法:"引用播课单元"和"增加新播课单元并引用",其中播课单元可以是音视频资源、在线编辑资源或在线测试,教师可根据自己的需求进行设计。具体步骤见图 3-44。

课程学习单元下添加微视频后的效果参见图 3-45。按照上述方式添加的教学微视频在后台转换为流媒体形式,便于在计算机和手机上直接播放。

4)单元下添加测试

添加在线测试包括两个步骤:添加试题,添加在线测试即利用添加好的试题组

图 3-44 单元下添加微视频步骤图示（优慕课平台）

图 3-45 单元下添加微视频效果预览（优慕课平台）

成测试问卷。教师可单击【课程建设】按钮，在【课程活动】栏目下的【试题库】添加试题。平台支持两种添加试题的方式：一是逐个添加新试题；二是批量导入试题，教师可根据自己的需求进行试题添加。具体步骤见图 3-46。

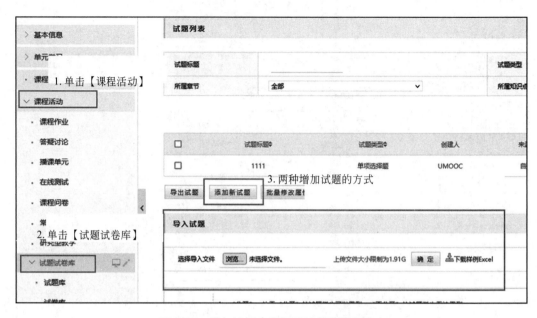

图 3-46 增加试题步骤图示（优慕课平台）

试题添加成功后，教师可进行在线测试问卷的添加。在线测试通常包括两种情境：随堂小测和课后自测。随堂小测是通过引用已有试题组卷组成小测，而课后自测则需要应用组卷策略抽取已有试题，组成课后测试卷。两种情境都需要教师在学习单元栏目下找到对应的学习单元，并建立新的子栏目，命名为"随堂小测"或"课后自测"。随后，教师单击右侧编辑区的【在线测试】按钮，进入在线测试引用页面。教师既可以引用已有在线测试，也可以增加新的在线测试并引用。如果选择增加新的在线测试并引用，选择"试题型"→"随堂小测模式"，单击【引用试题库的试题】按钮，即可完成"随堂小测"的建立。具体步骤见图 3-47。

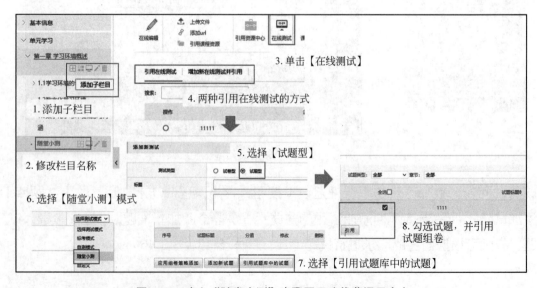

图 3-47 建立"随堂小测"步骤图示（优慕课平台）

单元下添加测试后的效果参见图 3-48。

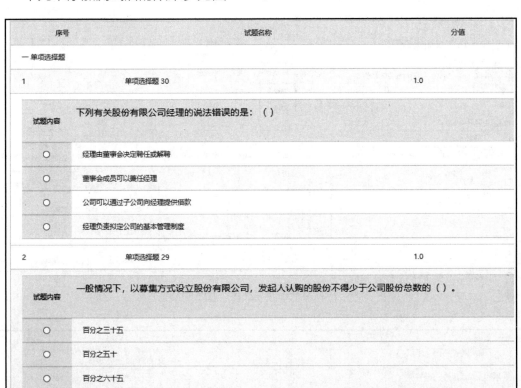

图 3-48 "随堂小测"预览示例（优慕课平台）

建立"课后自测"时，首先需要添加组卷策略，即抽取试卷的规则。教师可以自行在"添加新组卷页面"设置策略名称和相应抽取规则，并通过题型选择和设置完成一个组卷策略的添加，具体步骤见图 3-49。策略添加完毕，可参照添加"随堂小测"的方法，增加一个新的在线测试。需要注意的是，在选择测试模式时，应当选择"自测模式"，并选择"应用组卷策略"，如此便可成功建立一个"课后自测"，效果参见图 3-50。

5）单元下添加作业

进入课程平台后，首先单击上方导航栏的【课程建设】按钮，进入课程建设页面。随后，需要在学习单元下找到对应单元，单击该栏目右侧的【添加子栏目】图标，并修改新建子栏目名称为"课程作业"。接着，在右侧功能栏处单击【课程作业】按钮，进入课程作业编辑区。平台提供了两种引用课程作业的方法："引用课程作业"和"增加新课程作业并引用"，教师可根据自己的需求进行选择。具体步骤见图 3-51。

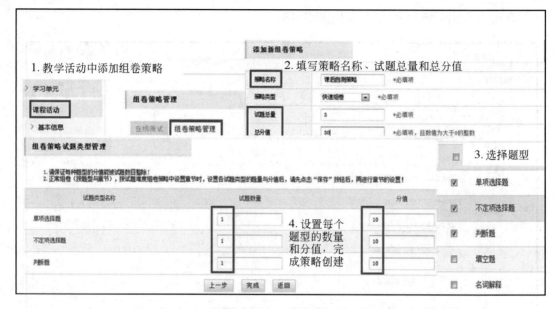

图 3-49　建立组卷策略步骤图示（优慕课平台）

» 测试信息

标题	学校		
时间限制	5分钟	试题数量	3
测试类型	试题型	当前状态	已发布
满分分数	10.0	截止时间	2021-12-25 16:06:00.0
难度	0.5	区分度	0.5
试卷试题随机	是	客观题自动判卷	是
是否允许重复测试	是	允许测试次数	2
重复测试是否同卷	否	最终成绩取值	最高分

图 3-50　组卷策略应用示例预览（优慕课平台）

课程学习单元下添加作业后的效果见图 3-52，学生看到作业后可以在此完成并提交作业。

在学生提交作业后，教师可以在“课程作业”栏目下的作业管理页面，批阅并统计学生完成作业情况，具体步骤见图 3-53，作业批改界面效果见图 3-54。

4. 学习评价建设

混合课程的学习评价一般包含三个方面：课程作业、在线测试和在线学习行为分析。课程作业是通过作业统计功能，可以看到学生上交作业的次数以及作业的相关分数等数据；在线测试主要是通过观看学生的测试成绩单，可以获得学生的在线

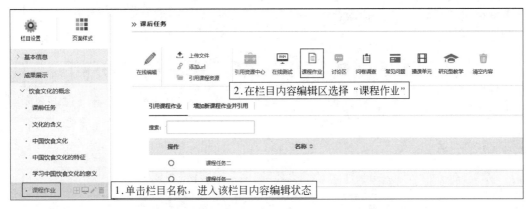

图 3-51　单元下添加作业步骤图示（优慕课平台）

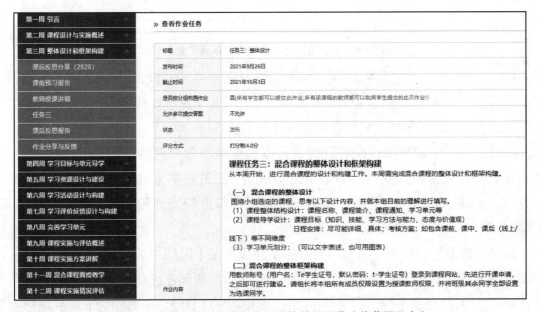

图 3-52　学习单元下添加作业后的效果预览（优慕课平台）

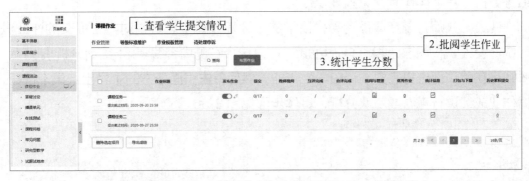

图 3-53　查看、批阅、统计学生作业提交步骤图示（优慕课平台）

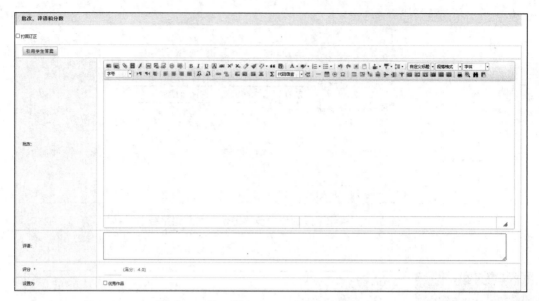

图 3-54 作业批改界面预览（优慕课平台）

测试成绩；在线学习行为分析，即可以通过学生的在线学习时长、课程论坛的发帖数、阅读课程资源的次数和学习笔记的发表次数等去观测学生的在线学习行为，据此反映学生线上学习的积极性，并作为学生在线学习的佐证。

教师进行学生成绩管理和统计时，可以根据需求分为两种情境。一是直接下载上述三种学生数据，对其学习情况进行评价；二是对学生进行综合考评，通常分为三个步骤：添加统计规则、设置不通过评价维度的比重和计算、查看或导出成绩。

首先，教师可以在课程活动栏目下的【在线测试】区域中获得学生在线测试成绩单。进入在线测试页面后，可以在右侧内容编辑区看到在线测试列表，选择需要统计的在线测试，单击【导出成绩单】按钮，即可将学生成绩统一导出为 Excel 表格。该表格包括学生的班级编号、班级名称、姓名、用户名、所属分组和相关测试的成绩等数据，具体操作步骤见图 3-55。

其次，教师可以在课程活动栏目下的【课程作业】区域中对学生提交的作业进行统计管理。教师进入课程作业页面后，可以选择右侧内容编辑区【统计分析】。随后，教师可在此页面选择需要统计的学生作业，然后单击页面下方的【导出结果】按钮，对作业成绩进行查看或二次分析，具体步骤见图 3-56。

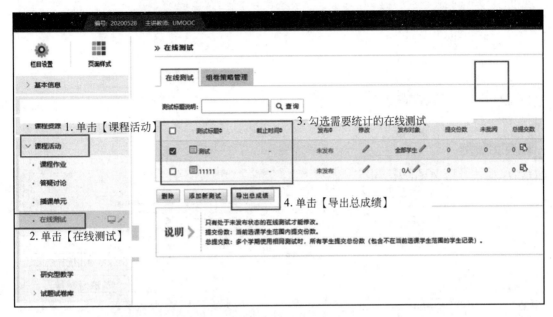

图 3-55　获得学习者在线测试数据步骤图示（优慕课平台）

图 3-56　获得学生课程作业数据的步骤图示（优慕课平台）

最后，教师可在选课学生管理栏目下的【学生学习统计】区域，选择需要统计的学生在线行为指标，并导出统计结果，以对学生在线学习行为进行评价和分析。具体步骤见图 3-57。

单击课程管理主页上方导航栏的【学习分析】按钮，可以查看某个学生的学习记录，如成绩、论坛发文数、笔记数、提交问题数等（见图 3-58）。

优慕课平台也支持教师对学生进行综合评价。首先，教师需要在成绩管理功能中，添加统计规则，确定学生成绩来源。确定好纳入统计的学生数据后，教师需要设置不同成绩来源的权重比例。最后，单击页面下方的【保存设置并计算成绩】按钮，即可获得学习者成绩表，具体步骤见图 3-59。该表格包括姓名、用户名、班级、院系、所属分组等基础信息，还包括总分排名和各成绩来源的得分情况。

图 3-57 获得学生在线学习行为数据的步骤图示（优慕课平台）

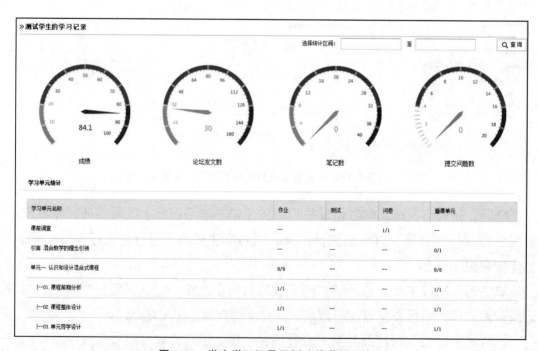

图 3-58 学生学习记录示例（优慕课平台）

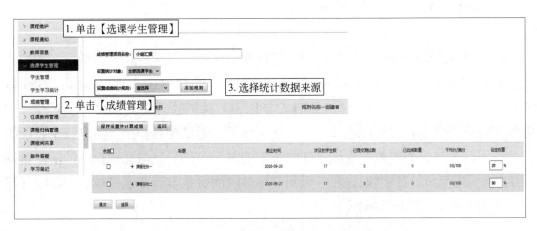

图 3-59　学生成绩管理步骤图示（优慕课平台）

教师可以查看每个学生在各个学习单元的测试成绩（见图 3-60）。

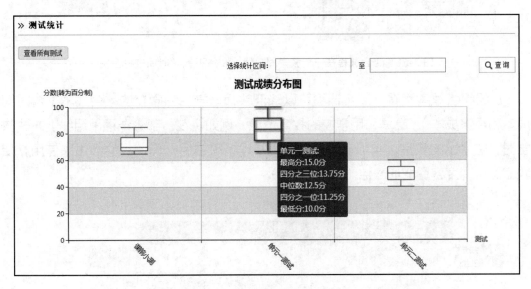

图 3-60　学生各个学习单元测试成绩分布图示例（优慕课平台）

第四节　混合教学的实施

在混合课程教学设计与课程构建完成后，就可以进行混合教学的实施，包括混合课程的时间安排、教学环境的准备、混合学习支持等方面的内容。

一、混合课程的时间安排

混合课程的时间安排从长到短依次包括整个学期、教学周和学习单元。学校的教学都是按照学期展开的,高校和职业院校的一个学期有 16~20 个教学周,每个教学周安排 1~3 次面授教学,每次 2~4 个学时,教师的授课需要按照学校对课程的时间安排来进行。在实施混合教学时,线上线下的活动相互交织,贯穿整个课程的始终,因此,与仅面授教学相比,在线教学的时间安排及其与面授教学的衔接就是混合教学需要考虑的,例如,原本每周安排 2 次面授教学,在混合教学时可以将其中一次置于线上(见图 3-61)。

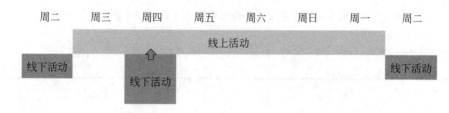

图 3-61　混合课程在一个教学周内线上和线下教学时间安排示例

从组织管理角度看,混合课程可以降低教师、学生和学校的教育成本(含时间成本和经济成本),重复利用学校的教育资源。例如,在一部分课程采用线上方式教学时,空余出的教室、实验室等教学环境及设备可由另一门课程的师生来使用,使教室的可调度容量增加一倍(见图 3-62)。

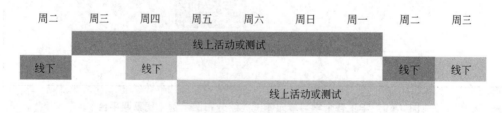

图 3-62　充分利用教室资源的混合教学安排

围绕学习单元,混合教学的实施需考虑课前、课中和课后三个阶段及其相互衔接,同时还要在线上和线上两种教学场景下教师和学生的活动。基于"三个阶段、两种场景、两种角色"设计教学活动,形成混合教学的实施过程,包括 24 个步骤(见图 3-63)。教师在具体实施时可以根据课程目标、课程特点和设计需求等,灵活选择、调整这些步骤。

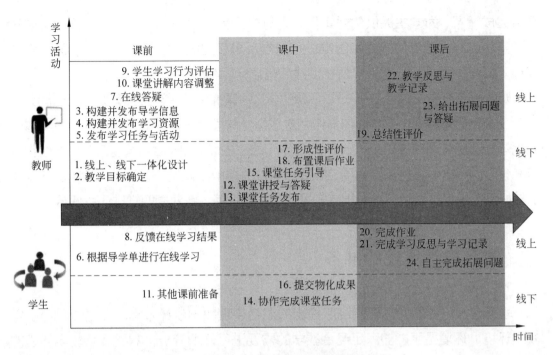

图 3-63　围绕学习单元的混合教学实施过程

（一）课前阶段

首先要进行课前阶段线上线下一体化设计、确定教学目标、构建并发布导学信息和学习资源、发布学习任务和活动。此时学生需要根据导学信息进行自主在线学习，建议教师根据在线学习情况进行在线答疑。学生在完成课前的在线学习后，需要提交学习结果。教师根据反馈结果对学生的学习行为和结果进行评价，进而调整面授讲解的教学内容，同时学生进行其他课前准备。

（二）课中阶段

在课堂中教师根据课前学生反馈的在线学习结果，针对重难点和共性问题进行重点讲授与答疑。在学生通过自学已经掌握了教学知识点或技能点的情况下，教师可酌情压缩知识点和技能点讲解所花费的时间，用于组织课堂学习任务，由学生自主或小组协作完成；教师进行课堂任务的引导，学生完成学习任务后需提交成果。随后教师进行形成性评价，并及时提供给学生个性化的反馈、布置课后作业。

（三）课后阶段

课后学生完成作业后，教师进行总结性评价，包括每位学生的课堂学习表现及任务完成情况；为学生提供优秀案例，引导学生完成学习反思，同时教师也需要对教学实施过程中遇到的问题和困难进行教学反思和记录，以便进一步优化混合教学设计。针对不同学习进度的学生提供课后拓展问题与资料。

如果一个教学周内只安排一次面授教学，则课前和课后学生会有充分的时间完成相关任务，但是若一个教学周内安排两次或以上的面授教学，而且两次面授教学时间间隔较短，例如周二和周三，则周二之后、周三之间安排课后和课前任务，学生很难有充分时间完成，因此需要将周二和周三两次面授教学做统一设计，以便前后教学能够较好地衔接，并且只在针对周二安排课前学习任务，针对周四安排课后任务。

二、混合教学环境的准备

教师在实施教学时需要围绕所提出的混合课程教学设计方案，对是否具备所需教学环境、环境是否能够满足混合教学的需要进行仔细分析，需要了解教学环境的种类及特点。可将混合教学的环境分为三类：网络教学空间、实体教学环境、专用信息化教学工具。[1]

网络教学空间一般由网络教学平台支撑构建，网络教学平台又称学习管理系统（learning management system），能够承载在线课程和混合课程，支持网络环境下的教与学。当前各类网络教学平台不下百种，分为通用平台（如 Blackboard、Moodle、清华教育在线等）、专用平台（如 WISE 等）及 MOOC 平台（如 Coursera、Udacity、edX、国内各类慕课平台）三类，通用平台又分为商业平台和开源平台[2]。部署在学校的网络教学平台能够面向自己的师生提供较为全面的教学和学习支持与服务，与数字校园其他相关系统整合后实现统一门户、统一身份认证和数据共享，还便于教师和管理者收集学生和教师的全过程学习和教学的数据，不断迭代优化教学管理、教学设计和教学实施。MOOC 平台中都有较为丰富的开放在线课程，便于教师备课、学生自主学习。[3][4]

---

[1] Osguthorpe R T, Graham C R. Blended learning environments: Definitions and directions[J]. Quarterly review of distance education, 2003, 4(3): 227-33.

[2] 韩锡斌，葛文双，周潜，等.MOOC平台与典型网络教学平台的比较研究 [J]. 中国电化教育，2014(1):61-68. doi: CNKI: SUN: ZDJY.0.2014-01-013.

[3] Ruipérez-Valiente J A, Jenner M, Staubitz T, et al. Macro MOOC learning analytics: exploring trends across global and regional providers[D]. In Proceedings of the Tenth International Conference on Learning Analytics & Knowledge , 2020, 3: 518-523.

[4] Anggraini A, Tanuwijaya C N, Oktavia T, et al. Analyzing MOOC features for enhancing students learning satisfaction[J]. Journal of Telecommunication, Electronic and Computer Engineering (JTEC), 2018, 10(1-4): 67-71.

实体教学环境包括多媒体教室、理实一体化教室、智能教室和实训实习环境等。多媒体教室和理实一体化教室的功能特点是可帮助混合课程面授教学过程中开展多种形式的交互活动，增强学生观察和聆听的能力，增加师生在混合教学中实施教学策略的选择，同时还可为师生提供电子设备连接、网络内容访问、多媒体内容展示和信息化交互等支持。智能教室的特点是可为多种形式的混合教学提供智能化服务，包括教学环境的感知和智能调节、教学过程的智能化控制、教学内容的智能推送、教学质量的多样化智能评价，教学流程的智能分析和优化、教学决策的智能建议等。为此智能教室在多媒体教室的基础上增加了多种感知器、数据收集和分析系统以及多种形式的反馈和干预设备。实训实习环境可以为师生提供真实的信息化训练场景接入、多种时长的实训实习控制方式、多种形式的实训实习仿真模拟形式、全方位整合训练职业胜任力和相关技能所需的信息化技术，提供灵活、自适应的创新训练形式、学生心理支持跟踪，以及为学生的身体健康提供信息化检测和支持。

专用信息化教学工具包括计算工具（如 Matlab 等）、管理增强工具（如钉钉等）、认知增强工具（如 xmind 思维导图软件、VR/AR 实验软件）、活动增强工具（翻译软件等）。上述教学环境用于支持访问内容和资源，开展交流和反思、互动和协作、评价和反馈等活动，激发学生学习动机，实现教学管理和控制等需求。[1][2]

上述三类教学环境需要满足以下教学需求。

（1）访问和接入需求，混合教学要求教学环境要提供给师生公平、便捷、快速的访问和接入，并在各种自然环境下支持师生无障碍参与教学。保证师生在物理环境中通过移动设备、PC、电子白板、增强现实等设备接入虚拟环境与师生在虚拟环境中通过虚拟现实、模拟仿真等技术访问物理环境同样重要。

（2）动机和感知需求，混合教学要求教学环境要促进师生参与混合教学的动机，或以各种方式保持师生参与混合教学的兴趣，并且教学环境要易于被师生感知到，增强师生的临场感。有研究指出，增强技术系统的易用性有助于帮助师生构建和维持有效学习的动机。

（3）内容和资源需求，混合教学要求教学环境为混合教学提供多种形式的教学内容和资源，并为师生提供教学内容和资源的设计、构建、推送和迭代优化服务。为师生提供快速、便捷的外部教学内容、资源的接入和访问，支持内容和资源的多人协作编辑和优化，提供混合教学实施过程中对内容和资源的实时定制。同时，教

---

[1] Graham C R. Blended learning systems[J]. The handbook of blended learning: Global perspectives, local designs, 2006, 1: 3-21.

[2] Neumeier P.A closer look at blended learning — parameters for designing a blended learning environment for language teaching and learning[J]. ReCALL, 2005, 17(2): 163-178.

学环境需自动记录内容和资源设计、优化中产生的各种数据。

（4）互动和协作需求，混合教学要求教学环境为师生在教学实施中的互动和协作活动提供辅助，促进师生快速开展异步、同步、一对多和多对多等多种形式的互动活动，促进学生形成多种组织形式的协作小组，帮助学习共同体的构建。同时，教学环境需自动记录互动和协作活动中产生的各种数据。

（5）交流和反思需求，混合教学要求教学环境为师生在正式和非正式教学场景下提供异步、活动、一对一、一对多、多对多等多种形式的信息交流方式，提供包括文本信息、图片信息、音视频、软件模型等多种格式的信息形式。为师生提供可将反思内容记录和插入教学设计、教学干预、学习进度调整等其他教学阶段中的功能。同时，教学环境需自动记录交流和反思活动中产生的各种数据。

（6）活动和方法需求，混合教学要求教学环境不但能为常规教学场景中出现的教学活动和教学方法提供支持，还要求系统可灵活变化，为课堂观察、田野调查、科技馆教学等非常规教学场景中提供相应的活动和教学方法支持，如为师生提供可参考的案例、流程等信息，促进师生活动的有效性和教学方法的可用性。

（7）评价和反馈需求，混合教学要求教学环境为混合教学提供多种形式、多主体参与和多种实施方式的学习评价，并提供多种反馈方式，帮助师生根据评价结果对各阶段的混合教学及时优化和调整教学方法。同时，教学环境需自动记录评价和反馈产生的各种数据。

（8）管理和控制需求，混合教学要求师生能对教学过程进行自主管理和控制。能够个性化地调整教学过程，可根据学生各自特征划分不同的教学目标，定制学习进度。同时，教学环境需自动记录教学管理和控制中产生的各种数据。

（9）代理和辅助需求，混合教学要求学生在教学过程中有更强的自主性，因此教学环境需提供教学代理帮助教师及时回应学生，提供辅助分析帮助师生及时了解学习现状。代理和辅助技术系统可有效降低师生参与混合教学的难易度，提升师生开展混合教学的成果产出，减少学生终止和退出课程。

基于上述对教学环境种类及特点的认识，教师要对学生开展混合学习的具体条件进行充分准备。

（1）课前和课后在线学习：获取学习资源的途径、开展学习活动的环境（课程网站的可访问性、相关软件的可接近性等）。

（2）课中学习：课堂的地点安排、相关设备准备（桌椅、多媒体、实物展示、实验设备……）、相关软件、工具等的准备。

根据上述需求，混合环境中的支撑环境要素一般由多种信息系统共同构建，其特征是网络教学平台、信息化物理教学环境和专用教学系统与工具构成的教学场景集成化，教学过程全覆盖，教学活动智能化，教学进度定制化，教学干预（student support）个性化的集成信息化环境。

三、混合学习支持服务

（一）课程支持

无论是对课程内容本身、课程相关信息进行支持，还是对课程学习方法的支持，辅导与答疑都是最基本的形式。在混合教学中，辅导与答疑的内涵与传统课堂相比发生了变化，主要是对学习者进行辅导、学习指导和问题解答。辅导与答疑的基本功能包括以下 4 种。

（1）提供课程内容的讲解、辅导和答疑，特别是对课程理论方法、分析解决实际问题的启发和指导。

（2）提供与课程学科性质和教学内容有关的学习方法指导。

（3）组织学习者进行班组讨论和协作学习。

（4）提供其他各种与课程学习有关的教学帮助。

辅导答疑对学习者顺利完成学习具有很重要的作用，其不但保证了学习者学习的正常进行，而且能够为学习者提供很多学习方法上的指导，为学习者适应新的学习形式提供关键性支持。教师采用线上辅导与答疑时需注意以下 4 点。

（1）学习中心必须准备充足的资源，资源包括以各种媒体为载体的教学信息。

（2）教学师资要配备合理，教学辅导要安排到位。

（3）作业要定时检查，并建立学习者学习成绩档案。

（4）小组讨论与协作学习的组织安排要合理、充分。

辅导与答疑是一项与学习有关的教学服务，它包括与课程学习有关的一切内容。辅导与答疑可以由教师、教辅人员等来完成。在具体实施过程中应注意以下 4 点。

（1）承担辅导与答疑的教师或教辅人员必须熟悉教学信息、教务信息。

（2）辅导与答疑安排要合理，如在学期初、学期中、学期末等时间安排人员进行统一的辅导与答疑。

（3）平时应该安排教辅人员及时回答学生的疑问。

（4）教师和教辅人员应态度亲切、认真负责。

（二）情感支持

对学习者情感方面的支持，能够帮助学习者解决各种心理和情感方面的问题，缓解精神压力、消除孤独感、增加自信心。在混合教学过程中，主要是通过咨询来完成情感支持的。咨询与辅导/答疑不同，咨询主要是解决学习者在学习期间心理和情感的问题，与课程内容本身无关；辅导/答疑是专门解决与学科内容、学习方法和策略等方面相关的问题。

（三）实践性教学环节支持

实践性教学环节包括两种：一是课程实践环节；二是综合实践环节。课程实践环节一般是指课程学习期间或接近课程结束时将所学知识用于解决实际问题的一种综合行为；综合实践环节（也称教学调查与毕业设计或论文）是对本专业的综合知识进行检验与应用的一种行为，一般在最后一个学年或学期进行，它比课程实践环节复杂，其要求也高。不同类型的课程具有不同的课程实践环节。技术类课程的实践环节可以通过实验、试验在校本部或其他单位进行；理论类课程的实践环节可以将理论用于解决实际问题；教学类的课程实践环节可以通过到教学单位进行实地调研完成等。综合实践环节包括教学调查、毕业设计（或毕业论文）。在这个环节，学习者需要到与专业对口的单位去了解情况，与指导教师、单位负责人共同确定课题，以解决实际问题。

为了促进混合教学的顺畅实施，特别推荐以下建议。

（1）在课程网站上撰写清晰、完整的单元导学（包括学习目标、学习活动、任务完成截止时间、评价方式、求助方式等）。

（2）通过课程网站、即时通信工具（如微信群）给予学生及时的提醒和建设性的反馈（如学习节点的提醒、学习结果的评价反馈）。

（3）准备技术环境出现问题时的预案。

（4）课堂前、中、后的学习工作量安排适度，课堂教学时间留有余地，课前提供必要的补偿性学习材料。

（5）尽量按照课程网站上给学生公布的教学方案和时间实施。

（6）遵循学习单元的目标、内容、活动和评价的一致性原则。

（7）教学过程留档完整、及时反思。

第五节　混合教学的评价

　　混合教学评价是指以教学目标为依据，制定科学的标准，运用一切有效的技术手段，对混合教学活动过程及其结果进行测定、衡量，并给以价值判断，从而为教育决策提供依据，以及改进教育服务的过程。[①] 在混合教学实施之后，需要对教学效果进行评价并据此持续改进教学，一般从学生学习参与情况、目标达成度和学生学习感受三个方面进行评价。另外，基于大数据对混合教学进行评价是其独特的优势及今后发展的方向，如基于学生在线学习行为的学习成绩动态评价等。

一、学生学习参与情况评价

　　学生学习参与是一个相对宽泛的概念，与学生投入、学习投入、学习参与等概念较为相近。在混合教学语境下，"参与"更偏向于带有"承诺"性质的主动教学体验与互动。学生学习参与同时包括学生的行为参与、认知参与和情感参与。行为参与是最基本的参与形态，是外显的、可观察的，主要包括学生在学习过程中的具体行为表现，包括作业任务完成、课堂规章制度遵守、课堂活动按时出席等。此外，行为参与还反映在参与活动强度（努力程度、注意力、坚持度、时间投入）和活动参与（包括参与课程讨论、参与课下活动等）。认知参与主要指学习策略的使用，也就是学生在学习中对心智努力的把握与控制，使用不同的学习策略会引起不同层次的思维活动。学生会使用学习策略练习、总结、加工细化等来牢记、组织和理解学习内容，也会管理和控制他们在学习任务上的努力来保持他们的认知参与。情感参与主要指学生的情感反应，包括兴趣、无聊、快乐、悲伤、焦虑等，也有学者把情感参与理解为归属感和价值观。[②]

　　在混合课程中学生的学习参与度还可通过在线学习行为数据进行评价，评价数据包括学生进入在线课程、访问学习资源、完成在线测试、完成在线作业、讨论区发帖回帖等，网络教学平台中记录的详细数据项如表 3-25 所示。[③]

　　[①] 何克抗,林君芬,张文兰.教学系统设计（教育技术学专业系列教材）[M].北京：高等教育出版社,2006.
　　[②] 朱红.高校学生参与度及其成长的影响机制——十年首都大学生发展数据分析[J].清华大学教育研究,2010,31(6): 35-43, 63.
　　[③] 陈楠.面向混合教学的学习分析系统设计研究[D].北京：清华大学，2020.

表 3-25　网络教学平台中采集的数据项（优慕课平台）

角　色	功 能 名 称	数　据　项
教师	资源功能	1. 资源最长用时； 2. 资源平均用时； 3. 资源最短用时； 4. 资源已参与人数； 5. 资源未参与人数； 6. 提问总条数； 7. 教学者回答提问条数； 8. 提问文本及字数； 9. 提问被关注数
教师	投票功能	1. 投票题项名称； 2. 投票各题项的参与人数； 3. 投票各题项的参与比例
教师	沙龙功能	1. 课班成员人数； 2. 沙龙发言人数； 3. 所有想法得到认可总次数； 4. 认可别人想法的总人数
教师	测试功能	1. 应参与测试人数； 2. 实际参与测试人数； 3. 测试限制时长； 4. 测试最长用时； 5. 测试最短用时； 6. 测试平均用时； 7. 每道测试题目正确率； 8. 每道测试题项选择人数
学生	资源功能	1. 学习次数； 2. 学习时长； 3. 第一次访问时间； 4. 最后一次访问时间； 5. 个人提问条数； 6. 个人关注提问条数； 7. 个人提问被关注次数
学生	沙龙功能	1. 个人发言数； 2. 个人认可的想法条数； 3. 个人想法获得认可人数
学生	测试功能	1. 个人提交测试次数； 2. 个人测试正确题目数； 3. 个人测试错误题目数

对网络教学平台中的师生教学行为数据进行处理、分析和可视化呈现后，呈现

的分析结果可以辅助教师了解和调控混合教学过程和交互细节；教师在数据分析的基础上为学生提供更具针对性的教学干预，也有助于教师改进不同教学情境中教学设计思路；对教师行为、师生交互行为和课程成绩等数据进行采集与分析，利用可视化技术呈现混合课程建设情况、教学表现情况以及教学预警等内容，引导教学者发现教学问题，反思并改进教学过程。在混合教学过程中基于师生教学行为数据的改进策略包括以下6项。

（1）明确学习目标策略。在混合教学每个学习单元的开始阶段明确学习目标是十分重要的环节，正如加涅提出的九大教学事件中，告知目标作为首要且独立环节。无论是陈述性知识还是程序性知识，都需要根据其特征明确提出目标，尽量避免让学生漫无目的地获取、查阅学习资源以及参与活动。

（2）合理划分知识点策略。知识点划分过细导致学生难以把握混合课程的知识体系；划分过于概括，涵盖的内容可能会过载。

（3）提供多种交互形式策略。为促进学生、教师和内容之间的交互，应提供丰富的交互形式，从而适应学生存在的不同交互偏好。[①]

（4）教师参与交互策略。在学生的印象中，教师作为课程专家，所提供的相关信息往往都是比较有价值的。在混合教学过程中，教师需参与其中且有针对性地解答学生的提问及疑惑，使学生及时获得回应，促进师生双向交互。

（5）提供及时反馈策略。教师需在学习行为发生时，通过激励性言语或认可的行为来鼓励学生持续参与交互。教师降低其参与教学交互的频率，将会影响学生参与活动的热忱。

（6）多元化学习评价策略。在大数据背景下，学习分析的介入为混合教学过程性评价提供了新的方式。数据评价与主观评价、过程性评价与总结性评价相结合可使学习评价更为全面综合。

二、目标达成度评价

课程的目标达成度一般从单元学习目标达成以及最终目标达成两个方面进行评价。单元教学目标达成评价可以从学习单元设置的测验、作业、任务、实验、考试、课堂提问、展示、讨论区等方面获取相关情况。在混合教学过程中，学生课前通过线上自主学习、教师在线指导、学生提问交流、同伴相互讨论和研讨等完成预习，课前评价能够反映学生课前自主学习目标的达成情况；课堂学习阶段以线下的教学

---

① 夏文菁,张剑平.基于网络的对话式教学交互及其工具运用[J].远程教育杂志,2014,32(4): 30-37.

活动为主，教师可以借鉴已成型的一系列课堂观察工具和个人教学经验，调动学生间的互评和自评，获取学生的课堂学习情况；课后学习评价通过学生课后测验、作业练习、学习反思等方面的结果，综合考评本单元学生学习目标的达成情况。

最终目标达成情况可以结合单元学习情况和期末考试来综合评定。考试是学生课程学习成效评价的常用载体，应围绕课程整体目标进行，从而衡量课程最终目标达成情况。考试试题测量的学习要求不应仅仅考查学生单一知识维度，[1]而是多元维度，如知识、技能、情感态度价值观、信息素养等，考核的认知水平也不能仅仅停留在记忆与背诵，而是更加高阶的认知水平，如理解、应用、分析、评价和创造。考试试题的编制一般分为五个步骤：确定评价内容、确定认知要求、开发表现期望、细化表现期望和编制具体试题。第一步是从横向上确定评价的广度，即评价什么；第二步是从纵向上确定评价的深度；即评价到什么水平；第三步是根据纵横的广度与深度两个维度交叉，制定出具体的二维矩阵，梳理出评价标准；第四步是根据评价标准，来细化评价标准的层次（等级）与赋分情况，并给出示例；第五步是根据细化后的评价标准来编制试题。[2]考试题的编制与具体学科特点密切相关，需要教师结合具体课程内容和教学目标进行编制。

三、学生学习感受评价

学习满意度是学习者对学习活动的愉快感受或态度，高兴的感觉或积极的态度就是"满意"，反之则是"不满意"。[3]影响学生学习满意度的因素很多，包括课程人数规模、学生先前学习经验、学生年龄、师生关系、学生参与程度、媒体使用等。[4][5]关于学习满意度的测量，通常采用课后调查问卷的方式来了解学生的主观感受，使用较多的问答题项包括"相比于其他课程，我觉得这门课程质量刚好""我愿意推荐这门课程给其他的同学""我对这门课程中的某个方面感到满意"等，通过自陈题项的形式，请学生从"非常同意—同意—中立—不同意—非常不同意"中选择自己

---

[1] 崔允漷，夏雪梅. 试论基于课程标准的学生学业成就评价 [J]. 课程•教材•教法，2007(1): 13-18.

[2] 张雨强，崔允漷. 义务教育阶段学生科学学业成就评价框架的初步开发 [J]. 华东师范大学学报（教育科学版），2010,28(3): 38-49.

[3] Long H B. Contradictory expectations? Achievement and satisfaction in adult learning[J]. Journal of Continuing Higher Education, 1989, 33（3）: 10-12.

[4] 赵国栋，原帅. 混合式学习的学生满意度及影响因素研究——以北京大学教学网为例 [J]. 中国远程教育，2010(11): 32-3879.

[5] 崔国强，韩锡斌，王淑艳. 学生控制源倾向及其他个体差异对在线学习满意度的影响 [J]. 中国电化教育，2014(8): 55-61.

的态度，具体的学习满意度测量问卷示例参见书后附录中的网络课程的满意度调查问卷。

自我效能感最早由美国心理学家班杜拉提出，自我效能感是指个体对自己面对环境中的挑战能否采取适应性的行为的知觉或信念，[1] 是测量和评价学习者内在心理感知的重要参照。由 Schwarzer 和其同事编制的一般自我效能感量表（general self-efficacy scale, GSES）目前应用广泛，并被翻译成多种语言在国际上进行推广。一般自我效能感量表共包含 10 个问题，均为李克特 4 点量表（极不符合—不符合—符合—极符合），请学生从不同情形中做出选择。[2] 该量表包括了诸如"如果我尽力去做的话，我总是能够解决问题的""面对一个难题时，我通常能找到几个解决方法""对我来说，坚持理想和达成目标是轻而易举的"等题项，具体的自我效能感测量工具参见书后附录中的自我效能感量表。

四、基于学生在线学习行为的学习成绩动态评价[3][4]

学生的学习行为是可被直接观察、记录和测量的一种学习投入形式。[5] 研究表明，学生积极投入学习行为的程度会极大地影响他们参与混合教学的学习结果。在混合教学实施过程中，教师可通过学生表现的学习行为了解学生的学习状态，判断授课的质量，进而动态优化教学。[6] 在学生参与混合课程的学习行为中，最容易被观察和记录到的是网络教学平台中的在线学习行为。根据已有多项研究结果，通过网络教学平台中的记录的在线学习行为可较为准确地预测学生成绩，为教师提供动态评价学生，优化教学的依据。[7][8] 有学者通过在线学习行为构建的学生成绩预测模型进一步开展了教学干预，形成了一定的研究成果。[9] 本书研究团队提出了基于学生行为的混合教学动态评价需要使用网络教学平台收集学生行为和学生的成绩构建学生成绩预测模型，构建预测模型的步骤如下。

---

[1] Bandura A .Self efficacy : toward a unifying theory of behavioral change[J]. Psychological Review , 1977 , 84 : 191-215 .
[2] 王才康,胡中锋,刘勇 .一般自我效能感量表的信度和效度研究 [J]. 应用心理学 ,2001(1): 37-40.
[3] 罗杨洋,韩锡斌 .基于增量学习算法的混合课程学生成绩预测模型研究 [J]. 电化教育研究 ,2021,42(7): 83-90.
[4] 罗杨洋,韩锡斌 .基于学生在线学习行为特征的混合课程分类研究 [J]. 中国电化教育 ,2021(6): 23-30, 48.
[5] 戴维·涅米,罗伊·D. 皮,博罗·萨克斯伯格, 等 . 教育领域学习分析 [M]. 韩锡斌,韩赞儿,程建钢,译 .北京：清华大学出版社, 2020.
[6] 马婧,韩锡斌,程建钢 .促进学习投入的混合教学活动设计研究 [J]. 清华大学教育研究 ,2018,39(3): 67-75,92.
[7] 武法提,田浩 .挖掘有意义学习行为特征：学习结果预测框架 [J]. 开放教育研究 ,2019,25(6): 75-82.
[8] 张琪,王红梅,庄鲁, 等 . 学习分析视角下的个性化预测研究 [J]. 中国远程教育 ,2019(4): 38-45,92-93.
[9] 王改花,傅钢善 .网络学习行为与成绩的预测及学习干预模型的设计 [J]. 中国远程教育 ,2019(2): 39-48.

（1）收集学生在网络教学平台中形成的各类在线学习行为频次数据和在课程中得到的成绩数据。

（2）将各类在线学习行为频次数据使用最大最小值归一法处理，并将课程成绩按学分绩或按 10 分为区间进行分类处理。

（3）使用机器学习算法构建学生在线学习行为和学习成绩的预测模型。

（4）在新的学期中将学生在线行为数据输入预测准确率较高的模型，得到预测结果。

（5）从预测结果中提取每位学生的学习成绩，在线学习行为种类，每项在线学习行为种类对应的数值排名，以及每项在线学习行为对学习成绩预测的重要度数值。

（6）比较（5）中的各项数据与教学设计的差异，形成教学实践中的干预措施或下一轮教学设计的优化依据。

基于学生行为的混合课程中学生成绩预测模型可在以下场景中发挥作用，并给出相应的适用条件。

（1）在学生积极参与在线学习的混合教学场景中精确指导学生学习。基于学生在线行为的学生成绩预测结果可提前判断学生的学习质量，协助教师对学生开展个性化学习支持和教学时预判精力分配。同时，每位学生在线学习行为数值形成的模式可帮助教师发现学生的学习偏好，从而在指导时选取更易于被学生接受的教学方式和手段。然而在混合教学场景中，基于学生在线学习行为预测学习成绩需要学生全面、积极地参与课程中所有的在线学习活动。当学生参与在线学习活动频次较少或参与在线学习活动种类较为片面时，预测结果可能失准。[1]

（2）通过增量学习方式动态优化混合教学方案。当教师试图通过学生成绩预测结果优化混合教学方案时，需注意预测模型的构建方式。使用批量学习算法构建的学习成绩预测模型不支持教师将新一轮的学生学习过程数据输入，优化预测模型。只有使用增量学习算法构建的学习成绩预测模型支持教师持续输入学生的学习过程数据，优化预测模型，实时为教师提供教学方案优化的依据。[2]

（3）在学生在线自主学习场景中合理制定在线教学干预。在混合教学场景下，围绕学生对学习活动的感知制定和实施教学干预，可有效影响学生在课程中的认知和情感参与。[3] 基于学生在线行为的学习成绩预测结果可为教师反馈学生在线自主学

---

[1] 罗杨洋. 基于学生在线行为的混合课程学习成绩预测研究 [D]. 北京：清华大学, 2021.
[2] 罗杨洋，韩锡斌. 基于增量学习算法的混合课程学生成绩预测模型研究 [J]. 电化教育研究, 2021, 42(7): 83-90.
[3] Manwaring K C, Larsen R, Graham C R, et al. Investigating student engagement in blended learning settings using experience sampling and structural equation modeling[J]. The Internet and Higher Education, 2017, 35: 21-33.

习中的行为投入模式，为教师制定和实施教学干预提供依据。但是上述预测结果反映出的预测关系是学生在线自主学习场景中的行为投入与学习成绩的预测关系。教师根据预测结果制定教学干预时，应重点关注学生对线上学习活动的感知程度。如提供开放式资源环境，提供多样化学习资源，创建实时交流的机制，为不同学习进度的学生创建学习小组，明确在线学习奖励机制，设计激发小组讨论和跨组讨论的学习任务等。[①]

---

① 药文静,姜强,王利思,等.学习分析视域下大学生课堂参与边缘化诊断及策略干预研究——面向深度学习的课堂教学结构化变革研究之二[J].现代远距离教育,2019(6): 11-19.

第四章　教师信息化教学能力及其发展

在教育教学过程中，教师是起主导作用的，教师的教学能力是课程教学质量提升的关键因素，因而教师教学能力发展问题是根本问题。[①]教师教学能力的内涵、标准及发展模式是教育领域关注的重要研究问题，[②]也是高等院校和职业院校开展教师教学能力提升时需要明确的问题。信息时代对教师的教学能力提出了新的要求，教

本章思维导图

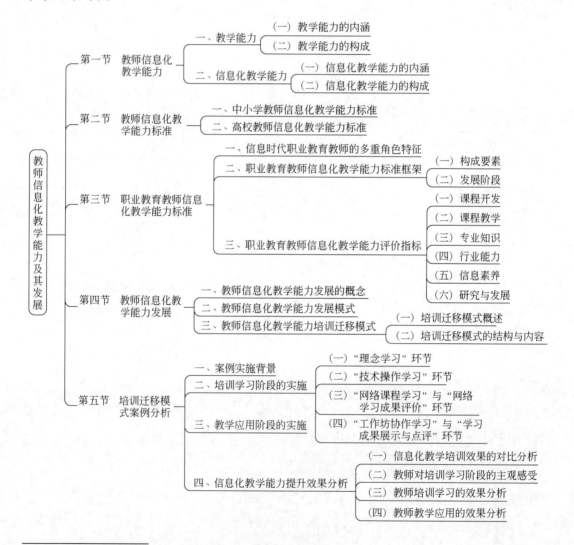

[①] 林克松. 工作场学习与专业化革新——职业教育教师专业发展路径探新[M]. 北京：人民出版社, 2019.
[②] Darling-Hammond L. Teacher education around the world: What can we learn from international practice? [J]. European Journal of Teacher Education, 2017, 40: 3, 291-309.

师需要具备信息化教学能力才能成功实施混合教学改革。本章第一节阐述教师信息化教学能力的内涵，第二节介绍教师信息化教学能力的相关标准，第三节提出职业教育教师信息化教学能力标准框架、测量指标及工具，第四节阐述教师信息化教学能力发展的概念和发展模式，第五节展示教师信息化教学能力培训迁移模式的案例。

第一节 教师信息化教学能力

一、教学能力

（一）教学能力的内涵

在哲学层面，能力是人确定对象关系的手段、过程和结果，是置于主客体关系下的概念。① 研究教学问题、考虑师生关系问题，② 同样属于能力讨论范畴。基于主体能力理论，探寻教学研究能力与社会实践能力的关系可知：能力作用于实践，满足主体的需求；实践反作用于能力，促进主体的提升。③ 从管理学视角看，能力也称胜任力，指"一个人的潜在特征，该特征与个体在工作或其他情况下，参照标准的、有效和（或）卓越的绩效有因果关系"，强调标准在能力界定上的重要作用和个体绩效与其能力的因果联系，即标准起到度量和评测能力的功用。④ 教学能力作为教师潜在的特征，由评价指标体系显示出来。从能力动态特征视角看，能力重在内化与运用。⑤ 从心理学视角看，能力是一种符合活动需要并影响活动效果的个体心理特征，而教学能力是个体顺利完成教学活动的前提，并直接影响教学活动效率的心理特征，是在特定学科的教学活动中表现出来的一种特殊的职业能力。⑥ 目前，研究者主要从心理认知和课程教学两个视角对教学能力内涵进行分析，形成了对教学能力综合性、专业性和发展性的共识。从心理认知视角，小山悦思将教学能力分为技术层面和人格层面。⑦ 学界逐渐接受了教师的智力和教学能力是不同的观点，并把教学能力视为

---

① 吕勇江.哲学视野中的能力管理[D].北京：中共中央党校,2006.
② 葛文双,韩锡斌.数字时代教师教学能力的标准框架[J].现代远程教育研究,2017(1): 59-67.
③ 金利.地方本科高校教师教学能力发展研究[D].重庆：西南大学,2014.
④ Spencer L J, Spencer S M. Competence at Work: Models for Superior Performance[M]. New Jersey: Wiley, 1993：9.
⑤ 姜大源.职业教育要义[M].北京：北京师范大学出版社,2017: 11.
⑥ 余承海,姚本先.论高校教师的教学能力结构及其优化[J].高等农业教育,2005(12): 53-56.
⑦ 钟启泉.教师的"教学能力"与"自我教育力"[J].上海教育科研,1998(09): 15-18.

一种特殊能力。① 这符合能力二因素论的观点，即能力是由基本因素和特殊因素共同组成的。基本因素反映着人的心理素质和个人潜力等，决定着人的综合素质是强还是弱；特殊因素体现着人在解决一些具有特定关系的任务时所具备的一些素质。② 从课程教学活动视角，研究者多依据教学过程和教学任务来讨论教学能力构成，教学过程旨在完成预设教学任务，确定学生应该达到的程度，对教学过程进行逆向设计。有学者将教学能力划分为传授知识、组织教学和处理人际关系三个维度。③ 高校教师的教学能力构成除具备基本要素外，其相关研究还致力于探讨教育教学方法与内在规律。有学者指出，应把大学教学提高到教学学术的水平，并开展专业研究和实践活动。④

（二）教学能力的构成

学者对高校教师、中小学教师教学能力结构的研究结论与思路基本一致。⑤ 如有学者提出大学教师教学能力以智力为基础，具备完善知识结构、知识更新能力、驾驭学科内容和学术研究能力，此外，还要包括培养学习者终身学习、逻辑思辨、有效获取研究资料等教学方法的知识与技能，⑥ 这符合一些学者对中小学教师教学能力结构维度分类。有研究提出高校教师教学有关职业基础知识、个人特质、职业态度、专业建设能力和课程教学能力五个能力维度，⑦ 这也与中小学教师教学有关人格与技术的心理认知方面的维度分类研究相符。学者从专业态度、专业知识和教学方法对高校教师教学能力的维度分类，也是基于课程教学实践视角进行的研究分析。⑧⑨⑩ 与中小学领域研究不同的是，研究高校领域的学者从更高的专业要求来关注教学问题，正如有学者指出大学教师除了要具备学术性知识外，还要致力于研究治学方法与规律。⑪ 美国学者将高校教师教学能力分为学术技能、计划技能、管理技能、

---

① 申继亮，王凯荣.论教师的教学能力 [J]. 北京师范大学学报（人文社会科学版）,2000(1): 64-71.
② Spearman C E. "General intelligence", objectively determined and measured [J]. American Journal of Psychology, 1904, 15(2): 201-293.
③ Gilis A, Clement M, Laga L, et al. Establishing a competence profile for the role of student-centered teachers in higher education in Belgium [J]. Research in Higher Education,2008(2): 531-554.
④ Boyer E L. Scholarship Reconsidered Priorities of the Professoriate [M].Princeton, NJ: Princeton University Press.
⑤ 葛天双.高校教师信息化教学能力结构框架的研究与培训应用 [D]. 北京：清华大学，2017.
⑥ 余承海，姚本先.论高校教师的教学能力结构及其优化 [J]. 高等农业教育,2005(12): 53-56.
⑦ 徐继红.高校教师教学能力结构模型研究 [D]. 长春：东北师范大学，2013.
⑧ Shulman L S.Those Who Understand: Knowledge Growth in Teaching[J]. Educational Researcher, 1986,15(2): 4-14.
⑨ Koster B, Brekelmans M, Korthagen F,et al.Quality Requirements for Teacher Educators[J]. Teaching and Teacher Education,2005,21(2): 157-176.
⑩ Vogt F, Rogalla M.Developing Adaptive Teaching Competency Through Coaching[J]. Teaching & Teacher Educations, 2009,25(8): 1051-1060.
⑪ 潘懋元.高等学校教学原理与方法 [M]. 北京：人民教育出版社,1996.

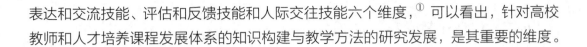

表达和交流技能、评估和反馈技能和人际交往技能六个维度,[①] 可以看出,针对高校教师和人才培养课程发展体系的知识构建与教学方法的研究发展,是其重要的维度。

二、信息化教学能力

(一)信息化教学能力的内涵

教师的信息化教学能力有一些近义概念,"教育技术能力""ICT 能力"。其中,ICT 能力即教师信息与通信技术能力,相比国内在信息技术融入的教师教学能力研究中的"信息化教学能力""教育技术能力"两种描述,国外研究中以"ICT 能力"为统一的名词概念展开研究,[②] 用来描述诸如计算机操作技能、安装维护、文字处理、网络技能等信息技术能力,后来随着技术与教学整合程度的加深,将设计学习环境、课程资源等技术与课程教学整合能力视为教师 ICT 能力,但没有脱离"技术工具论"的概念范围。[③] 近 20 年来,学者多从教育技术的学科定义出发对教师信息时代的教学能力进行界定,将其视为针对教学资源和教学过程的设计、开发、利用、管理和评价的能力。我国《中小学教师教育技术能力标准》和美国《国家教师教育技术能力标准(NETS)》体现了这一时期带有典型教育技术学科特征的特点。随着技术促进教学实践的发展,国内外学者发现从教育技术学科出发定义信息时代教师教学能力的内涵跟不上变化,由此国内学者提出了指向技术促进学科实践性知识体系的信息化教学能力概念。与此同时,国外学者针对技术、课程内容与教学方法的整合性知识发展提出了 TPACK(technological pedagogical content knowledge)技术整合框架,将信息时代教师教学能力指向了具体学科课程中的技术促进教学的能力范畴。[④] 而随着信息技术对工作和学习方式的改变,信息素养和数字素养的概念越发吸引学者们的注意力,利用海量信息工具以及信息源解决问题的技能,实质上表现为理解信息、驾驭信息技术开展高效学习和展现数字公民道德意识与责任的能力,其概念延伸到了技术促进教师终身学习与知识创造的范畴。本书的教师信息化教学能力指向于信息时代教师利用信息技术实施与优化教学的能力范畴。

[①] Simpson R D, Smith K S. Validating Teaching Competencies for Graduate Teaching Assistants: A National Study Using the Delphi Method [J]. Innovative Higher Education, 1993,18(2): 133-146.
[②] 姜蔺. 高校教师线上线下混合教学能力提升研究 [D]. 北京:清华大学,2018.
[③] 葛文双,韩锡斌. 数字时代教师教学能力的标准框架 [J]. 现代远程教育研究,2017, 145:61-69.
[④] Koehler M, Mishra P, Cain W. What Is Technological Pedagogical Content Knowledge (TPACK)[J]. Journal of Education, 2013, 3: 13-19.

（二）信息化教学能力的构成

在进一步讨论教师信息化教学能力构成时，不仅需要以文献研究的结果为参考，更需要体现实际工作对教师的要求。从教学过程角度讨论的教师的教学能力，一般包括教学设计、实施、管理与评价、研究与创新四部分能力。信息技术的融入提升了对教师信息技术应用水平的要求，信息化教学情境下，教师教学能力基本结构不发生变化，增加信息技术应用能力，并在已有各组成部分的内涵与描述的范畴等方面进行重新解读，以体现信息化教学的特点，形成新的具体能力结构。

从实践经验的角度，基于本书团队多年信息化学习的理论与实践研究，以及与中国大陆高校的信息化教学改革实践，提出高校进行信息化教学改革需从学校、专业、课程三个方面着手进行，课程层面的信息化教学改革分为环境准备、团队建立、课程申报、课程开发与建设、课程实施与课程评价六个环节，其中课程开发与建设、课程实施是围绕教师展开的核心环节。

基于理论分析与实践经验两方面的论述，可以将教师信息化教学能力归纳为五个方面：信息化教学设计能力、信息技术应用能力、信息化教学实施能力、信息化教学管理与评价能力、信息化教学研究与创新能力。

1. 信息化教学设计能力

教学设计是教师教育技术的核心，也是教师专业水平提升的关键。同样，教师信息化教学的设计能力是信息化教学能力的关键核心，也是教师的信息化教学能力提升培训的难点。[①] 教师信息化教学设计能力包括信息化教学的教学目标分析、学习者特征分析、线上线下学习内容分析、教学策略选择、学习活动的设计、学习环境的设计、学习效果的评价等方面。[②] 可以看出，信息化教学设计能力是围绕混合课程教学设计的系统化综合能力。

2. 信息技术应用能力

信息技术应用能力要求教师掌握操作计算机的知识与技能、掌握信息检索技术知识与工具操作技能、掌握应用适当信息技术进行交互沟通的方法与操作技能、不断更新技术知识和技能并借助技术支持专业发展、会利用工具开发教学资源、支撑教学活动、实施教学评价等；教师不仅需要具备使用信息技术手段与工具的技能，

---

① 何克抗.教学系统设计[M].2版.北京：高等教育出版社，2016.
② 盛群力，钟丽佳，张玉梅.大学教师教学设计能力知多少？——高校教师教学设计能力调查[J].开放教育研究，2015,4：44-51.

更需要具备根据教学内容选择自己需要的信息技术手段与工具的能力，具体包括在线课程建设、多媒体教学资源制作、在线交互、信息检索、学科技术工具的选择与应用能力等。①

3. 信息化教学实施能力

在信息化教学过程中，即使设计了完整的教学设计方案，教师如果无法很好地传授教学内容，或缺乏活动组织、教学内容解惑、学习监控等能力，将无法顺利实施设计方案，教学效果也会达不到预期。因此，教师信息化教学能力提升不仅要关注教师的教学设计、技术应用能力，还需要具备利用技术支撑教学实施的能力，即组织、监控教学并实现教学目标的能力，具体包括在虚实融合的教学环境中收集并分析教学过程信息、选择并应用分享工具、使用多媒体教学设备、选择并使用各类教学管理工具等方面的能力。

4. 信息化教学管理与评价能力

教学管理能力既包括对教学过程、教学结果的管理，也包括教师对教学环境、设备等的管理，在对教学结果的管理过程中必不可少的是对教学结果的评价。教师信息化教学管理与评价能力既包括教师对信息化教学实施的过程、教学结果的管理、对线上线下教学环境与设备的管理，还包括教师对学生各个学习环节监控、管理、评价与反馈的能力。

5. 信息化教学研究与创新能力

教学创新能力指"教师在整个教学过程包括从教学准备开始到教学实施再到教学评价中体现出来的应变能力和研究能力，最终形成自己独特教学风格的能力"。②由此可以看出，教师教学研究能力与创新能力是不可分割的整体，教学研究能力的形成过程中伴随着具有独特教学风格、独特教学模式的创新，而教学创新的过程中又体现了教师教学研究的思路与成果。信息化教学研究与创新能力是指教师在信息化教学情境下，进行教学分析、教学设计、实施与评价的全过程实践中，保持研究者的视角展开精细化的研究分析，自主探究自身信息化教学过程中的实际问题，综合利用多种研究方法在解决问题的过程中形成具有独具特色的创新教学方法、教学模式的能力。

---

① 姜兰.高校教师线上线下混合教学能力提升研究[D].北京：清华大学,2018.
② 王宪平.课程改革视野下教师教学能力发展研究[D].上海：华东师范大学,2006.

第二节 教师信息化教学能力标准

一、中小学教师信息化教学能力标准

教学能力是教师能力结构的主体部分,是教师各种素质水平的集中体现,也是教师必不可少的专业能力和基本的职业素养。[①] 国际培训、绩效、教学标准委员会的教师教学通用能力标准(IBSTPI)中提出,教学能力是制订教师能力标准的核心取向。

信息技术的泛在化对个体的人际交流、工作生活、知识建构、信息获取等各个方面都带来了改变,可以说,信息技术改变了人们的行为方式和思维方式。教育工作者作为学生学习的引导者,有必要具备相应的数字素养,充分利用数字技术的潜力,加强数字化教学和学习,为学生在数字社会中的生活和工作做好充分的准备。目前有六个具有典型代表的教师信息化教学能力标准:美国国际教育技术协会(ISTE)2017年版教育者标准、美国教育传播与技术协会(AECT)2012年版教师教育技术能力标准、联合国 ICT-CFT 框架、IBSTPI 面对面、在线和混合环境教师通用能力标准、中小学教师信息技术应用能力标准、师范生信息化教学能力标准。本书研究团队从背景信息、内容维度、借鉴特点、应用范围四个维度对其进行了归纳整理(见表 4-1)。

表 4-1 国内外教师信息化教学能力比较分析

标准名称	背景信息	内容维度	借鉴特点	应用范围
美国国际教育技术协会(ISTE)2017年版教育者标准	1996年,美国克林顿政府提出了"要建立世界一流教育标准"的目标,美国国际教育技术协会在1998年、2000年、2002年分别颁布了全美面向学生、教师和管理者的教育技术标准,该标准被	标准包括学习者、领导者、公民、合作者、设计者、促进者、分析者七个能力维度及24个具体指标	①以学生核心素养的发展为中心,旨在赋权学生学习;②标准以 TPACK 模型为框架,支持教师发展 TPACK 知识;③相比较2000年版和2008年版本,去掉了"技术"一词,强调信息技术能力在美国已是教师作为公民应该具备的素养;	2008年标准的具体名称为 ISTE Standards for Teachers,2017年版标准变成 Educators。教师是教育工作者的主体,而教育工作者不仅包括教师,还包括从事与教育有关的各级各类学校和

[①] 杜萍.当代中小学教师基本教学能力标准的研制与反思[J].课程·教材·教法,2011,31(334): 97-102.

续表

标准名称	背景信息	内容维度	借鉴特点	应用范围
美国国际教育技术协会（ISTE）2017年版教育者标准	全美50个州中的49个州政府和部门采纳。[1]2017年教育者标准颁布，开始聚焦技术创新教学[2]		④为美国面向未来培养人才的国家目标服务，体现了超前于时代的前瞻性[3]	教育机构的管理人员、教学辅助人员等[4]
美国教育传播与技术协会（AECT）2012年版教师教育技术能力标准	美国教育传播与技术协会（AECT）在1982年首次颁布了教师教育技术标准，被国家教师教育认证委员会（NCATE）通过，后经过1994年、2000年、2005年和2012年的修订，在2012年7月16日推出了2012年版标准	从内容知识、内容教学法、学习环境、专业知识与技能和教学研究五个维度进行构建	①该标准与我国《中小学教师信息技术应用能力标准（试行）》颁布的时间背景接近，二者之间有比较好的承接关系；②以教育需求为导向，采用教师的准入策略，对职前教师进行严格筛选，达到相应标准才能成为合格的教师	面向中小学教师，[5]也可适用于美国有志于成为教师的高校学生[6]
联合国ICT-CFT框架	2007年联合国教科文组织（UNESCO）与微软、英特尔、思科、国际教育技术协会（ISTE）和弗吉尼亚理工学院暨州立大学（Virginia Tech）合作，开展了面向下一代的教师计划（The Next Generation of Teachers Project）	面向知识获取、知识深化和知识创造三个阶段，从理解教育的信通技术、课程与评价、教学法、数字技能运用、组织与管理和教师专业学习六个维度构建教师能力框架	①加强教师对ICT政策的研读；②利用ICT培养学生的知识社会技能；③建立基于项目的学习共同体；④利用数字工具进行泛在学习；⑤培养教师信息化领导力；⑥做信息时代创新型教师	面向世界范围内100余个国家和地区教师

[1] 葛文双.高校教师信息化教学能力结构框架的研究与培训应用[D].北京：清华大学,2017.
[2] 王永军.中小学教师信息技术创新应用能力框架构建研究——基于ISTE 2017年版《教育者标准》[J].远程教育杂志,2019,37(255): 52-62.
[3] 张琳.师范生信息化教学能力培养研究[D].上海：华东师范大学,2019.
[4] 冯仰存,钟薇,任友群.美国国家教师教育技术新标准解读与比较研究[J].现代教育技术,2018,28(11): 19-25.
[5] 马欣研.中小学教师信息素养研究[D].上海：华东师范大学,2019.
[6] 袁磊,侯晓丹.美国《AECT标准（2012年版）》与我国《中小学教师信息技术应用能力标准（试行）》的比较研究[J].中国电化教育,2015（5）:20-24.

续表

标准名称	背景信息	内容维度	借鉴特点	应用范围
IBSTPI面对面、在线和混合环境教师通用能力标准[1]	国际培训、绩效、教学标准委员会（IBSTPI）在2004年发布了面对面、在线和混合教学环境的教师通用能力标准，该标准针对技术对教学环境的变化，针对三种不同环境提出了教师教学的能力标准	五个能力维度、18项能力指标和97个绩效指标：①专业基础：沟通交流、更新和提高专业知识、职业道德和职业规范4项能力指标；②计划与准备：教学准备与教学设计两项能力指标；③教学方法与策略：激发学习者动机和投入、表达、提问、反馈、知识巩固和迁移、媒体技术8项指标；④评估与评价：两项指标；⑤教学管理：两项指标	①从教师教学的知识、技能和态度构建标准；②考虑信息技术对教学环境的影响，针对面对面、在线和混合等三种教学环境，分别提出了相应的能力指标；③标准结构指向了课程教学的整体过程，并提出要教师思考如何有效将技术整合于自己的课程教学，对教师数字化教学特征做出了要求	该标准是一个面向各个领域和行业教师教学能力的通用框架，主要用于基础教育，也可用于职业教育和高等教育的教师以及培训行业的教学人员，并且对教师在数字化学习环境下的教学能力具有借鉴作用
中小学教师信息技术应用能力标准	2014年5月27日由教育部颁布。其是《教育部关于实施全国中小学教师信息技术应用能力提升工程的实施意见》（简称"能力提升工程"）中顶层设计的一部分，因而它的研制背景与实施路径，都与"能力提升工程"密不可分。"能力提升工程"既催化了《标准》的研制，又为《标准》的实施提供了绝好的平台	标准包括两个应用信息技术优化课堂教学和应用信息技术转变学习方式大的维度。共分为五个层面：技术素养、计划与准备、组织与管理、评估与诊断以及学习与发展，共有25条具体要求	①聚焦专项：特别强调"不采用信息技术手段开展教育教学所应具备的教师专业能力不在本标准覆盖范围内"；②面向应用：需要标准既要考虑到教育信息化发展远景，也要考虑我国教育信息化的发展现状；③关注差异：对中小学教师在教育教学和专业发展中应用信息技术的能力提出了基本要求和发展性要求[2]	中小学和幼儿园教师

[1] 葛文双,韩锡斌.数字时代教师教学能力的标准框架[J].现代远程教育研究,2017(1): 59-67.
[2] 祝智庭,闫寒冰.《中小学教师信息技术应用能力标准(试行)》解读[J].电化教育研究,2015,36(9): 5-10.

续表

标准名称	背景信息	内容维度	借鉴特点	应用范围
师范生信息化教学能力标准	教育部-中国移动科研基金项目于2015年正式启动"师范生信息化教学能力标准研制与培养模式实证研究"项目，委托华东师范大学牵头，联合华中师范大学、南京师范大学、陕西师范大学、西北师范大学、西南大学共六所高校成立了核心研制工作组[①]	标准包括三个一级维度，每个维度下又分为三个子维度。基础技术素养（意识态度、技术环境、信息责任）、技术支持学习（自主学习、交流协作、研究创新）、技术支持教学（资源准备、过程设计、实践储备）	①关注应用与迁移：注重与在职教师信息技术应用能力标准的衔接性，以在职教师能力标准为逻辑起点；②根据职前职后教师的差异来重新分解能力维度[②]	主要面向师范生，师范生有两个角色，学生角色和未来教师角色

综合分析国内外研究可以看出：① 尽管各国政府和世界组织对于教师信息化教学能力标准的颗粒度以及表述方式存在差异，但所关注的能力点是基本相通的，如自主学习能力、交流能力、协作能力、创新能力、问题解决能力、批判思维、决策能力、责任感等；② 美国国际教育技术协会 ISTE 教育者标准强调教师从理解学习者学习的视角来应用信息技术优化教学方式，鼓励教师根据学生背景及学习特点的不同，设计并选择多元化的学习环境、学习资源，体现了以学生为中心的建构主义教育理论；③ 2012 年版美国教育技术与传播协会 AECT 标准与我国师范生信息化教学能力标准均以教育需求为导向，基于教师准入的视角，选取教学研究（研究创新）为能力指标，说明教学研究是评价教师能力与绩效的重要指标；④ ISTE（2017）、AECT（2012）、ICT-CFT、中小学教师信息技术应用能力标准、IBSTPI、师范生信息化教学能力标准均将教师专业发展（教师学习）作为基础性的能力维度，说明在教师终身职业能力发展方面，国内外研究者达成了共识；⑤ 上述六个标准都将教师的技术应用能力与意识作为基线能力，从技术赋能课程教学活动的视角审视设计、开发、应用、管理和评价等维度，尤其强调教学创新的重要作用。

二、高校教师信息化教学能力标准

高校教师应用信息技术有效组织教学已成为信息时代教学的常态，本书研究团队在借鉴高校教师教学能力相关标准、高校教师教育技术能力相关标准以及中小学

---

①② 任友群，闫寒冰，李笑樱.《师范生信息化教学能力标准》解读[J]. 电化教育研究，2018, 39(10): 5-14, 40.

教师相关标准的基础上，从 ICT 融入教学的视角，提出了高校教师信息化教学能力框架（见图 4-1）。①

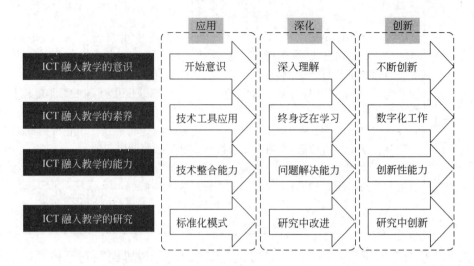

图 4-1 信息时代高校教师信息化教学能力框架

该框架包括四个信息化教学能力维度。

（1）ICT 融入教学的意识：教师信息化教学应用意识，对政策导向和教学能力标准具有敏锐的感知度。

（2）ICT 融入教学的素养：教师从单纯学科技术、资源开发、网络教学平台等教学技术工具扩展到应用各种轻巧的智能终端实现"时时、事事、人人、处处"的终身泛在学习，最后嵌入学习、工作和日常生活环境中，教师形成数字化工作与学习的典范。

（3）ICT 融入教学的能力：从技术与课程教学整合应用能力，形成以问题解决为主的技术与课程教学融合应用能力，最后基于教育系统思考创新技术支持课程教学的模式、方法和策略。

（4）ICT 融入教学的研究：对信息技术融入课程教学的分析、设计、开发、实施和评价等全过程开展精细化研究分析，科学有效地创新教学模式、方法与策略。

从教师专业发展进程维度来看，高校教师 ICT 融入教学的过程呈现阶段性特征，从开始意识到信息技术在教学中的重要作用，到教师理解和掌握信息化教学的理论和方法，再到具备创新变革教育教学模式的思想与方法，据此将高校教师信息化教学能力的发展划分为应用、深化和创新三个阶段（见表 4-2）。②

---

①② 葛文双，韩锡斌. 数字时代教师教学能力的标准框架 [J]. 现代远程教育研究, 2017(1): 59-67.

表 4-2　高校教师信息化教学能力的发展阶段

内容维度	应　用	深　化	创　新
ICT 融入教学的意识	开始意识： 教师开始意识到信息技术在教学中的重要作用	深入理解： 教师能够深入理解信息化教学的相关知识和方法	不断创新： 教师不断创新信息化教学的模式与方法，具备教学变革性的思路和方法
ICT 融入教学的素养	技术工具应用： 初步掌握各种信息技术工具应用（如办公软件、网络教学平台、思维可视化工具、常用社交媒体软件等）	终身泛在学习： 基于各种泛在智能终端，应用各种开放在线课程资源、在线优质教育资源和社交媒体生成资源开展专业学习，养成终身学习的习惯	数字化工作： 教师具备灵活应用各种数字化技术工具的能力，技术变得"不可见"，教师成为信息社会数字化工作的典范
ICT 融入教学的能力	技术整合能力： 在信息化课程教学实践中掌握一种技术有效整合于具体课程的方式	问题解决能力： 在课程教学中思考应用技术设计和实施基于问题解决式的学习任务，培养学习者探究、合作和自主建构知识的能力	创新性能力： 在课程教学中灵活应用技术设计提升学习生批判性思考能力的活动，使学习者具备创新变革的思维
ICT 融入教学的研究	标准化模式： 在课程教学过程中针对已有传统教学的问题采用典型标准化模式开展初步研究，掌握基本思想与方法	研究中改进： 在课程教学中不断深入研究和反思，尝试探索基于深度理解的协作学习，通过设计教育实验方法不断改进教学模式与方法	研究中创新： 将课程打造成一个开放性的学习共同体，打破时空局限，将课程内部学习者与外部学习者之间形成一种联结化知识网络；教师之间形成课程在线教研共同体，通过分享与交流，不断创新教学模式与方法

第三节　职业教育教师信息化教学能力标准

一、信息时代职业教育教师的多重角色特征

"双师型"教师是职业教育教师的发展趋势，"双师"是指兼具理论基础与实践能力的教师。[①] 欧盟职业培训发展中心将职业教育教师根据职业分为四类：普通学科教师、职业理论学科教师、学校实训基地或模拟教学环境的实践学科教师以及公司培训者。我国"双师型"教师多指职业理论学科教师和职业实践学科教师。信息时

---

① 宋明江. 高职院校"双师型"教师教学能力发展研究 [D]. 重庆：西南大学, 2015.

代对职业教育教师的教学能力提出了新的要求，有必要分析职业教育教学能力的概念和构成要素，继而形成信息时代职业教育教师教学能力的标准框架，为职业教师教学能力提升方面的研究与实践奠定基础。职业教育与普通教育是两种不同教育类型，信息时代的职业教育教师除了具备上节所述的教学能力外，还应具备三种角色的特征：技师/工程师、数字公民和终身学习者。

具有技师/工程师特征的职业教育教师：相较于普通教育，对职业教育教师教学能力结构的研究更加关注其行业能力，即社会能力、方法能力与专业能力。[1] 目前在实践层面从师资队伍建设出发总结的"双师型"教师的案例较多，对职业教育教师个体的"双师型"教学能力结构探讨并不充分。相比公共课教师，专业课教师的职业属性更强、更具有职业教育"双师型"特征，因而职业教育教师教学能力的研究主要聚焦专业课教师。国内外相关研究也多是从专业课教师视角切入的，如有学者认为职业教育"双师型"教师能力包括教学基础、专业实践、行业能力以及科研能力和素质四个一级要素。[2] 有学者建立的职前职业教育教师教学能力模型，包括核心能力（core competence）、硬技能（hard skills）和软技能（soft skills）。[3] 核心能力包括教学知识、内容知识、技术知识；硬技能包括实操及专业理论课程教学能力、实操及专业课程内容掌握水平；软技能包括诚实可靠、遵守纪律、争当模范等。有学者基于管理学胜任力视角、工作过程视角与教学活动视角，通过焦点小组讨论的方式，构建了职业教育教师的教学能力框架，核心分为三项一级维度：个人特质和专业水平、课程教学和培训、技术和创新，以及对应的二级维度。[4] 一些学者认为职前职业教育教师须具备教学（pedagogic）、专业（field of the expertise）、管理（managerial）、品格（personality）和社交（social）五个领域的能力。[5] 有学者结合工作过程视角、心理学认知视角、胜任力视角与教学活动视角，构建了旨在满足可持续发展目标的职业教育教师教学能力框架，包括六个能力维度。[6] 从哲学层面的社会实践与主体之间的辩证关系来看，职业教育的教学活动发生场域存在跨界性，即从院校延伸至企业、行业或社会，因此对职业教育教师个体的素质和能力

---

[1] 赵志群. 职业能力研究的新进展[J]. 职业技术教育, 2013(10): 5-11.

[2] 詹先明. "双师型"教师发展论[M]. 合肥：合肥工业大学出版社, 2010: 39.

[3] Wagiran W, Pardjono P, Suyanto W, et al. Competencies of future vocational teachers: Perspective of in-service teachers and educational experts[C]. Principles and Practice of Constraint Programming, 2019(2): 387-397.

[4] Ismail A, Hassan R, Bakar A, et al. The development of TVET educator competencies for quality educator[J]. Journal of Technical Education and Training, 2018, 10(2): 38-48.

[5] Rofiq Z, Surono S, Triyono M B, et al. Developing the standard competencies for vocational teacher candidates of mechanical engineering[C]. Journal of Physics: Conference Series. IOP Publishing, 2019(1): 12-32.

[6] Diep P C, Hartmann M. Green skills in vocational teacher education—a model of pedagogical competence for a world of sustainable development[J]. TVET@ Asia, 2016(6): 1-19.

提出了很高的要求。

以服务发展为宗旨，以促进就业为导向的职业教育，须培养学生的职业技能和职业精神，做到在专业、社会、个人情境中正确思考，在行动中承担个人和社会责任。以校企合作为办学模式，以工学结合为培养模式，将单一学校形式的教与学发展为校企合作的教与学，这使得职业教育的教学结构或学习结构发生了与普通教育不同的、具有自身特点的深刻变化。"双高计划"是落实"职教20条"的重要举措，是职业教育"下好一盘大棋"的支柱之一，旨在集中力量建设一批引领改革、支撑发展、中国特色、世界水平的高职学校和专业群。[①]"双高计划"提出"以'四有'标准打造数量充足、专兼结合、结构合理的高水平双师队伍"。对于教师教学能力要素，特别强调行业权威性、国际影响力、实际问题解决能力、创新能力和技术技能，适应中国国情，解决中国问题。

具有数字公民特征的职业教育教师：信息时代对身处其中的所有人都提出了新的要求，教师作为数字公民，也应具备相应的信息素养，尤其是在信息化环境中优化教学的能力。移动互联、云计算、大数据、物联网、人工智能等层出不穷的新技术将对职业教育产生深远影响，[②]信息技术的泛在化改变了个体的人际交流、工作生活、知识建构、信息获取，甚至行为方式和思维方式。教师需要具备相应的信息素养，充分利用各类技术的潜力，引导学生为未来做好准备。在信息时代，人的发展与社会发展的相互作用更加明显，体现在：①劳动分工导致单一工种向复合工种转变；②技术进步导致简单职业向综合职业发展；③信息爆炸促进了学校教育向终身学习的跨越。[③]信息技术与教育教学的整合存在三个层面，依次是工具手段层面的经验应用、逻辑系统层面的策略创新、人文价值层面的人性反思。将基于技术发展所需更高要求的技能习得及其知识掌握的过程，与该技术功能更加有效地结合，就要求通过整合来营造新型教学环境、实现新的教学方式、变革传统的教学结构。[④]过去二十年来基于技术工具论的教师教学能力发展对提升教学质量的帮助较为有限，"教育+信息技术"的思维范式被桎梏在狭隘的学科范畴。[⑤]教师的信息化教学能力不应受到技术工具论的裹挟，而需信息技术与教学深度融合，整合并重组信息时代相关教学能力的构成要素。信息时代"教与学"的内涵与外延日益多元，新技术、新模式重

---

① 成军."双高计划"引领下高职院校教育科研的价值与发展路向[J].中国职业技术教育,2020(18): 26-30.
② 韩锡斌,陈明选.互联网+教育：迈向职业教育现代化的必由之路——《国家职业教育改革实施方案》(职教20条)学习启示[J].中国职业技术教育,2019(16): 27-31.
③ 姜大源.职业教育要义[M].北京师范大学出版社,2017: 10.
④ 姜大源.职业教育要义[M].北京师范大学出版社,2017: 32.
⑤ 葛文双,韩锡斌.数字时代教师教学能力的标准框架[J].现代远程教育研究,2017(1): 59-67.

新定义了包括职业教育教师在内所有教师教学能力的要求。职业教育教师信息化教学能力与职业教育教学能力并非隶属关系，而应是合二为一的，信息化教学能力应是衡量职业教育教师的教学能力高低的重要指标之一。另外，信息时代既为教师国际间的沟通与协作提供了广阔的空间，也对教师在国际视野和国际交流能力等方面提出了新的要求。

《国家职业教育改革实施方案》（简称职教20条）首次提出要"适应'互联网+职业教育'发展需求"，面向"专业知识、职业技能和信息技术"三位一体的高素质技术技能型人才培养，探索基于互联网的认知规律，构建校企跨界合作、教学环境和工作场所结合、虚实环境融合的新型职业教育教学方式。[①]因而职业教育教师信息化教学能力的内涵也应包括信息化教学能力这个关键要素。教师的信息化教学能力有不同的名称，国内多用"信息化教学能力""教育技术能力"等，而国外多用"教师ICT能力"。[②]尽管名称不同，但其内涵具有历史发展上的一致性。特别是TPACK技术整合框架的提出，为更好地理解信息时代职业教育教师教学能力的内涵和构成提供了参考。

具有终身学习者特征的职业教育教师：新科技革命和产业变革的时代浪潮奔腾而至，职业教育教师的教学知识、专业技能和信息素养等都时刻面临更新换代。本书研究团队通过访谈了解到，很多曾经热门的专业，尤其是传统制造及加工领域，已经慢慢萎缩成一门课程或者干脆消失，这对教师的发展提出了巨大挑战。基于泰勒主义的大批量生产方式强调服从，即每个员工只熟悉一种技能。而以精益生产为代表的团队作业方式强调每个员工都是多面手，都要不断提高、改进现有技术和管理水平，实现潜能的最大发挥，[③]因而职业教育教师需要不断提升自己的教学知识、专业技能和信息素养。联合国教科文组织将职业教育作为教育与终身学习的组成部分，学习与工作相关的知识、技能和态度的各种形式，包括与职业领域、生产和生计有关的教育、培训和技能发展活动，横向技能、公民技能、终身学习技能是其重要组成部分。职业教育教师作为职业教育教学改革的核心要素，也需要将职业教育的终身学习理念映射到自身的专业发展上。

综上所述，信息时代职业教育教师需要兼具教师、技师/工程师、数字公民、终身学习者等四种角色特征，其相互间的关系如图4-2所示。图中显示了职业教育教师教学能力可能出现的七种类型：①不具备信息素养、研究与发展能力的职业教

---

① 韩锡斌,陈明选.互联网+教育：迈向职业教育现代化的必由之路——《国家职业教育改革实施方案》(职教20条)学习启示[J].中国职业技术教育,2019(16): 27-31.
② 姜兰.高校教师线上线下混合教学能力提升研究[D].北京：清华大学,2018.
③ 赵志群.职业教育与培训学习新概念[M].北京：科学出版社,2007: 12-13.

育教师;②有研究与发展能力但欠缺信息素养的职业教育教师;③有信息素养但欠缺研究与发展能力的职业教育教师;④有研究与发展能力但欠缺信息素养的技师/工程师;⑤有信息素养但欠缺研究与发展能力的技师/工程师;⑥不具备信息素养、研究与发展能力的技师/工程师;⑦信息时代职教"双师型"教师,这是职业教育教师教学能力发展的目标与方向。

信息时代职业教育"双师型"教师的角色特征

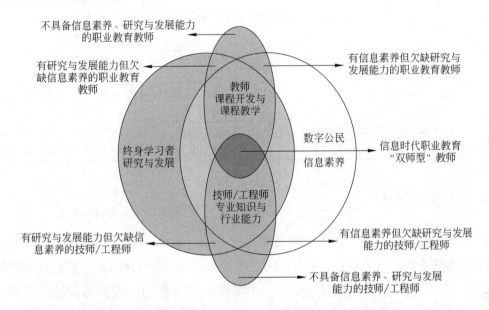

图 4-2　信息时代职业教育"双师型"教师的角色特征

二、职业教育教师信息化教学能力标准框架

本书研究团队提出信息时代职业教育"双师型"教师教学能力标准框架,分为两个维度:教师教学能力的构成要素和发展阶段(见表 4-3),构成要素包括课程开发、课程教学、专业知识、行业能力、信息素养以及研究发展六个维度,发展阶段分为初学者→高级初学者、高级初学者→有能力者、有能力者→熟练者、熟练者→专家四个阶段。[①]

---

① 韩锡斌,刁均峰,杨娟. 信息时代职业教育教师教学能力的内涵,构成及标准框架[J]. 教师教育学报,2021(2): 23-32.

表 4-3　信息时代职业教育"双师型"教师教学能力标准框架

要素	初学者→高级初学者（完成职业定向性工作任务）	高级初学者→有能力者（完成程序性工作任务）	有能力者→熟练者（完成蕴含问题的特殊工作任务）	熟练者→专家（完成无法预测结果的工作任务）
课程开发	在外部指导下进行课程开发的能力	基于职业教育课程实践的课程开发能力	职业教育课程理论指导下的课程开发能力	理论与实践融会贯通的课程开发能力
课程教学	在外部指导下进行教学的能力	基于教学实践的教学的能力	职业教育教学理论指导下的教学能力	理论与实践融会贯通的教学能力
专业知识	运用定向和概括性知识的能力	运用关联性知识的能力	综合运用专业知识的能力	运用专业知识系统化分析无法预测结果任务的能力
行业能力	实施职业定向性任务的能力	实施程序性任务的能力	实施蕴含问题的特殊任务的能力	实施无法预测结果任务的能力
信息素养	信息技术应用于教学的能力	借助信息技术改进教学的能力	借助信息技术解决教学难题的能力	借助信息技术创新教学的能力
研究与发展	在外部指导下进行教学研究的能力	基于多种途径自主教学研究的能力	结合理论与经验进行研究与创新的能力	基于研究与创新成果指导其他教师的能力

（一）构成要素

根据上节分析，信息时代职业教育教师需要兼具教师、技师/工程师、数字公民、终身学习者等四种角色特征，再结合职业院校教师教学能力标准、高校教师教学能力标准、教师信息化教学能力标准、中小学教师教学能力标准等方面的研究成果，将职业教育"双师型"教师教学能力的构成要素分为六个方面：课程开发、课程教学、专业知识、行业能力、信息素养、研究与发展。

课程开发也被称为课程设计或课程编制，是指教学计划、教学大纲和教材的编写，并对教学计划、大纲和教材应达到的目标、选择的内容和评价的标准进行的可行性研究。① 姜大源认为，职业教育课程属于工作过程系统化课程，其开发分为四个步骤：工作任务分析，根据专业对应的工作岗位实施典型工作任务分析；行动领域归纳，根据能力的复杂程度，将典型工作任务整合形成综合能力领域；学习领域转换，构建课程体系；学习情境设计，将学习领域分解为主题学习单元。② 有学者在此基础上，提出"互联网+职业教育"背景下职业院校混合课程开发的四个步骤：信息技术环境下的岗位分析、典型工作任务分析、工作过程课程开发和学习情境设计。③ 职业教育教师应具备基于上述步骤进行课程开发的能力。

---

① 赵志群. 职业教育与培训学习新概念 [M]. 北京：科学出版社, 2007: 107.
② 石伟平, 姜大源, 徐国庆, 等. 课改论道 [J]. 江苏教育, 2009(33): 8-15.
③ 王雯, 韩锡斌. 工作过程导向的职业教育课程混合教学设计 [J]. 中国职业技术教育, 2020(5): 68-78.

课程教学是指根据一定的教育目的，以课程内容为中介的由教师的教和学生的学共同构成的一种教育活动。[①] 课程教学能力包括教学设计、教学实施、实施评价三个部分的能力。[②③④]

专业知识是指教师所教专业领域的知识，主要由专业理论知识、专业实践知识和专业反思知识构成。[⑤]

行业能力是指教师所在行业的核心能力，包括行业沟通与合作能力、行业实践能力、行业服务能力。[⑥]

信息素养是指合理合法利用各种信息工具，尤其是多媒体和网络技术工具，确定、获取、评估、应用、整合和创造信息，以实现某种特定目的的能力。[⑦] 根据《职业院校数字校园规范》，信息素养主要包括信息意识与态度、信息知识与技能、信息化应用与创新、信息社会责任。

研究与发展能力是指教师的科研能力、教学研究能力及专业发展能力。我国出台的《国家职业教育改革方案》《关于全面深化新时代教师队伍建设改革的意见》以及《教育部山东省人民政府关于整省推进提质培优建设职业教育创新发展高地的意见》等政策文件中均明确要求提升教师的上述能力，尤其是教学研究能力与专业发展能力。

（二）发展阶段

德国劳耐尔（Rauner）将职业教育学生的能力发展水平区分为新手、有进步的初学者、内行的行动者、熟练的专业人员和专家五个阶段，并据此划分了四个学习范畴。[⑧] 国内一些研究探讨教师在由非专业人员成长为专业人员的过程中，不同时期所遭遇的不同问题或所关注的不同焦点，[⑨⑩] 从新手到高手的阶段。教师工作本身具备一定"工匠"属性，从职前的教师培养往往强调见习实习，到入职以后的"师徒制"，都需要教师"绝知此事要躬行"，这和职业教育人才培养的方式不谋而合。基于劳耐尔的五个阶段和四个学习范畴，将信息时代职业教育"双师型"教师教学

---

① 顾明远. 中国教育大百科全书 [M]. 上海：上海教育出版社, 2012: 606.
② 孙翠香. 职业教育教师专业标准的内涵及内容架构 [J]. 中国职业技术教育, 2013(3): 51-55.
③ 吴炳岳. 职业院校"双师型"教师专业标准及培养模式研究 [M]. 北京：教育科学出版社, 2014: 173.
④ 左彦鹏. 高职院校"双师型"教师专业素质研究 [D]. 大连：辽宁师范大学, 2016: 65.
⑤ 赵文平. 职业院校"双师型"教师知识结构探讨 [J]. 职业技术教育, 2012(25): 38-42.
⑥ 吴炳岳. 职业院校"双师型"教师专业标准及培养模式研究 [M]. 北京：教育科学出版社, 2014: 173-181.
⑦ 钟志贤. 面向终身学习：信息素养的内涵、演进与标准 [J]. 中国远程教育, 2013(8): 21-29,95.
⑧ Rauner F. Berufliche Kompetenzentwicklung-vom Novizen zum Experten[J]. Vernetzte Kompetenzentwicklung: Alternative Positionen zur Weiterbildung, 2002: 111-132.
⑨ 梁成艾. 职业学校"双师型"教师专业化发展论 [M]. 成都：西南交通大学出版社, 2014: 22-23.
⑩ 刘竑波. 一项关于教师专业发展的实践研究 [D]. 上海：华东师范大学, 2002.

能力发展划分为四个阶段，即初学者→高级初学者、高级初学者→有能力者、有能力者→熟练者、熟练者→专家，[1] 并在表 4-3 第一行中标识出每个阶段教师应完成的学习任务类型。表中每个单元格里，针对每类构成要素和特定发展阶段，描述了职业教育教师的典型教学能力。

1. 初学者→高级初学者（完成职业定向性工作任务）

在学习之初，职业教育教师首先需要对信息时代职业教育教师教学能力构成的不同要素及其工作范围有一个初步的认识。教师不仅要认识和理解本职业（教师）的地位、与其他职业（企业、行业）等在内容上的相互关联以及职业领域内的工作范围，而且要认识和理解劳动分工结构中的工作过程。通过收集和了解有关工作岗位（前文所提到的角色特征）的结构、重点和内容的信息来理解其他与职业紧密相关的、跨行业的工作任务范围和常规教学实践。进行职业领域范围内的入门和概括性知识的学习是获取职业行动能力和教学设计能力的基础。[2] 初学者对其所要学习的职业具有一定的先验知识和经验，在教学能力提升的初始阶段，教师要从事职业导向的工作任务，这样他们就能够快速完成从初学者到高级初学者的过渡。在本阶段中，职业教育教师教学能力的课程开发能力、课程教学能力、研究与发展能力需要在外部指导下习得，在专业知识与行业能力维度则需要教师具备处理该领域任务的能力。信息素养维度需要教师在此阶段将信息技术应用于教学，基于信息化教学的基本理念理解信息化教学模式特点，进行信息技术应用于教学的基本设计等。

2. 高级初学者→有能力者（完成程序性工作任务）

教师在了解自己职业的概况并获得初步技能后，就进入了第二个学习阶段，从事程序性的工作任务以掌握职业关联性知识。程序性工作任务就是指教师在考虑前后关联，系统地理解教学任务，并建立一个整体化的职业概念。本阶段聚焦教师在行为层的知识内化与实践能力提升，这与学习阶段 1 主要侧重教师在学习层、反应层的知识技能习得不同。在该学习阶段，教师须将所学在教学实践中运用，这种基于工作场所的学习能够促使教师对职业关联性知识的理解与掌握。教学实践中基于职业教育课程实践的课程开发能力、基于教学实践的教学能力、研究与发展能力均建立在教师对信息时代职业教育教学有一定的前期积累上，教师在此阶段可以较为独立地进行课程开发、课程教学及研究。专业知识在此阶段强调教师对体系内若干项不同知识的整合与关联。行业能力涉及教师完成行业工作任务的过程性行为及阶段性操作步骤的熟练程度。教师的信息素养基于学习阶段 1 的信息技术应用，在学

---

[1] Rauner F. Berufliche Kompetenzentwicklung-vom Novizen zum Experten[J]. Vernetzte Kompetenzentwicklung: Alternative Positionen zur Weiterbildung, 2002: 111-132.

[2] 徐涵. 工作过程为导向的职业教育理论与实证研究 [M]. 北京：商务印书馆, 2013: 61-72.

习阶段2更加聚焦对教学的优化，这是一个信息技术与教学整合的过程。

3. 有能力者→熟练者（完成蕴含问题的特殊工作任务）

教师在掌握了完成程序性工作任务的能力以后，就进入了第三个学习阶段：解决蕴含问题的特殊工作任务。有学者认为，"每个职业归根到底只能够在实践中学会。"故而，为解决这些问题，仅依靠已有的规则和解决方案是不够的。在教学中伴随的问题往往是那些不符合常规和标准的职业情境，用熟知的方案无法解决的问题。蕴含问题的特殊工作任务往往包含一些新的问题，之前的工作经验无益于新问题的解决。对于教师，这种新问题往往会在各种教学比赛中集中出现，为解决这些问题，教师常迫切需要对理论的学习与掌握。因此，教师有必要首先分析工作任务，通过构建理论分析框架，找出问题所在，并能够设计出解决方案。为完成这个层次的工作任务，除了要求掌握必要的教学理论知识外，还需要有一定的教学技巧和经验的积累，这是建立在学习阶段2基础上的。到了本阶段教师通常已在实践教学对程序性任务反复迭代实施多次，对于教学流程及优化的各个环节已经熟稔于心，进一步需要完成从经验获得到理论认识过程。他们需要学习职业教育课程理论、教学理论、信息化教学理论等，从而更好地认识教育现象、解决教育问题，并在实践中强化自身综合运用专业知识的能力以及借助信息技术解决教学难题的能力。就研究与发展维度而言，教师需具备结合理论与经验进行研究与创新的能力，解决真实的教学问题，达到创新的高度。

4. 熟练者→专家（完成无法预测结果的工作任务）

教师在掌握了完成蕴含问题的特殊工作任务的能力后，在理论和实践上均达到一定高度，进一步需要将自己的课程开发、课程教学案例整理后与同行分享，或者基于研究与创新成果指导其他教师。从实践到理论再到实践的过程，以及与其他教师的交流分享，使专家型教师面对的问题更加多元、复杂、难以预测。该阶段的教师将从熟练者型教师跨越到专家型教师。在本阶段，要求教师在课程开发、课程教学、信息素养、研究与发展等维度达到理论与实践上的融会贯通，同时在专业知识与行业能力维度，具有创造性运用专业知识系统化分析并完成无法预测结果的工作任务的能力，最终转型为专家型、导师型教师。

三、职业教育教师信息化教学能力评价指标

围绕上节提出的信息时代职业教育"双师型"教师教学能力标准框架中的6个维度，构建了职业教育教师信息化教学能力的评价指标体系，包括6个一级指标、

19个二级指标和56个三级指标（见表4-4）。

表4-4 职业教育教师信息化教学能力评价指标体系

一级指标	二级指标	三级指标
A 课程开发	A1 岗位分析	（a）设计与组织专业（行业）调研 （b）撰写专业建设调研报告与专业建设方案 （c）调研行业职业能力标准 （d）根据学生基础对职业能力标准进行调整后使用
	A2 典型工作任务分析	（a）设计工作任务分析会的方案 （b）组织参加工作任务分析会
	A3 课程体系建设	（a）根据工作任务与职业能力分析表，确定课程结构 （b）设计、编写教学进程表 （c）根据工作任务与职业能力分析表，确定课程设置方案 （d）根据专业课程体系，编写专业人才培养方案 （e）明确课程建设与人才培养的逻辑关系
	A4 项目课程开发	（a）根据行业职业能力标准、学生实际开发课程标准 （b）明确课程标准的具体要求 （c）明确教学计划的具体要求 （d）根据课程标准，进行项目课程设计
B 课程教学	B1 教学设计	（a）设计教学目标 （b）设计教学活动 （c）设计教学资源 （d）设计教学环境 （e）设计教学评价
	B2 教学实施	（a）情境导入 （b）组织教学活动 （c）维护教学秩序
	B3 实施评价	（a）对课程进行自我（他人）评价 （b）对教师教学进行自我（他人）评价 （c）对学生学习进行评价
C 专业知识	C1 专业基础知识	（a）具备专业基础知识 （b）应用专业基础知识
	C2 新技术知识	（a）具备专业新技术知识 （b）应用专业新技术知识
D 行业能力	D1 行业沟通与合作	（a）构建校企合作网络 （b）参与院校组织的为区域提供服务的活动
	D2 行业实践	（a）具备课堂内行业实践技能 （b）具备校内课堂外行业实践技能 （c）具备校外行业实践技能
	D3 行业服务	（a）参与行业培训服务工作 （b）参与行业生产活动，提供技术支持
E 信息素养	E1 信息意识与态度	（a）重要性的认识 （b）应用意识 （c）评价与反思

续表

一级指标	二级指标	三　级　指　标
E 信息素养	E2 信息知识与技能	（a）基本知识 （b）基本技能
	E3 信息化应用与创新	（a）合作与交流 （b）教学模式创新
	E4 信息社会责任	（a）公平利用 （b）健康使用 （c）规范行为
F 研究与发展	F1 教学研究	（a）将科研成果应用于企业生产实践 （b）开展职业教育教学研究 （c）将科研成果应用于专业建设与教学
	F2 专业发展	（a）提高专业知识和实践能力 （b）制订个人职业成长规划 （c）参加继续教育活动 （d）组织、参加教研活动
	F3 职业道德教育	（a）示范职业道德 （b）培养职业道德

（一）课程开发

关于课程开发的子能力，以往研究多从四个方面探讨。

（1）岗位分析：岗位确定应当根据人才培养规律，从应然的角度进行确定，应当在岗位需求调研的基础上，根据专业的实质内涵合理进行职业岗位定位，需要具备四项子能力。

（2）典型工作任务分析：职业典型的工作内容和工作方式，源于企业实践，针对职业需求。典型工作任务需要整体化的职业与工作分析获得，分为两步：设计工作任务分析会的方案、组织参加工作任务分析会。

（3）课程体系建设：有学者认为"工作过程系统化"课程开发即在工作任务分析的基础上，进行行动领域归纳、学习领域转换和学习情境设计。[①] 赵志群将学习领域归纳以及学习领域转换整合成四个步骤：确定学习领域名称、简述典型工作任务、确定课程目标、选择工作与学习内容。[②] 本书将课程体系建设按照流程分为五部分：确定课程结构、设计编写教学进程表、确定课程设置方案、编写专业人才培养方案、明确课程建设与人才培养的逻辑关系。

（4）项目课程开发：职业教育是对典型工作任务进行"教学化"处理的结果，

---

① 姜大源.工作过程系统化：中国特色的现代职业教育课程开发[J].顺德职业技术学院学报,2014,12(3): 1-11,27.
② 赵志群.职业教育工学结合一体化课程开发指南[M].北京：清华大学出版社,2009：61-70.

职业教育的学习情境设计包含多个方面，可将其归纳为：开发课程标准、明确课程标准具体要求、明确教学计划具体要求、进行项目课程设计。学习情境设计在一线教学中通常与项目课程开发代表同一含义。

（二）课程教学

职业教育课程教学能力通常分为教学设计、实施和评价。[1] 三者应是统一的，教学设计必须被视为动态设计过程，才能避免静态教学设计与动态教学实施和评价间的矛盾。

（1）教学设计：不同学者从不同视角提出职业教育教学的要素说。研究者认为学生和教师作为常规要素，并非教学设计考虑的最主要因素，而要重点关注教学的目标、内容、环境、方法和反馈。然而，教学方法可理解为其他四项的上位概念，所以在实践中，职业教育教学设计应以设计教学目标、教学活动、教学资源、教学环境和教学评价形式出现。[2][3]

（2）教学实施：根据教学活动流程，教学实施主要包括情景导入、组织教学活动、维护教学秩序。

（3）实施评价：不同阶段和性质的教学评价重点有所不同，如对新开发专业和课程，一般关注对课程进行自我（他人）评价、对教师教学进行自我（他人）评价、对学生学习进行评价。

（三）专业知识

教师专业知识分为专业基础知识和新技术知识：专业基础知识指具备和应用基础知识；新技术知识指具备和应用新技术知识。

（四）行业能力

我国职业教育专业教师专业标准的架构维度上应着重突出教师的专业实践，吴炳岳在其所构建的"'双师型'教师专业标准内容架构"中指出，教师职业能力是职教教师的核心能力之一，包括与行业沟通与合作能力、行业实践能力、行业服务能力。[4]

---

[1] 孙翠香.职业教育教师专业标准的内涵及内容架构[J].中国职业技术教育,2013(3): 51-55.
[2] 姜大源.职业教育学基本问题的思考（一）[J].职业技术教育,2006,27(1): 5-10.
[3] 汤百智,杜皓.论高职实践教学过程的优化[J].职业技术教育,2006,27(1): 46-48.
[4] 吴炳岳.职业院校"双师型"教师专业标准及培养模式研究[M].北京：教育科学出版社,2014: 173-181.

（五）信息素养

为规范、引导职业院校在新形势下的信息化工作，教育部制定并发布了《职业院校数字校园规范》。职业教育教师信息素养聚焦职教教师在课程教学活动的视角、基于工作课程的视角、基于管理学胜任力的视角，重点关注：信息意识与态度、信息知识与技能、信息化应用与创新、信息社会责任四个维度。

（六）研究与发展

美国密歇根大学在 1960 年成立了世界上第一个教学促进与研究中心，其重要职能就是要深入研究高校教师有效教学的方法与规律；[①] 我国出台的《国家职业教育改革方案》《关于全面深化新时代教师队伍建设改革的意见》以及教育部与山东省共建国家职业教育创新发展高地等政策文件中均明确要求提升职教教师的科研能力及教学研究能力。《职业院校数字校园规范》提出，教师不仅需要在教学模式上进行创新，还需要聚焦信息化研究与发展，并在教学研究、专业发展、职业道德教育三个层面达到要求。

本书研究团队根据上述职业教育信息化教学能力评价指标体系编制了测量问卷，详细内容参见书后附录中的职业教育教师信息化教学能力测量问卷。

第四节　教师信息化教学能力发展

一、教师信息化教学能力发展的概念

探讨教师能力发展，离不开对教师培训、教师专业发展、教师学习这些主要概念的相关理论的讨论。[②] 在教师专业发展研究中针对如何改变教师的行为、促进教师的教学实践产生了多种策略。早期研究中的策略以通过向教师讲授教学理论与方法的方式，提升教师行为与教学理论的匹配程度进而促进教学实践，这种策略也被称为"理论指导实践"策略。[③] 尽管这种策略多次被证明无法很好地改变教师行为、指

[①] 葛文双，韩锡斌. 数字时代教师教学能力的标准框架 [J]. 现代远程教育研究，2017 (1): 59-67.
[②] 姜蔺. 高校教师线上线下混合教学能力提升研究 [D]. 北京：清华大学，2018.
[③] Carlson H L. From Practice to Theory: a social constructivist approach to teacher education[J]. Teachers and Teaching, 1999, 5(2): 203-218.

导教学实践，① 但是该策略易于操作实施，仍然被普遍使用。此后，为了使教师能够更加理解教学理论的应用情境和应用方式，许多教师专业发展项目以实践为核心，引导教师在实际教学中学习，即工作场所学习，并据此改变自己的行为。② 与上一阶段相比，这一阶段的教师发展策略重视教师的实践过程，但该阶段的策略仍然存在教师实践经验与教学理论水平提升脱节的问题。③

以上两个阶段被学者称为教师专业发展的 1.0 和 2.0 阶段。④ "教师学习"是教师专业发展的 3.0 阶段，是近年来教师专业发展的热点。⑤ 与"教师培训""教师教育""师范教育"不同，"教师学习"以受训者为中心，更加关注"教师如何学习"。⑥

二、教师信息化教学能力发展模式

基于教师学习理论的研究，教师的信息化教学能力发展模式以教师学习模式为主要参考。国外研究者将教师日常教学实践中的学习活动整体划分为个人学习活动、与同伴共同完成的学习活动两种类型。教师的个人学习活动包括独立的信息收集、自我反思等，学习模式既有如教学项目、课程、学位项目等正式学习，也有教师自发进行、自主反思为主的非正式学习。⑦ 与同伴共同完成的学习活动则包括协作学习、分享学习、参与课外教学活动等，⑧ 一般以教师共同体模式为主，近年来教师专业发展领域对教师共同体的研究显著增加。⑨ 共同体可细分为教师学习共同体与实践共同体。⑩ 教师学习共同体聚焦于教育情境，有学者将教师学习共同体的特征总结为五点：①学校领导对学习共同体给予支持，学习共同体内部每个人都是团队领导者；②有

---

① Cochran-Smith M, Villegas A M, Abrams L, et al. Critiquing teacher preparation research: An overview of the field, Part Ⅱ [J]. Journal of Teacher Education, 2015, 66(2): 109-121.

② Avalos B. Teacher professional development in teaching and teacher education over ten years[J]. Teaching & Teacher Education, 2011, 27(1): 10-20.

③ Florian L, Pantic N. Learning to teach: Exploring the history and role of higher education in teacher education[M]. New York: The Higher Education Academy, 2013.

④⑥ Fred K. Inconvenient truths about teacher learning: towards professional development 3.0[J]. Teachers and Teaching, 2017, 23(4): 387-405.

⑤ 裴淼, 李肖艳. 成人学习理论视角下的"教师学习"解读：回归教师的成人身份 [J]. 教师教育研究, 2014, 26(6): 16-21.

⑦ Maria M, Iolanda G. Informal online communities and networks as a source of teacher professional development: A review[J]. Teaching & Teacher Education, 2016, 55: 291-307.

⑧ Kyndt E, Gijbels D, Grosemans I, et al. Teachers' Everyday Professional Development: Mapping Informal Learning Activities, Antecedents, and Learning Outcomes[J]. Review of Educational .

⑨ 姜蔺. 高校教师线上线下混合教学能力提升研究 [D]. 北京：清华大学, 2018.

⑩ Katrien V, Chloe M, Tlalit P, et al. Teacher communities as a context for professional development: A systematic review[J]. Teaching and Teacher Education, 2017, 61: 47-59.

共同的目标与价值观；③共同体内部学习过程中需要持续应用各人新习得的知识与技能，以促进团队学习质量的提升；④分享个人实践经验；⑤有支持性的环境，包括物理环境与人文环境。①

有研究者从一线教师的描述中提取出 11 种发生在中国学校的教师学习模式，分别是：基于赛课的教师学习模式、基于学历提升的教师学习模式、基于师徒制的教师学习模式、基于访问的教师学习模式、基于名师工作室的教师学习模式、基于教研组教研的教师学习模式、基于课例研究的教师学习模式、基于课题研究的教师学习模式、基于教师培训的教师学习模式、基于大学初中小学合作的教师学习模式、基于农村教师研修工作站的教师学习模式等。② 这些模式分别基于不同的社会环境、基于不同的教师需求、采用不同的手段、选用特定的学习形式。

根据教师学习途径的不同，教师学习模式也可划分为四类：以构建教师学习共同体为主要学习途径的教师学习模式，以自主学习、自我反思为主要学习途径的教师学习模式，以教师教学研究为主要学习途径的教师学习模式，以及以培训为主要学习途径的教师学习模式。

教师培训与教师学习具有学术话语上的演进关系，基于教师培训的教师学习模式也是最常见的一种促进教师能力提升的手段。关于教师培训的概念界定大致可以分为两种，第一种是广义上的教师培训，即将教师教育的整个过程都纳入教师培训范畴，包括职前教师培养、入职教育和在职教师培训。第二种是狭义上的教师培训，即在职教师培训。③ 教师培训是有效促进教师专业发展的途径与方法之一，也是解决教师专业发展过程中所遇到障碍的最好方式之一。

教师培训模式是指在一定的培训理论指导下，为达到特定的培训目标，培训者、受训者、培训内容、培训方式、管理机制等诸要素之间形成的结构及其运作机制。④ 按照不同的分类依据，教师培训模式包含着不同的内容。如按照培训模式的层次，可分为宏观模式与微观模式。宏观模式是指教育行政部门构建的区域性继续教育发展模式。微观模式是具体培训项目所采取的培训模式。按照培训实施者或培训地点来划分，可以分为校本模式、社区模式、"互联网+"模式等。按照培训教学的功能，可以分为补偿模式、成长模式、变革模式以及问题解决模式。依据内容进行划分，可以分为技术类培训、设计类培训、开发类培训等。⑤

---

① Hord S M, Sommers W A. Leading professional learning communities: Voices from research and practice[M]. Thousand Oaks, CA: Corwin Press, 2008.
② 朱旭东. 教师学习模式研究 [M]. 北京：北京师范大学出版社, 2017: 4.
③ 朱旭东. 教师学习模式研究 [M]. 北京：北京师范大学出版社, 2017: 269.
④ 朱旭东. 教师学习模式研究 [M]. 北京：北京师范大学出版社, 2017: 272.
⑤ 姜蔺. 高校教师线上线下混合教学能力提升研究 [D]. 北京：清华大学, 2018.

在中小学教师培训领域，较为常见的十种培训方式包括：示范—模仿、情境体验、现场诊断、案例教学、参与—分享、合作交流、任务驱动、问题探究、主题组合以及自主学习（见表4-5）。

表4-5 常见的教师培训方式

培训方式	概　　念	程　　序	适 用 范 围
示范—模仿	培训者有目的地把示范技能作为有效的刺激，以引起学习者相应的行为，使他们通过模仿来逐步掌握所示技能	定向→参与性练习→自主练习→迁移	适用于培训内容中涉及动作行为
情景体验	在教学活动中，创设一种情感和认知相互促进的教学环境，让教师在轻松愉快的教学气氛中有效地获得知识并获得情感体验的一种教师培训模式	创设问题情境→现场观察→课后分析→形成报告→反思讨论	期望收集自然情境下课堂教学的真实材料，为教师实践反思提供材料与机会
案例教学	案例是教育教学实践活动中总结出来的实例，在被描述的具体情境中包含一个或多个引人入胜的问题，同时也含有解决这些问题的方法。包括案例形成和案例运用两个阶段	案例形成：前期准备→确定主题→情境描述； 案例运用：案例引入→案例讨论→诠释与研究	适用面很广，通过揭示案例中隐含的基本原理、解决问题的技巧、体现价值观的典范与反例等，可以帮助学员学习理论，丰富实践经验，体验真实情境中师生的内心变化，学会评价与反思，提高教学应变能力
参与—分享	通过创设特定情境，引导参与者在活动、表现和体验中反思自己的经验与观点，在交流和分享中学习他人的长处，产生新的思想，达到新的认识，从而实现自我提高	情感沟通、头脑风暴、小组交流、全员探讨、小结评价	适用于小规模的培训；有一定的时间周期；要有能够激发学员讨论兴趣的带开放性的问题；要求培训者有较高的综合素质；有设计课程随机调控的能力；有民主的作风和收放有度的组织才能；同时要求学员有开放的心态和主动参与意识
合作交流	根据团队动力学的原理设计，旨在变静态的集体为动态的集体，与学习者交流、合作、研讨提供充分的机会	独立思考→小组讨论→组际交流→集体性评价	该模式对培训者的组织协调能力要求较高，适用内容为开放性的探究问题。如果驾驭不好，"合作交流"就可能流于形式，表面上热热闹闹，实际上徒劳无功

续表

培训方式	概　念	程　序	适用范围
任务驱动	该模式具有五个鲜明的特点：实用性的目标、模块化的结构、以活动为中心、以学员为本位、综合创新的教法	明确目标和任务，将一项项活动的目标变得具体、可操作、可评价、富有挑战性和激励性	需要一定的设备条件和专业人员的指导
问题探究	以解决问题为中心，要求学员在培训者指导下，自己发现问题，探究问题，进而提出解决问题的方案	提出问题→形成假设→拟定计划→验证假设→总结提高	要求培训者深谙认知活动的规律并精心设计，同时对于探究学习需要的硬件条件也有较高的要求，并且需要较多的实践，以较小的班级规模来完成参与式的培训
主题组合	由培训者选择中小学教师关注的主题作为培训的中心内容，并围绕这一主题安排这些内容。被培训者对提出的关注主题进行自由选择，自愿参加自己感兴趣的培训	学员学习的出发点是自主的，学习过程是自控的，学习结果是自测的	要求培训者具有很强的主题开发能力和组织研究活动的能力；培训对象达到完全合格的学历与相应的学科知识和学科能力水平；对外部环境的要求是具有教师岗位竞争的机制
自主学习	无论有无他人的协助，凡个人主动地诊断自己的学习需求，建立学习目标，确认学习所需要的资源，选择及实践适当的学习策略，并评估学习成果，这种方式便是自主学习式	自主学习要求学习者首先找到理想自我与现实自我之间的差距，将学习的需求转化为知识、理解、技能、情感、态度等方面的具体目标，自主选择学习内容和学习材料，学会自我评价，与他人建立合作关系，收集和评价各种体现学习成果的证据	学校能够给予学习者提供必要的自学时间和自学条件，对于培训者有较高的能力要求

此外，专家报告与讲座仍是国内教师培训中常见的培训方式，尤其是在理念传播、理论宣讲、实践效果展示等方面应用较多。基于工作坊的小组协作学习模式近年来也为国内外教师培训所采纳。[①]

在职业教育领域，本书研究团队构建了基于职业院校教师信息化教学能力标准的培训模式，先通过教师自评量表对其教学能力进行诊断，再根据诊断结果对参训教师进行分类，最后针对每一类教师制订相应的培训方案。按照该模式设计了"标准引领、现状驱动、个性化设计"的教师专业培训项目（见图4-3）。

---

① Tam T P, Cole S C, Jill Z. A systematic literature review of faculty development for teacher educators[J]. Higher Education Research & Development, 2018, 37(2): 373-389.

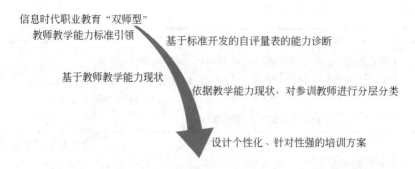

图 4-3 "标准引领、基于现状、个性化设计"的教师培训项目

标准引领：上节提出的职业教育教师信息化教学能力标准框架、评价指标和评测量表，对学校设计与实施职业教育教师信息化教学能力提升项目提供了标准依据及测量工具。

基于现状：教师在参加培训前，填写一份教学能力自评量表，根据培训班教师的问卷回答情况对教师进行分类（见表4-6）。为了便于学校和教师理解，将能力标准框架中关于能力发展阶段的描述，即初学者、高级初学者、有能力者、熟练者和专家转换为新手、生手、熟手、能手和专家。

表 4-6 教师信息化教学能力水平分类及特征

教师类型	总体水平特征	A 课程开发	B 课程教学	C 专业知识	D 行业能力	E 信息素养	F 研究与发展
双师型专家教师	较高	高	较高	较高	较高	高	高
双师型能手教师	较高	较高	较高	较高	较高	较高	较高
教学型熟手教师	较低	较高	较高	较低	较低	较高	较低
行业型熟手教师	较低	较低	较低	较低	较高	较低	较低
均衡型生手教师	低	低	低	低	低	低	低
维持型新手教师	极低	极低	极低	极低	极低	极低	极低

（1）双师型专家教师

双师型专家教师的教学能力在六个维度上都体现出较高水平或高水平，尤其是在课程教学和研究与发展两个维度远高于其他类别。此类教师十分擅长教学且具有很高的研究能力与自我发展能力。教师的专业知识、信息素养和行业能力也处于较高水平，具备新时代技师、工程师的角色属性，对当前职业教育校企合作、工学一体的教学模式具备很强的理解和实践经验。

（2）双师型能手教师

双师型能手教师在各个维度都表现较好，尤其是课程开发和行业能力两个方面较为突出，"双师"属性较强，与专家教师相比研究与发展能力尚需提升。

（3）教学型熟手教师

教学型熟手教师的教学能力总体发展水平中等，在六个维度的发展水平上存在较大差异，此类教师擅长课程教学。

（4）行业型熟手教师

行业型熟手教师与教学型熟手教师相比，在课程教学和专业知识上存在差距。

（5）均衡型生手教师

均衡型生手教师与维持型新手教师相比，在各个能力维度都有所提升，但能力都不高，"双师"属性较弱，具备一定的信息技术应用于教学的能力，但缺乏进行自我提升的能力。

（6）维持型新手教师

维持型新手教师的教学能力总体水平欠缺，缺乏专业知识积累和职业教育课程教学的策略，对信息技术如何融入教学也缺乏必要的理解和实践经验。

个性化设计：按照上述不同类型教师的特点量身定制系统化、个性化、可操作强的教师培训方案。围绕参训教师形成学校教师发展专职人员、校外专家团队、培训机构等多方协作的师资团队，建立长期稳定的培训机制，个性化地跟踪推动每位老师的能力提升，并向专家型"双师"教师迈进。

三、教师信息化教学能力培训迁移模式

培训迁移（transfer of training）源于人力资源发展领域的培训迁移理论，是指受训者在工作中有效应用在培训情境中习得的知识、技能与态度。[①] 受训者在培训时学到的知识、技能，以及态度的变化能否提高工作绩效，是学习迁移跨物理情境的迁移、跨时间的迁移实现在培训中的意义体现，是任何组织、领导追求的培训目标，当然，教师培训迁移效果也是各院校教师发展所追求的目标。

本书研究团队一直关注教师信息化教育教学能力的发展，于2014年提出以信息化教学设计能力为核心，提升教师信息化教学能力这一思路，并先后尝试了不同方式的纯面授培训。由于纯面授培训存在专家、教师时间不易统一、学校组织管理困难、短期一两天的培训无法满足教师持续学习需求等问题，于2016年春季学期开始，完成了《混合课程的设计与建设》在线课程的建设，以"在线学习+线下点评"的信息化培训方式开展教师信息化教学能力提升培训。之后开始关注参训教师在日常教学中培训所学的迁移效果，构建了教师信息化教学能力培训迁移模式（见图4-4）。

---

① Newstrom J W. Leveraging Management Development through the Management of Transfer[J]. Journal of Management Development,1986,5(5): 33-45.

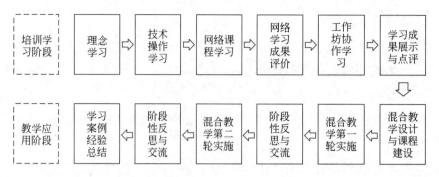

图 4-4 教师信息化教学能力培训迁移模式

（一）培训迁移模式概述

教师信息化教学能力培训迁移模式包含培训学习与教学应用两个阶段，通过教师培训学习与教学应用的不断循环持续提升教学能力。培训学习阶段以"面授引导—在线学习—线下讨论与评价"的研修形式进行。教学应用包括混合课程设计与建设、首次实施混合教学和后续学期持续应用三个阶段（见图 4-5）。

图 4-5　教师培训迁移模式中教学应用的三个阶段

教学应用阶段同样采用线上线下结合的方式进行，线下环节以教师在教学实践中应用培训学习阶段习得的知识与技能、并在应用过程中进行自主学习为主；在线学习环节由培训团队相关人员持续跟踪与答疑交流为主，由此形成外部专家指导、技术人员服务、同行分享交流等外力支撑下的教师自主教学实践，使得教师在应用培训习得知识与技能方面投入更多的时间与精力，[①] 有效地改变教师的教学行为，真正实现教师教学能力的持续提升。在该阶段，为教师提供持续的专家指导与小组分享交流的机会是关键。学校环境中教改氛围、应用支持、组织机构、激励措施等也

---

① Steinert Y. Faculty development in the health profession: A focus on research and practice[M]. Dordrecht: Springer, 2014.

是影响教师信息化教学应用意愿的重要因素。[1]

（二）培训迁移模式的结构与内容

教师信息化教学能力培训迁移模式的结构围绕教师"学习—应用"两个阶段构建，每个阶段包括学习环节、培训方式、支持手段、学习结果、效果评价和内容设计六个构成要素。

1. 培训学习阶段

培训学习阶段六个构成要素的具体内容如图 4-6 所示。

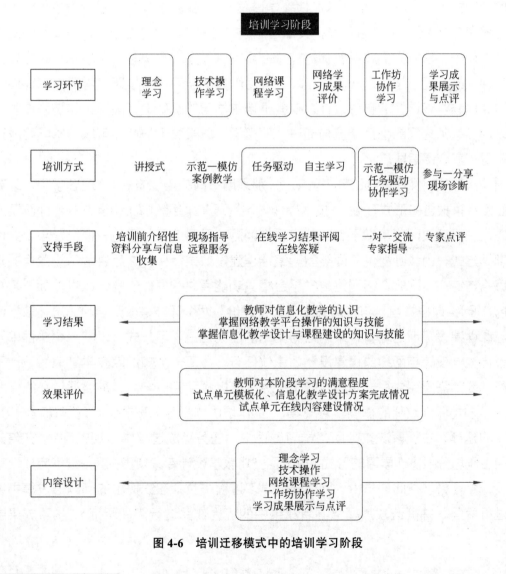

图 4-6 培训迁移模式中的培训学习阶段

---

[1] 姜蔺，韩锡斌，程建钢. 工作环境对高校教师混合教学培训迁移动机的影响[J]. 现代远程教育研究，2018(4): 78-88.

【学习环节】包括面授理念学习、面授技术操作学习、网络课程学习、网络学习成果评价、面授工作坊协作学习、面授学习成果展示与点评六个部分。教师对一种新的技术或新的教学方法的感知需要一个过程。创新扩散理论阐明,人们接受新事物是创新—决策的过程,要经历"认知—说服—决策—执行—确认"这五个阶段,[①] 其中"认知"指认识并知道,与心理学概念中的"认知"有所不同。教师在接受信息化教学这一新的教学方法的过程中,首先需要认识并知道信息化教学的基础知识、主要理论与实践效果的相关内容。因此,教师培训学习阶段的学习环节应从"理念学习"开始。在混合教学情境下信息技术融入面授课堂的过程中,教师经历"学习如何使用技术""如何利用技术加快教学进程""转变教学观念,思考将技术融入教学过程中""创设新的学习环境,灵活运用技术工具实施教学"四个阶段,[②] 因此在教学过程中,首先需要解决教师的技术使用问题,其次解决融入了技术手段后如何设计课程的问题。按照这一思路,培训学习阶段的学习环节按照"学习技术操作—学习课程教学设计"的顺序设计。在教师自主学习的基础上,面授工作坊协作学习可以增加教师之间的相互交流与促进,面授学习成果展示与点评可以分享学习成果并获得专家点评指导。

【培训方式】依据各环节的特点,分别采用不同的培训方式。"理念学习"环节以面授专家报告的形式开展;"技术操作学习"环节采用教师集中操练并当面解疑的形式,主要解决网络教学平台的技术操作问题,同时使用"示范—模仿"与"案例教学"方式,为教师提供不同类型网络课程建设效果案例,之后讲解每类课程的建设思路与特点,同时介绍网络教学平台相关功能模块的操作步骤,以供教师学习并模仿;"网络课程学习"与"网络学习成果评价"两个环节是教师学习信息化教学设计与课程建设知识的环节,采用任务驱动的在线自主学习方式,以"一个课程单元信息化教学设计与网络课程建设"为主体任务,在每一个知识点教学结束后设计子任务,教师需要完成每一知识点的子任务才可以顺利完成学习,最终通过在线作业批改的方式评价教师的在线学习成果;"工作坊协作学习"环节是"网络课程学习"环节的延续,主要解决教师网络学习过程中、任务完成过程中出现的问题与疑惑,采用工作坊分组协作学习的形式,每组均安排教学设计专家负责指导,继续完成"教学设计"任务。在此环节中,网络课程学习过程中教师在线提出的问题通过集中讲解进行解答,并筛选教师网络学习成果中的优秀作品进行点评示范;"学习成果展

---

① 罗杰斯.创新的扩散[M].唐兴通,译.5版.北京:电子工业出版社,2017.
② Dwyer D C, Ringstaff C, Sandholtz J H. Changes in Teachers' Beliefs and Practices in Technology Rich Classrooms[J]. Educational Leadership, 1991, 48: 45-52.

示与点评"环节主要目的是对教师学习成果进行评价与指导，采用"参与分享"与"现场诊断"相结合的方式，通过教师的个人汇报，专家在解决个性问题的同时，抛出共性问题，引起全体教师参与讨论，相互分享解决方案，帮助教师总结、反思与提升。

【支持手段】根据已设计的学习环节与培训方式，在教师培训学习阶段的支持手段可分为线下支持与线上支持两种，其中线下支持主要包括培训前介绍性资料分享与信息回收、理念资料分享、现场专家指导与点评、教学设计专家交流答疑等几种手段；线上支持主要围绕网络课程学习与评价进行，包括在线学习结果评阅、在线答疑两种手段，此外，对于技术操作的问题，通过电话、电子邮件、社交软件等通信手段持续为教师提供远程服务。

【学习结果】培训学习阶段的学习结果主要包括教师对信息化教学的认识、掌握网络教学平台操作的知识与技能、掌握信息化教学设计与课程建设的知识与技能三个部分。进行教学设计是一个复杂的劣构问题，可以采用教学设计模板帮助教师理解设计思路与方法，使教师能够快速完成一个课程单元要素齐全的教学设计，之后在不断实践的过程中进一步地理解并优化设计。

【效果评价】本阶段教师信息化教学能力提升的效果评价包括教师对这一阶段学习过程的满意程度、典型单元的模板化信息化教学设计方案完成情况、单元在线内容的建设情况三个部分。

【内容设计】"理念学习"环节的内容设计：旨在普及信息化学习基本知识和理论、介绍信息化教学的实践成果、鼓励引导教师积极参与信息化教学，培训内容包括但不限于国内外信息化教学的最新进展、信息化教学相关的基础知识、信息化教学的实践案例分析等。"技术操作学习"环节的内容设计：旨在帮助教师使用网络教学平台开展教学，培训内容包括网络教学平台的结构与作用、平台功能的操作方法、利用平台完成课程在线部分建设的方法等。"网络课程学习"与"工作坊协作学习"环节的内容设计：旨在帮助教师掌握混合课程教学设计的知识与方法，培训内容包括混合课程前期分析、整体设计和单元设计等，这两个环节的内容通过线上与线下两种方式完成，并前后衔接。"学习成果展示与点评"是培训学习阶段的最后一个环节，旨在支持参训教师相互分享、参与讨论，通过专家点评指导帮助教师总结、反思与提升。

2. 教学应用阶段

教学应用阶段六个构成要素的具体内容如图 4-7 所示。

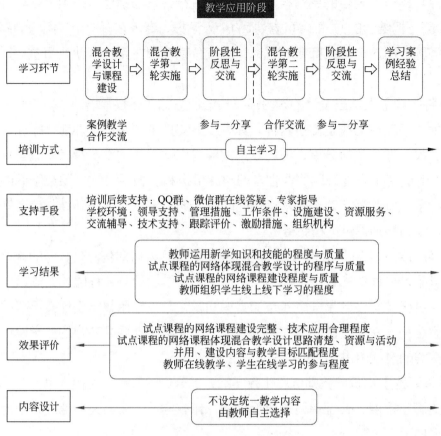

图 4-7 培训迁移模式中的教学应用阶段

【学习环节】教学应用阶段是指教师在日常教学中实施信息化教学的阶段,本阶段以教师的信息化教学实施为中心,主要是在实践中学习,并促进教师的教学反思。已有研究指出,教师教学反思的过程不是单一过程,而是一个多重螺旋式发展的过程,每一环都是反思深度的发展与能力的提升,因此教师的教学反思环节需要反复多次进行。[①] 在本阶段教师以一个学期为周期,首先利用培训学习阶段所学知识与技能,完成课程的信息化教学设计与建设,之后实施信息化教学,并随时分析解决实施过程中的出现的问题,最后在阶段性总结与评价过程中,反思并分享教学设计、建设与实施经验,进入下一个学期的"做中学"。在教师信息化教学实践过程中,学校普遍以教学改革立项的方式给予支持,教师信息化教学的整体案例梳理以年为单位进行总结,这是教师对自己信息化教学实施情况的进一步反思。

【培训方式】教师以学期为周期进行循环教学实践,每个周期教师均经历"设计与建设—实施—反思交流"三个环节。在"设计与建设"环节,提供相同或类似课

---

① 张学民,申继亮,林崇德.中小学教师教学反思对教学能力的促进[J].外国教育研究,2009,36(9): 7-11.

程的实际案例有助于教师快速完成自己课程的设计与建设。在"实施"环节，通过助教协助、组织同类课程教师研讨交流有助于教师协同完成教学实施。在"阶段性反思与交流"环节，以展示分享的方式为教师提供经验分享、讨论交流与深度反思的机会。

【支持手段】教学应用阶段的支持手段也分为线上与线下两个部分，线下的支持手段由学校提供，主要从教改氛围、应用支持、激励措施和组织机构四个方面为教师提供支持，具体包括领导支持、管理措施、工作条件、设施建设、资源服务、交流辅导、技术支持、跟踪评价、激励措施、组织机构十项措施。线上支持手段主要由培训学习阶段的专门机构来完成，主要包括通过 QQ、微信等社交软件提供持续、即时的答疑，为教师的反思交流提供专家指导等。

【学习效果及评价】这一阶段的学习结果就是一门完整课程的信息化教学设计与实施的效果，包括课程设计与建设的完整度、技术应用的合理性；课程的数字化资源、线上线下学习活与教学目标匹配的程度；学生线上线下学习的参与程度与最终效果。

【内容设计】信息化教学能力提升的相关内容主要集中在培训学习阶段，本阶段不设定固定统一的教学内容，由教师根据信息化教学实践过程中的需求，自主选择相应的学习内容。

第五节　培训迁移模式案例分析

一、案例实施背景

2017 年秋季学期，本书研究团队将教师信息化教学能力培训迁移模式进行了应用。案例学校（JLJZ）是一所以工为主、土木建筑为特色的普通高等学校。项目实施过程中，需要为参训教师提供相关的导引资料，包括《信息化教学能力提升项目实施安排》和各个培训环节前的相关说明材料。"理念学习"环节，提供专家报告的介绍资料，以通知的形式由学校向教师发放；"技术操作学习"环节，提供学习内容简介、相应技术平台的登录方法及账号、《优慕课在线教育综合平台培训指南》《优慕课在线教育综合平台操作手册》；"网络课程学习"环节，提供课程说明（见图 4-8），包括课程学习的时间、内容、作业及其考核方式等。

图 4-8 "网络课程学习"环节的课程说明

"工作坊协作学习"环节与"学习成果展示与点评"环节，提供资料准备清单，用于学习过程中完成教学设计任务，包括《课程简介》与《信息化教学设计信息收集》两个文档。《课程简介》要求教师完成课程基本信息、总体目标与要求、授课信息、学时安排、考核方式、课程存在问题与解决方法分析等内容；《信息化教学设计信息收集》是教师围绕一个典型课程单元准备的材料提纲，包括单元的基本信息、学习目标、学习内容、已有的教学资源、初步计划的教学活动素材、教学评价工具等内容。

二、培训学习阶段的实施

（一）"理念学习"环节

【实施时间】2016 年 1 月，半天。

【面向对象】全校教师，包括教学管理者、教师、教辅人员等。

【组织单位】学校教务处。

【组织形式】专家报告。

【学习内容】"教育信息化新形势下的教学变革"的理念报告，具体包括国内外信息化教学最新进展、教育信息化教学探索的思路、信息化教学实施方案、信息化教学案例分享等内容。

（二）"技术操作学习"环节

【实施时间】2016年3月，1.5天；2017年6月，半天。

【面向对象】第一次：14门示范课教师（学校筛选）为主，其余教师自愿参与，共约30人参加；第二次：教师自发参与，20人左右；两次均包括教务处管理者与教辅人员。

【组织单位】学校教务处。

【组织形式】课堂讲授。

【提供资料】平台登录方式与账号信息《优慕课在线教育综合平台培训指南》《优慕课在线教育综合平台操作手册》。

【学习内容】专人讲解平台各模块功能及操作方法，网络课程建设案例。

（三）"网络课程学习"与"网络学习成果评价"环节

【实施时间】2017年6月27日—2017年7月4日。

【面向对象】自愿报名参与信息化教学改革的教师，共24位。

【组织单位】学校教务处、优慕课公司。

【组织形式】在线学习。

【学习内容】"信息化课程设计与建设"，包含两个学习单元：单元一为认识与设计信息化课程，包括8个微视频，9个作业任务；单元二为建设信息化课程，包括18个微视频，3个作业任务。

【学习过程】《信息化课程设计与建设》课程的学习采用完全自学的方式在线进行，以学校为单位，每所学校在进行在线学习过程中，不安排其他院校的学习；教师学习过程中，网络课程提供两处答疑区课程问题讨论、技术应用讨论，针对教师信息化课程设计问题、技术操作问题进行分别答疑，答疑人员以优慕课公司信息化教学改革项目部的教学设计师以及技术服务部服务专员为主。

【学习结果】学校24位教师在线学习结束后，于7月6日前完成了全部教师在线学习成绩的发布。根据在线作业的提交情况，本着教师自愿原则，确定 12 位教师进入下一环节的学习，暂未强制通过在线学习成绩筛选教师。

（四）"工作坊协作学习"与"学习成果展示与点评"环节

【实施时间】2017 年 7 月 7 日—2017 年 7 月 9 日。

【面向对象】12 位教师。

【组织单位】学校教务处、优慕课公司。

【组织形式】工作坊研讨。

【提供资料】《课程简介》《信息化教学设计信息收集》。

【学习内容】3 天工作坊协作学习共设置 5 项学习内容：信息化课程设计单点评及要点串讲、信息化教学设计研讨工坊、信息化课程建设实践、思维导图的制作方法与技术、微视频/微资源的制作方法与技术。

【学习过程】教师工作坊研讨学习以半天为单位，组织 5 项学习内容，并在最后进行"学习成果展示与点评"，其中知识串讲、工坊研讨过程分组进行，共分 2 组，由优慕课公司两位教学设计师分别指导交流，由清华大学教育研究院教育技术研究所专家点评。

【学习结果】学校 12 位教师的学习结果以最终的信息化教学设计单为主，网络课程建设任务的完成为辅。专家对参训教师学习成果的点评与建议以及学习成绩如表 4-7 所示。

表 4-7 专家对参训教师学习成果的点评与建议

教师	课程	院系	专家点评与建议	总分
T01	平面构成	艺术	1. 课程引入手机端，线上—线下结合紧密，可以做该校后续信息化教改示范课程； 2. 课程考虑理论结合实际，引入生活随手拍、操场贪吃蛇游戏等创意活动	98
T02	流体输配管网	市政	1. 抽象的理工科课程内容灵活化，引入网络用语，设计活泼的线上学习资源和活动； 2. 教师认真负责，建议作为首批课程	97
T03	中国近现代史纲要	马克思	1. 利用信息化教学压缩学时，完成衔接章节，通过线上手段，提供更多素材，培养素养； 2. 教师认真负责，建议作为首批课程	95
T04	混凝土外加剂	材料	1. 工科课程能够引入线上手段，大胆尝试改革，很是突破，课程设计与建设灵活； 2. 教师认真负责，建议作为首批课程	94

续表

教师	课　程	院系	专家点评与建议	总分
T05	高级程序设计语言	电计	1. 计算机学科非常适合开展线上线下相结合的教学方式，教师乐于接受新技术； 2. 教师乐于在传统课堂引入信息技术手段，建议作为首批课程	94
T06	编译原理	电计	设计和建设方法基本掌握，在一定政策激励下，教师愿意积极参与信息化教学改革，可以进入试点	88
T07	结构力学	土木	设计和建设方法基本掌握，在一定政策激励下，教师愿意积极参与信息化教学改革，可以进入试点	86
T08	理论力学	土木	设计和建设方法基本掌握，在一定政策激励下，教师愿意积极参与信息化教学改革，可以进入试点	85
T09	Web 开发技术	电计	设计和建设方法基本掌握，在一定政策激励下，教师愿意积极参与信息化教学改革，可以进入试点	85
T10	技术经济学 A	经管	设计和建设方法基本掌握，在一定政策激励下，教师愿意积极参与信息化教学改革，可以进入试点	74
T11	经济学	经管	考虑到每个学院同类课程可以试点一门，若 H 老师改革，L 老师可以暂缓	46
T12	公共安全技术	电计	教师原计划参与面授学习，但最终因故中途离开，放弃学习	—

为使全部参与在线学习的教师均有机会进入面授阶段的学习，学校于 2017 年秋季学期组织了第二期信息化教学能力提升项目，主要面向其余教师，进行"工作坊协作学习"及后续环节的面授学习。

三、教学应用阶段的实施

2017 年秋季学期参训教师实施第一学期的信息化教学，1 门课程所有单元全部实施，2 门课程全部单元完成建设但部分实施，8 门课程部分单元完成建设并实施，1 门课程中途放弃。

教师获得两方面支持：优慕课公司的跟踪支持和学校政策、技术环境等方面的支持。优慕课公司的跟踪支持由服务专员承担，通过 QQ 群的方式提供持续的在线答疑支持。建立了信息化教学改革一群、二群两个 QQ 群，前者主要回应全部参训教师提出的问题，后者主要由学校教务处老师管理，用于发布学校的相关通知、政策文件等（见图 4-9）。

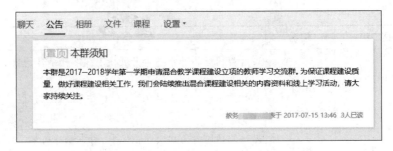

图 4-9　学校信息化教学改革交流群公告

公司的服务专员在跟踪支持过程中，除技术问题解决，也做教学设计的答疑，还进行课程案例的分享。学校处于信息化教学改革初期，需要校外专家团队提供总体规划、设计与实施策略方面的支持。首先，在第一学期的信息化教学实施过程中，为学校提供《信息化教学改革实施方案》系列文档（见图 4-10），从机构设置、技术环境建设、课程遴选、立项策略、验收评价几方面为学校提供建议。

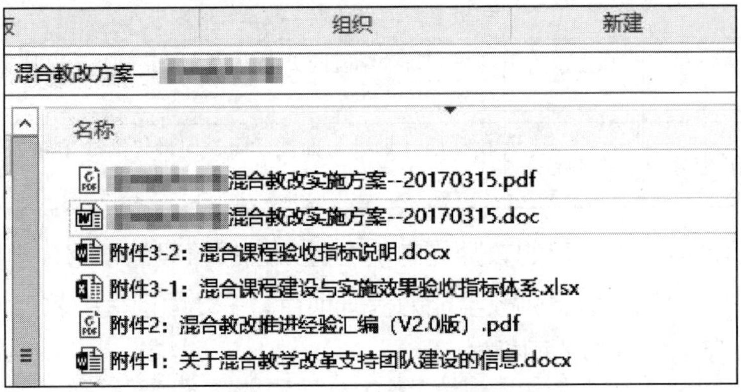

图 4-10　JLJZ 信息化教学改革方案系列文档

其次，在教学运行过程中，提供学校信息化教学改革相关文件的建议稿，包括组织机构设置、整体改革工作方案、教师信息化教学能力提升计划、课程建设规范类文件、激励政策类文件、课程立项计划书、教改监督评价机制建设办法、课程跟踪与周期性运行评估八个方面。

学校从政策、技术环境等方面对教师的支持体现在专门人员设置、领导态度与管理支持、设施建设、技术支持与资源服务、激励措施支持与跟踪评价等方面。

（1）专门人员设置：学校指定专门的管理员老师，负责该校参训教师的组织、沟通、管理工作（见图 4-11）。

（2）领导态度与管理支持：学校领导、院系领导明确表示了对信息化教学改革的支持态度；学校在学期中，为了促进教师相互学习、扩大信息化教学的影响范围，组织了第一批和第二批参训教师给全校教师做分享，有些二级学院做过院内分享活动。

第四章　教师信息化教学能力及其发展

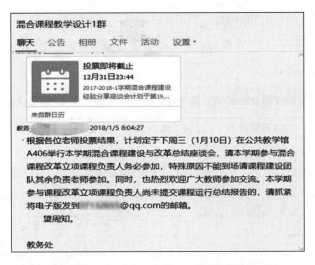

图 4-11　教务处管理员发布信息化教学改革通知

（3）设施建设、技术支持与资源服务：教务处为支持第一批教师顺利实施信息化教学，由一位副处长直接负责，解决了服务器与存储问题；提供及时解答教师问题的通道，一位副处长直接在群里（QQ 群）答疑；建设了专业录播室，同时提供视频制作服务培训，帮助教师解决资源制作问题。

（4）激励措施支持：学校通过课题经费、课时费的方式给教师提供支持。

（5）跟踪评价：学校组织进行了多次、多种形式的信息化教学改革课程跟踪评价，包括督导听课、现场座谈等。

此外，在学期中与学期末，公司服务专员撰写《学校信息化课程改革中期检查报告》和《学校信息化课程改革学期总结报告》，供学校了解实施情况。学校在学期末召开专家座谈会，总结实施经验与不足，征求下一步工作建议。

四、信息化教学能力提升效果分析

（一）信息化教学培训效果的对比分析

教师信息化教学培训迁移模式构建的初衷是希望改善以往培训结束后教师建设与应用程度低的状况。本书研究团队按照此模式支持 13 所本科院校和职业院校分 2 批对教师进行了培训，并对各个院校教师混合课程建设与应用情况进行了评价。评价有三项指标：课程基本信息的课程介绍、教学大纲、教学日历、教师信息项内容均有建设，且能够在线查看；有清晰的课程单元划分；至少有 1 个单元完成在线部分的建设并能够在线查看，根据上述三项指标判定每所院校完成混合课程线上部分建设的教师比例。"网络课程学习"环节之后,13所院校第一批教师完成任务比例如表4-8所示,平均51.1%的教师完成了混合课程线上部分的建设任务,完成比例最高的学校为83.3%。

表4-8 13所院校完成混合课程线上部分建设任务的教师比例("网络课程学习"环节后)

院校编号	参训教师数	完成混合课程线上部分建设任务的教师数	比率/%
SGZ	20	8	40.0
GXJS	30	18	60.0
ZBZY	23	22	95.7
CJZY	16	14	87.5
JLJZ	12	8	66.7
TY	16	13	81.3
HBLG	9	7	77.8
NMD	46	32	69.6
NGD	30	14	46.7
CJXY	18	13	72.2
BY	5	2	40.0
NND	32	17	53.1
NKD	60	30	50.0
总计	317	198	64.6

第二批教师增加了"工作坊协作学习"和"成果展示与评价"两个环节,完成建设任务的情况有了较大改善,平均超过六成教师完成了混合课程线上部分的建设任务,完成比例最高的学校达95.7%,虽非同一批教师的对比,但从访谈的结果来看,培训模式的优化促使教师愿意尝试混合课程的建设并付诸教学实践。

进一步跟踪这批教师是否在接下来的学期中实施了混合教学,13所院校结果如表4-9所示。往期项目教师教学应用比例平均为21.5%,这批参训教师中近50%在项目结束后实施了教学,虽非同一批教师的两次对比,但应用比例的大幅变化,能够反映出培训迁移模式中增加"教学应用"环节对教师应用起到了很大的促进作用。

表4-9 13所院校完成混合课程建设且进行教学应用的教师比例

院校编号	参训教师数	完成课程建设且教学应用的教师数	比率/%
SGZ	20	7	35.0
GXJS	30	0	0.0
ZBZY	23	22	95.7
CJZY	16	14	87.5
JLJZ	12	8	66.7
TY	16	14	87.5

续表

院校编号	参训教师数	完成课程建设且教学应用的教师数	比率/%
HBLG	9	5	55.6
NMD	46	29	63.0
NGD	30	3	10.0
CJXY	18	0	0.0
BY	5	2	40.0
NND	32	14	43.8
NKD	60	25	41.7
总计	317	143	48.2

（二）教师对培训学习阶段的主观感受

教师对培训迁移模式"培训学习"阶段的主观感受包括教师对项目整体设计、培训学习阶段的满意度，教师对教学质量与学习难度的反馈，以及教师采用信息化研修方式的意愿、进一步教学实施的意愿三个方面。

1. 教师的培训学习满意度

教师对培训学习阶段的整体满意度如图 4-12 所示，超过 90% 的教师对整个阶段的学习持满意态度，超过 80% 的教师认为培训学习阶段的学习满足了他们的学习需求。

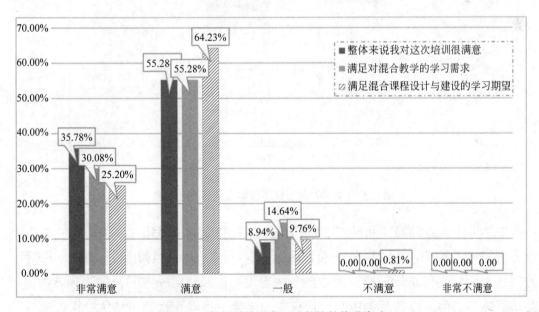

图 4-12　教师对培训学习阶段的整体满意度

从教师访谈的结果来看，有教师认为通过学习提升了对信息化教学设计的理解以及初步应用技能:"参加过这个信息化教学改革计划,可能对填表(信息化教学设计单)更具有实际意义,因为我参加了培训以后,就知道该怎么填,……可操作性强一些;我们这个课里边有很多老师没参加,……当我做出来这个设计单给他们看的时候,老师们都有点晕,不懂";也有教师认为通过这样的学习整体上有很大进步:"暑假去学习的时候,我觉得还是进步比较大的,我觉得每年或者内容有大的更新时可以组织教师去学习一下,我觉得还是这种学习进步比较大,因为是集中提问,安排的行程很紧张,学习内容挺多的,我比较喜欢这样……"。仍有 8.94% 的教师态度中立,认为这一阶段的学习一般,主要原因是时间安排太紧,有教师认为"来北京培训行程安排得太紧了,内容太多,消化起来费劲……";也有教师反馈"我想请专家点评下我的课,没找到机会……"。从项目满足教师需求方面来看,仍有 14% 的教师认为项目在满足其信息化教学需求方面只是一般水平,还有待提升。在具体的学习需求方面,有近 1% 的教师认为培训学习阶段的内容不满足他们对"信息化课程设计与建设"的学习期望。

进一步分析教师对线上、线下学习各环节的满意程度,结果如图 4-13 所示。"在线学习形式"是教师最满意的学习环节,满意率达到近九成,有教师提及:"你们的网课特别好,网课能不能让我们回来再学习?"。

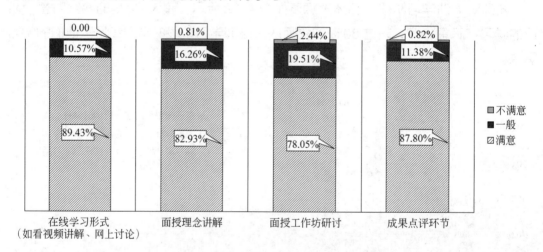

图 4-13 教师对线上线下各学习环节的满意度

与之相比,教师对"面授工作坊研讨"环节的反馈虽然以"满意"为主,但有近五分之一的教师认为该环节一般,同时出现了约 2.4% 教师的"不满"。一方面,教师认为面授工作坊环节有"需要的"内容没有涉及;另一方面,在该环节中虽然有串讲环节,但仍以教师为中心,且在学习难度上有一定程度的增大,可能造成了教师畏难情绪。

2. 教师对教学质量与学习难度的反馈

超过半数的教师认为培训学习阶段后面环节的学习难度增加了（见图4-14）。网络课程学习结束后的工作坊协作学习、点评环节要求的难度都有一定程度的增加，更加强调了《信息化教学设计单》撰写的完整度和质量，部分教师在访谈过程中透露出对设计单填写的畏难情绪，如"这个教学资源划分这块，我认为是一个最难的知识点……"。

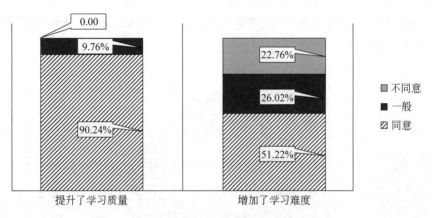

图 4-14　教师对教学质量与学习难度的反馈

3. 教师后续研修与教学实践意愿的反馈

教师后续研修与教学实践意愿一定程度上体现了教师对信息化教学理念的接受度，94%的教师愿意继续选择混合学习的研修方式，超过97%的教师愿意在后续教学过程中尝试使用混合教学（见图4-15）。

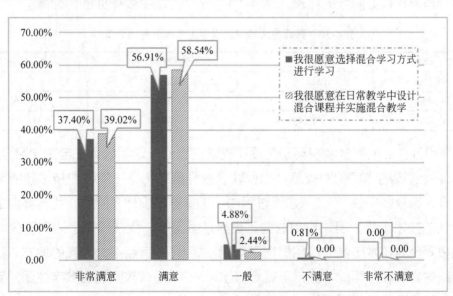

图 4-15　教师对后续研修与教学实践意愿的反馈

（三）教师培训学习的效果分析

1. 教师在线学习成绩分析

教师的在线学习成绩是其在"网络课程学习"中完成 12 个作业的成绩之和，其中最后一个作业是课程的信息化教学设计大作业，是一份完整的教学设计单。总成绩的得分可以分为四档：优秀（总成绩 ≥90 分）、良好（80~89 分）、合格（60~79 分）和不合格（60 分以下）。上述 13 所学校第二批教师的成绩分布如图 4-16 所示。教师在线学习成绩"合格"及以上的比例刚过半数。

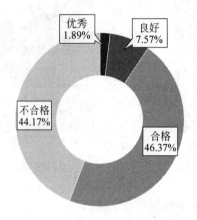

图 4-16　教师在线学习成绩分布

为了比较不同作业的完成质量，采用"得分率"进行分析，即某次作业教师的平均得分与该次作业满分的比例，表 4-10 显示了三次主要作业的得分率。

表 4-10　教师在线学习过程中主要作业的得分率

作业类型	设计作业	建设作业 2	建设作业 3
满分	40	20	8
平均分	17.49	6.91	3.36
得分率 /%	43.73	34.54	41.99

课程设计作业的得分情况高于两项课程建设作业，说明教师在自主学习过程中，信息化课程建设的难度相对较高，也反映了教师信息化课程建设的技术技能需要进一步提升，有教师反映"（资源建设过程中）工具选择没什么问题，我能够自主选定需要用到的技术工具，但是应用这些工具有技术困难，我在操作上遇到不少问题"。另一位教师也对技术工具的应用提出了问题，"但是还有点不太满意的地方，我觉得技术手段这方面如果再能培训一下就更好了……"。还有教师认为数字资源"制作周期长，老师们工作量都挺大的，没有时间……"等。

2. 教师线下学习成绩

教师线下学习成绩以最终提交的信息化教学设计作业为打分对象，结果如图 4-17 所示。

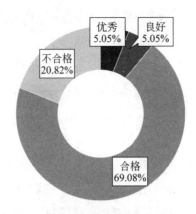

图 4-17　教师线下学习成绩分布

"工作坊协作学习"与"学习成果展示与点评"环节是"网络课程学习"环节的延续，在这一环节中，通过教学设计师的重难点串讲、常见问题解答以及分组指导活动，继续优化教学设计作业，从作业终稿的打分结果来看，"不合格"得分比例相比教师在线学习环节，明显减少，成绩"合格"及以上的比例达到近 80%，"优秀"由不足 2% 增加至 5%。有教师反映"如果是我不参加那期线下培训，我可能什么都不知道，什么都不会，培训非常有用，而且我在学习的过程当中跟其他学员、老师们一起交流，还了解了一些其他的技巧性的问题……"。

3. 教师课程建设任务完成情况

教师培训学习阶段结束后，需要完成的学习任务除课程整体设计、一个典型单元教学设计以外，还包括完成课程基本信息、1 个单元在线部分的结构及内容建设。在 317 位教师中，263 位进行了课程建设，54 位教师放弃；198 位教师完成课程建设任务，占总教师数的 62.5%，与以往的信息化教学培训项目相比（约 50%），培训迁移模式通过"培训学习"线上与线下学习环节的优化，教师完成课程建设任务的比例有较大提高。

（四）教师教学应用的效果分析

培训迁移模式的最大特点就是增加了"教学应用"环节，促使教师培训学习结束后在日常教学中应用新知识与技能。可以从教师开课情况、网络课程建设情况、信息化教学实施情况三个方面评价应用效果。

1. 教师开课情况

培训学习结束后的学期开课情况可以直接反映教师是否将培训所学用于日常教学。根据学校课程安排计划和教师课程的在线网站是否有选课学生活动来判断，上述 13 所学校第二批教师设计建设的 317 门课程中，有 233 门课程开通了在线网站，其余 84 门课程未开通。317 位教师中有 54 位没有开通在线网站，经比对发现，这些教师培训时练习的课程均为该学期不开设的。因此建议教师在培训学习阶段应选择下个学期开设的课程进行真实的备课，而不仅是练习。学校在选择受训教师时也建议重点考虑开课情况。

2. 网络课程建设情况

混合课程在线网站（即网络课程）的建设是实施信息化教学的基础，网络课程建设的完整性影响教师的教学实施的深入程度。主要从课程整体设计与建设、学习单元设计与建设两个方面评价网络课程建设完整性。课程整体设计与建设包括课程基本信息建设、课程导学设计与建设、课程结构设计与建设、课程评价标准设计与建设；学习单元设计与建设主要包括单元导学设计与建设、教学资源和活动的设计与建设。对上述建设情况以百分制进行打分，60 分为及格。上述 13 所学校第二批教师设计建设的 317 门课程中，达到合格的仅 13 门（约占 4%）。"课程整体设计与建设"部分的平均得分高于"学习单元设计与建设"，说明大部分网络课程还停留在整体框架建设阶段，尚未深入每个学习单元的建设。在整体建设方面，课程基本信息建设的平均得分最高，其次是课程结构设计与建设，课程导学与评价标准的设计与建设多有所缺失；同样在学习单元设计与建设过程中，以教学资源设计与建设为主，单元导学的设计与建设比较弱，教师的建设习惯仍然更重视资源的传输，对学生线上学习的引导方面还有待加强。

3. 信息化教学实施情况

信息化教学实施情况能够衡量最终的应用效果，主要通过网络课程的应用情况来评价。首先判断网络课程是否应用，之后进行应用程度的划分。网络课程应用与否主要以师生的在线行为来判断，如果达到：①网络课程有选课学生；②教师进入课程的次数至少为 3 次（至少实施 1 次信息化教学）；③学生人均进入课程的次数至少为 1 次（学生至少有过 1 次网络课程学习经历）这三项要求，则认为教师实施了信息化教学。结果显示，在 233 门网络课程中，143 门课程投入了应用（64%）。通过学生在线学习的参与程度进一步分析网络课程的应用程度。首先获取"优慕课在线教育综合平台"中"学生进入课程次数"，然后根据《教师信息化教学应用判别表》（参见附录）的规则，对上述 143 门课程做进一步的应用程度分析，结果如图 4-18 所示。61% 的课程都有不同程度的应用，30% 处于积极应用的水平，接近全部实施信息化教学教师的一半。在促进教师实施信息化教学过程中，最难的一环是"从0到1"的阶段，如何使教师"动起来"是学校在支持策略制定过程中需要首先考虑的问题。

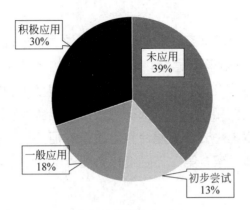

图 4-18　教师信息化教学应用程度

第五章　学校系统推进混合教学改革

信息时代学校人才培养体系改革不可能仅通过课程层面的混合教学来实现,[①][②]要将其上升为专业层面和学校层面教育教学改革的系统工程。《中国教育现代化2035》明确提出加快信息化时代教育变革,利用现代技术加快推动人才培养模式变革。近年来我国高等院校和职业院校都在积极推进混合教学改革,迫切需要相关理论与方法的指导。本章第一节介绍混合教学改革的相关理论基础,提出学校系统推进混合教学改革的总体框架,第二节围绕核心要素阐述学校实施混合教学改革的策

本章思维导图

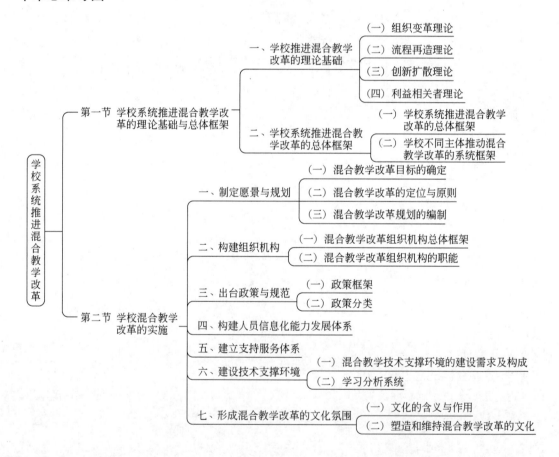

---

① Banathy B H. A systems view of education: concepts and principles for effective practice[M]. Englewood Cliffs, NJ: Educational Technology Publications, 1992.

② Watson S L, Watson W, Reigeluth C M. Systems design for change in education and training. Handbook of Research for Educational Communications and Technology[M]. Association for Educational Communication and Technology, Springer, 2008.

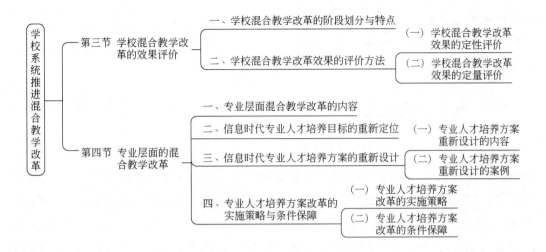

略，第三节讨论学校混合教学改革实施效果的评价方法，第四节从专业层面阐述混合教学改革的着力点。在书后附录 9 中展示七所本科院校、高职院校、中职学校和成人高校系统推进混合教学改革的案例。

第一节 学校系统推进混合教学改革的理论基础与总体框架

一、学校推进混合教学改革的理论基础

（一）组织变革理论

组织变革理论起源于企业管理领域，包括结构、技术、人员和文化四个维度。结构变革包括改变组织的复杂性、正规化、集权化程度、职务调整与设计及其他结构因素；技术变革包括工作过程、所使用的方法以及设备条件的改变等；人员变革主要指员工工作的态度、期望、认知与行为等方面的改变；文化变革主要是指改变不适宜组织发展的旧文化，创造适宜于组织发展的新文化。[①] 从组织变革的角度来看，学校混合教学改革的最终目的是要建立与信息时代教育教学相适应的组织结构、技术环境、人员能力与文化氛围，实现学校在信息时代的可持续发展。组织结构涉及学校在推进混合教学改革过程中的相关部门组成及各个部门之间的职责与工作关系，技术环境涉及混合教学所需要的由基础设施、设备、资源等所组成的物理教学

---

① Robbins S P. Organization Behavior[M]. 9th Edition. New Jersey: Prentice Hall International Editiitions, 1996.

空间和虚拟信息空间及两者之间的融合，人员能力涉及教师、学生、管理者及支持人员的信息技术观念和能力，文化氛围涉及学校在推进混合教学改革过程中重视教学、重视创新等方面的软环境。

（二）流程再造理论

流程再造理论是以工作业务流程为核心，以服务者的需求为导向，以工作效益为目的，建立扁平化的组织机构，压缩管理层级，扩大管理幅度，将分散的业务进行集成，依托信息技术开展协同管理，简化管理流程，使信息及时共享、资源有效应用，实现效益的最大化并满足人的需要。① 流程再造理论最初主要运用在企业中，之后逐渐用于教育领域。麻省理工学院、加州大学伯克利分校等都曾运用流程再造理论改革学校管理，提高了管理效益和师生的满意度，降低了管理成本，使得教学科研等核心工作以更加流畅的形式进行运转。② 流程再造理论为学校推进混合教学改革过程中进行业务梳理以及机构调整提供了参考与借鉴。在改革过程中，涉及的工作如混合教学改革项目立项、教师遴选、教师信息化教学能力培训、混合课程建设、混合教学实施、混合教学支持服务、教学质量评估验收等多个方面，这些工作由不同的部门分管，如教务处、教育技术中心、信息中心、教师发展中心、质量保障办公室等，需要将各部门的原有业务流程与混合教学改革的各项工作进行整合，实现跨部门的业务流程优化、信息共享、管理协同，确保实现学校混合教学改革的最终目标。

（三）创新扩散理论

创新扩散理论根据人们采用创新（包括新方法、新实践和新物体）的相对时间，将创新的采用者分为五种类型，即创新者、早期采用者、早期大众、晚期采用者和落后者（每一类创新采纳者的特征具体见表5-1）③，并阐释了创新扩散随时间的变化过程是"S"形的曲线（见图5-1）：在一项新的技术刚开始传播的时候，使用的人比较少，扩散的进度比较慢，当人数增加到10%~40%时突然加快，曲线呈上升趋势，最后在接近最大饱和点时进入常态化的稳定阶段。④ 创新者和早期采用者存在根本性的区别，创新者为渴望冒险和有风险的人员，而早期采用者是社会中受人尊敬的成员，这些人会影响后来的采用者。⑤

---

① Hammer M, Champy J A, Champy J. Reengineering the Corporation: A Manifesto for Business Revolution[M]. Harper Business, New York. 2003.
② 丁烈云. 基于流程再造的高校管理改革探析 [J]. 中国高等教育, 2007(22):20-22.
③⑤ Rogers E M. Diffusion of Innovations[M]. 5th Edition.New York:Free Press,2003.
④ 杨浩, 郑旭东, 朱莎. 技术扩散视角下信息技术与学校教育融合的若干思考 [J]. 中国电化教育,2015(4):1-6.

表 5-1 创新扩散理论中五类创新采纳者的类别与特征

类别	特征
创新者	他们最早采用创新 他们约占采用者的 2.5% 他们积极追求新技术产品，可能为了探索技术功能而购买产品 他们拥有丰富的技术专长，并与创新来源保持联系
早期采用者	他们在创新者之后采用新的创新 他们约占采用者的 13.5% 他们具有一定的技术专长并研究新技术；但是，他们采用的创新方式要比创新者更大 由于他们的慎重，早期采用者可以作为其他打算采用的人的榜样和意见领袖
早期大众	他们在早期采用者之后、晚期采用者之前的不同时间采用 他们约占采用者的 34% 他们对技术相当满意，但是只有在有力的证据证明其价值和其他采用者的坚定建议后，他们才会采用新的创新技术
晚期采用者	他们在早期大众之后采用了创新 他们约占采用者的 34% 他们通常不如早期大众适应技术，因此需要支持 只有在同伴的压力和必要性迫使他们进行创新时，他们才会采用创新
落后者	他们是最后采用创新的人员 他们约占采用者的 16% 他们表达了对技术的厌恶，即使在必要时需要采纳也拒绝采用新的创新

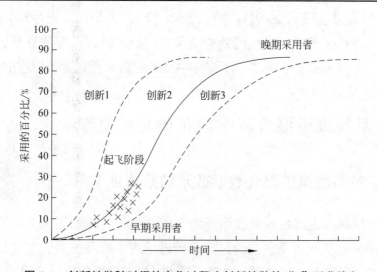

图 5-1 创新扩散随时间的变化过程（创新扩散的"S"形曲线）

创新扩散理论揭示了影响技术创新扩散的关键人群及其特征。混合教学在学校中的应用与推广，势必会受到各种各样人群的支持或阻碍，而在这些人群中寻找到最重要的影响人员，则会势如破竹般扩散到其他观望者，对混合教学改革的推进起到事半功倍的作用。学校需要重点抓住早期采用者这一部分关键人群，使他们成为混合教学改革的主力军与推动者，通过他们的影响来带动其他人员参与混合教学改革。

（四）利益相关者理论

利益相关者理论起源于企业管理领域。已有研究将利益相关者定义为"利益相关者是能够影响一个组织目标的实现，或者受到一个组织实现其目标过程影响的人"。[①] 教育系统是一个复杂的组织，牵涉不同的利益群体。美国学者运用利益相关者理论将大学中的群体划分为四类利益相关者群体：最重要群体、重要群体、部分拥有者和次要群体。最重要群体包括教师、行政主管和学生，重要群体为董事、校友和捐赠者，部分拥有者为政府，次要群体为市民、社区和媒体等。[②] 我国学者提出了大学中的三类利益相关者群体：教师、学生、出资者、政府是大学的权威利益相关者，校友、捐赠者和立法机构是潜在的利益相关者，市民、媒体、企业界、银行是第三层利益相关者。不同利益群体享有对大学的控制权时，就会演变成不同的大学模型。[③] 信息时代学校开展混合教学改革的过程中，也会牵涉到不同的利益相关者，既涉及教师、学生和管理人员等这类权威利益相关者，同时也会与校外的网络服务商、网络教学平台供应商、教学资源开发商等第三层利益相关者产生联系。因此，借鉴利益相关者理论的方法分析学校混合教学改革的利益相关者，通过各种政策措施促进利益相关者同向行动将有助于改革的顺利推进。

综上所述，组织变革理论阐释战略、结构、技术、人员和文化等方面的系统变革，流程再造理论聚焦基于业务流程的结构变革，创新扩散理论强调变革过程中关键人员的作用，利益相关者理论关注变革过程中所有相关人员对变革过程的影响。

二、学校系统推进混合教学改革的总体框架

（一）学校系统推进混合教学改革的总体框架

关于学校系统推进混合教学改革所涉及的要素，不同的研究者基于不同的视角开展了相关研究。有学者基于复杂适应系统理论将学校系统推进混合教学改革所涉及的要素归纳为学习者、教学者、内容、技术、学习支持和机构（见图5-2）。[④]

[①] Freeman R E.Strategic Management: A Stakeholder Approach[M].Boston, MA:Pitman, 1984.
[②] 亨利·罗索夫斯基.美国校园文化——学生、教授、管理[M].济南：山东人民出版社,1996:5-6.
[③] 胡赤弟.高等教育中的利益相关者分析[J].教育研究, 2005(3):38-46.
[④] Wang Y, Han X, Yang J. Revisiting the Blended Learning Literature: Using a Complex Adaptive Systems Framework[J].Educational Technology & Society, 2015, 18 (2): 380-393.

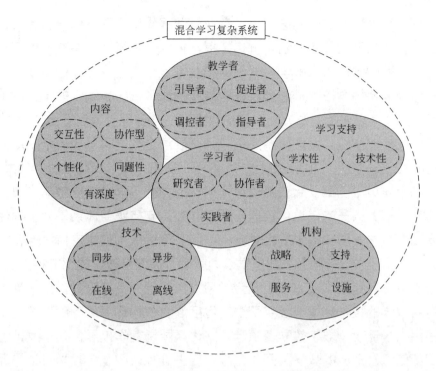

图 5-2　基于复杂适应系统理论的混合教育概念模型

有学校将其系统推进混合教学改革的要素总结为八个方面：修订人才培养方案、重构教学环境、开展多层次的教师培训、丰富教学资源、创新教学方法、转变评价方式、优化管理与服务、创造教学文化氛围。① 本书研究团队依据上述理论的基础及已有的相关研究成果，结合大量院校实践，提出学校系统推进混合教学改革的总体框架，包括愿景与规划、专业与课程体系、组织机构、政策与规范、人员信息化能力发展体系、支持服务体系、技术支撑环境和文化氛围等要素（见图 5-3）。

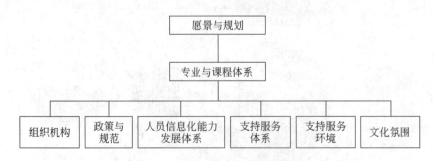

图 5-3　学校系统推进混合教学改革的总体框架

愿景与规划是指学校结合自身特色和人才培养目标的要求，制定的混合教学改革的战略目标及规划，包括混合教学改革在学校人才培养战略中的定位、总体目标、

---

① 杨宗凯. 高校"互联网＋教育"的推进路径与实践探索[J]. 中国大学教学,2018(12):13-16.

操作性目标、行动计划、时间进度等。专业与课程体系是指与信息时代人才培养需求相适应的专业与课程体系。组织机构是指学校混合教学改革需要的组织机构，以适应信息化引发的学校教育教学模式创新和业务流程再造，保障相关项目的顺利实施。政策与规范是指学校为推进混合教学改革的顺利进行，制定的相关政策、标准与规范等。人员信息化能力发展体系包括教师、学生、管理者等信息化能力发展体系，其中教师信息化教学能力发展体系是指教师开展混合教学改革应具备的能力以及学校构建的能力发展体系，包括发展目标、内容、实施方案、保障手段、效果评价等，这一部分内容详见第四章。除教师信息化教学能力外，学校还应考虑信息化领导力以及职能部门相关人员的信息化管理与服务能力。支持服务体系是为了确保师生能顺利开展混合教学，学校提供的相关支持服务，包括教师教学支持服务和学生学习支持服务。教师教学支持服务主要是学校为教师开展混合教学提供的相关支持服务，学生学习支持服务是指学校为学生混合学习提供的相关支持服务。技术支撑环境是指支持混合教学的技术环境与数字资源，包括混合教学环境的基础设施、网络教学平台、面授教学环境、数字教学资源等。文化氛围是指学校混合教学改革过程中所创建的价值信念及形成的教学共同体氛围，促进教师认同混合教学改革的理念与价值，并愿意投入自己的精力和时间在混合教学改革过程之中。

（二）学校不同主体推动混合教学改革的系统框架

本书研究团队基于利益相关者理论，提出学校不同主体推动混合教学改革的系统框架（见图5-4），包括教师、领导者、职能管理与服务部门人员、学生、校外支持力量等关键利益相关者。[①]

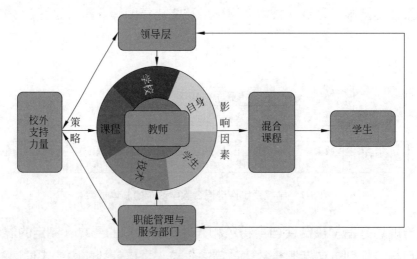

图 5-4 学校不同主体推动混合教学改革的系统框架

---

① 白晓晶. 成人高校开展课程混合教学的推进研究 [D]. 北京：清华大学，2019.

教师是实施课程混合教学的主角，影响教师开展混合教学的因素包含学校因素、课程因素、学生因素、技术因素和自身因素等，开展混合教学不仅需要提升教师信息化教学的意识与能力，更为重要的是要给教师开展教学改革提供激励机制和技术支持。学校领导层的认识与行动对于混合教学改革至关重要，需要立足学校发展现状确立清晰的混合教学改革目标，通过系统的规划及实施行动持续推进混合教学改革。[①] 职能管理与服务部门要为教师更好地应用技术提供支持服务，同时通过管理措施持续评估教学改革过程，并及时提出决策建议等。学校要有效实施混合教学，仅靠自身的探索不仅速度太慢，而且容易走入误区，因此需要借助校外支持力量，如研究机构、同类型院校、相关企业等，建立相互信任、协同合作的混合教学改革共同体。[②] 另外，混合教学改革的系统推进离不开二级院系的具体落实。这些推动力将促进教师开展混合教学，影响其课程设计与混合教学的实施。教师通过开展混合课程建设与实施混合教学，最终作用在学生身上，改革的成效最终要通过混合课程的质量及学生学习的成效来体现。不同类型的学校中利益相关者群体划分会有差异，如有的学校有业务管理部门，会对教师教学产生一定影响等。领导层主要是通过学校的管理机制对教师产生影响，校外支持力量主要通过"技术支持"和"课程构建"对教师产生影响，而职能管理与服务部门相对会比较多元，可以通过提供持续服务进行支持，还可以通过各种途径监控教学过程等。

第二节　学校混合教学改革的实施

　　根据学校系统推进混合教学改革的总体框架，其核心要素包括愿景与规划、专业与课程体系、组织机构、政策与规范、人员信息化能力发展体系、支持服务体系、技术支撑环境和文化氛围等。

一、制定愿景与规划

　　学校混合教学改革的愿景与规划制定包括混合教学改革目标确定、定位与原则以及在此基础上混合教学改革规划的编制。

---

① 白晓晶，韩锡斌.成人高校领导层推动混合教改的实施策略研究[J].电化教育研究，2019(7):101-109.
② 白晓晶，韩锡斌.学校借助校外支持力量推进混合教改的实施策略研究[J].清华大学教育研究，2020(6):140-148.

（一）混合教学改革目标的确定

1. 确定学校混合教学改革的使命

结合学校的实际情况，从领导层凝聚共识，确定混合教学改革的使命。正式的使命应该陈述学校混合教学改革的愿景、价值观和信念，以及学校开展混合教学改革的原因。[①] 学校混合教学改革的使命确定的是学校长期的发展战略，应与学校的"五年计划""事业发展规划"有机结合，保持使命的战略性与持续性。

2. 混合教学改革目标的广泛共识

学校一旦确定了混合教学改革的目标，就需要让目标在师生员工中得到理解，使他们有共同一致的努力方向。已有研究发现，教师认识到机构采用混合教学的目的与他们自己的目标具有一致性，对他们是否开展混合教学有显著影响。[②] 学校教学改革的期望与教师和学生期望的一致性是混合教学改革的一个重要影响因素，只有在愿景和目标触及组织的所有部分时，变革才会发生。[③] 在最开始教学改革之时，就需要告知全体师生员工为什么要开展信息时代教学改革、如何开展教学改革、开展教学改革需要达到的效果等。具体做法包括：召开全校范围内的混合教学改革动员会，从教师的思想和观念上进行动员；召开学生代表座谈会，发动学生组织的力量，宣传学校的教学改革理念；通过学校的宣传渠道，多角度、立体化、全方位地将教学改革的理念和目标传达至每个人员。

3. 确定操作性目标

操作性目标是指学校通过混合教学改革所要达到的预期效果，说明混合教学改革力图实现什么，描述的是具体的、可衡量的结果，而且通常是关注短时期内的结果，涉及改革所要完成的主要任务。操作性目标也可以视为短期目标，需要体现在学校每年的工作要点与工作计划之中。设定具体的目标可以为各部门和各单位提供行动方向。具体的操作性目标包括：人才培养目标、资源目标、人员发展目标、课程目标和创新及变革目标。人才培养目标是指通过改革实现的学生知识、能力与素质培养目标；资源目标是指改革过程中所需要的人力、物力和财力资源保障目标；人员发展目标是指相关人员的培训、晋升、职业发展与成长目标；课程目标是指所要产出的混合课程的数量与质量；创新与变革目标是指通过改革促进教学质量提升

[①] 里查德·L.达夫特.组织理论与设计[M].王凤彬,石云鸣,张秀萍,等译.北京:清华大学出版社,2017(12).

[②] Porter W W, Graham C R. Institutional Drivers and Barriers to Faculty Adoption of Blended Learning in Higher Education[J]. British Journal of Educational Technology, 2016, 47(4): 748-762.

[③] Taylor J A, Newton D. Beyond blended learning: A case study of institutional change at an Australian regional university[J]. Internet and Higher Education, 2013, 18:54-60.

的幅度、学校美誉度以及体现学校教学成果的数量等。针对操作性目标的进一步细化，学校可以利用 SMART 原则来确定目标，即具体的、可衡量的、可分解的、可实现的、有时效的。[①]

4. 确定目标完成的时间计划

学校混合教学改革是一项长期的系统性工程，因此在制定混合教学改革的长期目标与短期目标时，应进行相应的时间规划。根据已有研究和院校的实践经验，学校混合教学改革一般采取"先试点后推广"的策略。首先，遴选一批具有一定信息化教学基础和有资源积累的教师与课程或有意愿的二级院系参与混合教学改革，对他们进行有针对性的培训与支持，打造一批"先行先试"的标杆课程，这个过程一般需要一个学期左右的时间；其次，发挥"先行先试"标杆课程的示范引导作用，带动更多的教师参与到混合教学改革的过程中，逐步推广到其他教师与二级院系，一般需要一个学期左右的时间；最后，在全校范围内全面的推广应用，开展常态化的教师培训与支持。

（二）混合教学改革的定位与原则

1. 混合教学改革在学校人才培养战略中的定位

混合教学改革需要服从学校整体人才培养的战略实施。学校要明确混合教学改革在人才培养战略中的定位及所能够发挥的作用。美国教育智库组织 21 世纪学习联盟提出的"21 世纪学习框架"指出，信息时代的学生需要掌握的核心能力除了 3R (Reading, wRiting, aRithmetic) 外，还包括生活与职业技能、学习与创新能力、信息媒体与技术素养。[②] 学习者能力要求的变化也意味着教育教学体系需要随之进行改变。从人才培养的角度来看，工业时代确立的教育教学体系已不足以为信息时代培养人才提供有效支撑，这就要求学校的教育教学在教学理念、教学方法、教学手段等方面进行重构，以适应时代发展对人才培养的新需求。

2. 混合教学改革坚持的原则

一是面向问题原则，学校开展混合教学应面向人才培养的过程中出现的现实问题，特别是教师教学过程中和学生学习过程中的问题；二是系统推进原则，混合教学改革是信息化环境下提出的，但不仅是一个技术在教学中的应用问题，更需要教育理念引领、整体规划设计、各类人员协同工作、体制机制的套等多个方面的系统推进；三是以学生为中心的原则，要求混合教学不能将传统的课堂复制到网络上，

---

① 迈克尔·霍恩, 希瑟·斯特克. 混合式学习, 用颠覆式创新推动教育革命 [M]. 聂凤华, 徐铁英, 译. 北京: 机械工业出版社, 2015.

② 杨宗凯. 高校"互联网＋教育"的推进路径与实践探索 [J]. 中国大学教学. 2018(12):13-16.

或者是简单地将线上课堂与线下课堂进行结合,而是需要对教学目标、内容、活动、评价、环境等进行重新设计,激发学生的学习动机,实现规模化教学下的个性化学习。

(三)混合教学改革规划的编制

混合教学改革规划就是学校围绕混合教学改革主题、面向今后一个时期制订的比较全面的发展计划,是对未来整体性、长期性、基本性问题的深入分析,设计未来混合教学改革行动的整套方案。一方面各级教育行政部门以项目驱动的方式推进教学改革,如本科院校的"双一流"建设,一流本科专业建设,拔尖创新人才培养计划,强基计划,新工科、新文科、新医科、新农科建设,一流本科专业建设、一流本科课程建设、虚拟仿真实训实验室建设、虚拟教研室试点建设项目、新型教材建设等;职业教育的高职"双高校"建设,中职"优质校"建设,本科层次职业院校建设,职业教育提质培优行动计划,信息化标杆学校建设,"三教"改革,示范性虚拟仿真实训基地建设、校企双元合作开发的职业教育规划教材等。从规划编制入手,可以对内形成共识,将"短期项目驱动"转为"长期事业谋划",形成明确的教学改革理念和愿景,构建有效的领导力体系,建设支撑可持续发展的体制机制。同时对外可以汇聚众智,包括研究机构、学会协会、行业企业等各个方面专业人士的智慧,服务于学校混合教学改革。基于信息时代教育现代化的宏观背景,对学校信息化教学改革现状进行深入诊断与对标分析,在学校混合教学改革愿景和目标的指引下,确定混合教学改革的重点任务,提出保障措施和效果评估指标与方法,形成一个时期内混合教学改革的规划方案,据此指导学校混合教学改革的持续进行。

二、构建组织机构

(一)混合教学改革组织机构总体框架

组织机构设计包含三个方面的内容,即工作活动设计、报告关系、部门组合方式。[①] 工作活动设计是指被划分的一系列职能,具体到每一个部门负责的具体工作;报告关系是指组织结构中的指挥链或者是权力关系,即组织中的成员应该向谁报告工作;部门组合方式有职能组合、事业部组合、多重组合(矩阵结构)、横向组合以及虚拟网络组合,职能组合是把组织中相似的职能和相应的员工组合在一起;事业

---

① 里查德·L.达夫特.组织理论与设计[M].王凤彬,石云鸣,张秀萍,等译.北京:清华大学出版社,2017(12).

部组合是指按照不同的分工，划分成不同的部门；多重组合又称矩阵结构，是指一个组合同时采用两种结构组合方式；横向组合是指以服务为核心的首尾贯通的工作流程，即一个部门负责一个工作任务的全部环节，而不是将工作环节划分给各个专业人员处理；虚拟网络组合是指通过互联网的方式共享信息，各组成部分相对独立、松散联结。

混合教学改革因牵涉到的校内部门和人员较多，所以适合矩阵型的部门组织方式。矩阵型结构是同时采用横向和纵向的组织方式，适用于环境变化大且目标反映双重要求的组织，双重结构促进了沟通和协调，是应对环境迅速变化所必需的。基于长期研究与院校实践经验总结，本书研究团队提出了以下混合教学改革的组织机构，包括混合教学改革领导小组、专家顾问小组、混合教学改革工作小组及原有的职能部门（见图5-5）。

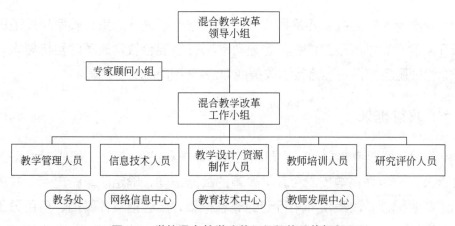

图 5-5 学校混合教学改革组织机构总体框架

（二）混合教学改革组织机构的职能

混合教学改革领导小组主要是以校领导为核心组建，以校长为组长或以分管教学的副校长为组长，成员包括副校长、各二级学院院长、副院长或相关职能部门负责人，主要职能是为学校混合教学改革制定使命与操作性目标，决策制定、出台相关政策与规范，整体统筹协调混合教学改革的工作。混合教学改革专家顾问小组由校内外有关信息化教学、混合教学改革的研究机构、专家学者或有丰富经验的一线教师组成，主要为混合教学改革提供方向指引、智囊支持。教学改革工作小组包括教学管理小组、技术支持小组、学习支持小组、教师发展小组、信息支持小组。教学管理小组由教务处相关负责人员组成，主要负责混合教学改革过程中的课程立项、中期检查、结项等全过程管理，在管理执行层面，教务处为第一责任单位。技术支持小组由教育技术中心相关人员组成，主要负责技术环境搭建、运营维护、用户服务，帮助解决教师在教学改革过程中遇到的资源制作、平台操作等方面的困难，以及学生在学习过程中遇到的网络技术问题等。学生支持小组由学生工作部门组成，主要负责帮助学生解决在学习过程中遇到的学术性与非学术性困难。教师发展小组主要由教师发展中心的负责人员构成，主要负责教师混合教学能力提升的方案制订、组织实施、效果评价、教师咨询、团队研讨等教师能力发展工作。信息安全小组主要有信息中心或网络中心人员构成，主要预防发生混合教学改革过程中的网络安全、舆情、版权侵权等网络安全事故。

三、出台政策与规范

混合教学改革的推进需要系列政策、规范与标准进行约束，政策与规范既是支持教师开展混合教学改革的依据，也是对教师开展混合教学改革的目标要求，同时也是智能管理服务部门对混合教学改革成效进行评价的参考依据。

（一）政策框架

学校层面开展混合教学改革需要制定反映本学校的价值观、原则与目标的政策，通过政策来进一步强化学校混合教学改革的战略方向，确定改革的重点，并依据政策来优化资源配置。政策是战略行动的概念框架，应包括具体举措、角色分工、技术环境、资源、人员职业发展、评估和责任。[①] 具体举措是指学校混合教学改革过程中涉及的实现操作性目标产生的行为，角色分工是指制定对改革过程中教师、学生、管理服务者等多个利益相关者的政策规范，技术环境是指改革过程中的技术环境的要求与规范，资源是指改革过程中涉及的教学资源、资金投入等准备的考虑，人员职业发展是指人员的能力提升与发展路径，在混合教学改革过程中主要是指教师的职业发展，评估与责任是指在改革过程中对改革效果的监测、质量评价及责任分担。

（二）政策分类

根据上述政策框架，学校混合教学改革过程中的政策分为三大类，即设计与开

---

① D. 兰迪·加里森，诺曼·D. 沃恩. 高校教学中的混合式学习：框架、原则和指导[M]. 丁妍，高亚萍，译. 上海：复旦大学出版社，2019.

发类、应用与管理类和评价类。

1. 混合教学改革设计与开发类政策规范

（1）混合课程设计与建设标准规范。课程设计方面主要针对教师对课程教学设计的流程、合理性、合法性等做出规定，包括对线上线下学时的分配，强调教学设计以学生为中心的理念，结合院校专业认证的要求对课程的教学设计进行规范；课程建设方面主要针对教师在建设课程时的技术要求、制作形式、制作内容等方面进行规范。

（2）基础设施建设标准规范。主要针对混合教学改革过程中的技术支撑环境建设对硬件、软件、网络带宽等做出统一要求与规定，使之符合国家相关标准，并能够适应或适度超前学校的建设发展。

（3）资源建设标准规范等。主要针对教师建设的各类数字化教学资源（如微视频资源、动画资源、仿真软件、文档资源等）进行具体的建议，对内容、形式等进行具体规范指导。同时也需要对资源的建设、准入、使用、评价进行规定。

2. 混合教学改革应用与管理类政策规范

（1）人员能力提升政策。人员能力发展是一个长期持续性的过程，针对混合教学改革过程中的领导者、教师、职能部门服务人员等需要制定分类提升政策，首先需要改变他们的教学观念，达到混合教学改革理念的认同；其次需要不断提升教师的信息化教学能力，通过分期分批、校内校外结合的进阶式培训逐渐让教师理解、应用混合教学。具体的提升方案在第四章有详细介绍。

（2）混合教学课堂管理规范。混合教学的课堂既包括在线的网络课堂，也包括面对面的传统课堂，课堂管理规范主要需要增加在线网络课堂中的规定，特别是在线课堂中对教师、学生正确使用网络资源、遵守国家有关的网络发言规定与网络公约等做出基本的要求。

（3）混合学习行为规范。混合教学中学生需要投入大量时间进行自主学习，因此学生需要选择适合自己的学习方式和方法按时完成学习任务，学校层面需要对学生的学习行为做出最基本的要求，包括学习时间、学习进度、出勤率等做出最低限度的要求，各任课教师可基于学校的学习行为规范做出适当调整。

3. 混合教学改革评价类政策规范

（1）混合课程实施质量评价标准主要针对从学生的学业成就、学生的满意度评价以及教学督导的评价等多方面评估混合课程的实施效果，此部分内容在第二章有具体介绍。

（2）混合学习评价方式标准主要针对在实施混合教学过程中，调整对学生的考核体系，对学生学习成绩的构成方式进行完善。注重利用形成性评价考核学生的学习过程与学业收获，利用信息技术记录学生的学习过程，综合学生的在线学习行为、课堂学习表现、测试、作业、合作等多方面内容，建立课程考核的形成性评价体系。[①] 学校层面需要做出一些基本规定，也需要充分发挥任课教师的教学自主权，便于任课教师结合课程实际教学情况对课程考核方式进行优化，制定出能够符合混合教学模式的评价体系。

（3）教师工作量认定与绩效岗位调整政策主要针对前期阶段教师在混合教学改革过程中付出的工作量予以认定，可以将原有的课时乘以一定的系数，提高相应的课酬标准，实现优课优酬。另外，将教师参与混合教学改革的实施情况纳入各教学单位的年度考核和教师的年终绩效考核范围，将参与混合教学改革的情况纳入教师的岗位调整的相关政策中，为教师投入混合教学改革提供制度保障。

四、构建人员信息化能力发展体系

为顺利实施混合教学改革，学校除了要提升教师的信息化教学能力（参见本书第四章）外，还需要提升其他相关人员的信息化能力，包括学校领导的信息化领导力及职能部门相关人员的信息化管理与服务能力。

学校领导是混合教学改革的发起者，也是重要推动者，其信息化领导力在很大程度上影响和决定一所学校混合教学改革的进程和水平。以信息化手段推进人才培养体系的重构是"一把手工程"，学校领导干部，特别是一把手信息化领导力的提升是推动混合教学改革的关键[②③]。从组织变革的视角分析，学校领导的信息化领导力包含信息化价值的认知能力、信息化工作的调控能力和信息化绩效的评估能力三个方面。具体来说，领导者应该能够迅速感知到外部环境的变化与威胁，产生变革的动机，引导学校相关人员达成愿景、战略、规划变革的共识，并具体推动部门结构和权责调整、人员岗位权责调整、业务流程优化与创新、加强师生员工的信息技术应用能力，最后对变革的过程、内容、结果和绩效进行评估与反馈，并将变革的结果融入学校文化中。[④]

学校职能管理人员能够在协调外部和内部各种因素中发挥积极作用。[⑤] 从组织角度讲，职能管理部门是工作的落实者和推进者。技术支持与服务人员是学校信息化

---

① 管恩京,林健,任传波.教务管理者视野下的高校教学信息化改革实践[J].现代教育技术,2017(4):92-98.
② 杨宗凯.高校"互联网＋教育"的推进路径与实践探索[J].中国大学教学,2018(12):13-16.
③ 聂瑞华,刘永贵.美国高校IT治理的特点与启示[J].中国电化教育,2015(2):40-45.
④ 张虹.高校领导者信息化领导力理论模型构建研究[J].电化教育研究,2017(9):29-34.
⑤ 迈克尔富兰.变革的力量：透视教育改革[M].中央教育科学研究所,加拿大多伦多国际学校,译.北京：教育科学出版社,2000.

建设与运行的主要承担者,负责信息化基础设施及软硬件系统的建设、运行维护以及数字资源建设、教育技术培训等任务。职能管理与服务部门对混合教学改革的意识与信息化能力是影响学校推进混合教学改革的重要因素之一。相关研究发现,职能管理与服务部门在日常推进混合教学中发挥着中枢作用,围绕混合教学目标,承上启下、内引外联,将校内外力量聚合成"管理领导力",指导并支持教师开展混合教学。[①] 上述人员的培训是指在学校内实施,用于更新其信息技术知识和技能,提升其信息技术环境下工作(包括教学、科研、管理、服务等)能力的学习活动。人员培训体系包括三个方面:培训管理体系,包括培训制度、培训政策、管理人员培训职责、培训信息收集反馈与管理、培训评估体系、培训预算及费用管理、培训绩效考核管理等一系列与培训相关的制度;培训内容体系,涉及信息化意识、信息化伦理、信息化知识、信息化技能,以及借助信息技术完成业务的能力等;培训实施体系,包含确保学校培训制度实施,并通过培训活动的组织和落实、跟踪和评估、改善和提高,体现培训价值的一整套控制流程。

五、建立支持服务体系

教学支持服务体系的建立不仅使师资水平、教学水平得到提升,更重要的是日益成为推动学校教学质量提升、促进教育卓越和创新的核心力量,如何创建信息时代的学校教学支持服务体系成为学校创新发展的难点与攻坚战。[②]针对学校系统推进混合教学改革,除了教师教学发展中心等职能部门提供的教师培训服务外,还需要分别给教师提供信息化教学支持服务,给学生提供混合学习支持服务。

教师混合教学支持服务的主要目的是保障教师混合教学得以顺利实施,既包括信息化技术支持服务,也包括将信息化与教学深度融合过程中涉及的支持服务。在信息化技术支持服务方面,学校应组建由网络信息中心等部门人员为主的信息化支持服务团队,在教师的网络使用、个人信息化终端设备、常用计算机软件、网络与信息安全等方面为教师提供问题咨询、培训指导、研讨交流等方面的服务,确保教师可以正确安全地使用学校相关的信息化设备、资源与服务。在信息化教学支持服务方面,学校应组建由教育技术中心、教务处、教师发展中心等相关职能部门为主的信息化教学支持服务团队,出台相应的信息化教学支持服务政策与规范,为教师提供混合课程教学设计、数字化教学资源制作、网络教学平台使用、多媒体教学设

---

① 白晓晶.成人高校开展课程混合教学的推进研究[D].北京:清华大学,2019.
② 李逢庆.信息时代大学教学支持服务体系发展研究[D].南京:南京大学,2013.

备使用、混合教学效果评价等信息化教学支持服务，保障混合教学改革最终达到提升学校教学质量的目标。

为了确保学生能够顺利地开展混合学习，学校和教师需要在学校和课程层面提供对应的混合学习支持服务，这既包括为学生提供课程教学中的学术支持，也包括学生学习过程中的技术支持与学习方法支持。课程教学层面主要是由教师在实施混合教学的过程中，针对学生学习中遇到的问题与困难，提供线上线下相结合的答疑、讨论、交流等学习支持活动，促进学生有效学习；学校层面需要解决学生在技术应用和学习方法等方面的问题，在技术支持方面应考虑不同学生的终端设备及信息素养情况，为贫困学生提供计算机等信息化终端学习设备或给予相应的补贴，按照混合教学学时情况开放学校机房使用时间，为信息素养比较薄弱的学生提供计算机应用基础类的培训等；在学习方法方面，需要考虑在线学习环境与面对面学习环境的差异，从学生的学习风格、学习习惯等角度入手，提供对应的混合学习所需的学习方法、学习技能、学习策略等方面的辅导，提升学生信息时代的学习能力，全面实现育人目标。

六、建设技术支撑环境

（一）混合教学技术支撑环境的建设需求及构成

混合教学技术环境需要支撑师生在相互融合的实体物理场所和网络虚拟空间开展的一系列教学活动，[1][2] 如支持混合教学参与主体（师生）对内容和资源公平、快速、便捷的访问，增进学习感知并激发学习动机，促进学习活动、互动与协作、交流与反思，开展动态及个性化的评价和反馈，增强教学管理和控制，实现智能代理和辅助等。[3][4] 围绕上述教学活动，构建混合教学技术支撑环境，由三个部分组成，分别是网络教学空间、信息化实体教学空间和专用信息化教学工具（见图5-6）。

---

[1] Osguthorpe R T, Graham C R. Blended learning environments: Definitions and directions[J]. Quarterly review of distance education, 2003, 4(3): 33-227.

[2] John McCarthy, Tech Integration in Blended Learning. Retrieved 18 October 2021, from https://www.edutopia.org/article/tech-integration-blended-learning.

[3] Graham C R. Blended learning systems. The handbook of blended learning: Global perspectives, local designs, 2006, 1: 3-21.

[4] Neumeier P. A closer look at blended learning — parameters for designing a blended learning environment for language teaching and learning[J]. ReCALL, 2005, 17(2): 163-178.

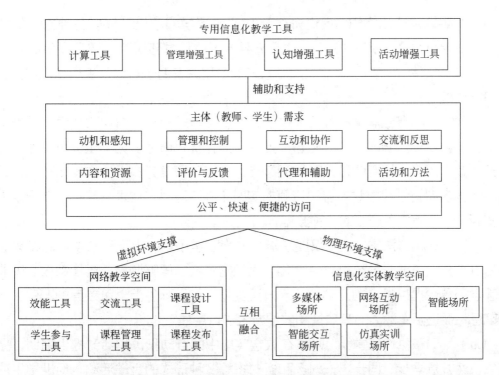

图 5-6 混合教学技术支撑环境的建设需求及组成部分

网络教学空间具有效能工具、交流工具、课程设计工具、学生参与工具、课程管理工具和课程发布工具等（网络教学平台的具体功能要求见书后附录部分，混合教学情境下网络教学平台的功能要求。）；信息化实体教学空间包括多媒体场所、网络互动场所、智能场所、智能交互场所、仿真实训场所；在专用信息化教学工具中包含计算工具（如 Matlab 等）、管理增强工具（如钉钉等）、认知增强工具（如 xmind、VR/AR 实验工具）、活动增强工具（翻译软件等）。网络教学空间支撑混合教学参与主体师生所处的虚拟教学环境，信息化实体教学空间支撑混合教学参与主体师生所处的物理教学环境；网络教学平台与信息化物理教学环境互相融合，共同支撑师生的混合教学需求。专用教学工具则为师生在混合教学中某一方面的需求提供支持和服务。[1][2] 混合教学技术支撑环境要满足师生开展混合教学的下述需求。

（1）访问和接入需求：给师生提供公平、便捷、快速的访问和接入，并在各种自然环境下支持师生无障碍参与教学。保证师生在物理环境中通过移动设备、PC、电子白板、增强现实等设备接入虚拟环境与师生在虚拟环境中通过虚拟现实、模拟仿真等技术访问物理环境同样重要。

---

[1] 陈明选，黄浩，周潜．数字校园支撑职业院校教育教学改革的核心要点 [J]．中国职业技术教育，2020 (34):10-15．
[2] 罗杨洋，韩锡斌．网络教学环境赋能职业院校在线教学的影响因素及策略研究 [J]．清华大学教育研究，2021(6):137-144．

（2）动机和感知需求：促进师生参与混合教学的动机，或以各种方式保持师生参与混合教学的兴趣，并且技术系统要易于被师生感知到，增强师生的临场感（presence）。有研究指出，增强技术系统的易用性有助于帮助师生构建和维持有效学习的动机。[①]

（3）内容和资源需求：为混合教学提供多种形式的教学内容和资源，并为师生提供教学内容和资源的设计、构建、推送和迭代优化服务。为师生提供快速、便捷的外部教学内容、资源的接入和访问，支持内容和资源的多人协作编辑和优化，提供混合教学实施过程中对内容和资源的实时定制。同时，技术系统需自动记录内容和资源设计、优化中产生的各种数据。

（4）活动和方法需求：不仅要求能为常规教学场景中出现的教学活动和教学方法提供支持，还要求系统可灵活变化，为课堂观察、田野调查、科技馆教学等非常规教学场景中提供相应的活动和教学方法支持，如为师生提供可参考的案例、流程等信息，促进师生活动的有效性和教学方法的可用性。

（5）互动和协作需求：为师生在教学实施中的互动和协作活动提供辅助，促进师生快速开展异步、同步、一对多和多对多等多种形式的互动活动，促进学生形成多种组织形式的协作小组，帮助学习共同体的构建。同时，技术系统需自动记录互动和协作活动中产生的各种数据。

（6）交流和反思需求：为师生在正式和非正式教学场景下提供异步、活动、一对一、一对多、多对多等多种形式的信息交流方式，提供包括文本信息、图片信息、音视频、软件模型等多种格式的信息形式。为师生提供可将反思内容记录和插入教学设计、教学干预、学习进度调整等其他教学阶段中的功能。同时，技术系统需自动记录交流和反思活动中产生的各种数据。

（7）评价和反馈需求：为混合教学提供多种形式、多主体参与和多种实施方式的学习评价，并提供多种反馈方式，帮助师生根据评价结果对各阶段的混合教学及时优化和调整教学方法。同时，技术系统需自动记录评价和反馈产生的各种数据。

（8）管理和控制需求：能对教学过程进行自主管理和控制，可根据学生各自特征划分不同的教学目标，定制学习进度，同时自动记录教学管理和控制中产生的各种数据。

（9）代理和辅助需求：混合教学要求学生在教学过程中更强的自主性，因此需提供智能教学代理帮助教师及时回应学生，提供辅助决策分析帮助师生及时了解学习现状。代理和辅助技术系统将有效降低师生参与混合教学的难度，提高师生开展

[①] Boelens R, De Wever B, Voet M. Four key challenges to the design of blended learning: A systematic literature review[J]. Educational Research Review, 2017, 22: 1-18.

混合教学的成果产出，减少学生终止和退出课程。

根据上述需求，混合教学技术支撑环境一般由多种信息系统共同构建，其特征是网络教学平台、信息化物理教学环境和专用教学系统与工具构成的教学场景集成化，教学过程全覆盖，教学活动智能化，教学进度定制化，教学干预个性化的集成信息化环境。

（二）学习分析系统

学习分析模型包括了数据采集、存储、清洗、整合、分析、可视化呈现和行动七个部分。[1] 数据采集的广度和深度呈现所表征的客观事实，也影响着分析结果和应用效果的科学性，考虑从何处采集和采集哪些数据已成为学习分析流程中必要一环。[2] 混合教学产生线上和线下两个方面的教学行为数据。获取教学行为数据后，通过对行为数据的清洗、标准化转换、整合、离散化、规约化的预处理，实现对行为数据特征的提取。特征提取是保证模型准确率的环节之一，行为数据生长于教学与管理的实践中，因其聚焦于人，数据表征难以脱离学习者和教学者的内隐状态和外显行为操作。以尊重个体特性为导向，给予与该教学事件相关的数据以不同表征方式，满足管理者、教学者和学习者对数据分析结果的应用需求。在已有学习分析过程模型和框架模型研究基础上，本书研究团队提出了面向混合教学的学习分析系统框架（见图5-7）。[3][4]

该框架包括数据采集层、数据管理层、数据处理与分析层以及结果呈现与反馈层，每层之间存在线性关联，层内部各要素和环节相互影响。数据采集层用于采集混合教学过程中产生的大量课堂行为数据、在线行为数据以及课程信息等静态数据，并相应存储在动态信息数据库和静态信息数据库中。数据管理层主要是对上述数据进行抽取、清洗和转换；数据处理与分析层主要用于数据整合与分析；结果呈现与反馈层用于向教学部门的管理者、教学者，以及学习者呈现学情分析结果和综合分析报告、向学习者半自动化反馈学习行为投入的预警信息、向教学者呈现教学预警标识和反馈建议信息。面向混合教学的学习分析系统框架设计，不单单只考虑采集、分析学习者的线上学习所产生的动态数据和静态数据，而是面向混合教学过程，采

---

[1] Siemens G. Learning Analytics. The Emergence of a Discipline[J]. American Behavioral Scientist, 2013, 57(10):1380-1400.

[2] 刘桐，沈书生. 从表征到决策：教育大数据的价值透视[J]. 电化教育研究, 2018,39(6):54-60.

[3] Chen N, Luo Y, Han X. Designing a System for Collecting and Analyzing Behavior Data of Instructors and Students in Blended Courses[C]. The Proceedings of the 8th International Conference of Educational Innovation through Technology (EITT), 2019: 51-55.

[4] 陈楠. 面向混合教学的学习分析系统设计研究[D]. 北京：清华大学，2020.

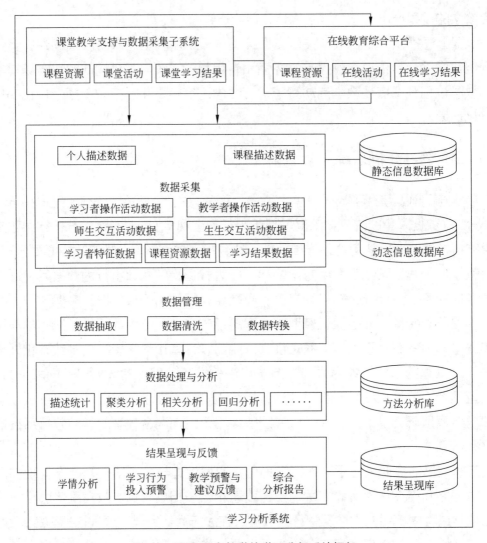

图 5-7 面向混合教学的学习分析系统框架

集和分析教学者和学习者的日志并构建教学者用户模型和学习者用户模型，以此了解混合教学过程和状态，实现精准的教与学评估和干预。混合教学的学习分析系统总体结构及核心模块见本书的书后附录部分，混合教学的学习分析系统总体结构与核心模块。

七、形成混合教学改革的文化氛围

（一）文化的含义与作用

文化是一个组织所有成员所共享的并传承给新成员的一系列价值观、信念、看法和思维方式的总和。① 组织文化是指一个组织在长期的生存和发展中共同形成的某种有特色的文化积淀，包括该组织的价值观念、管理思想、传统习惯、群体意识和行为规范等。② 组织文化具有导向、规范、凝聚和激励行为的作用，是一个组织与其他组织区分开来的边界，能够表达组织成员的一种身份感，促进组织成员认同和致力于比个体自身利益更高层次的事务，能够为组织成员提供言行举止的恰当标准，把组织凝聚起来，能够作为一种意识形态和控制机制，能够引导和塑造员工的态度和行为。③ 文化变革是组织变革的深层次体现，能够使学校混合教学改革的成效具有系统性、深入性和持久性。

（二）塑造和维持混合教学改革的文化

塑造混合教学改革的文化氛围可以从以下几个方面着手。一是注重领导者自身的引领示范作用，文化建设需要一种基于价值观的领导，校长对文化建设的认识、积极性和主动性，决定着学校文化建设的宽度与厚度。④ 学校领导者要结合混合教学改革制定的使命与操作性目标，确定混合教学改革的价值观，将其在整个学校中进行传播、沟通。二是发挥舆论宣传作用，舆论宣传是师生心理和行为的重要力量，学校可以通过校园网、校报、校园宣传栏以及各种新媒体传播渠道加大混合教学改革的宣传范围与力度，通过改革动员会、专家报告、师生代表座谈会等方式，让师生了解混合教学的优势及开展混合教学的必要性等。三是注重榜样示范作用，要发挥骨干教师的作用，结合激励机制对积极开展混合教学的骨干教师给予一定的表扬和奖励，鼓励他们发挥带头作用，全校上下形成一种积极接受和应用混合教学的氛围。⑤四是发挥仪式典礼作用，通过一些日常行为、富有意义的典礼、特殊的礼节仪式和象征物加以制度化⑥，使文化的作用外显化。

此外，还需要注重文化形成的关键环节，逐步形成混合教学改革的文化氛围。学校文化大致可以分为三个层次，即器物层面（外显层），反应与学校相关的物质层面；制度层次（中间层），这是维系学校运转的规章制度与行为规范；精神层（内隐层），是指学校所奉行的生存哲学、目标追求、价值观念、基本信念和处事原则等。⑦ 因此，在混合教学改革的过程中，要从物质文化、制度文化、精神文化依次入手，逐步建立适合于学校改革的文化氛围。

---

①⑥ 里查德·L.达夫特.组织理论与设计[M].王凤彬，等译.北京：清华大学出版社,2017(12).
②⑦ 郭祖仪.试论高校组织文化的提升与组织形象的塑造[J].高等教育研究,2001(5):41-45.
③ 斯蒂芬·罗宾斯，蒂莫西·贾奇.组织行为学（第16版）[M].孙健敏，王震，李原，译.北京：中国人民大学出版社,2016.
④ 徐文彬，张勇.我国学校文化建设研究：成就与展望[J].当代教育与文化,2009(2):21-27.
⑤ 刘梅.高校教师混合式学习接受度的影响因素研究——基于创新扩散的视角[J].现代教育技术,2018(2):54-60.

物质文化是学校文化建设的一个载体，在混合教学改革过程中可以通过网络教学平台、学校的基础设施、智能教室、硬件设备等传播学校混合教学改革的理念，通过适当的标识加以引导。学校制度文化是在日常管理要求与规范中逐步形成的，是全体学校成员认同和遵循的精神规范，体现着学校个体特有的价值观念和行为方式。① 在混合教学改革过程中，学校要结合政策与规范的制定，将文化建设纳入其中，通过政策的制定、出台与实施，形成约束的文化氛围。精神文化在创建过程中，重点要致力于实践层面的精神文化建设，如教风和学风的建设，这实际上是从实践的角度告诉师生应当如何去践行价值追求。② 在学校混合教学改革的过程中，应当强化教师的教风建设和学生的学风建设，通过开展教风学风大讨论、教风学风建设年等活动，将混合教学中师生应当遵守的行为规范内化于心，外化于行。③

第三节 学校混合教学改革的效果评价

为保障混合教学改革的顺利实施，学校需要针对混合教学改革的目标、过程、人员、利益主体等进行全方位的评价，以诊断改革取得的成效以及发现存在的问题，为后续更好地开展混合教学改革提供依据和改进方向。

一、学校混合教学改革的阶段划分与特点

格里厄姆（Graham）基于罗杰斯（Rogers）创新扩散理论研究了美国高校开展混合教学改革的阶段特点，提出了学校混合教学改革采纳实施的三个阶段，分别为意识/探索阶段，采用/早期实施阶段和成熟实施/增长阶段，④⑤ 每个阶段的特点如表5-2所示。

---

① 王定华.论新形势下学校文化建设[J].教育研究,2012(1):4-8.
② 卢晓中.大学精神文化刍议[J].教育研究,2010(7):82-86.
③ 龙奋杰,邵芳.基于组织行为学理论的混合教学模式改革——以贵州理工学院为例[J].现代教育技术，2019（3）：53-58.
④ Graham C R, Woodfield W, Harrison J B. A framework for institutional adoption and implementation of blended learning in higher education[J]. Internet and Higher Education, 2013, 18(3): 4-14.
⑤ Porter W W, Graham C R, Spring K A, Welch K R. Blended learning in higher education: Institutional adoption and implementation[J]. Computers & Education, 2014,75: 185-195.

表 5-2　格里厄姆提出的学校实施混合教学系统变革的三阶段框架

阶　段	特　点　描　述
阶段 1	意识/探索。学校层面意识到混合教学的优势，并对个别教师在课堂上采用混合教学策略的探索行为提供有限的支持
阶段 2	采用/早期实施。学校采用混合教学策略并开始尝试性的政策激励来支持混合教学的实施
阶段 3	成熟实施/增长。混合教学模式已经建立，促进混合教学的政策较为成熟，为混合教学提供全面支持与服务

联合国教科文组织结合亚太地区高校开展混合教学改革的实践，将学校混合教学改革分为未考虑、初步应用、融合、变革四个阶段。[①] 本书研究团队基于国内外研究成果及我国院校的实践，将混合教学改革划分为四个阶段，即无意识阶段、探索阶段、早期实施阶段、增长阶段（见图5-8）。

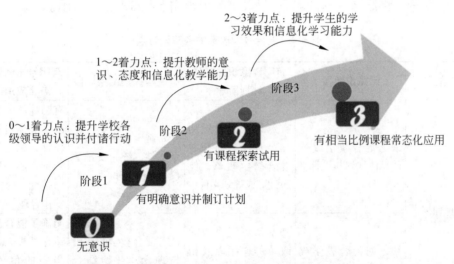

图 5-8　学校实施混合教学改革的不同阶段及其着力点

在混合教学改革实施的不同阶段其着力点也有所不同，需要分别从领导认识、教师教学能力和学生学习能力三个角度重点推进（见表 5-3）。[②] 为了使学校从"无意识阶段"推向"有明确意识并制定计划阶段"，工作的着力点在于提升学校各级领导开展混合教学改革的意识，并通过规划编制的方式达成共识和愿景；从"有明确意识并制定计划阶段"迈向"有课程探索试用阶段"时的工作着力点转向提升教师混合教学的意识、态度以及信息化教学能力；当"有课程探索试用阶段"转向"相

---

① Lim C P, Wang T. A framework and self-assessment tool for building the capacity of higher education institutions for blended learning. In C P Lim & L Wang (Eds.), Blended learning for quality higher education: Selected case studies on implementation from Asia-Pacific[M]. 2016:1-30. Paris, France: UNESCO.

② Wang Y, Han X. Institutional roles in blended learning implementation: A case study of vocational education in China[J]. International Journal of Technology in Teaching and Learning, 2017, 13(1): 16-32.

当比例课程常态化应用阶段"时,关注的重点应该是提升学生的学习效果和信息化学习能力,只有学生学有所获,混合教学才能可持续发展。

表 5-3 学校混合教学改革不同阶段的着力点

阶　段	着　力　点
0~1 无意识阶段—有明确意识并制订计划阶段	提升学校各级领导的认识,制定规划并付诸行动
1~2 有明确意识并制订计划阶段—有课程探索试用阶段	提升教师的意识、态度和信息化教学能力
2~3 有课程探索试用阶段—有相当比例课程常态化应用阶段	提升学生的学习效果和信息化学习能力

根据前文确定的学校系统推进混合教学改革的总体框架与上述学校混合教学改革的阶段划分,将混合教学改革各阶段的特点详细描述如表 5-4 所示。

表 5-4 混合教学改革的各阶段特点

改革阶段	无意识阶段	有明确意识并制订计划阶段	有课程探索试用阶段	有相当比例课程常态化应用阶段
愿景与规划	缺乏混合教学改革的总体规划与设计	有意识开始考虑从几个具体方面开展混合教学改革,但还没形成规划文件	开始制定出台相关规划文件,统一安排学校教学改革事项	有明确的混合教学改革总体目标与操作性目标,目标得到师生的一致认可与接受,时间进度安排合理
	缺乏对混合教学改革基本理念的正确认识	基本认可混合教学改革的作用以及相关理念,但没有与学校实际情况相结合考虑	认可混合教学的作用与理念,开始结合学校实际工作思考其定位	明确了混合教学改革在学校人才培养当中的角色和定位,坚持正确且有特色的混合教学理念与思路
组织机构	缺乏领导和支持混合教学开展的专门机构	成立了领导和支持混合教学开展的专门机构	成立了领导和支持混合教学开展的专门机构,且校领导担任主要负责人	成立了层级合理、职责清晰、人员适当、分工协作的矩阵式专职混合教学改革机构,机构实际运行并推动混合教学改革实施
政策与规范	缺乏支持混合教学开展的政策	一些支持混合教学开展的政策已经落实	支持混合教学发展的政策较为完善,且在学校各个层面落实	学校推进混合教学的整体规划、相应政策与功能机制都匹配

续表

改革阶段	无意识阶段	有明确意识并制订计划阶段	有课程探索试用阶段	有相当比例课程常态化应用阶段
人员信息化能力	领导者缺乏混合教学的意识	领导者有混合教学改革的意识，开始安排试点教师参与	领导者、教师和学生、智能管理与服务部门开始广泛投入混合教学过程中	领导者、教师、学生、职能管理与服务部门、外部企业都积极投入改革过程中
课程体系	课程的设计与实施并没有因为采用混合教学而发生改变	承担混合教学的一个项目中的一些课程的设计与实施发生了改变	承担混合教学任务的一些项目的相关课程的设计与实施发生了改变	学校内所有承担混合教学任务项目的课程的设计与实施都发生了改变
支持服务体系	缺乏支持混合教学专业发展的有利条件	有部分支持混合教学专业发展的有利条件，但只关注技术能力发展	有支持混合教学专业发展的有利条件，包括技术能力和教学能力发展	有支持混合教学专业发展的有利条件，包括技术能力和教学能力发展；同时对混合教学模式教与学范式转变有更深理解
支持服务体系	缺乏对学生学习的支持	学习支持主要是ICT技术服务台，只对学生技术方面的问题提供支持	除了ICT技术服务台，还为学生混合学习提供了在线答疑的支持	除了为学生提供混合学习的技术和学习技巧上的帮助，同时支持学生成为一个主动的、独立的、自我管理的学习者
技术支撑环境	支持教师开展混合教学的基础设施、设备和资源不充足	教室内开展混合教学的基础设施、设备充足，师生所需的教学资源可以有效获得	教室内和教室外开展混合教学的基础设施、设备充足，师生所需的教学资源可以有效且便捷地获得	教室内和教室外开展混合教学的基础设施、设备充足，师生所需的教学资源可以有效且便捷地获得；教师开发并分享他们的数字资源
文化氛围	缺乏混合教学改革的文化氛围	开始营造一些有利于促进混合教学改革的氛围	逐步形成了混合教学改革的文化，并在师生之间得到认可与接受	在全校师生员工中形成了混合教学改革的共同文化与信念，成为混合教学改革的内驱力
效果评价	缺乏混合教学改革效果的评价方案	开始制定有关混合课程的评价指标与体系，对混合课程进行评价	形成了多维度、多方评价的改革效果评价方案，用于诊断学校混合教学改革的效果	形成了符合学校特色的混合教学改革效果评价方案与体系，定期形成评估报告用于改进改革过程

二、学校混合教学改革效果的评价方法

（一）学校混合教学改革效果的定性评价

格里厄姆（Graham）基于美国高校的考察，提出了高校混合教学改革三个方面12个维度的措施，即策略（目的、倡导、实施、定义、政策）、组织（管理、模型、排课、评价）和支持（技术、教学、激励）。[①②] 后续研究将"组织"下的"模型"改为"基础设施"与"教师专业发展"。[③] 基于该框架，该团队尝试从理论与实证上分析院校实施混合教学改革的动力与障碍。[④⑤] 联合国教科文组织在"高校混合教学能力提升"项目中提出了混合教学改革的实施框架，包括：愿景与规划、课程体系、教师专业发展、学生学习支持、网络基础设施、政策与学校组织架构、伙伴关系、研究与评估八个方面，并将学校混合教学改革分为未考虑、初步应用、融合、变革四个阶段，据此提出了高校混合教学实施情况的评价框架（见图5-9）。[⑥]

（二）学校混合教学改革效果的定量评价

无论是格里厄姆等人的高校混合教学改革的评价框架，还是UNESCO高校混合教学改革能力评价框架，都能对学校混合教学改革的现状进行较为全面的描述，不仅为学校定位自身所处阶段，还为制订改进方案提供可操作的指南。然而，混合教学改革是一个复杂的连续过程，而上述评价框架提供的只是一个离散的、定性的阶段划分方法，但是对于特定学校来说混合教学改革是持续实施的，需要动态掌握推进的成效。学校混合教学改革的效果评价需要从教师教学、学生学习等多个方面展开。教师是教学改革成功与否的关键因素之一，"无论怎样强调教学质量即教师质量的重要性都不会过分""违背教师意愿"或"没有教师的协助和积极参与，任何

---

① Graham C R, Robison R. Realizing the Transformational Potential of Blended Learning: Comparing Cases of Transforming Blends and Enhancing Blends in Higher Education[J]. Blended Learning: Research Perspectives, 2007:83-110.

② Graham C R, Woodfield W, Harrison J B. A Framework for Institutional Adoption and Implementation of Blended Learning in Higher Education[J]. The Internet and Higher Education, 2013, 18: 4-14.

③ Porter W W, Graham C R, Spring K A, et al. Blended Learning in Higher Education:Institutional Adoption and Implementation[J].Computers & Education, 2014, 75:185-195.

④ Halverson L R, Graham C R, Spring K J, et al. A Thematic Analysis of the Most Highly Cited Scholarship in the First Decade of Blended Learning Research[J].The Internet and Higher Education, 2014 , 20:20-34.

⑤ Porter W W, Graham C R. Institutional Drivers and Barriers to Faculty Adoption of Blended Learning in Higher Education[J].British Journal of Educational Technology, 2016, 47(4):748-762.

⑥ Cher Ping Lim, Libing Wang. Blended Learning for Quality Higher Education: Selected Case Studies on Implementation from Asia-Pacific[EB/OL]. UNESCO Press, 2016.

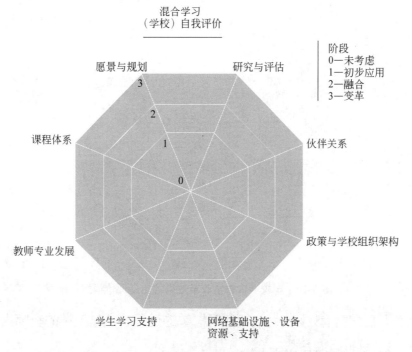

图 5-9　联合国教科文组织高校混合教学改革实施情况评价框架

改革都不会成功。"前述研究主要关注在混合教学环境下的教师培训模式或方案等，对于实施混合教学过程中教师群体教学效果评价研究较少。[1] 同时教育大数据及其分析方法的不断涌现，为基于教师在线教学行为开展混合教学改革的定量评价提供了基础。[2][3]

本书团队收集了 6 所高校 2017 年秋季学期在"优慕课平台"中开设混合课程的教师教学行为数据，涉及 7272 名教师的 15128 门混合课程，采用教师线上教学总体参与度、月度失衡度和线上活动偏好三项指标，用于刻画教师群体在线教学行为特征，据此构建了学校混合教学改革效果的定量评价模型（见图 5-10）。[4]

（1）教师混合教学的总体参与度。罗杰斯的创新扩散理论表明，一个组织是否会持续推广创新措施，需要考察的重要因素是成员的参与度，即到底有多少成员参与、介入了创新接受过程。[5] 如果有很多成员参与创新，那么创新措施被持续使用的

---

[1]　Halverson L R, Graham C R, Spring K J, et al. A thematic analysis of the most highly cited scholarship in the first decade of blended learning research[J]. The Internet and Higher Education, 2014, 20:20-34.
[2]　戴维·涅米，罗伊·D. 皮，博罗·萨克斯伯格，等. 教育领域学习分析[M]. 韩锡斌，韩赞儿，程建钢，译. 北京：清华大学出版社，2020.
[3]　刘革平，罗杨洋，韩锡斌. 职业院校数字校园中的数据治理探究[J]. 中国职业技术教育，2021 (4):32-38.
[4]　Han X, Wang Y, Jiang L. Towards a framework for an institution-wide quantitative assessment of teachers' online participation in blended learning implementation[J]. The Internet and Higher Education, 2019(42):1-12.
[5]　E. M. 罗杰斯. 创新的扩散（第五版）[M]. 唐兴通，郑常青，张延臣，译. 北京：电子工业出版社，2017：295-297, 453, 446-455.

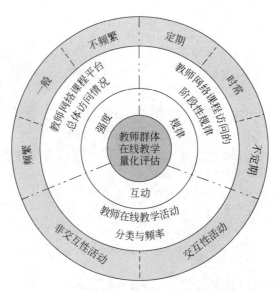

图 5-10 学校混合教学改革效果的定量评价模型

可能性就会很高。混合教学作为一个创新扩散的过程，参与改革的教师人数比例直接影响到能否持续推行混合教学。

基于易操作原则，采用"教师进入教学平台课程空间的次数"（简称"教师进入课程总次数"）来表征"教师混合教学的总体参与度"。国内学校一学期有 19~20 个教学周，其中有 1~2 个复习周和考试周，2 周机动周，实际教学周在 16 周左右。假设教师以周为单位进行混合教学，教师每周至少需要进入课程 3 次：课前 2 次以完成课程通知与任务的发布、学生学习情况的查看与分析；课后 1 次，用于查看学生作业、进行评价与反思。即如果 16 周都进行混合教学，教师最少需要进入课程 48 次。根据斯隆报告对混合课程在线教学内容占比的界定（在线教学内容占比需为 30%~79%），[①] 则一门混合课程至少必须有 30% 的教学内容在线上完成，因此，教师每学期进入课程次数至少为 14.4 次。即如果进入课程次数少于 15 次，则认为该教师总体参与程度处于不频繁状态，并未达到实施混合课程的最低标准。而如果教师每个工作日都进入线上课程 1 次以上，则可以认为他们较为积极地进行混合教学，因此在 16 个教学周频繁参与混合教学的教师进入线上课程次数应该在 80 次以上。根据"教师混合教学的总体参与度"的大小，将学校教师分为"积极参与者""中度参与者""初步者""落后者""局外人"五种类型。图 5-11 显示的是 6 所院校参与混合教学不同类型教师占全校教师的比例。处于第三阶段（学校阶段划分的依据参见表 5-2）的 F 校"初步参与者""中度参与者"与"积极参与者"的比例都高于处

---

① Allen I E, Seaman J. Sizing the Opportunity: The Quality and Extent of Online Education in the United States, 2002 and 2003[J]. Sloan Consortium (NJ1), 2003:6.

于第二阶段的 D 校，而 D 校的相应数据则高于处于第一阶段的 A 校。但是，处于中间阶段的院校则体现出了不一致的情况，如第一阶段的 B 校高于处于第二阶段的 C 校，处于第二阶段的 D 校高于处于第三阶段的 E 校。

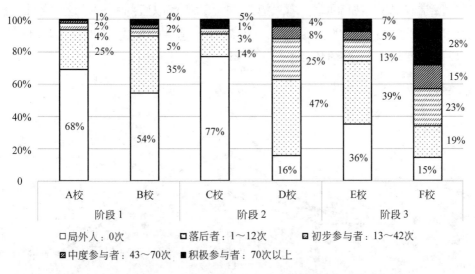

图 5-11　6 所院校参与混合教学不同类型教师占全校教师的比例

（2）教师混合教学的月度失衡度。一个学期的"进入课程总次数"是一个累积总量，很难看出教师参与混合教学是一种日常均衡行为还是一种突发性的失衡行为，因此还需要教师混合教学的月度失衡度对教师混合教学的规律性进行描述。以月为单位分析教师"进入课程次数"的时间分布，表征教师混合教学月度失衡度的差异。若将一个学期教师累积进入课程次数作为 100% 的话，可以计算出每个月"教师进入课程次数"的百分比。通过计算各院校教师实际各月进入课程次数比例与月度基准线（实际教学周数）比例的"差值平方和"，可以判断各月度进入课程次数比例的实际曲线与基准线的接近程度，由此得出"教师混合教学的月度失衡度"。公式为：

$$B = \sum_{i=1}^{n} (P_i - P_{i0})^2$$

其中，B 代表教师混合教学的月度失衡度；P_i 为院校某月教师进入课程次数实际比例；P_{i0} 为月度基准线相应月份比例；i 为一个学期中的某个月度；n 为一个学期中的最后一个月度。"教师混合教学的月度失衡度"取值越小，表示整个学期的实际曲线与基准线的接近程度越高，该教师"进入在线课程"行为在一个学期月度之间越均衡；反之，则表示教师"进入在线课程"行为在月度之间越失衡。图 5-12 显示的是 6 所院校教师"进入课程次数"的时间分布。从 A 校到 F 校，它们所处混合教学改革的阶段依次提高，其教师"进入课程次数"的时间分布与基准线的拟合度在总体趋势上也依次越高，具体院校的情况则还有差异。处于最高阶段的 F 校和处于最低阶段的 A 校都未获得最好的拟合度；E 校虽然位处第三阶段，但月度失衡度表现最差；D 校虽然位处第二阶段，但月度失衡度上表现最好。分别对 E 校与 D 校做了进一步调查发现：2017 年 1 月 E 校发布通知要进行混合教学课程的验收与考评，于是参加混合教学改革的教师们纷纷增大进入课程的次数以应对考评，这导致 E 校 1 月数据取值特别高。D 校于 1 月举办了一场教师"信息化能力培训"，当其他校的教师在 1 月进入课程比例纷纷降至 6% 以下时，该校的教师保持了 17% 的水平。

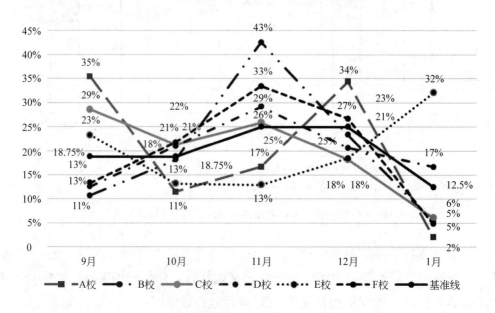

图 5-12　6 所院校教师进入课程次数比例的时间分布

（3）教师线上教学活动偏好。基于在线课程平台上采集的教师线上教学活动数据，表征与不同教学活动相关的操作，包括：添加教学资源、添加在线测试、添加试题库试题/试卷、发布课程通知、布置课程作业、课程讨论区发文、发布在线测试、发布探究主题、发布课程问卷、发布教学笔记、发表博客文章、课程讨论区回文、回答学生问题、批改课程作业等。以上平台操作可以归为三类在线教学活动：课程资源建设、发布在线信息、在线教学互动。据此可以了解教师在线教学的活动偏好是着重于课程资源建设，或者发布课程信息，还是与学生进行教学互动。图 5-13 显示的是 6 所院校采用不同线上教学活动偏好的教师比例。总体来说随着院校所处阶段的提升，教师群体的行为逐渐从资源建设转向资源应用与在线交互。但在这个趋势中 D 校与 E 校的相对位置却呈现相反特征。

综上所述，采用学校混合教学改革措施的特征来定性描述的评价方法，可以大概区分三个所处阶段，而采用学校混合教学改革效果的定量评价模型，则可以从教师实际发生的线上教学行为特征分析揭示学校混合教学的实施结果，较好地弥补政策措施定性分析评价方法的不足。而且，该定量评价模型的数据均来自网络教学平台，具有非介入性且动态实时评价的特点，便于学校随时进行自我评价，从而不断进行政策措施的迭代优化。

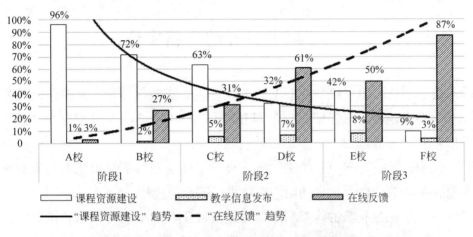

图 5-13　6 所院校不同线上教学活动偏好的教师比例

第四节　专业层面的混合教学改革

一、专业层面混合教学改革的内容

专业层面的混合教学改革以信息时代专业人才培养为目的，[①] 通过分析专业特色、人才培养目标、课程设置、教学模式、条件保障等，找出其中存在的差距，确立基于混合教学的目标与原则，完善人才培养方案，最终提升人才培养。

首先，从专业人才的培养目标入手分析，包括信息时代专业知识和技能、能力发展、情感价值观、信息素养等，再分析本专业的综合培养模式，当前的培养模式是否能够完全实现本专业人才的培养目标，然后对现有的课程进行分析，哪些课程可以通过混合教学更好地促进专业人才的培养。

其次，围绕相应专业改革目标，确定混合教学方法在人才培养方案中的体现形式，确定课程体系的结构，提出对课程教学大纲的修订原则，重新制定人才培养效果评价标准和办法。

最后，与传统的校内学习相比，各专业可以根据自身的实际情况和特点，对课

[①] 韩锡斌，葛连升，程建钢. 职业教育信息化研究导论 [M]. 北京：清华大学出版社，2019（2）：7，41-43.

程和教学环节分配、教育教学资源的配备、教学组织形式的选择、培养方式的创新、学生的考核方式与要求，以及时间安排等方面为混合教学的开展提供政策与管理措施、技术环境、教师教学能力发展与服务支持体系等。

二、信息时代专业人才培养目标的重新定位

面向信息时代，以"信息化职业能力素养"为主要培养目标，将信息素养培养的要求加入专业培养方案的知识、技能与能力要求中。[①] 学生的信息化职业能力素养体现在以下几个方面。

（1）信息化知识与技能：学生能够正确理解信息技术的基础知识，掌握常用信息终端及相关专业软件，学会利用信息技术获取专业技能。

（2）信息熟练度：学生能够利用信息工具收集、评价和利用有效信息，并能与相关专业活动相结合，提出自己的思考与建议。

（3）批判性思维、问题解决和决策：学生能够利用恰当的数字化资源和信息工具，运用批判性思维技能开展研究、管理项目、解决问题、做出有效的决策。

（4）合作与交流：学生能够使用数字媒体和环境，促进交流和协同工作，支持个人学习和小组协作学习，同时还能利用交流和协同工具开展问题诊断、研讨和问题解决的活动。

（5）创新与变革：学生能根据专业特点，借助各种信息技术手段进行创造性专业活动，包括专业综合能力和职业岗位能力的创新性训练。

（6）社会责任：学生能够理解与信息技术相关的人类、文化和社会问题，实践符合法律和伦理的技术行为。

三、信息时代专业人才培养方案的重新设计

（一）专业人才培养方案重新设计的内容

专业人才培养方案的重新设计包括三个方面的内容。
- 确定所有课程中信息化内容的修订要求，由此对课程教学大纲进行修订。
- 确定混合教学方法在所有课程中的体现形式。主要涉及两个方面，一是针对

---

① 韩锡斌，陈明选. 互联网＋教育：迈向职业教育现代化的必由之路 [J]. 中国职业技术教育，2019(16):27-31.

课程教学，增加在线学习的学时，以面授教学与在线教学相结合，探索混合教学模式；二是针对实践环节，开展基于网络的学习反思和分享，加强对学生实践活动尤其是校外学习活动的跟踪与指导，探索混合实训的实施方式。

- 重新制定人才培养效果评价标准和办法。

（二）专业人才培养方案重新设计的案例

表5-5以某大学采矿工程专业卓越工程师培养方案为例，展示了如何针对信息时代重新设计专业人才培养方案。

表5-5 某大学采矿工程专业卓越工程师培养方案

第一部分：学校培养阶段
【培养目标】
1　知识要求（建议增加的部分）
1.1　信息技术相关知识
• 掌握信息技术的相关知识。
• 掌握采矿工程信息技术应用的基本知识。
2　能力素质要求（建议增加的部分）
2.1　信息素养和自主学习的能力
• 掌握判断何时、通过何种网络渠道发现、采集与优选信息的能力，了解采矿工程最新的发展动态。
• 具备良好的信息分析、加工和类比学习能力，能够快速掌握采矿工程新技术。（注：信息分析：信息分类、综合、查错与评价；信息加工：信息的排序与检索、组织与表达、存储与变换、控制与传输等。）
• 具备有效运用信息技术，开展基于网络的"协作式学习""研究性学习"等多种学习方式的混合学习能力。
2.2　有效的沟通与交流能力
• 具备使用信息化多媒体形式表达信息的能力，能够使用技术语言，在跨文化环境下进行沟通与表达。
• 能够善于发现、灵活应用多种沟通媒介，在跨校区、跨城市、跨国家环境下提升沟通效率。
2.3　具备良好的信息化职业道德，体现对职业、社会、环境的责任
遵守信息技术标准、信息安全标准、职业安全标准，并承担相关的安全性责任。
【课程体系】
1　课程设置
1.1　课程教学内容
为了适应采矿行业数字化转型，需要对全部专业课程进行梳理，分析是否增加信息化工作能力的培养内容。
1.2　课程教学方法
对全部专业课程的特点进行分析，针对不同类型的课程，确定混合教学方式。

第二部分：企业培养阶段

1 项目实训学习安排

分项目组开展基于网络的研究式教学，该阶段教学的考核方式建议修改为：阶段性工作报告（网络提交）+网上讨论的参与度+实际场景的考试方式。

2 企业项目实践实训安排

该阶段教学的考核方式建议修改为：采矿工程实践项目设计（可通过网络协同完成）+项目实施效果的考核方式。

3 毕业论文阶段安排

该阶段建议修改为网络化论文指导过程+传统面对面答辩。

四、专业人才培养方案改革的实施策略与条件保障

（一）专业人才培养方案改革的实施策略

专业人才培养方案改革的实施涉及阶段划分、工作内容、参与人员和输出文件管理等，对应上节案例改革策略的具体内容参如表 5-6 所示。

表 5-6 专业人才培养方案改革实施策略的具体内容（案例描述）

时间	工作内容	参与人员	输出文件
第一阶段提出初步方案	➢ 组织研讨选定专业的教学人才培养方案和教学计划。 ➢ 讨论制订《信息化环境下卓越工程师培养效果评价标准和评价办法》。 ➢ 根据课程内容、实际教学和网络教学的特点，确定课程类别。 ➢ 提出与专业和课程改革配套的技术、政策、服务等相关要求。 ➢ 提出新的培养方案和教学计划的修订原则和具体方法；同时提出对课程分类的修订原则，协助确定课程分类	➢ 校领导 ➢ 项目领导小组（校领导、教务、人事、财务、网络、教育技术、专业负责人等） ➢ 专家小组（学科专家、教学管理专家、信息技术专家、教育技术专家等） ➢ 专业负责人 ➢ 骨干教师 ➢ 教务管理人员 ➢ 人事管理人员 ➢ 教育技术服务人员 ➢ 计算机网络技术服务人员 ➢ 教学设计人员	1. 选定专业的信息化培养方案和教学计划（初稿） 2. 信息化环境下卓越工程师培养效果评价标准和评价办法（初稿） 3. 基于信息化教学的课程分类（初稿） 4. 教室和学生数字化自主学习中心配置要求（初稿） 5. 实训实习基地信息化配置要求（初稿） 6. 校园网络支持服务要求（初稿） 7. 教育技术支持服务要求（初稿） 8. 学校相关配置政策和管理要求（初稿）

续表

时间	工作内容	参与人员	输出文件
第二阶段 细化方案	➢ 分别组织同类课程进行研讨，提出《基于信息化环境修订课程教学大纲和教学方案的设计方法》。 ➢ 提出《信息化环境下课程教学效果评价标准和质量监控办法》。 ➢ 针对不同类别的课程设计出具有代表性的教学大纲和教学方案模板，提出不同类别课程的教学设计建议；草拟课程教学效果评价标准和评价办法的初步方案，对教师的教学能力要求	➢ 教务管理领导 ➢ 教学设计专家小组 ➢ 专业负责人 ➢ 课程负责人 ➢ 课程全体教师 ➢ 教务管理人员 ➢ 教育技术服务人员 ➢ 教学设计人员	1. 基于信息化环境修订课程教学大纲和教学方案的设计方法（试行稿）（分类制订） 2. 信息化环境下课程教学效果评价标准和质量监控办法（试行稿） 3. 教师课程教学设计与实施能力要求（初稿）
第三阶段 确定方案	➢ 组织研讨会，对《基于信息化环境课程教学大纲和教学方案的设计方法》进行最后的审订。 ➢ 对参与试点的全体教师进行信息化课程教学设计与实施的培训。 ➢ 教师进行课程的教学设计。 ➢ 提出《教师信息化课程教学设计与实施的培训办法》，并对教师撰写的全部课程的教学大纲和教学方案进行分析、论证并提出修改意见	➢ 教务管理领导 ➢ 教学设计专家小组 ➢ 专业负责人 ➢ 课程负责人 ➢ 课程全体教师 ➢ 教务管理人员 ➢ 教育技术服务人员 ➢ 教学设计人员	1. 基于信息化环境课程教学大纲和教学方案的设计方法（分类制订）（试行稿） 2. 信息化环境下课程教学效果评价标准和质量监控办法（试行稿） 3. 教师信息化课程教学设计与实施的培训办法（初稿） 4. 全部参与改革课程的教学大纲和教学方案（试行稿）（由教师设计）
第四阶段 实施方案并且优化	➢ 秋季学期开始，进行试点课程的教学实施。 ➢ 方案试行的首次评估与验收。依据《信息化环境下课程教学效果评价标准和质量监控办法》评估教学效果，并将结果反馈给教师以便对课程的教学设计进行优化调整，同时修订《信息化环境下课程教学效果评价标准和质量监控办法》。	➢ 校领导 ➢ 项目领导小组 ➢ 专家小组 ➢ 教学管理领导 ➢ 专业负责人 ➢ 骨干教师 ➢ 教学设计人员	1. 全部参与改革课程的教学大纲和教学方案（修订稿）（由教师设计） 2. 信息化环境下课程教学效果评价标准和质量监控办法（修订稿） 3. 基于信息化环境课程教学大纲和教学方案的设计方法（分类制订）（修订稿） 4. 选定专业的新培养方案和教学计划（修订稿） 5. 教室和学生数字化自主学习中心配置要求（修订稿）

续表

时间	工作内容	参与人员	输出文件
第四阶段实施方案并且优化	➢ 修订《选定专业的新培养方案和教学计划》。 ➢ 修订与专业和课程改革配套的技术、政策、服务等相关要求。 ➢ 对相关办法和要求提出修订建议。	➢ 校领导 ➢ 项目领导小组 ➢ 专家小组 ➢ 教学管理领导 ➢ 专业负责人 ➢ 骨干教师 ➢ 教学设计人员	6. 实训实习基地信息化配置要求（修订稿） 7. 校园网络支持服务要求（修订稿） 8. 教育技术服务要求（修订稿） 9. 教师团队信息化教学能力要求（修订稿） 10. 学校相关配置政策和管理要求（修订稿） 11. 信息化环境下选定专业人才培养效果评价标准和评价办法（修订稿）

（二）专业人才培养方案改革的条件保障

与信息化紧密相关条件保障包括围绕专业的数字化教学资源建设与共享、专业信息化教学环境与创新平台构建、信息化时代专业实践教学基地建设、"互联网 + 大数据"支持专业动态调整等。

1. 围绕专业的数字化教学资源建设与共享

1）围绕专业的数字化教学资源建设

- 调研专业需求，统一规划。根据专业特点和课程教学需求，充分调研数字化教学资源的需求，统一规划建设。
- 选择资源建设方式。首先考虑免费引用全国和全球的优质开放教育资源，其次购置适配的资源，最后开发适合自身专业的资源。
- 组建资源协同开发团队。专业数字教学资源开发需要三个团队的高效合作，包括课程教学团队，行业企业工作团队和教育技术团队。

2）围绕专业的数字化教学资源共享

- 确定统一标准与共享平台：确定统一的专业资源共享标准，便于资源互用；遵循开放许可协议，保障资源建设者版权；搭建资源共享平台，确保专业教学资源在校内、校际和校企之间充分共享。
- 建立健全共享资源的机制：制定相关评价激励政策，构建校内外联动机制，确保数字化教学资源的质量，促进数字化教学资源共享的可持续发展。
- 实现数字化教学资源推送：数字化教学资源共享平台和网络教学平台无缝对接，针对相关专业学生师生进行个性化推送，促进基于网络的协同备课、协同学习。

2. 专业信息化教学环境与创新平台构建

（1）建设信息化教学环境：通过信息技术改造物理教学空间，建设具有良好展示能力、丰富互动能力、智能分析能力、便捷实操的教室环境。

（2）建设信息化实验实训教学环境：建设符合专业需求和特点的信息化实验实训教学环境，包括虚拟仿真实验实训系统和虚实融合的实验实训空间。

（3）建设信息化技术创新创业平台：借助信息技术，构建"虚实融合的教学工作坊＋学生成果展示＋创业孵化"的技术创新创业平台，促进专业教学向校外拓展。

3. 信息化时代专业实践教学基地建设

（1）校企合作共建信息化实训基地。基于信息技术搭建企业和学校的交流平台，使校外教师及企业人员参与指导的方式更加灵活，进而拉近实践教学与工作岗位对接距离，推动更加便捷的校企合作。

（2）校际间合作构建特色专业实训基地。借助信息技术优化校际间沟通和资源共享，促进校际间临近专业组建专业群并围绕核心技能开展实训基地建设，建成共享实训平台与多功能实训中心。

（3）建设虚拟现实环境下的实训基地。将虚拟现实技术应用于教学实践，建立虚拟仿真实验室与实训；通过与院校、企业协同共建，构建虚拟现实教育信息化产学研应用协同创新中心。

4. "互联网＋大数据"支持专业动态调整

充分利用"互联网＋大数据"技术，可以即时性、常态性地获取有关产业经济发展、劳动力市场需求，以及学生就业质量反馈的大规模、丰富性数据。基于各类大数据与信息的统计、分析，实现对行业发展动态与前沿趋势、需求信息的整体性分析与预测，从而支持专业动态调整和优化。

第六章　职业教育混合教学改革

职业教育是不同于普通教育的一种类型教育，其鲜明的特点是产教融合、校企合作、工学结合，在实施混合教学时既有与普通教育相同之处，更有其特殊之处。本章主要讨论职业教育的混合教学改革问题，第一节介绍职业教育混合教学改革的背景，第二节阐明职业教育课程与教学的类型特色，第三节讨论职业教育混合教学要素及其关系，第四节阐述职业教育混合教学设计模型，第五节归纳总结职业院校混合教学的典型模式及其教学方案，第六节简述技工学校开展混合教学的情况，第七节说明企业及社会团体技能培训的混合教学模式及案例。

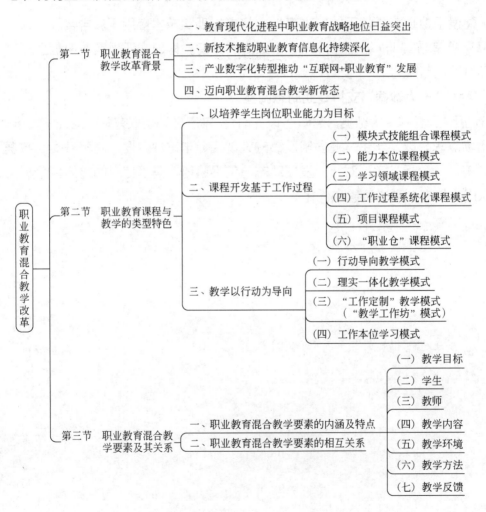

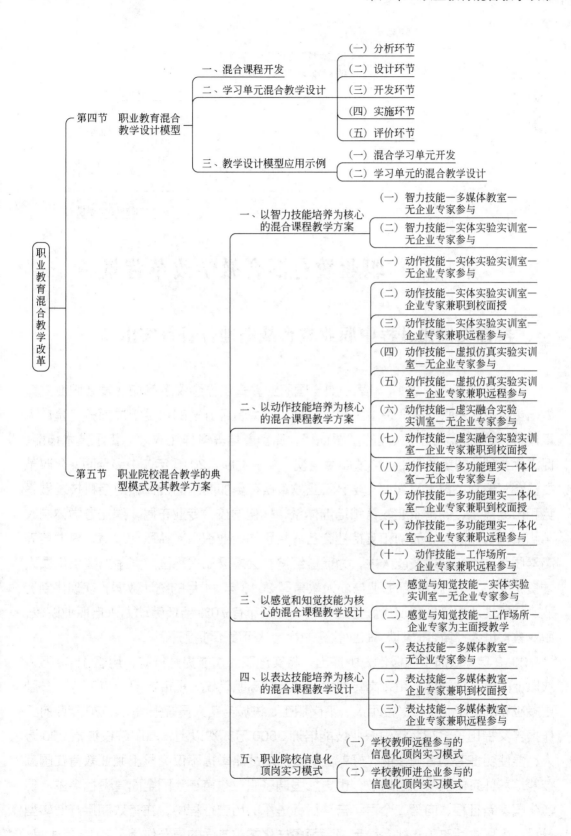

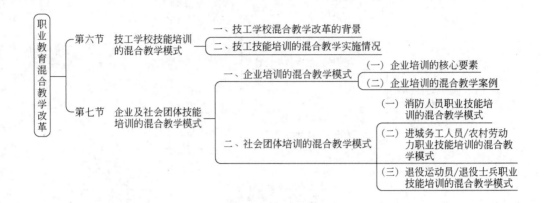

第一节　职业教育混合教学改革背景

一、教育现代化进程中职业教育战略地位日益突出

习近平总书记在 2014 年第三次全国职业教育工作会议上就加快发展职业教育做出重要批示：职业教育是国民教育体系和人力资源开发的重要组成部分，是广大青年打开通往成功成才大门的重要途径，肩负着培养多样化人才、传承技术技能、促进就业创业的重要职责，必须高度重视、加快发展。2018 年在中央全面深化改革委员会第五次会议上又强调：要把职业教育摆在更加突出的位置，对接科技发展趋势和市场需求，完善职业教育和培训体系，优化学校、专业布局，深化办学体制改革和育人机制改革，鼓励和支持社会各界特别是企业积极支持职业教育，着力培养高素质劳动者和技术技能人才，为促进经济社会发展和提高国家竞争力提供优质人才资源支撑。根据教育部职业与成人教育司 2018 年 11 月的统计数据，在现代制造业、战略性新兴产业和现代服务业等领域，每年有 70% 新增劳动力来自职业院校，职业教育进入"黄金时期"，职业教育的社会认可度不断提升。

2019 年《政府工作报告》中提出，将实施职业技能提升行动，用于 1500 万人次以上的职工技能提升和转岗转业培训。当年高职院校大规模扩招 100 万人，鼓励更多应届高中毕业生和退役军人、下岗职工、进城务工人员等报考。2020 年政府工作报告又提出，将在两年内职业技能培训 3500 万人次以上，高职院校扩招 200 万人，要使更多劳动者长技能、好就业。政府的战略举措不仅突显出职业教育在国家技能培养体系中的基础性地位，也更加强调了职业教育在我国全面建设社会主义现代化国家新征程、向第二个百年奋斗目标进军的历史征程中，在有效满足产业转型升级、人民生活改善、社会稳定繁荣等多样化需求方面的重要作用。2019 年 1 月，国务院印发了《国家职业教育改革实施方案》(简称《职教 20 条》),强调"职业教育与普通教育是两种不同教育类型,具有同等重要地位。没有职业教育现代化就没有教育现代化,坚持以习近平新时代中国特色社会主义思想为指导,把职业教育摆在教育改革创新和经济社会发展中更加突出的位置"。这不仅在国家顶层设计层面强调了职业教育服务建设现代化经济体系和满足人民更高质量更充分就业需要的关键角色,也更加明确了职业教育现代化是教育全方位实现现代化的重要部分。截至 2019 年,我国高职(专科)院校 1423 所,在校生 1280.71 万人,占本专科学生在校生总数 42.25%;中等职业教育共有学校 10078 所,在校生 1576.47 万人,占高中阶段教育在校生总数的 39.46%。职业教育形成了占据我国教育规模近"半壁江山"的发展格局,并已成为世界上最大规模的职业教育体系,职业教育重要地位和作用越来越凸显。2019 年 2 月,中共中央、国务院印发的《中国教育现代化 2035》提出,2035 年主要发展目标是:"建成服务全民终身学习的现代教育体系、普及有质量的学前教育、实现优质均衡的义务教育、全面普及高中阶段教育、职业教育服务能力显著提升、高等教育竞争力明显提升、残疾儿童少年享有适合的教育、形成全社会共同参与的教育治理新格局。"在国家教育现代化的整体设计中不仅明确了职业教育的具体任务,也为职业教育在推进教育现代化的发展历程中明确了自身的发展方向。2021 年 4 月,全国职业教育大会召开,习近平总书记对职业教育工作做出重要指示,要求各级党委和政府要加大制度创新、政策供给、投入力度,弘扬工匠精神,提高技术技能人才社会地位,为全面建设社会主义现代化国家、实现中华民族伟大复兴的中国梦提供有力人才和技能支撑。

二、新技术推动职业教育信息化持续深化

教育部 2018 年印发的《教育信息化 2.0 行动计划》文件中明确提出"要推动人工智能、大数据、物联网等新兴技术支持下的教育模式变革和生态重构"。技术的迭代能够带来理念的更新、模式的转型,从而成为未来职业教育的聚焦点并贯穿于现代化过程中,具体表现为以下几个方面。[1]

(1)移动互联网突破了校园有线网络对网络接入的空间限制和设备限制,提高了信息服务的便捷性。智能移动设备为人们与内容和环境间开展互动提供了可能,极大增加了人们获取数字化学习资源的机会,进一步促进了正式学习和非正式学习的融合,更能满足职业院校学生技能培养的需求。

---

[1] 郑波."云物移大智",技术迭代下的高等教育现代化 [N]. 光明日报,2018-08-14(13).

（2）物联网拓宽了网络连接的主体，实现了人与物、物与物之间的智能识别、定位、跟踪、监控和管理，可以广泛应用于教学和科研场景，通过对环境的感知来提高智能化水平。在物联网技术支持下，可以进一步开拓可用于教学的设备和应用模式，更全面地收集教学过程数据，利用这些数据，教师可以依据学生的学习状态更合理地设计课堂教学活动和教学内容，实施个性化的教学。

（3）云计算技术构建一个虚拟的云平台以实现计算能力、存储能力及网络资源的共享，通过改变计算资源的配置方式，实现所有权和使用权的分离，从而达到硬件资源与软件资源充分共享的目标。基于云计算技术，可以进一步创新教育信息化的建设模式、应用模式和服务模式。

（4）大数据技术能够建立跟踪各类教育教学系统的动态数据库，据此对系统内部因素与外部因素的相关性进行数据分析与挖掘，找出因素之间的关联性证据，构建教育数据分析模型，从而掌握教育活动规律，为教育决策提供科学依据。2015年8月，国务院印发《促进大数据发展行动纲要》，明确提出"完善教育管理公共服务平台，推动教育基础数据的伴随式收集和全国互通共享"，"探索发挥大数据对变革教育方式、促进教育公平、提升教育质量的支撑作用"。

（5）人工智能的快速发展极大地催生了其在各个领域的迫切需求，利用智能技术推动教育变革已成为共识，并成为教育信息化2.0的重要内容之一。人工智能能够增强在线学习、自适应学习和科学研究。[①] 随着数字校园的深入推进，人工智能技术有望更深入地渗透到职业院校教育教学的各个方面，迈向智慧校园建设，为提高教学质量、提升治理水平、增强服务能力、拓展社会服务等带来新的发展动力。2017年7月，国务院印发了《新一代人工智能发展规划》指出，要"利用智能技术加快推动人才培养模式、教学方法改革，构建新型教育体系"。2018年4月，教育部印发《高等学校人工智能创新行动计划》提出"加快人工智能在教育领域的创新应用，利用智能技术支撑人才培养模式的创新、教学方法的改革、教育治理能力的提升，构建智能化、网络化、个性化、终身化的教育体系，是推进教育均衡发展、促进教育公平、提高教育质量的重要手段，是实现教育现代化不可或缺的动力和支撑"。5G、区块链、VR/AR等新技术不断给教育带来变革的机遇和挑战。2019年2月中共中央、国务院印发《中国教育现代化2035》，强调要加快信息化时代教育变革。

2019年1月，国务院印发的《国家职业教育改革实施方案》也指出强化信息技术支撑和引领职业教育创新发展，以职业教育信息化发展水平跃升来推动职业教育

[①] S. 亚当斯贝克尔，M. 卡明斯，A. 戴维斯，等. 新媒体联盟地平线报告:2017高等教育版[J]. 开放学习研究，2017（2）: 1-20.

现代化的实现。该方案明确提出："健全专业教学资源库，建立共建共享平台的资源认证标准和交易机制，进一步扩大优质资源覆盖面。遴选认定一大批职业教育在线精品课程，建设一大批校企'双元'合作开发的国家规划教材，倡导使用新型活页式、工作手册式教材并配套开发信息化资源。每3年修订1次教材，其中专业教材随信息技术发展和产业升级情况及时动态更新。适应'互联网+职业教育'发展需求，运用现代信息技术改进教学方式方法，推进虚拟工厂等网络学习空间建设和普遍应用。"与此同时，中共中央办公厅、国务院办公厅印发了《加快推进教育现代化实施方案（2018—2022年）》，文件提出"大力推进教育信息化。着力构建基于信息技术的新型教育教学模式、教育服务供给方式以及教育治理新模式。促进信息技术与教育教学深度融合，支持学校充分利用信息技术开展人才培养模式和教学方法改革，逐步实现信息化教与学应用师生全覆盖"。

2020年6月，为贯彻落实全国教育大会精神，落实《国家职业教育改革实施方案》《教育信息化"十三五"规划》和《教育信息化2.0行动计划》，发展"互联网+职业教育"，规范、引导职业院校在新形势下的信息化工作，教育部制定并发布了《职业院校数字校园规范》，并指出："应以职业教育信息化推动职业教育现代化，以信息化作为职业教育系统变革的内生变量，引领和支撑职业教育现代化发展，推动职业教育理念更新、模式变革和体系重构。"由此可以看出，基于信息技术的职业教育教学模式、服务供给模式、教育治理模式等正经历重大变革，并逐步促使职业教育信息化的发展进程不断深化。

2021年7月，教育部等六部门发布《关于推进教育新型基础设施建设构建高质量教育支撑体系的指导意见》，提出"深入应用5G、人工智能、大数据、云计算、区块链等新一代信息技术，充分发挥数据作为新型生产要素的作用，推动教育数字转型"。

三、产业数字化转型推动"互联网+职业教育"发展

与其他类型教育相比，职业教育与经济发展、民生改善的关系更为直接，而这种紧密的互动关系又与技术进步交织在一起。德国政府提出"工业4.0"战略，该战略将信息化的时代特征与工业化历史进程紧密结合，"确保德国制造业的未来"。"工业4.0"的核心是智能化与网络化，要想实现"工业4.0"，必须拥有相应的信息化人才，德国据此提出"职业教育4.0"的发展理念与发展方向。美国的职业教育一直扎根于学校的传统教育之中，主要集中在两个阶段，高中阶段和大学阶段。

高中阶段职业教育作为选修课，在该阶段更重视基础科学知识的学习，而大学后再接受更具实践性的训练。学生在高中毕业后选择两年制的社区学院，也不意味着就此走入职场，而是可以在两年社区学院学业结束后选择申请进入本科院校进行另外两年的学习，追求学士学位。美国职业教育信息化适应了这种职业教育体系，注重网络课程的开发，给学生提供更多选择的自由和灵活性。很多以知识学习为主的高中职教选修课都采取网络教学形式，灵活的学习形式为高中生提供了职业教育的机会，同时不会耽误他们接受传统高中教育。在社区学院，学生在前两年的学习阶段也可借助网络课程偏重知识学习，以便升入本科院校。根据斯隆联盟关于美国网络教育现状的调研报告显示，社区学院学生选择网络课程的比例高于全国本科生的比例。澳大利亚以"灵活学习"和"数字化学习"为核心制定职业教育信息化发展战略，自21世纪以来，始终以信息技术支持的新型学习方式和培训方式的变革为重点，体现了其深度融合、应用驱动的特点。日本以人工智能、物联网、大数据、机器人为技术先导的"工业4.0"引领职业院校专业设置变革，增设IT、情报等计算机专业，加强跨专业合作，培养"工业4.0"适需的复合型人才。2017年文部科学省预算投入2.83亿日元持续支持推进专修学校设置新兴职业实践专门课程，以更好地服务"工业4.0"的高效推进。

随着我国进入新的发展阶段，产业升级和经济结构调整不断加快，对信息时代高素质技术技能人才的需求越来越紧迫，同时信息技术对人才培养理念、模式等方面也将产生颠覆性的影响。《国家职业教育改革实施方案》指出，没有职业教育现代化就没有教育现代化，要求职业教育"适应'互联网+职业教育'发展需求，运用现代信息技术改进教学方式方法"。职业教育正面临着一场全方位的系统性变革，需要把握《国家职业教育改革实施方案》指明的现代职业教育发展方向，通过互联网思维、连通的环境与技术等创新成果，构建"互联网+职业教育"新模式，主动适应产业升级的要求；创新"互联网+职业教育"新模式，全面服务终身学习；探索"互联网+职业教育"新规律，促进技术与教学深度融合；培育"互联网+职业教育"新机制，推进资源共享与均衡发展，引领职业教育迈向现代化。[①]

四、迈向职业教育混合教学新常态

建立职业教育混合教学新常态，营造职业教育泛在学习新生态，是"互联网+"

[①] 韩锡斌,陈明选.互联网+教育：迈向职业教育现代化的必由之路——《国家职业教育改革实施方案》(职教20条)学习启示[J].中国职业技术教育,2019(16):27-31.

战略背景下职业教育发展与转型的趋势。2019 年，教育部启动《中国特色高水平高职学校和专业建设计划》，进一步明确将"广泛应用线上线下混合教学，促进自主、泛在、个性化学习"作为提升职业教育信息化水平的重要内容。

混合教学赋予了教学要素新的内涵。混合教学中的学生不再是信息的被动接受者，而是成了可以自定学习步调的学习主体和教学内容的主动建构者。混合教学支持教师在线团队化教学，也支持在线 AI-Tutor 和 E-Expert 同时参与教学。混合教学中的教学目标在传统知识、技能和态度基础上更加强调数字时代所需信息素养的形成与培养。混合教学中的教学内容以多种媒体混合的方式呈现，其组织形式也由结构化转变为非结构化，以支持碎片化学习。混合教学的教学方法选择更加强调以学生为中心，表现为线上线下多种教学方法的混合。混合教学的教学环境也在传统教室、实验室、实习/实践场地和工作场所基础上，拓展到支持学生自主学习的在线教学环境。混合教学为学习反馈提供了基于大数据的在线评价工具，支持学生学习全过程的记录与分析，可以实现学习过程的即时反馈。

2020 年年初发生的新冠肺炎疫情对中国的经济、社会方方面面产生了巨大影响。全国 1300 多所高等职业院校和近 1.1 万所中职学校被迫推迟到校上课，转而采用完全在线的方式开展教学。虽是不得已之举，但也显示出职业教育在互联网的支撑下形成了应对疫情的新办法，也大大促进了职业教育教学信息化的进程。与普通教育相比，职业教育是以工作过程逻辑而不是学科知识逻辑为中心的行动体系，其课程开发基于工作过程，教学以行动为导向。[1] 在真实情景中通过操练习得岗位工作能力是职业教育的突出特点，因此新型的职教混合教学模式既不固守传统面授，也非完全建立在虚拟空间，线上线下深度融合将是职业教育教学的发展趋势。

第二节　职业教育课程与教学的类型特色[2]

一、以培养学生岗位职业能力为目标

职业教育教学的目标是培养学生的职业能力，揭示职业能力的本质及其所需要的学习模式，是建构职业教育课程与教学理论的基础。[3] 德国劳耐尔（Rauner）提出了一个关于从新手到专家的职业能力发展阶段及学习范围的理论，将职业教育学

---

[1] 姜大源.职业教育要义[M].北京：北京师范大学出版社,2017.
[2] 王雯.职业教育课程混合教学设计模型构建研究[D].北京：清华大学,2020.
[3] 徐国庆.职业能力的本质及其学习模式[J].职教通讯,2007(1):24-28,36.

生的能力发展水平区分为新手、有进步的初学者、内行的行动者、熟练的专业人员和专家五个阶段，并据此划分了四个学习范围（见图6-1）。①

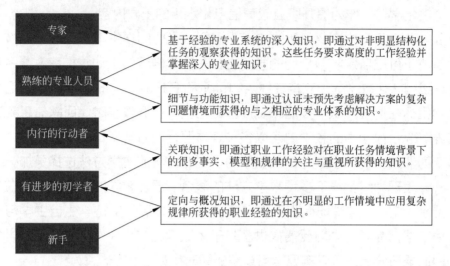

图6-1 从初学者到专家的职业能力发展阶段和学习范围（Rauner，2002；姜大源，2007）

1）从新手到进步的初学者

为了让学习者从新手到进步的初学者，应该选择职业相关的定向和概况知识构成的工作任务。一方面，有助于学生对职业有整体的认识；另一方面，学习者在实施工作任务过程中掌握了完成确定性工作任务的定向职业能力。

2）从有进步的初学者到内行的行动者

现实发生的职业工作过程往往是不确定的，是由多种工作任务组合形成的复杂系统。因而，从有进步的初学者到内行的行动者，需要增强学习者系统处理综合性工作任务的能力。这一阶段的学习者应该学习不同工作任务之间的关联知识，从而掌握系统认识工作任务结构和综合处理工作任务的能力。

3）从内行的行动者到熟练的专业人员

从内行的行动者到熟练的专业人员，对学习者提出了更好的要求，这一阶段的学习者在掌握处理系统工作任务的基础上，要求面对更为复杂的工作情境时，可以创造性地解决个别化的工作问题。因此，这一阶段的学习者，除了掌握不同工作任务之间的关联知识外，还需要在不同工作情境的训练中，掌握专门的细节和作用知识，建构个人经验。

4）从熟练的专业人员到专家

从新手到熟练的专业人员的几个学习阶段，学习者接受的都是日常工作任务提炼形成的工作任务，而从熟练的专业人员到专家，则需要给学习者提供非日常的工

---

① 姜大源.当代德国职业教育主流教学思想研究：理论、实践与创新[M].北京：清华大学出版社，2007.

作情境和更为复杂的问题，让学习者形成系统深入的专业知识体系，具备处理任何工作任务的职业能力。

二、课程开发基于工作过程

职业教育本质上是为了职业的教育，其首要功能是促进就业与经济发展，为了更好地实现这一功能，职业教育通过设置不同类型的课程，通过课程实施来实现对人才的培养。[①] 因此，职业教育课程内容的组织形式，即课程开发模式是职业教育课程混合教学的重要组成部分。职业教育课程开发模式经历了学科体系课程模式、学科整合课程模式、主题导向课程模式、行动体系课程模式多个发展阶段，其中，职业教育行动体系课程开发模式是真正具有职教特色的开发模式，[②] 产生了一些较有影响力的成果，如模块式技能组合课程模式、能力本位课程模式、学习领域课程模式、工作过程系统化课程模式、项目课程模式、"职业仓"课程模式等。

（一）模块式技能组合课程模式

模块式技能组合课程模式，简称 MES 课程模式，是由国际劳工组织 70 多名专家经过 14 年努力开发形成的课程模式，于 1983 年开始逐步推广。模块式技能组合课程开发模式的基本理念如图 6-2 所示，模块式技能组合的课程开发模式以劳动力市场需求为依据，首先明确专业所对应的职业领域，然后依据相应职业领域的岗位职业能力分析，将工作领域分解成不同的工作范围，对工作范围进一步分解形成具体工作，将每一工作转换为不同层次和水平的教学模块组合，每一模块即对应一门课程，由不同学习单元组成，通过学习单元的学习最终反向不断形成从事相应职业领域所需的职业能力。[③④]

（二）能力本位课程模式

能力本位课程模式，顾名思义，即以岗位工作能力分析为起点进行课程开发，然后根据不同岗位能力确定具体工作，采用 DACUM 方法进行岗位工作职责分析，并进一步分解形成不同的工作任务，最终通过教学设计将工作任务转换为学习任务，

---

① 徐国庆.职业教育课程论 [M].上海：华东师范大学出版社，2015.
② 闫智勇，吴全全，徐纯.职业教育课程模式的演进历程与发展趋势 [J].职教论坛，2019(1)：48-55.
③ 汤百智.职业教育课程与教学论 [M].北京：科学出版社，2015.
④ 黄艳芳.职业教育课程与教学论 [M].北京：北京师范大学出版社，2010.

一个任务即一个学习单元，并开发相应的学习包，学习包一般由教师和企业专家共同开发，以把学习过程和工作过程更好地衔接起来，如图 6-3 所示。[①]

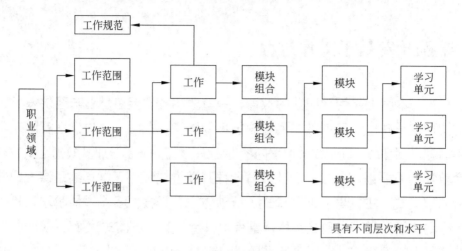

图 6-2　模块式技能组合课程模式的概念框架（汤百智，2015）

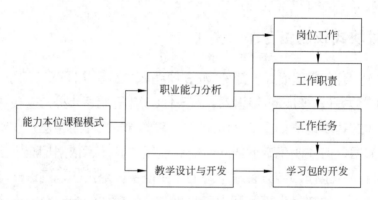

图 6-3　能力本位课程开发模式（谭移民等，2001）

（三）学习领域课程模式

学习领域由行动领域转换而来，行动领域即特定职业领域的工作任务的行动总和，学习领域则是对行动领域进行教学语境下的转换，一个学习领域由不同的学习情境即学习单元组成，如图 6-4 所示。[②]

学习领域课程开发模式分为 8 大步骤：①分析专业所对应的职业工作过程；②确定该职业的教育教学目标与标准；③确定该职业的行动领域。④描述职业行动领域；⑤在教育教学目标与标准下，进行行动领域的评价与筛选；⑥将筛选后的行

---

① 谭移民，钱景舫. 论能力本位的职业教育课程改革 [J]. 教育研究，2001(2):54-60.
② 姜大源. 当代德国职业教育主流教学思想研究：理论、实践与创新 [M]. 北京：清华大学出版社，2007.

动领域转换为学习领域；⑦具体陈述学习领域；⑧将学习领域分解成具体的学习情境（即学习单元）。①

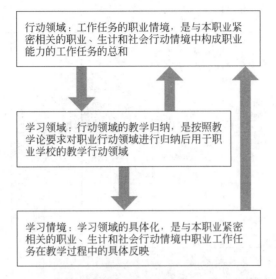

图 6-4　学习领域课程模式的概念框架（姜大源，2007）

（四）工作过程系统化课程模式

工作过程系统化课程模式是姜大源在国外基于工作过程的课程开发模式基础上，结合职业教育教学实际提出的课程开发模式（见图 6-5）。

可以发现，工作过程系统化课程模式其实是在学习领域课程模式基础上发展起来的。图 6-5 纵向第一列为学习领域，即课程，学习领域的开发遵循从新手到专家、从简单到复杂的职业发展规律。横向第一行为学习情境，即学习单元。与学习领域课程开发模式的不同在于，工作过程系统化强调每一个学习领域由至少 3 个学习情境构成，且每一学习情境都是独立的完整的工作过程。各学习情境之间具有"平行"（工作过程难度相同）、"递进"（工作过程难度递增）或"包容"（后置学习单元的工作过程包含前置学习单元的工作过程）三种逻辑关系。②

（五）项目课程模式

通过上述几类职业教育课程开发模式分析可以发现，职业教育课程开发基于工作过程，而工作过程是由不同工作任务组成的，项目课程模式即以这些工作任务为

---

① 欧盟 Asia-Link 项目"关于课程开发的课程设计"课题组. 职业教育与培训：学习领域课程开发手册[M]. 北京：高等教育出版社，2007: 3.

② 姜大源. 论高等职业教育课程的系统化设计——关于工作过程系统化课程开发的解读[J]. 中国高教研究，2009(4): 66-70.

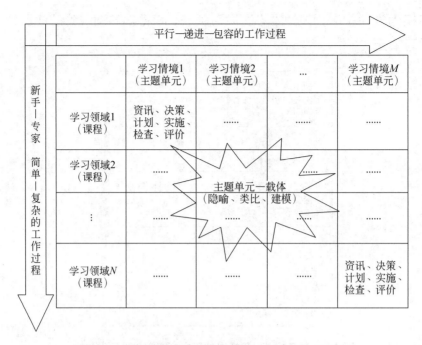

图6-5 工作过程系统化课程模式（姜大源，2009）

基础，进行课程开发，项目课程模式的区别在于项目课程学习后，往往要求学生有特定的产品产出。项目课程开发首先需要确定专业所对应的职业工作过程，并进行工作任务分析，然后围绕这些工作任务进行项目设计，一个项目即一个学习单元。与工作过程系统化课程模式类似，项目课程模式项目之间也呈现三种逻辑关系：①循环：每一学习单元包含工作过程涉及的所有工作任务，只是难度逐级上升；②分段：每一学习单元包含工作过程涉及的几项工作任务，每一学习单元工作任务的分配遵循项目发展顺序；③对应：每一学习单元对应一项工作任务。[①]

（六）"职业仓"课程模式

孙善学提出"职业仓分析法"作为职业教育课程开发的基本方法，包括建立职业图谱、提炼典型职业、横向分类、纵向分级四个步骤，最终形成"职业仓"，一个职业仓就是一个专业。"职业仓分析法"形成的典型职业的工作任务、工作过程或职业活动要素，为后续的职业教育课程开发使用。[②]

上述职业教育课程开发模式充分体现了职业教育基于工作过程的课程开发理念，其基本思路均是从职业领域中分解形成若干工作任务，并对工作任务进行分析、归纳与转化，形成相应的课程学习单元。

---

① 徐国庆.职业教育项目课程的内涵、原理与开发[J].职业技术教育，2008, 29(19): 5-11.
② 孙善学，杨蕊竹，郑艳秋，等.职业仓：从职业到教育的分析方法[J].中国人民大学教育学刊，2017(4): 81-110.

三、教学以行动为导向

当前职业教育领域具有职业教育职业型、专业型人才培养特色的教学模式，包括行动导向教学模式、理实一体化教学模式、"工作室制"教学模式（"教学工作坊"模式）、工作本位学习模式等。

（一）行动导向教学模式

行动导向教学模式是指在模拟的职业情境中，以职业岗位工作任务为载体，学习者通过行动学习参与学习任务确认、工作计划制订、任务实施、任务检查和评价等教学活动（见图6-6）。通过与职业情境密切相关的实际问题的解决与反思，实现职业能力的发展。①

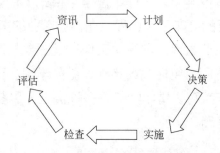

图6-6 行动导向教学模式（蔡秀芳，2009）

（二）理实一体化教学模式

理实一体化即理论教学与实践教学一体化，理实一体化教学模式是职业教育特色的一种教学模式。相较于传统教学模式理论教学与实践教学分割、先理论后实践的理念不同，理实一体化教学模式强调将课堂教师的理论讲授与实验、实训中学生独立操作等教学方式进行一体化设计与实施；将理论讲课的教室与实践操作的实验、实训场地一体化建设；理论教学和实训教学交替开展，理中有实，实中有理。理实一体化教学具有三个特性：空间和时间的同一性；认识过程的同步性；认识形式的交错性。②③

---

① 蔡秀芳.行动导向教学模式探讨[J].中国成人教育，2009(5): 110-111.
② 吴映辉，程静.理论实践一体化教学模式的探讨[J].职业教育研究，2008(6): 45-46.
③ 禹禄君.探究理实一体化教学新模式[J].长沙通信职业技术学院学报，2008, 7(4): 63-66.

(三)"工作室制"教学模式("教学工作坊"模式)

"工作室制"教学模式或"教学工作坊"模式,是指在校内建立与企业深度合作的工作室或工作坊,工作室或工作坊采用准企业的企业化运行模式和管理模式,承接企业真实工作项目或校企合作开发的项目,学生以真实工作项目为学习任务,在专业教师指导下,通过完成真实工作任务,实现职业能力的提升。"工作室制"教学模式体现了校企合作、工学结合的理念,企业直接评判学生职业能力水平,进一步缩短了学生从学校到真实工作岗位的距离,较好地满足了职业教育以就业为导向的人才培养目标。该模式当前在职业院校艺术设计类专业应用较为广泛。[1][2][3]

(四)工作本位学习模式

工作本位学习模式是指在工作场所进行的学习,在职业院校或各种实训中心进行的学习不能称为工作本位学习。工作本位学习模式下,学生在企业以员工加学生的身份参加基于工作场所的真实工作过程,在企业专业的指导下完成真实工作任务,获得知识和技能,培养职业素养。学生对工作过程的参与深度不同,工作本位学习的具体内容与形式也会不同,包括现场参观、服务学习、工作投射、岗位见习、企业训练、有偿工作、合作教育、青年学徒等多种类型(见图6-7)。有效的校企合作是工作本位学习模式的基础[4]。

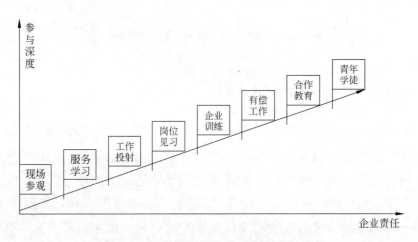

图 6-7　工作本位学习模式(徐国庆,2005)

上述职业教育特色教学模式体现了职业教育以行动为导向的教学思路,以及几

---

[1] 孙晓男. "工作室制"工学结合人才培养模式研究 [J]. 中国成人教育, 2010(6): 65-67.
[2] 史平, 秦旭芳, 张研. 高等职业教育的有效模式:行动导向教学法 [J]. 辽宁教育研究, 2008(5): 57-59.
[3] 温振华. 高等职业教育课程模式改革的探索——论工作室制教学模式 [J]. 中国职业技术教育, 2007(31): 17-19.
[4] 徐国庆. 工作本位学习初探 [J]. 教育科学, 2005(4): 53-56.

类教学模式所反映的职业教育特色的教学环境,包括理实一体化教学环境、校内工作坊、校外工作场所等,也是具有职业教育特色的教学环境。

第三节 职业教育混合教学要素及其关系

职业教育混合教学具有七个要素,包括"教师""学生"两个主体要素,"教学目标""教学内容""教学方法""教学反馈"四个过程要素,"教学环境"这一环境要素,七要素间存在既相互支撑又相互约束的辩证关系(见图6-8)。①

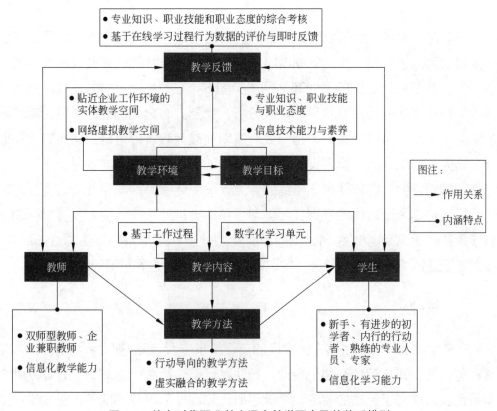

图 6-8 信息时代职业教育混合教学要素及其关系模型

一、职业教育混合教学要素的内涵及特点

(一)教学目标

职业教育的教学目标是培养学生的职业能力,包括知识、技能与态度三个方面,

---

① 王雯,韩锡斌.信息时代职业教育混合教学要素及其关系[J].中国电化教育,2022(2):19-25,41.

其中技能是职业教育教学的主要目标。[1] 在技能目标的细化分类上，综合加涅与鲍良克的理论，职业教育技能目标可以分为智力技能、动作技能、感觉与知觉技能、表达技能四类。[2][3] 根据安德森的理论,知识目标可以分为陈述性知识和程序性知识。[4] 而职业教育教学的态度目标，主要是指培养学生的职业素养与专业精神，包括对职业活动的认知状态、情感状态和行为倾向三个部分。信息时代赋予了职业能力新的内涵，更加强调信息化职业能力的培养，包括信息技术对知识、技能与态度的重构，同时通过混合教学，学生的信息素养将得到进一步提升。

（二）学生

职业教育以培养学生职业能力为目标，劳耐尔根据职业能力发展水平将职业教育学生区分为新手、有进步的初学者、内行的行动者、熟练的专业人员和专家五个发展阶段，并据此划分了四个学习范围（见图6-1）。[5]通过对学生现有职业能力发展水平与目标职业能力发展水平的比较分析，找到二者之间的差距，以此明确学习者的学习需要及学习任务特点，是有效开展职业教育教学的基础。信息时代职业教育学生作为信息原住民，具备良好的信息化学习基础，混合教学支持处于新手、有进步的初学者、内行的行动者、熟练的专业人员、专家等不同职业能力发展阶段的学生根据自身需求个性化地开展在线学习，包括支持处于较低能力发展水平的学生进行技能的仿真或体验式练习，支持职业能力处于较高水平的学生通过拓展学习，完成更多职业情境下的工作任务，实现职业能力迁移，达到更高阶的水平。

（三）教师

从哲学层面上社会实践与主体之间的辩证关系来看，职业教育教学活动的发生场域具有跨界性，即从院校延伸至企业、行业甚至整个社会，这对职业教育教师个体的素质和能力提出了更高的要求。[6] 信息时代的职业教育教师除了具备教学能力之外，还要求具备扎实的专业理论知识以及突出的专业实践指导能力，可以从事实训课和实习课教学，即职业教育的教师应是一种"双师型"教师。此外，由企业工程

---

[1] 黄克孝.构建高等职业教育课程体系的理论思考 [J].职业技术教育,2004,25（7）：42-45.
[2] 李秉德.教学论 [M].北京：人民教育出版社,1991：12-14,10-16.
[3] R.M.加涅.教学设计原理 [M].王小明,译.上海：华东师范大学出版社,2007.
[4] Reigeluth C M. Instructional-design theories and models:vol. 2,a new paradigm of instructional theory[M]. Mahwah N J Lawrence Erlbaum Associates，1999.
[5] 姜大源.当代德国职业教育主流教学思想研究：理论、实践与创新 [M].北京：清华大学出版社,2007.
[6] 韩锡斌,刁均峰,杨娟.信息时代职业教育教师教学能力的内涵、构成及标准框架 [J].教师教育学报,2021,8(2)：23-32.

技术人员、高技能人才等企业专家组成的兼职教师也是职业教育教师队伍的重要组成部分。信息时代要求职业教育教师作为"数字公民"应具备相应的信息素养。混合教学支持教师在线团队化教学，企业专家可以参与企业学校同步课堂或远程在线指导。当企业作为教学的主阵地时，学校教师也可以通过在线形式远程参与学生学习过程的管理。学校教师、企业专家与学生及的交互不再受空间与时间限制，可以更好地实现校企双主体育人。

（四）教学内容

职业教育教学内容的组织形式，即课程开发模式是职业教育课程论研究的重要组成部分，产生了一些较有影响力的成果，如模块式技能组合课程模式、能力本位课程模式、学习领域课程模式、工作过程系统化课程模式、项目课程模式、"职业仓"课程模式等。综合来看，职业教育教学内容开发具有两个特点：以培养学生岗位职业能力为依据；基于工作过程，即教学内容是由企业岗位工作任务中经过分析、归纳而演化来的学习任务。信息时代知识组织模式发生了显著变化，教学内容即学习任务被分解为不同难度的数字化学习单元，据此开发形成活页式、工作手册式、融媒体教材，支持学生根据自身职业能力水平，选择不同难度的学习任务开展碎片化、个性化学习。

（五）教学环境

教学环境包括职业教育教学过程所需要的场地、设备和工具等，要求能够反映或模拟职场的工作环境，并配备必需的、一定数量的生产型设备，使学生在学习过程中就可以感受和体验到职场的工作过程，从而提高职业能力。当前职业院校线下实体教学环境主要有多媒体教室、实体实验实训室、虚拟仿真实验实训室、虚实融合实验实训室、多功能理实一体化教室与工作场所等几大类型。

1. 多媒体教室

多媒体教室由多媒体计算机、液晶投影机、数字视频展示台、中央控制系统、投影屏幕、音响设备等多种现代教学设备组成。可以将智慧教室、未来教室等也归为这一分类中，在职业教育视域下，智慧教室、未来教室等与多媒体教室承担的主要教学任务相近，即主要支持知识的传授，对技能训练或工作场所经验的习得支持作用相对较低。

2. 实体实验实训室

在职业教育中，实训教学环境直接支持实训教学的展开，实训活动的成效对实训环境存在很大的依赖性。其中，实体实验实训室是指实验实训室内有实体性设备，支持学生进行实际实践训练，但没有支持学生进行虚拟仿真训练的功能与条件。

3. 虚拟仿真实验实训室

与实体实验实训室相反，虚拟仿真实验实训室里没有实体性设备，仅支持用仿真软件进行模拟实践训练，无法支持学生进行实际操作训练。其主要表现形式为具备虚拟仿真系统和软件的计算机机房。

4. 虚实融合实验实训室

虚实融合实验实训室是指充分利用虚拟仿真、虚拟现实、物联网、传感网等技术，将物理空间及设备与虚拟空间及资源有机结合在一起构成的实训教学场所。[①] 虚实融合实验实训室是既能支持实际操作实训教学任务，也能支持虚拟仿真操作实训教学任务生成的一类教学环境。

5. 多功能理实一体化教室

理实一体化通常是指理论与实践有机结合。理实一体化教学是指将课堂教师的理论讲授与实验、实训中学生独立操作等教学方式进行一体化设计与实施。多功能理实一体化教室即将理论讲课的教室与实践操作的实验、实训场地、虚拟仿真系统等教学资源一体化配置形成的教学环境，支持融知识传授、技能培养、职业素养形成于一体的一体化教学模式。

6. 工作场所

工作场所指实际工作现场，并增加工作现场的教育功能，包括校内工作坊和校外企事业单位两类。学生以员工加学生的身份参加基于工作场所生产活动的学习，通过参与真实生产任务，并在熟练成员直接或间接指导的活动中获得职业能力。信息时代拓展了师生教学空间，教学环境进一步延伸到了配备丰富的数字化教学资源、支持多样化教学活动开展的网络虚拟教学空间。同时，信息技术促使实体教学空间发生结构性变革，实体教学空间更加强调与网络虚拟教学空间的联通与交互，以支持线上线下教学活动的有效融合。

（六）教学方法

职业教育教学过程是一个实践性很强的过程，在教学方法的选择上需要以行动为导向。黄艳芳提出职业教育教学法包括学徒训练法、任务教学法、项目教学法、

[①] 朱孝平，林晓伟，张剑平. 虚实融合的实训教学环境及应用研究——以数控加工为例[J]. 中国电化教育，2015(12): 87-92.

问题解决教学法、案例教学法、情境教学法、引导文教学法、理实一体化教学法。[1]邓泽民提出四阶段教学法、头脑风暴法、项目教学法、案例教学法、模拟教学法、角色扮演法、卡片展示法、引导文教学法等职业教育常用教学方法。[2]

信息时代混合教学支持基于不同学习类型的教学方法的使用，学习控制更加强调以学习者为中心而不是以教师为中心；支持更加灵活的双人、小组、团体的分组学习；能为学生提供更丰富和即时的认知与情感支持。教学方法的应用将体现虚实融合，如任务教学法中通过课前网络虚拟教学空间发布教学任务，通过实体课堂实施教学任务，再通过网络虚拟教学空间完成任务成果的验收与评价。

（七）教学反馈

教学反馈即教学评价与反馈，职业教育教学评价具有三种模式：①行为样本的评价模式：该模式是职业教育学生职业能力评价的主要方式，通常选取一定数量的活动样本作为评价项目，由教师或企业员工来观察、记录和查验学习者是否具备了合乎标准的职业能力。②工作现场观察的评价模式，该模式主要适用于基于工作场所的教学，即通过对学习者在真实工作现场的行为操作进行观察记录，从而判断其职业能力的一种形式。③已有绩效的评价模式，主要利用已有的个人能力表现档案进行职业能力评价，而不再额外组织评价项目，即使要进行测验或模拟操作，也只是作为补充。[3]

在反馈形式上，信息时代支持借助大数据的绩效考核方式。对于行为样本的评价模式，混合教学支持学生职业活动过程的远程直播，教师特别是企业专家可以通过在线的技术平台观察、记录和查验学生职业能力水平。反之，对于工作现场观察的评价模式，混合教学同样支持学校教师的远程观察与记录。此外，在线教学平台完整记录了学生学习过程，为职业教育基于已有绩效的评价模式提供了学生学习过程的数据反馈，方便教师及时调整教学策略。

通过上述阐述可以看到，与基础教育和高等教育相同的是，职业教育混合教学七要素的内涵在信息时代混合教学中向虚实融合方向拓展，不同的是职业教育蕴含着"校企合作、产教融合、工学结合"的显著特征。

---

[1] 黄艳芳.职业教育课程与教学论[M].北京：北京师范大学出版社，2010.
[2] 邓泽民.职业教育教学设计[M].4版.北京：中国铁道出版社，2018.
[3] 刘德恩.职业能力评价的三种模式[J].职教通讯，2000(11)：4-6，14.

二、职业教育混合教学要素的相互关系

1. **教学目标是学生、教师、教学内容、教学环境、教学方法和教学反馈六个要素设计的出发点**

职业教育混合教学是职业院校为实现培养学生特定职业能力这一教学目标而开展的一种活动形式,[①] 因此,教学目标是职业教育混合教学的出发点,[②] 约束其他要素的设计。教师基于教学目标决定选择什么样的教学内容、匹配什么样的教学环境、采用什么样的教学方法、使用什么样的评价手段,最后作用于学生,学生根据教学目标实现学习过程中的自我激励、自我评估、自我调控。同时教学目标也对教师提出了要求,信息时代职业教育的教学目标决定职业院校教师需要具备信息化"双师"教学能力,企业专家也成为教师团队的一部分。

2. **教学环境影响学生、教师、教学目标、教学内容、教学方法和教学反馈六个要素的有效实现**

职业教育教学目标的实现通常对教学环境有特殊的要求,教学环境所包含的资源、场地、设备、工具的条件不足,直接影响教学目标是否实现。同时,混合教学发挥"促进自主、泛在、个性化学习"优势的根本原因也在于教学环境延伸到了网络虚拟教学空间,学生可以根据个性化需要进行在线自主学习、教师可以进行在线团队化教学、教学内容根据教学环境进行线上线下分解、教学方法根据教学环境实现虚实融合、教学评价充分借助在线教学环境实现数据化绩效考核。因此,教学环境对学生、教师、教学目标、教学内容、教学方法、教学反馈六个要素的有效实现起到促进或制约作用。

3. **学生的学习需要与教师的教学能力影响教学目标、教学环境的确定**

教学目标是对学生通过教学后应该表现出来的可见行为的具体、明确的表述,[③] 因此学生是确定教学目标的参与者,职业教育混合教学目标的确定需要充分考虑学生实际学习状况与期望状况之间的差距,即保证教学目标是可以通过教学达到的。同时,在授课教师固定的情况下,教学目标的确定也需要在一定程度上考虑教师的能力与素质,特别是在教师实际操作硬技能不强、又不具备聘请企业专家情况下,职业技能目标需要根据授课教师能力适度调整。就混合教学环境而言,师生的信息化素养在一定程度上也影响了在线教学环境的设计,特别是对在线教与学工具的易

---

① 《教师百科辞典》编委会. 教师百科辞典 [M]. 北京:社会科学文献出版社,1987.
② Tyler R W. Basic Principles of Curriculum and Instruction[M]. Curriculum Studies Reader E2. Routledge, 2013:60-68.
③ 何克抗,林君芬,张文兰. 教学系统设计 [M]. 北京:高等教育出版社,2006.

用性提出了相应要求。

4. 教学内容影响教学环境、教学方法的选择

职业教育混合教学的教学目标决定了教学环境的基本类型，而教学内容则对教学环境的场地、设备和工具的配备有了更加明确且具体的要求。此外，教学方法除了受到教学目标、教学环境的影响外，也受到教学内容的影响。职业教育教学内容是由典型工作任务转化形成的学习任务，这也导致了职业教育混合教学过程中较多使用情境教学法、基于任务的教学方法或基于项目的教学方法等以完成学习任务促进职业能力发展的教学方法。

5. 教师以教学内容为载体，利用一定教学方法作用于学生

职业院校教师应用活页式、工作手册式、融媒体教材，选择适当的虚实融合的教学方法作用于学生，从而引导学生发展职业能力，即教学内容是职业教育混合教学两大主体要素发生作用的主要载体，教学方法是两大主体要素发生作用的主要途径，这恰是当前职业教育"三教"改革提出的核心主线。

6. 教学反馈是教学系统各要素实现交互与优化的基础

教师和学生作为教学的主体要素，推动教学系统其他要素相互作用，其中，师生通过教学反馈这一过程要素实现信息交互与即时反馈，可用于发现教学过程运行中的问题与不足，并就此对各教学要素的设计做相应的调整，有利于职业教育混合教学过程的整体优化。

第四节 职业教育混合教学设计模型

职业教育混合教学设计主要包括混合课程体系开发、混合课程开发及各学习单元的混合教学设计三个阶段（见图6-9）。①

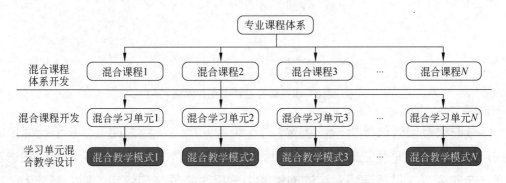

图6-9 职业教育课程混合教学设计的过程逻辑

---

① 王雯，韩锡斌.工作过程导向的职业教育课程混合教学设计[J].中国职业技术教育，2020(5):68-78.

一、混合课程开发

综合职业教育课程开发相关研究中成熟的开发模式及其基本特点，职业教育基于工作过程的课程开发主要有以下几个步骤：①岗位分析：根据劳动力市场需求分析明确相应的职业领域，进行岗位分析，确定对应的工作岗位（群）；②典型工作任务分析：对工作岗位（群）进一步分析，梳理出相对独立的典型工作任务，明确不同工作任务的职业能力要求；③工作过程课程开发：根据工作任务的关联性及工作过程的完整性，按照职业能力发展规律整合典型工作任务，并根据教育教学特点，将不同典型工作任务群转化为不同的课程，进行课程开发；④学习情境设计：选择工作过程的六要素——对象、内容、手段、组织、产品、环境中的恰当要素作为课程学习情境（即学习单元）设计的依据，不同学习情境间可呈现平行、递进、包容三种关系。①

据此，信息时代"互联网+职业教育"背景下职业院校混合课程的开发思路如图 6-10 所示。

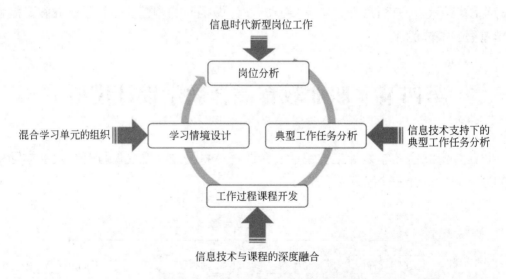

图 6-10　职业教育混合课程开发模式

信息时代新型岗位分析： 信息技术对传统行业产生了巨大冲击，在进行岗位分析时应充分调研现有及未来行业需求的新型岗位。此外，岗位职业能力的内涵也发生了一定改变，在进行课程对应的岗位能力分析时必须在传统岗位能力基础上，充

---

① 石伟平，姜大源，徐国庆，等. 课改论道 [J]. 江苏教育，2009(33): 8-15.

分探讨岗位职业能力的信息化内涵，包括信息化职业能力、数字化学习能力和综合信息素养。

信息技术支持下的典型工作任务分析：信息技术支持下的典型工作任务分析包括分析信息技术对实施典型工作任务的支持，以及涉及信息化职业能力、数字化学习能力和综合信息素养培养的典型工作任务。

信息技术与课程深度融合：一方面，将信息技术支持下的典型工作任务转化为学习任务；另一方面，需要考虑信息技术如何满足学生工作过程导向的学习、支持职业能力培养目标的实现。

混合学习单元的组织：混合学习单元的组织包括将学习任务转换为信息化课程非结构化单元，进行教学目标、教学内容和教学活动的线上线下划分。混合学习单元的组织仍选择工作过程的对象、内容、手段、组织、产品、环境中的恰当要素作为依据。

二、学习单元混合教学设计

本节基于 4C/ID 教学设计模型，[①] 结合职业教育的特点，提出职业教育课程混合教学设计模型（见图 6-11）。在上节讨论的混合课程开发阶段，通过"信息时代新型岗位分析""信息技术支持下的工作任务分析""信息技术与课程深度融合""混合学习单元的组织"四个步骤，划分出混合教学实施若干学习情境，针对每一学习情境的学习单元进行具体的教学设计。学习单元的混合教学设计包括分析、设计、开发、实施和评价五个环节，其中分析环节包括教学目标分析（含学习者分析、确定教学目标、复杂性技能及其相关知识分析）、分析并明确混合教学环境类型，设计环节包括学习任务设计、信息呈现设计、练习设计、合成训练策略、学校及企业教师角色设计，开发环节包括混合教学环境开发和混合教学资源开发，评价环节包括形成性评价、总结性评价及教学修正过程。

（一）分析环节

分析环节的主要任务是确定教学目标与教学环境。进行学习者分析的目的是了解学生的职业能力发展水平及其学习范围，以便为教学目标设计提供依据。前期混合课程开发已经明确了课程的职业能力培养目标，因此该环节教学目标分析主要是

---

① 约伦·范梅里恩伯尔，保罗·基尔希纳.综合学习设计：四元素十步骤系统方法 [M].盛群力，译.福建：福建教育出版社，2000.

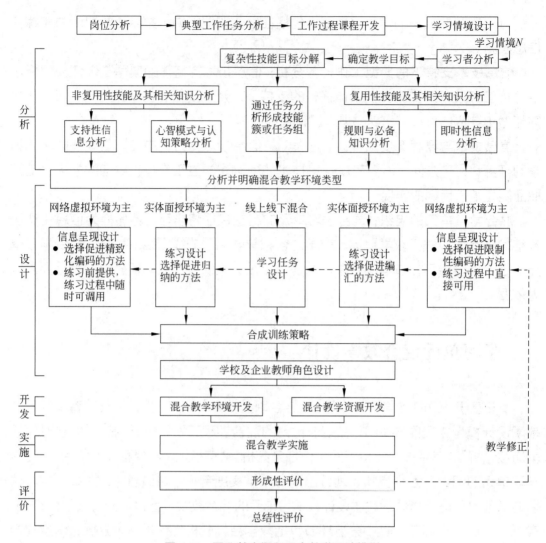

图 6-11 职业教育课程混合教学设计模型

进一步确定本学习单元复杂性技能目标，并进行技能目标及其相关知识的分解，同时明确相应的学习任务组。在进行复杂性技能及其相关知识分析后，根据教学目标及学习任务特点，分析并确定混合学习环境类型及所需要软硬件设施条件。混合教学模式下的学习环境主要分为网络虚拟教学环境与实体面授教学环境两大部分。其中，网络教学空间主要是指具备充足数字化教学资源、支持师生开展各类在线教学活动的在线自主学习环境，包括网络教学平台支撑的教师的教学空间和学生的学习空间。当前职业院校实体面授教学环境主要有多媒体教室、实体实训室、虚拟仿真实训室、虚实融合实训室、多功能理实一体化室、工作场所（包括校内工作坊和校外单位）等几大类型。

（二）设计环节

设计环节主要包括复用性技能/非复用性技能练习设计、支持性信息呈现设计、即时性信息呈现设计、合成教学策略和学校及企业教师角色设计。

1. 复用性技能/非复用性技能练习

无论是复用性技能还是非复用性技能，都要求学习者不断操练，以达到熟练的程度。混合教学模式下技能练习包括课前线上的体验式练习或仿真练习、课中的集中实操练习、课后的巩固练习。其中复用性技能强调技能重复操练达到自动化，而非复用性技能则强调技能在不同情境下的练习，以增强技能迁移能力。

2. 支持性信息呈现

支持性信息主要为技能相关理论知识，以陈述性知识为主，在技能练习前提供，以课前线上学习为主，同时课中、课后阶段加强对支持性信息掌握情况的检验。

3. 即时性信息呈现

即时性信息主要为技能相关程序、规则，以程序性知识为主，一般在技能训练过程中提供，包括课前线上的体验式练习或仿真练习、课中的集中实操练习、课后的巩固练习阶段。即时性信息以线上学习资源呈现为主，此外，线下技能演示也属于即时性信息范畴。

4. 合成教学策略

合成教学策略即应用一定的教学方法将技能练习与信息呈现相结合，形成完整的学习过程。在合成教学策略时需要在整合技能和知识目标的教学活动程序基础上，增加对职业态度培养的考虑，主要通过教学方法的应用，如采用小组协作学习增强对学生合作意识和能力的培养等。

5. 学校及企业教师角色设计

根据合成的教学策略和实际条件，重新定位学校与企业教师的角色。混合教学模式下职业教育学校教师与企业专家在教学角色的分配上主要可以分为五种类型：①只有学校双师型教师，无企业兼职教师参与；②学校双师型教师为主，企业人员兼职教师，面对面参与学生实践性教育教学活动；③学校双师型教师为主，企业人员远程参与学生实践性教育教学活动；④企业人员为主，学校教师面对面参与学生企业实践性教育教学活动；⑤企业人员为主，学校教师远程参与学生企业实践性教育教学活动。学校及企业教师的角色设计包括确定是否需要企业教师参与？是否由一名主讲教师转变为专业化的教学团队教学？是否需要在线的 AI-Tutor 和 E-Expert？

（三）开发环节

混合教学环境与教学材料的开发，需要分析已有的教学环境与教学材料条件基础上，对照设计环节形成的混合教学模式的活动程序与实现条件，明确开发的目标。混合教学环境的开发包括网络虚拟教学环境的开发与实体面授教学环境的开发，其中网络虚拟教学环境的开发一般指混合课程的开发，包括线上教学活动的组织与数字化教学资源的开发与上传。

（四）实施环节

在完成教学环境与资源开发后，就可以根据混合教学模式的活动程序开展混合教学，包括课前、课中和课后三个阶段。

（五）评价环节

混合教学评价包括形成性评价与总结性评价，此外，在教学评价环节还需要根据评价结果不断修正教学。需要注意的是，职业教育评价与普通学科教育也存在一定差异，职业教育混合教学评价尤其是总结性评价，需要结合职业教育教学目标的特点，对职业能力进行综合评价，即理论知识、实操技能和职业态度进行评价。目前比较常见的职业能力评价主要有三种模式：行为样本的评价模式、工作现场观察的评价模式和已有绩效的评价模式。其中混合教学支持借助大数据的线上评价方法，可以实现学生学习过程的完整记录，形成学生学习电子档案袋，为已有绩效的评价模式创设了良好的条件。

三、教学设计模型应用示例

以某高职数控机床专业的一门专业核心课程《零件的二轴数控编程与加工》为例，具体呈现职业教育课程混合教学设计模型的应用过程。

（一）混合学习单元开发

该门课程旨在培养学生具备国家职业标准中数控车床中级工的职业能力，未来能够胜任各类企业的数控车床零件编程和加工的工作。该课程的目标具体包括能根据实际设备情况，合理选择机床、刀具、夹具，完成加工工艺卡的编制；能根据所给定的数控车零件加工图样,完成数控车床加工程序的编制;能运用斯沃仿真软件,输入加工程序,完成仿真模拟;能根据给定机床,正确操作机床,完成零件的加工四个典型工作任务。选择"制作调节座""改制螺旋千斤顶"和"改进活动式顶盖"三个主要工作对象,采用递进的学习单元组织方式,即每一学习单元均包含"加工工艺卡编制""程序编制""程序仿真模拟""零件加工"四个工作任务,工作对象难度逐级上升。该课程的学习单元如表6-1所示。

表6-1 《零件的二轴数控编程与加工》学习单元

学 习 单 元	
项目一 制作调节座	1.1 子项目一制作调节座之加工旋杆
	1.2 子项目二制作调节座之加工底座
	1.3 子项目三制作调节座之加工顶杆
	1.4 子项目四制作调节座之加工螺母
项目二 改制螺旋千斤顶	2.1 子项目五改制螺旋千斤顶之加工螺杆
	2.2 子项目六改制螺旋千斤顶之加工螺母
	2.3 子项目七改制螺旋千斤顶之加工顶盖
	2.4 子项目八改制螺旋千斤顶之加工螺钉
项目三 改进活动式顶盖	3.1 子项目九改进活动式顶盖之改制顶盖

(二)学习单元的混合教学设计

选择"子项目二 制作调节座之加工底座"为例进行混合教学设计。

1. 学习者分析

在学习准备方面,学习者已经学习了机械制图、典型零件的工艺分析等课程,对读图、工艺有了初步认识,但并没有真实接触数控车床,职业能力发展水平处于进步的初学者阶段,因而在教学过程中,应更多地提供学生定向和概况知识组成的确定性的工作任务,提升学生特定的职业能力。

2. 复杂性技能分解

本学习单元的复杂性技能也包括四个方面,即"加工工艺卡编制""程序编制""程序仿真模拟""零件加工"。

3. 学习任务分析

单元学习任务的结构如图6-12所示。"加工工艺卡编制"对应学习任务一"分析底座工艺",将程序编制与程序仿真模拟的技能合并,进一步分析形成"完成底座精加工程序(圆弧插补指令)""完成底座粗精加工程序(G73、G70循环指令)"和"完善底座粗精加工程序(G71循环指令)"任务组,"零件加工"对应任务五"加工零件底座"。

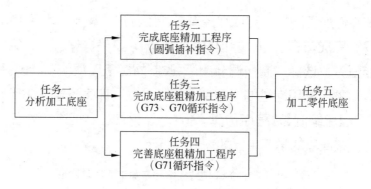

图 6-12 学习任务组结构

4. 复用性技能/非复用性技能及其相关知识分析

由于任务二、任务三、任务四的教学活动存在相似性,因此选择任务一、任务二和任务五为例,进行具体的分析与设计。三个任务所涉及的复用性技能/非复用性技能及其相关知识如表 6-2 所示。

表 6-2 复用性技能/非复用性技能及其相关知识分析

任务一 分析加工底座		任务二 完成底座精加工程序（圆弧插补指令）		任务五 加工零件底座	
非复用性技能	• 底座零件图的节点计算 • 编写带内孔的零件加工工艺	非复用性技能	运用 G02、G03 编写内外圆的精车程序	非复用性技能	• 操作机床完成内孔的加工 • 操作量具完成内孔的检测
支持性信息	• 节点和基点的基本概念 • 孔的加工工艺	支持性信息	G02、G03 指令格式	支持性信息	孔加工的要点
复用性技能	运行 AutoCAD 计算程序	复用性技能	G02、G03 运用判断并运行模拟软件验证程序	复用性技能	运行机床进行内孔加工
即时性信息	AutoCAD 运行程序	即时性信息	模拟软件运行程序	即时性信息	机床操作程序

5. 教学环境分析及技能练习设计

无论是复用性技能还是非复用性技能,技能的练习都应贯穿课前、课中、课后各个阶段,通过多次练习以达到技能熟练化程度,如任务一中涉及的非复用性技能"底座零件图的节点计算",要求在课前、课中、课后分别给予不同的零件图练习情境,以增强非复用性技能的迁移能力。课前、课后的练习环境以网络教学平台为主,而课堂面授教学环境则基于技能本身性质,部分要求操作计算机的技能安排在虚拟实训室(机房),而任务五要求进行机床实操,则安排在有机床设备的实体实训室。教学环境及技能练习设计如表 6-3 所示。

表 6-3　教学环境分析及技能练习设计

学习任务	技能练习设计	教学环境		
		课前	课中	课后
任务一 分析加工底座	运用 AutoCAD 计算节点	网络教学平台	虚拟实训室（机房）	网络教学平台
	编写带内孔的零件加工工艺文件	网络教学平台	虚拟实训室（机房）	网络教学平台
任务二 完成底座精加工程序（圆弧插补指令）	使用【模拟软件】验证 G02、G03 示例程序，直观感受 G02、G03 的区别	网络教学平台	虚拟实训室（机房）	网络教学平台
	编写内外圆精车程序	网络教学平台	虚拟实训室（机房）	网络教学平台
任务五 加工零件底座	操作机床完成内孔的加工	网络教学平台	实体实训室	网络教学平台
	操作量具完成内孔的检测；填写工艺文件	网络教学平台	实体实训室	网络教学平台

6. 支持性信息 / 即时性信息呈现设计

针对非复用性技能，需要在技能练习前提供支持性信息，如任务一涉及的非复用性技能"底座零件图的节点计算"，要求在课前通过网络教学平台以 PPT 和讲义的形式呈现节点和基点的基本概念，让学生在技能练习前自主学习。针对复用性技能，需要在技能练习过程中提供即时性信息，如任务二中涉及的复用性技能"使用模拟软件验证 G02、G03 示例程序"，在技能练习时提供模拟软件使用程序的微课视频。此外，面向非复用性技能练习过程中隐含的部分复用性技能操作程序，也需要提供即时性信息，如任务五涉及的非复用性技能"操作机床完成内孔的加工"中隐含的操作机床这一复用性技能操作程序，需要在学生操作过程中提供即时性信息"教师演示机床操作"，同时在网络教学平台提供演示视频，方便学生遇到问题时随时学习。支持性信息和即时性信息呈现设计如表 6-4 所示。

表 6-4　支持性信息 / 即时性信息呈现设计

学习任务	复用性 / 非复用性技能	信息呈现设计		
		课前	课中	课后
任务一 分析加工底座	非复用性技能：底座零件图的节点计算	网络教学平台呈现支持性信息：【PPT】节点和基点的基本概念【讲义】辅助讲解		网络教学平台提供即时性信息：【视频】节点计算的演示
	复用性技能：运行 AutoCAD 计算程序	网络教学平台呈现即时性信息：【视频】AutoCAD 的使用程序	虚拟仿真实训室提供即时性信息：【演示】教师演示节点计算	
	非复用性技能：编写带内孔的零件加工工艺文件	网络教学平台呈现支持性信息：【PPT】孔的加工工艺	虚拟仿真实训室提供即时性信息：【演示】教师示范工艺卡的填写	网络教学平台呈现即时性信息：【PPT】工艺卡的填写

续表

学习任务	复用性/非复用性技能	信息呈现设计		
		课前	课中	课后
任务二 完成底座精加工程序（圆弧插补指令）	复用性技能：使用【模拟软件】验证G02、G03示例程序，直观感受G02、G03的区别	网络教学平台提供即时性信息：【微课】模拟软件的使用程序【PPT】G02、G03运用判断要点		网络教学平台提供即时性信息：【微课】模拟软件的使用程序【PPT】G02、G03运用判断要点
	非复用性技能：编写内外圆精车程序	网络教学平台提供支持性信息：【微课】G02、G03指令格式	虚拟仿真实训室提供支持性信息【PPT】G02、G03指令格式	网络教学平台提供支持性信息：【微课】G02、G03指令格式
任务五 加工零件底座	非复用性技能：操作机床完成内孔的加工	网络教学平台提供支持性信息：【视频】孔加工的要点	实体实训室提供即时性信息：【演示】教师演示机床操作 网络教学平台提供即时性信息：【视频】机床操作	
	非复用性技能：内孔检测；填写工艺文件		网络教学平台提供即时性信息：【视频】内孔测量方法	

7. 合成训练策略

通过将学习任务中的技能练习与信息呈现设计进行整合，得到每一学习任务的教学活动程序，同时增加教学方法的应用以培养学生的职业态度，学习任务一和学习任务二均采用了小组协作学习的教学方法，以培养学生的协作精神，学习任务五采用了自我反馈教学法，通过学生课后总结反思，增强其专业态度。

（1）任务一 分析加工底座见图6-13。

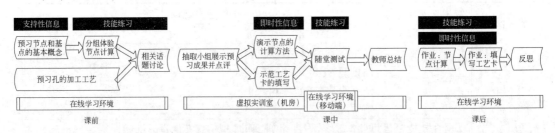

图6-13 任务一之分析加工底座的教学策略合成

（2）任务二 完成底座精加工程序（圆弧插补指令）见图6-14。

（3）任务五 加工零件底座见图6-15。

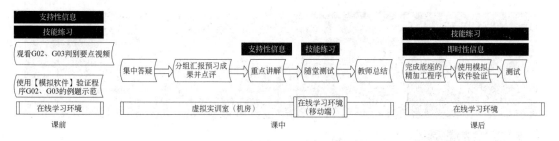

图 6-14　任务二之完成底座精加工程序（圆弧插补指令）的教学策略合成

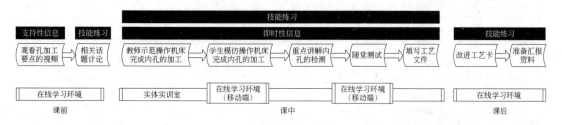

图 6-15　任务五之加工零件底座的教学策略合成

8. 学校及企业教师角色设计

该课程是"校企合作、课证融通"的改革试点课程，具备企业人员参与教学的基本条件。企业人员参与教学的形式将根据不同学习任务的复杂性技能目标特点分别设计，其中任务一至任务四只涉及软件操作，技能产出成果可在线观测，因而企业人员只需远程参与学生作品的评估与在线答疑，而开展任务五加工零件底座时，企业人员则会以兼职教师的身份到校面对面指导学生实操。

9. 开发与实施

基于上述分析与设计结果，在网络教学平台上进行混合课程的开发和相应教学资源的开发与上传（见图6-16），同时进行实体课堂面授教学环境的准备。

10. 评价与修正

课程采用已有绩效的评价模式和行为样本的评价模式相结合的形式，一方面通过网络教学平台记录学生学习过程，进行对已有绩效的形成性评价，占学生总评成绩的60%；另一方面采用行为样本的评价模式进行总结性评价，进行期末测评，占学生总评成绩的40%。此外，课程结束后，教师通过"你对本门课程的教学是否满意"这一问题，采用李克特五点量表的形式调查全体学生对课程的满意度，结果显示对课程非常满意和满意的学生占所有学生的97.5%，说明课程混合教学设计的效果较好。同时要求学生为课程优化提出建议，学生提出了学习任务多、时间紧张等反馈建议，有助于进一步修正学习任务设计、练习设计和信息呈现设计。根据职业教育课程混合教学设计模型开发的混合教学设计单模板见书后附录。

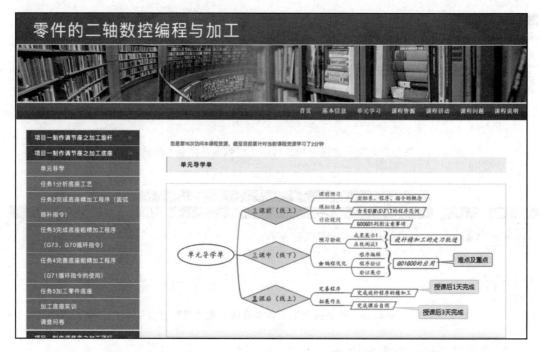

图 6-16 《零件的二轴数控编程与加工》混合课程截图

第五节　职业院校混合教学的典型模式及其教学方案

依据教学目标、教学环境和教师团队，对职业教育混合课程教学进行分类。将教学目标分为智力技能、动作技能、感觉与知觉技能、表达技能四类。智力技能是指仅在大脑中进行的认知活动能力，如判断、计算等；动作技能即需要依赖肌肉运动的活动能力，如操作仪表盘、打篮球等；感觉与知觉技能即依托于感觉与知觉器官开展的活动能力，如品酒、英语听力等；表达技能则包括口头表达技能与文字表达技能，口头表达技能如演讲、辩论，文字表达技能如公文写作等。职业教育的知识目标则主要指技能所需的陈述性知识与程序性知识，[1] 而且以实际应用的经验和策略的习得为主、以适度够用的概念和原理的理解为辅。[2] 将教学环境作为区分不同类型课程的依据时，主要采用面授教学环境的类型，包括多媒体教室、实体实验实训室、虚拟仿真实验实训室、虚实融合实验实训室、多功能一体化教室与工作场所六类。教师团队分为"只有学校双师型教师，无企业专家参与""学校双师型教师为主，

---

[1] 黄克孝. 构建高等职业教育课程体系的理论思考 [J]. 职业技术教育, 2004, 25(7): 42-45.
[2] 姜大源. 职业教育要义 [M]. 北京：北京师范大学出版社, 2017:10.

企业专家兼职教师，面对面参与学生实践性教育教学活动""学校双师型教师为主，企业专家远程参与学生实践性教育教学活动""企业专家为主，学校教师面对面参与学生企业实践性教育教学""企业专家为主，学校教师远程参与学生企业实践性教育教学"等五类。职业教育混合课程教学的分类框架如图6-17所示，据此将职业教育混合课程分为18种常用类型，将在下面针对每种类型提出混合教学方案。①

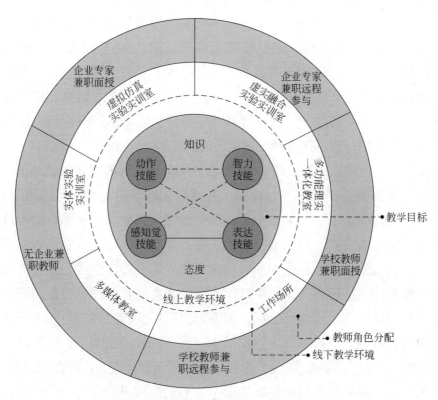

图6-17 职业教育混合课程教学分类框架

一、以智力技能培养为核心的混合课程教学方案

（一）智力技能—多媒体教室—无企业专家参与

智力技能是指在大脑中进行的认知活动能力，以培养智力技能为核心的课程主要为各专业的公共基础课和专业基础课，同时包括少量专业核心课程，如财务会计类的少量专业核心课程。由于智力技能仅涉及内在的思维活动，因此对教学场地和教学工具没有特殊的要求，②因而多媒体教室是该类课程混合教学设计时采用的主要

---

① 王雯. 职业教育课程混合教学设计研究 [D]. 北京：清华大学，2020: 90-102.
② 黄克孝. 构建高等职业教育课程体系的理论思考 [J]. 职业技术教育，2004, 25(7): 42-45.

线下教学环境。在教师的角色设计上，由于几乎不涉及专业的实操技能，因此一般没有企业专家作为兼职教师参与。

公共基础课和专业基础课以及部分以培养学生智力技能为主的专业核心课，一般面向低年级学生开设，因此这一阶段的学生在职业能力方面一般处于新手阶段。在教学内容即学习任务的设计上，以定向概况性的职业知识为主。该类课程混合教学设计一般会选择案例教学法、头脑风暴法和小组协作学习作为主要教学方法。案例教学法有助于学生对抽象概况性内容有具体的认知，头脑风暴法和小组协作学习相结合，进行思维训练，实现学生智力技能的培养。在教学评价上，该类课程混合教学主要借助在线数据对学生进行过程性和总结性评价。在线数据包括在线学习时长、测试、讨论、作业等情况。线下课堂参与等评价活动的展开也可以借助移动端的在线网络教学环境，如扫描签到、随堂在线测试等。

该类课程的混合教学方案如图 6-18 所示。课前教学环节主要在线上进行，学生按要求自主学习技能相关的陈述性知识，并完成相应学习活动，可以是问题讨论、测试、作业、预习报告中的一种或多种，用于检验预习效果，从而有助于教师调整课中重点讲解的内容安排。然后进行智力技能的体验式练习。师生还可以通过在线学习环境进行远程沟通答疑。课中环节，教师首先需要对学生线上预习情况进行教学反馈，在此基础上进行重难点的讲解，为帮助学生更好地理解抽象知识，通常可以采用案例教学法。在重点讲解之后，组织学生采用头脑风暴的方式进行分组讨论练习，在这个过程中可以提供程序性知识的支持，如教师的演示。然后进行课中学习效果的检验，可以采用小组在线上传并展示头脑风暴结果，也可以通过在线测试、在线作业等形式。最后教师需要对学生课中环节的表现进行评价和总结反馈。课后环节，学生又回到在线自主学习环境，进行学习反思和智力技能的巩固练习，学习进度较快的学生可以进行拓展学习。

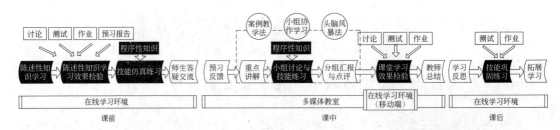

图 6-18 "智力技能—多媒体教室—无企业专家参与"混合教学方案

（二）智力技能—实体实验实训室—无企业专家参与

选择实体实验实训室作为课中环节线下教学环境进行智力技能培养的课程，均为专业基础课，课程所属专业大类多为能源动力与材料大类、生物与化工大类等实践性较强且在后续实践中需要涉及仪器设备的专业。该类课程的混合教学方案如图 6-19 所示。与选择多媒体教室作为线下教学环境相比，实体实验实训室具有大量的实体仪器设备，可以在学生学习仪器设备概念及其操作原理等相对抽象的内容前，提供直接近距离观察实体仪器设备及其工作流程的条件，有助于智力技能的形成。因而，在实体实验实训室开展培养智力技能为核心的课程教学时，除了案例教学法、头脑风暴法和小组协作学习外，最常用的教学方法为"观察法"。

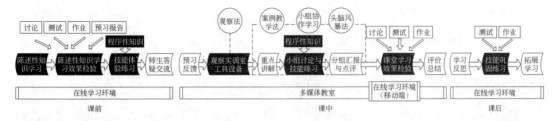

图 6-19 "智力技能—实体实验实训室—无企业专家参与"混合教学方案

该类型课程混合教学方案与"智力技能—多媒体教室—无企业专家参与"类混合教学方案在课前与课后环节教学活动程序基本一致，主要区别在于课中环节，在教师重点讲解前，"智力技能—实体实验实训室—无企业专家参与"类课程混合教学设计还将采用观察法进行陈述性知识和程序性知识的理解学习。在教师的角色设计、教学内容的开发、教学评价方式上，两者也基本一致。

二、以动作技能培养为核心的混合课程教学方案

动作技能是职业教育课程教学中涉及最广泛的技能目标类型，几乎所有专业核心课均涉及动作技能的训练。而动作技能的训练一般对场地设备有一定的要求，具备实验实训场地和仪器设备的教学环境能更好地支撑动作技能的训练，包括实体实验实训室、虚拟实验实训室、虚实融合实验实训室、多功能理实一体化室和工作场所。在教师角色设计上，企业专家作为兼职教师参与动作技能教学的较多，包括企业专家兼职到校面对面参与职业院校实践性教学活动和远程参与职业院校实践性教学活动。这一类课程面向的学生职业能力发展情况，一般有新手、有进步的初学者、内行的行动者、熟练的专业人员多种情况。因此教学内容一般表现为具体工作情境下的工作任务或项目。教学方法上较多采用演示—模仿法、情境教学法、问题教学法、案例教学法等，通过完成工作任务以实现动作技能的训练和综合职业能力的提升。在教学反馈上，理论知识考核主要借助在线数据，实践技能考核则主要借助线

下课堂。基于本书研究团队对职业院校混合教学应用案例的总结,以培养动作技能为核心的混合课程分为 11 类。[①]

(一)动作技能—实体实验实训室—无企业专家参与

该类型课程混合教学设计形成的混合教学方案如图 6-20 所示。同以培养智力技能为核心的课程一样,以培养动作技能为核心的课程,其课前环节也主要是让学生在线自主学习技能相关的陈述性知识,并进行陈述性知识的学习成果检验。由于缺少专业的场地或仪器设备,课前的技能练习一般为仿真体验练习。在课中环节,实体实验实训室环境下的动作技能训练一般较多采用"演示—模仿"教学方法,通过教师的动作技能演示提供技能相关的程序性知识,让学生对技能操作过程有更加直观的了解。部分需要仪器设备支持的动作技能训练,在资源有限的情况下,通常采用小组协作学习的方法,通过创设职业问题情境,让学生以小组形式讨论制定问题解决方案并进行问题的解决,实现技能训练,在学生自主探索问题解决方案时,也可以根据自身需要在移动端的课程平台获取相应的程序性知识。学生技能展示后,教师进行重点讲解,并再次对学生进行课堂学习成果的检验。课后环节的技能巩固练习,一般采用在线测试或作业形式,技能练习成果可以以视频、图片形式上传到课程平台。

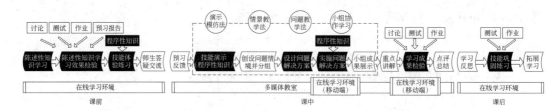

图 6-20 "动作技能—实体实验实训室—无企业专家参与"混合教学方案

(二)动作技能—实体实验实训室—企业专家兼职到校面授

"动作技能—实体实验实训室—企业专家兼职到校面授"类课程的混合教学方案(见图 6-21)与"动作技能—实体实验实训室—无企业专家参与"类课程的混合教学方案类似,只是在教师角色设计上,增加了企业专家与学校教师的角色分工。一般来说,企业专家主要负责动作技能的指导与考核,而理论知识的讲解和考核则更多地由学校教师承担。企业教师负责技能演示、问题情境的创设,并在学生解决问

---

① 王雯. 职业教育课程混合教学设计研究 [D]. 北京:清华大学, 2020: 90-102.

题过程中给予学生指导，最后进行学生技能训练成果的考核。

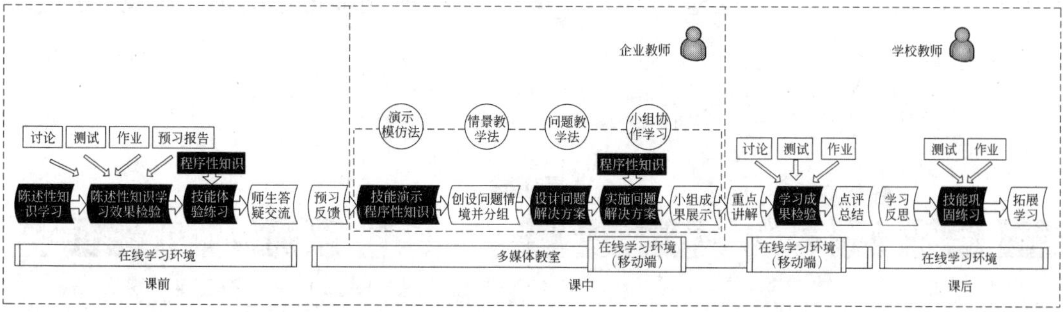

图6-21 "动作技能—实体实验实训室—企业专家兼职到校面授"混合教学方案

（三）动作技能—实体实验实训室—企业专家兼职远程参与

企业专家兼职远程参与职业院校实践性教学活动主要表现为远程参与学生技能展示成果的考核与评价，也可以在问题情境创设中，由企业人员在真实工作场景中进行实际问题引入（见图6-22）。

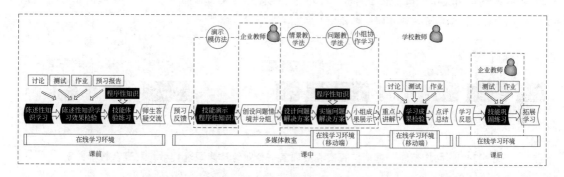

图6-22 "动作技能—实体实验实训室—企业专家兼职远程参与"混合教学方案

（四）动作技能—虚拟仿真实验实训室—无企业专家参与

"动作技能—虚拟仿真实验实训室—无企业专家参与"类课程，其技能训练主要为计算机操作相关的动作技能，以及没有技能实操的设施与条件，仅借助计算机进行仿真练习的动作技能的教学。主要涉及的专业大类为电子信息大类、文化艺术大类和财经商贸大类，属于文化艺术大类和财经商贸大类的课程也都是与电子信息大类相关的交叉学科，如Photoshop产品效果图设计、会计电算化等。该类型课程混合教学方案如图6-23所示，较多采用案例教学法和演示—模仿法，课中环节教师呈现案例作品并演示制作过程，为学生提供程序性知识。课程以完成的案例作品为主要考核内容。案例制作过程中可以借助在线资源反复观看制作演示过程。课后环节的技能巩固练习，强调提供不同的案例，以提升技能在不同职业情境下的迁移能力。

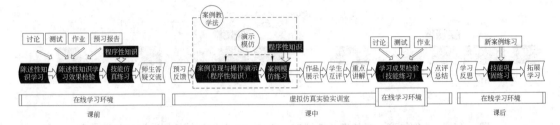

图 6-23　"动作技能—虚拟仿真实验实训室—无企业专家参与"混合教学方案

（五）动作技能—虚拟仿真实验实训室—企业专家兼职远程参与

与实体实验实训室环境下进行动作技能训练的课程不同，该类型课程混合教学方案如图 6-24 所示，将虚拟实验实训室作为线下课堂教学环境的课程案例中，企业专家参与的形式主要为远程参与，对学生技能练习成果进行评价与考核。

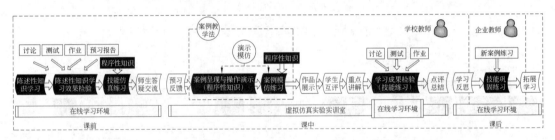

图 6-24　"动作技能—虚拟仿真实验实训室—企业专家兼职远程参与"混合教学方案

（六）动作技能—虚实融合实验实训室—无企业专家参与

"虚实融合实验实训室"与实体实验实训室相比，其主要特点是在支持技能实操前，支持技能的仿真练习，而相对虚拟仿真实验实训室而言，又提供了更加贴近企业真实工作环境的实体空间。采用虚实融合实验实训室的课程一般涉及对安全性要求较高或操作难度系数较大的动作技能教学。该类课程的混合教学方案如图 6-25 所示。在课中环节一般先进行技能的仿真练习，通过仿真练习后再进行教师技能的实操演示，然后学生通过模仿，以小组形式完成技能练习操作并完成练习成果的展示汇报。课前的技能体验练习和课后的技能巩固练习都是通过仿真软件进行的仿真练习。

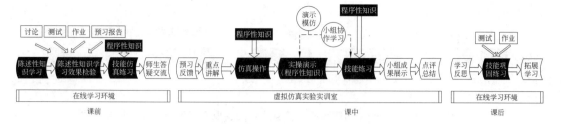

图 6-25 "动作技能—虚实融合实验实训室—无企业专家参与"混合教学方案

(七) 动作技能—虚实融合实验实训室—企业专家兼职到校面授

虚实融合实验实训室下的混合教学方案是在上一个方案（图 6-25）的基础上，增加了企业专家参与教学（见图 6-26），参与的主要形式为到校面对面地指导学生技能的实操部分，包括技能演示、指导与考核。

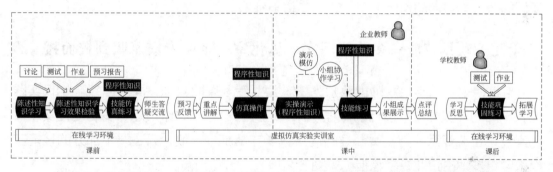

图 6-26 "动作技能—虚实融合实验实训室—企业专家兼职到校面授"混合教学方案

(八) 动作技能—多功能理实一体化室—无企业专家参与

多功能理实一体化教室是理论讲课的教室、实践操作的实验实训场地和虚拟仿真系统等教学资源一体化配置形成的教学环境，与虚实融合实验实训相比，多功能理实一体化教室还提供了交互式电子白板、实时录播系统、在线虚拟教室等功能。其中交互式电子白板更好地支持理论讲解，实时录播系统支持学生在线实时观看教师操作演示，弥补了无法满足所有学生近距离观察教师操作演示的不足，同时，也支持学生通过录播系统展示自己的操作过程，并供课后进行教学反思。在线虚拟教室真实模拟线下实验实训室，支持学生随时随地通过网络登录观察实验实训设备并进行学习，如课前自主学习、课后技能巩固练习、拓展学习等。这类课程混合教学方案中理论知识考核和实践技能考核的比重通常比较相近（见图 6-27）。

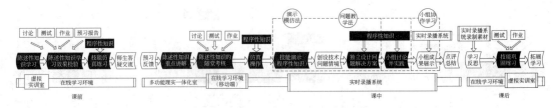

图 6-27 "动作技能—多功能理实一体化室—无企业专家参与"混合教学方案

与其他各类课程的混合教学设计思路一样,课前环节主要进行陈述性知识的自主学习和技能的仿真练习。但是使用多功能理实一体化室作为线下课堂教学环境的课程,更加重视在学生掌握技能的同时掌握技能背后的原理,因此在课中环节技能实操前,会在学生课前学习情况基础上,对技能相关的陈述性知识,即概念、原理再次进行重点讲解和考核。然后进行技能的仿真与实操。课后仍是进行学习反思、技能巩固练习与拓展学习。多功能理实一体化室的各类智能设备,为课前、课中、课后的各项学习活动均提供了一定的支持与辅助。

(九)动作技能—多功能理实一体化室—企业专家兼职到校面授

与其他采用"学校双师型教师为主,企业专家兼职教师,面对面参与学校实践性教学活动"教师角色设计的课程一样,这类课程与"动作技能—多功能理实一体化室—无企业专家参与"类课程的混合教学方案基本一致,只是课中部分的技能实操教学更多地由企业专家承担(见图6-28)。

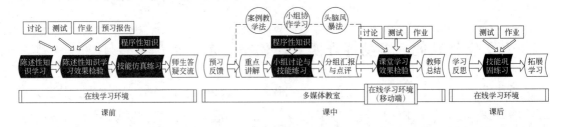

图 6-28 "动作技能—多功能理实一体化室—企业专家兼职到校面授"混合教学方案

(十)动作技能—多功能理实一体化室—企业专家兼职远程参与

与其他采用"学校双师型教师为主,企业专家兼职教师,远程参与校内实践性教学活动"教师角色设计的课程相同,这类课程混合教学方案中,企业专家主要承担学生技能学习成果评价,但是多功能理实一体化室所具备的实时录播系统,允许企业专家课中同步或异步进行动作技能的评价与指导,因此企业专家参与课中和课后两个阶段的教学(见图6-29)。

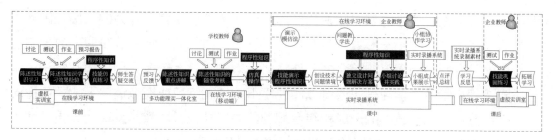

图 6-29 "动作技能—多功能理实一体化室—企业专家兼职远程参与"混合教学方案

（十一）动作技能—工作场所—企业专家兼职远程参与

这类课程一般是面向已经具有一定基础的高年级学生开设的课程。在该类课程的教学方案中一般采用项目教学法，学生跟随教师共同参与并完成真实的工作任务，如服装生产订单、包装设计订单等，工作任务的完成质量由工作任务的供应企业进行验收与评价（见图 6-30）。

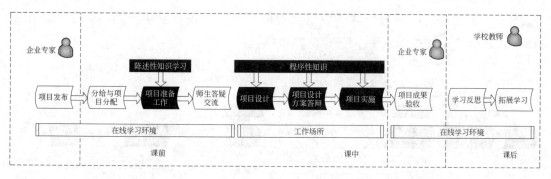

图 6-30 "动作技能—工作场所—企业专家兼职远程参与"混合教学方案

三、以感觉和知觉技能为核心的混合课程教学设计

感觉与知觉技能是指依赖于感觉与知觉器官的技能，如依赖于味觉器官的美食鉴赏、依赖于触觉器官的中医诊脉、依赖于听觉器官的英语听力课程等。这类技能的培养需要完全真实的工作场景，虚拟仿真软件无法实现这类技能的培养。以感觉与知觉技能培养为核心的课程，其课堂教学环境一般为实体实验实训室和工作场所。在教师角色设计上，在实体实验实训室的感觉与知觉技能教学，一般无企业专家参与，但是在工作场所发生的感觉与知觉技能教学，企业专家则成了主要的教学人员。

这类课程面向的学生已经具备该专业的基本知识和基本动作技能，如烹饪专业的学生已经掌握了烹饪的基本知识和能力，到了培养品鉴菜品能力的阶段，因而学生的职业能力发展水平一般处于有进步的初学者、内行的行动者等阶段。教学内容一般也为不同职业情境下的综合性工作任务。教学方法上较多采用情境教学法、角色扮演法和小组协作学习等，通过真实情境下的技能练习或模拟情景下的角色扮演法，实现感觉与知觉技能的形成和综合职业能力的提升。在教学反馈上，更多地体现在对技能的考核上，并且以线下教学环境中学生的互评为主。

（一）感觉与知觉技能—实体实验实训室—无企业专家参与

该类课程混合教学方案旨在训练感觉与知觉技能，相关的陈述性知识内容不多，可以让学生在课前环节自主学习完成，课中与课后环节均不再专门学习，融入技能训练的过程（见图6-31）。课前环节学生通过体验式的练习，对该技能有初步的认知。课堂环节通过创设职业情境，让学生分组进行角色扮演，通过职业情境和角色的不断转换进行重复练习与小组互评，最后教师对学生的表现进行整体的反馈，并针对技能训练中出现的问题进行集中讲解。课后环节，一般要求学生到实际工作场所去体验，从而实现技能的巩固。

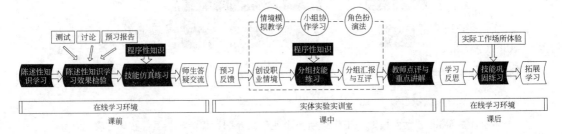

图6-31 "感觉与知觉技能—实体实验实训室—无企业专家参与"混合教学方案

（二）感觉与知觉技能—工作场所—企业专家为主面授教学

这类课程混合教学方案的目标是让学生在工作场所见习过程中提升职业能力（见图6-32）。在见习前，教师需要对学生的相关知识、技能与态度进行考核，对学生掌握不足的知识、技能与态度进行在线自主补学，然后对学生进行分组和工作场所的分配。学生可以通过在线学习平台与教师就不足的知识、技能与态度进行答疑交流，也可以就分组与工作场所分配情况进行协调。见习过程中，主要采用学徒训练法与观察法，让学生在观察和跟随企业专业人员的实际工作中实现能力的进一步提升，加强真实工作情境下的能力迁移水平，而学校教师可以通过在线学习环节为学生提供程序性知识的支持。见习结束，学生需要完成专业反思报告，学有余力的学生可以进行拓展学习。这一混合教学模式下的考核以企业专家为主。

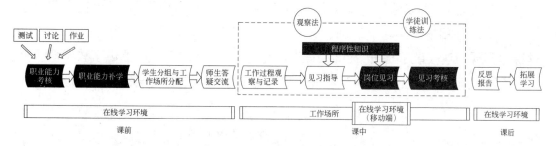

图 6-32 "感觉与知觉技能—工作场所—企业专家为主面授教学"混合教学方案

四、以表达技能培养为核心的混合课程教学设计

表达技能一般可分为文字表达技能与口头表达技能，两者对教学环境均无特殊要求，因而表达技能一般将多媒体教室作为线下实体教学环境。在教师的角色设计上，也出现了"只有学校双师型教师，无企业专家参与""学校双师型教师为主，企业专家兼职教师，面对面参与学生实践性教育教学活动"和"学校双师型教师为主，企业专家远程参与学生实践性教育教学活动"三种情况。

无论是文字表达还是口头表达，都是日常生活与学习的重要组成部分，学生在这两方面都具备基本的能力与水平，只是在具体领域的文字表达和口头表达上需要进行专门的训练，因而以培养表达技能为核心的课程面向的学生一般处于有进步的初学者或内行的行动者这两个阶段，学习任务主要是与特定的职业相关联的知识，如商务英语口语。在教学方法的使用上，该类课程混合教学设计时主要采用情境教学法和小组协作学习，而口头表达技能还会使用演讲法、辩论法、角色扮演法等多种教学方法。在教学反馈上，文字表达技能主要以在线形式开展，口头表达技能的教学反馈将以线下课堂的技能训练及成果展示为主，同时考虑学生在线学习行为，包括在线学习时长、在线作业、讨论与测试等。

（一）表达技能—多媒体教室—无企业专家参与

这类课程混合教学方案如图 6-33 所示，课前阶段主要为学习技能相关的陈述性知识，如商务英语的基本概念、应用范围、基本用词用语等，然后学生自行进行口头表达或文字表达练习，并将练习成果上传至在线学习平台（口头表达以视音频的形式上传）。课中环节，教师需要为学生创设技能练习的职业情境，如商务谈判现场、年终总结会议记录等，学生根据职业情境进行分组角色扮演，进行技能练习，对于部分口头表达，也可以通过个人演讲、分组辩论的形式开展。课后环节进行学习反思、技能巩固练习和拓展学习。课前、课中和课后的技能练习可以是同一主题，通过反复练习实现表达技能的提升。此外，在课前与课后环节，除了教师提供了教学资源外，学生也可以前往实际工作场所观察或体验，有助于技能的提高与态度的养成。

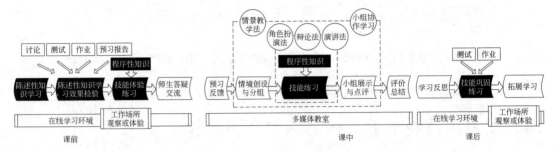

图 6-33 "表达技能—多媒体教室—无企业专家参与"混合教学方案

（二）表达技能—多媒体教室—企业专家兼职到校面授

这类课程的混合教学方案（见图 6-34）与"表达技能—多媒体教室—无企业专家参与"类课程的混合教学方案类似，只是更加注重企业专家对学生技能形成与职业态度养成的作用。企业专家作为兼职教师到校面对面参与学生表达技能教学，主要是进行职业情境的创设和技能的指导与考核。该类课程混合教学模式的考核也将以企业专家为主，同时纳入学生互评。

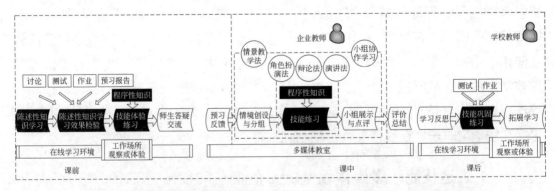

图 6-34 "表达技能—多媒体教室—企业专家兼职到校面授"混合教学方案

（三）表达技能—多媒体教室—企业专家兼职远程参与

该类课程的混合教学方案如图 6-35 所示。企业专家兼职远程参与的形式有两种，一是企业专家通过远程展现自己的真实工作场景，为学生做技能示范，也能激发学生从事该岗位的积极性；二是企业人员可以远程观看学生上传的表达技能作品，并进行专业指导与点评。

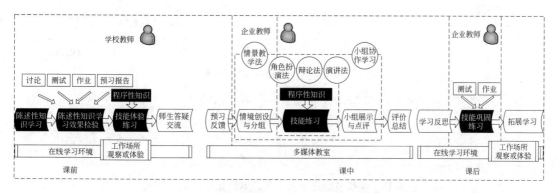

图 6-35 "表达技能—多媒体教室—企业专家兼职远程参与"混合教学方案

五、职业院校信息化顶岗实习模式

（一）学校教师远程参与的信息化顶岗实习模式

这类课程混合教学方案如图 6-36 所示。学校教师远程参与的信息化顶岗实习模式充分发挥在线学习环境的优势，学生进入企业在真实工作岗位上进行训练，教师通过在线平台远程了解学生实习情况（包括考勤、实习日志与报告）、提供数字化教学资源对学生进行实习支持与过程性评价考核。

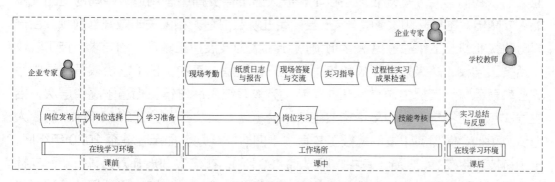

图 6-36 学校教师远程参与的信息化顶岗实习模式

（二）学校教师进企业参与的信息化顶岗实习模式

这类课程混合教学方案如图 6-37 所示。学校教师进企业参与的信息化顶岗实习模式更加强调教师的教学主体地位，要求教师不定期进入企业以便支持及关心学生实习情况。该模式是相对传统的顶岗实习模式，信息技术主要为实习前的准备和实习后的总结反思服务。

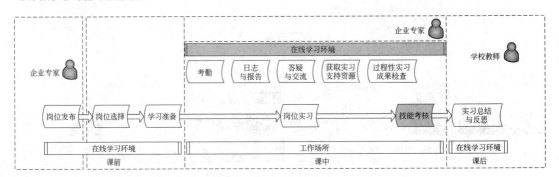

图 6-37　学校教师进企业参与的信息化顶岗实习模式

上述混合教学模式的应用案例参见书后附录中的职业院校混合教学案例。

第六节　技工学校技能培训的混合教学模式

一、技工学校混合教学改革的背景

技工教育是与制造业和服务业联系最密切、与就业创业更是无缝对接的一种教育类型，是培养产业工人、技术工人的主阵地。习近平总书记指出，作为一个制造业大国，我们的人才基础应该是技工，要大力培育支撑中国制造、中国创造的高技能人才队伍。国务院印发的《"十三五"促进就业规划》和《关于做好当前和今后一段时期就业创业工作的意见》，都明确提出"大力发展技工教育"的要求。技工院校包括技工学校、高级技工学校和技师学院三种类型。其中，技工学校教育属于中等职业教育范畴，其招生通常是在九年制义务教育结束后进行，相当于高中层次，招生层次包括初中毕业生、高中毕业生、社会再就业人员三部分。2021年11月，人力资源和社会保障部印发的《技工教育"十四五"规划》显示，截至2020年年底，全国有技工院校2423所（其中技师学院496所），在校生395.5万人，每年面向社会开展职业培训超过400万人次。脱贫攻坚期间，全国技工院校累计招收建档立卡贫困家庭子女超36万人。技工教育办学质量及社会影响力不断提升。到2025年，基本形成技工教育体系更加完善、布局更加合理、特色更加突出、技能人才培养规模和质量更加契合经济社会发展需要的良好局面。技工院校发展成为开展学制教育和职业培训服务技能人才成长的重要平台、现代职业教育体系的重要组成、构建技能型社会建设的重要依托。技工教育办学模式更加成型，专业设置、课程开发和教材建设更加符合企业需求，人才培养质量稳步提升，毕业生就业率稳定在较高水平，面向社会开展学制教育、职业培训、公共实训、技能评价、竞赛集训、就业服务、创业孵化等技能人才全方位服务。技工教育吸引力和人才培养质量显著提高，服务实施新时代人才强国战略的功能进一步增强。

《技工教育"十四五"规划》在信息化方面要求广泛利用网站、微信等各种渠道资源，做好招生宣传，进行生源摸底，抓好报名动员组织等工作。坚持线上招生和线下招生多措并举，发挥多种招生渠道优势。鼓励技工院校与企业联合开发优质教育资源，推动发展"互联网＋教育培训"模式等。面向技工学校开展混合教学，旨在利用信息化教学改革实现工学结合，提高技工学校课程教学质量，培养适应经济社会发展的高技能人才。

二、技工技能培训的混合教学实施情况

虽然混合教学具有独特优势，但有研究结果表明，目前技工院校开展的混合教学效果并不理想，究其原因主要有三个方面。技工院校教学采用"教、学、做"合一的一体化教学组织形式，教学组织过程与高等院校及其他类型的职业院校有较大的差异，现有的已成体系的教学模式和高校已建设完成的数字化课程资源的可借鉴性均不强；技工院校的老师缺乏技工教学课堂的有针对性的混合教学设计及课堂组织的培训，教师开展混合教学多处在摸索阶段，混合教学效果不理想；技工院校的学生信息技术能力参差不齐，基础知识相对薄弱，自我约束能力不强，喜欢实用性强、动手操作类的技能性知识学习，学生基础决定了技工院校开展混合教学的难度相对较大。[1][2] 尽管遇到不少困难，但还是有技工院校的教师积极开展混合教学的实践探索。广州市白云工商技师学院的教师提出了适用不同类型课程的混合教学模式，比如计算机类专业、艺术类专业可以采用"课堂内＋课堂外"双混合教学模式；服装类专业、旅游与酒店管理类专业、汽车机电类专业可以采用"课堂内＋课堂前"混合教学模式；经济管理类专业多采用"课堂内"的混合教学模式。台州技师学院的教师结合技工院校一体化课程教学改革形势，基于"典型工作任务"，剖析信息化背景下的课程开发、教学活动设计、教学资源、教学环境、教学策略、教学评价等要素，构建了"任务型"技工院校一体化课程混合教学模式。[3] 江苏省交通技师学院的教师结合技工院校特点，以《传感器理实一体化》课程为例，基于任务驱动法，引入

---

[1] 马建霞，王瑞玲. 技工院校混合学习教学模式研究 [J]. 教育教学论坛，2019(13):208-210.
[2] 王敏，张志健. 技工院校混合式教学中存在的问题及对策 [J]. 农机使用与维修，2021(5):123-124..
[3] 陈鹤，蔡文明，黄峰."任务型"技工一体化课程混合教学模式构建 [J]. 发明与创新(职业教育),2021(8):108-109.

SPOC 混合教学模式，建立在线平台课程资源，设计和实施 SPOC 混合教学模式。[①] 深圳技师学院的教师围绕通识类课程《职业生涯规划》，探索了 SPOC 混合教学模式，并对相应的教学管理提出了相应的建议。[②] 上述探索的结果显示：混合教学能有效促进技工院校学生的学习积极性、让教与学更高效、混合学能有效促进教学管理；把单一的课堂教学模式变成"线上线下结合、课外课内互补"的 SPOC 混合教学模式，能充分考虑学生的独立性和个体差异性，最大限度地激发学生学习兴趣与主动性，提高学生的实践动手与自主学习能力，并形成多层次、多形式的互动教学模式和评价标准等。

第七节　企业及社会团体技能培训的混合教学模式

我国的职业技能培训以三种方式开展，一是依托中等、高等职业教育院校开展的职业技能教育；二是企事业单位内部开展的在职培训或转岗培训；三是社会团体、培训机构开展的在职培训和再就业培训。随着我国经济的快速发展，社会对在职人员的职业要求更加多样化和专业化，相应在职人员的职业技能培训的需求也日趋旺盛。各种职业培训在全国广泛铺开。随着移动互联网技术的快速发展，教育培训领域日趋信息化，相对于传统的面对面的培训方式，基于互联网的线上与线下有机融合的混合教学模式成为日益被重视的培训模式。

一、企业培训的混合教学模式

（一）企业培训的核心要素

企业大学是企业培训的最高形式，它是企业发展到一定阶段支撑企业战略发展的一种企业培训模式。2007 年，凯洛格公司提出了企业大学运营成功最为关键的四大体系，即课程体系、师资体系、评估体系与信息知识管理体系。[③]

1. 课程体系建设与课程开发

企业培训的课程体系建设随着企业的发展演进而不断成熟（见图 6-38）。培训课程开发一般有三种类型，第一类是由客户自主研发的课程，这类课程总体说来针

[①] 孙丽华. SPOC 混合教学模式在传感器理实一体化课程中应用研究与实践 [J]. 职业，2017(36):59-60.
[②] 刘滨. 技工院校《职业生涯规划》课程创新教学实践——基于 SPOC 混合学习模式的探索 [J]. 中国培训. 2018(11):43-44.
[③] 凯洛格公司. 2007 年度企业大学白皮书——企业大学的最佳模式和建设实践 [R]. 凯洛格公司，2007.

对性与实用性强，但是课程形式单一，缺乏生动性。第二类课程由职业讲师开发，与客户自主研发的课程特点刚好相反，这类课程通常生动性强，但是往往脱离实际。第三类则由企业专业人士自主开发，集成了前面两种课程开发形式的优点。一个企业大学内部自主品牌课程的数量和质量是评价该企业大学是否成熟的重要标准。

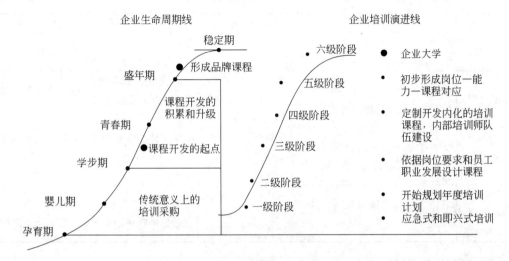

图 6-38　企业大学课程体系建设发展图

2. 讲师体系

讲师体系是企业大学的第二大体系，一般可分为内部讲师与外部讲师（见图 6-39）。两者各有优势与不足，内部讲师课程内容针对性强，有丰富的实战经验，易于被学员接受与认同，但是其缺乏上课的经验，教学技巧不足；而外部讲师授课技巧多样，但是授课内容相对缺少针对性与实用性，因而通常采用内部讲师与外部讲师相结合的授课模式。

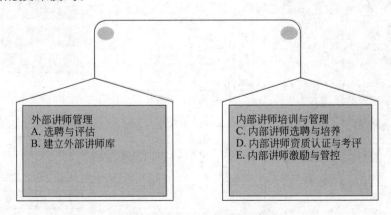

图 6-39　企业大学讲师管理体系

3. 评估体系

培训评估体系的设计需要分对象、分层面、分方式。面向不同的评估对象与评估内容，需要采用不同的评估方式，评估所需周期也有所差异（见表 6-5）。

表 6-5　企业培训评估体系

评估层面	评估内容	评估方式	评估时间	适用对象
反应层面	受训者对培训的满意度；受训者对培训的建议	问卷调查	及时（培训结束时）	所有受培训人员
知识层面	受训者的知识、态度、习惯等方面有多大程度的提高与改善	考试、演讲、心得报告、现场操作考核结果	及时或短期（培训结束时或结束后半个月）	技术类、知识类课程
行为层面	受训者是否应用培训所学于工作？受训者的行为有何改进	培训师抽样回访上级评价论文答辩	中期（培训结束时下一个考核周期，通常三个月）	总部部门负责人及以上、分公司经理
结果层面	培训为经济效益的提高产生多大贡献	收入、利润等考核指标；技能竞赛或成果报告	长期（半年/年度，视数据采集周期定）	业务员、分公司经理的业务课程

4. 信息和知识管理体系

如果说课程体系、讲师体系、评估体系是企业大学的核心，那么为了更好地运营企业大学，还需要建立一些配套支撑体系，如信息和知识管理系统（见图 6-40）。

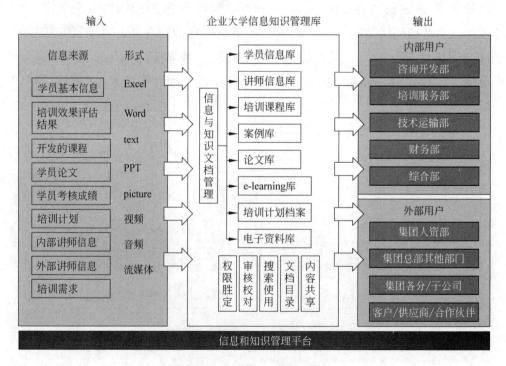

图 6-40　信息与知识管理平台

可以看出，企业培训的四个核心体系分别对应了职业教育混合教学七要素中的教学内容、教师、教学反馈与教学环境。企业培训的教学内容开发与职业院校的教学内容开发相同，都是基于工作过程，通过岗位职业能力分析，形成相应培训课程，因而第四节提出的混合课程开发模式也适用于企业培训。在教师角色上，企业培训也由内部讲师与外部讲师组成，混合教学模式为企业外部讲师参与企业培训提供了更为灵活的在线渠道。企业培训的教学反馈由过程性评价与总结性评价组成，培训内容也包括知识、技能、态度三个方面，评价对象可以是受训者（学生）、培训师（教师）及企业专家。在教学环境上，企业培训的利益相关方更为复杂，在线教学环境在为企业培训提供教学支持的同时，也为培训管理提供了极大便利。从教学内容、教师、教学反馈与教学环境几个要素可以发现，第五节提出的多种混合教学方案也同样适用于企业培训。

（二）企业培训的混合教学案例

1. 中国银联支付学院

中国银联支付学院在 2013 年的"扬帆十七期"新员工培训项目中应用了线上线下相结合的混合教学模式模型。项目组织者在组织线下实体培训，同时采用"微信群 + 微信公众号"的方式设计整个培训过程。其中，微信公众号的定位是知识库和信息查询平台，设计了多个互动频道，学员可以通过关键字搜索获取想要的信息，也可以通过发送"关键词 + 问题"的方式提出自己的问题，加入培训的管理队伍等。而微信群的定位是互动平台，不仅可以进行信息沟通，还可以催化线上行动学习，发挥集体的力量解决业务或者产品难题。项目组织者通过小组间的头脑风暴和微信群内的讨论，收集到了很多针对业务难题的解决方案。培训结束后，微信群就变成了收集培训反馈和在线学习辅导答疑的平台，在线学习过程中，员工可以随时随地询问遇到的问题，培训经理也会在群内作答。[①]

2. IBM 全球经理人培训

IBM 全球经理人培训计划针对全球 3 万名经理人提供有效的培训，由于培训人数较多，且学员分布广，遍及 50 多个国家和地区，学员平日工作繁忙，经常出差，此外，要传授给经理人的信息量巨大，完全采用线下面授式的学习模式是不切实际的。因而，在培训方案的设计与实施过程中，IBM 全球经理人培训项目也运用了混合教学模式，采用在线学习与线下面授培训相结合的模式。具体的项目实施采用三个阶段——"26 周在线学习 +5 天面授培训 +25 周技能实践"。从培训成效上来看，

---

① 刘永杰."O2O 模型"在新员工培训项目中的应用 [J]. 现代企业教育，2014:27-29.

该培训模式极受学员欢迎，IBM 公司当年还节省了一千六百万美元，后续三年累计节省八千八百万美元。据 Nucleus 研究公司的投资效益分析结果显示，IBM 公司获得了 22.84 倍的投资回报。①

3. 百得新员工培训

和 IBM 全球经理人培训计划一样，百得公司发现以往新员工培训完全采用面试方式，具有许多问题，如培训成本高，学员要求高脱产，培训覆盖面窄，且培训效果差，因而，百得提出了"1+n+1+1"新员工入职培训混合教学方案，即一个月在线学习 + 一个月线下面授（实际操作工具及解答问题）+ 一个月的线下实践 + 线上线下测试。从培训的综合成效来看，培训效果大幅提升，培训成本降低，且许多新员工养成了在线学习的习惯，有利于员工素质的持续提升。②

4. 电力企业员工培训

线下的培训中采用案例分析、角色扮演、现场观摩、实操训练、分组对抗等多种形式激发学员兴趣，让学员在理解中掌握一线工作中与岗位相关的知识与技能，线上的培训主要依托公司的网络大学推送自主学习视频、典型案例和考试题库，同时充分应用即将投入使用的企业微信平台进行工作过程中的风险预警和疑难问题的实时互动解答。③

二、社会团体培训的混合教学模式

社会团体在职培训 / 再就业培训根据培训对象分类，主要有消防人员、进城务工人员、农村劳动力、残疾人、退役运动员、退役士兵等职业技能培训。

（一）消防人员职业技能培训的混合教学模式

消防人员职业技能培训如果全部采用线下实践学习的模式，对于培训成本的要求较高，且易造成资源的浪费，因而可以结合"Second Life"等虚拟体验软件，打造参与式虚拟学习环境，模拟实际操作，等到具备了一定操作能力后，再进行线下的实际演练，这样便节约了大量成本，提高了培训的效率。

---

①② 秦宇. 推动 e-learning 应用案例 [R]. 北京：北京大学, 2009.
③ 谷胜男, 周长龙. O2O 培训模式在电力企业新员工培训中的应用 [J]. 科技经济导刊, 2016(35):220-221.

(二)进城务工人员/农村劳动力职业技能培训的混合教学模式

2012年中央1号文件提出大力培育新型职业农民。"新型职业农民"可以界定为适应现代农业发展要求,具有一定科学文化素质,具备农业生产和管理技能,专门在农村从事农业生产、经营或服务的农民,同时具备新型农民和职业农民的特征。为了适应我国对新型农民培育的需求,我国新型职业农民培训模式也进行了相应探索。过去进城务工人员及农村劳动力的培训方式,主要是以课堂教学、知识讲授这种传统教育方式为主。然而这种单一的,受时间、地点限制的培训方式,存在的问题日益凸显出来。基于进城务工人员及农村劳动力本身的特点,开展线上线下结合的混合教学模式,可以解决进城务工人员培训受时间、地点限制的不足,提高培训效率,同时实现新型职业农民的培养需求。

新型职业农民的混合教学模式一般采用线下工作场所与在线学习环境相结合的形式。例如,江苏省海门市农业干部学校在成功开发《蔬菜穴盘育苗技术》Storyline 学习模块的基础上,以逆向设计思路为指导,对该学习模块按照混合课程的标准进行了精心设计,并组织部分新型职业农民培训学员采用混合教学的方式进行学习,实现了课程预设的学习成果,从而使现场教学和在线学习在新型职业农民培训中得到了有效的应用(见图6-41)。[①]

图 6-41 《蔬菜穴盘育苗技术》混合教学模式

---

① 徐耀辉. 混合教学在新型职业农民培育中的应用 [J]. 中国农业信息, 2017(18):4-6.

（三）退役运动员／退役士兵职业技能培训的混合教学模式

现有的对于退役士兵和运动的职业技能培训模式都是采用重回校园等模式进行正式学习的技能培训，增强他们的再就业能力。退役士兵、退役运动员的职业技能培训与职业院校教育教学一样，第五节提出的多种混合教学模式也适用于退役运动员／退役士兵职业技能培训。

附录

附录1　视频类素材的不同制作方式与特点
附录2　网络课程的满意度调查问卷
附录3　自我效能感量表
附录4　混合课程典型教学案例
附录5　职业教育教师信息化教学能力测量问卷
附录6　教师信息化教学应用判别表
附录7　混合教学情境下网络教学平台的功能要求
附录8　混合教学的学习分析系统总体结构与核心模块
附录9　院校系统推进混合教学改革案例
附录10　职业教育混合教学相关模板与工具
附录11　职业院校混合教学案例

名　　称	二维码	名　　称	二维码
附录1　视频类素材的不同制作方式与特点		附录4　混合课程典型教学案例	
附录2　网络课程的满意度调查问卷		附录5　职业教育教师信息化教学能力测量问卷	
附录3　自我效能感量表		附录6　教师信息化教学应用判别表	

续表

名　　称	二　维　码	名　　称	二　维　码
附录7　混合教学情境下网络教学平台的功能要求		附录10　职业教育混合教学相关模板与工具	
附录8　混合教学的学习分析系统总体结构与核心模块		附录11　职业院校混合教学案例	
附录9　院校系统推进混合教学改革案例			